영원한 도전자 정주영

20세기의 신화 정주영에게서
찾는 한국의 미래

나남
nanam

허영섭

언론인. 서울대학교 사범대학을 졸업하고
전경련 근무를 거쳐〈경향신문〉과〈한국일보〉에서
논설위원을 지냈다. 한양대학교 언론정보대학원
석사과정을 마쳤으며, 미국 인디애나대학
저널리즘스쿨 방문연구원을 지냈다.
'정주영學' 연구자를 자처한다.
현재〈이데일리〉논설실장으로 재직하고 있다.

영원한 도전자 정주영

20세기의 신화 정주영에게서
찾는 한국의 미래

2015년 6월 15일 발행
2015년 6월 15일 1쇄

지은이·허영섭
발행자·趙相浩
발행처·(주) 나남

주소·413-120 경기도 파주시 회동길 193
전화·031-955-4601(代)
팩스·031-955-4555
등록·제1-71호(1979.5.12)
홈페이지·www.nanam.net
전자우편·post@nanam.net

ISBN 978-89-300-8809-1
ISBN 978-89-300-8655-4 (세트)

책 값은 뒤표지에 있습니다

"이 책은 관훈클럽 신영연구기금의
도움을 받아 저술 출판되었습니다."

나남신서 1809

영원한 도전자 정주영

20세기의 신화 정주영에게서
찾는 한국의 미래

나남
nanam

'제2의 정주영'을 기다리며

내가 사회 초년병으로서 전경련에 입사한 것은 1981년 10월의 일이다. 현대그룹 창업주인 정주영鄭周永 회장이 전경련을 앞서서 이끌어 갈 때였다. 그는 이미 세계적인 기업인으로 이름을 날리고 있었고, 따라서 신입사원에게는 경외의 대상일 수밖에 없었다.

그를 비롯한 전경련 회장단이 각고의 노력 끝에 서울올림픽을 유치한 '바덴바덴의 신화'가 이뤄진 것도 바로 그 무렵이었다. 하지만 개인적으로는 올림픽 유치에 따른 감흥을 제대로 만끽하지 못했던 듯하다. 아마 신참내기로서 전경련 조직의 분위기 적응에 신경이 쏠린 탓이었으리라.

그보다는 오히려 숙직 당번 때마다 정 회장의 집무실을 둘러보던 기억이 더 뚜렷이 남아 있다. 숙직 당번은 다음 날 아침 일찍 임원실에 들어가 밤새 이상이 없었는지를 체크하는 것이 중요한 임무였다. 책상과 집기의 배치를 포함한 전체적인 분위기가 평범해서 더욱 기억되는 것은 아닌지 모르겠다.

특히 기억나는 것 하나가 집무실 책상 위에 놓여 있던 메모용 종이 묶음이다. 호기심을 갖고 살펴보았지만 앞뒤로 깨끗한 용지가 아니었다. 한 번 복사해서 쓰고 난 용지의 뒷면을 다시 메모지로 사용하고 있었던 것이다. 세계적인 거부巨富의 그러한 모습은 사회에 갓 발을 내디딘 나에게는 충격적이었다. 비서실 직원들이 이면지를 함부로 버리면 불호령이 떨어진다는 얘기를 들은 것은 또 그 다음이었다. 역시 뭔가 달라도 다른 사람이었다.

정주영 회장에 대한 그 이후의 기억은 그가 정치판에 뛰어들어 대통령 선거에 도전한 1992년으로 건너뛴다. 비록 짧은 기간이었지만 정치인으로서의 그의 모습을 정치부 기자로서 밀착 취재할 수 있었던 절호의 기회였다. 내가 신문사로 자리를 옮기면서 불과 몇 달 만에 끝나 버린 전경련 시절의 기억을 되살리는 기회이기도 했다.

정치인으로서도 정 회장은 여전히 의욕에 넘치는 모습이었다. 선거 유세 때는 기업활동을 벌일 때보다 훨씬 더 바쁘게 돌아다녔다. 이제는 경제가 아닌 정치활동을 통해 국민들을 잘살게 만들겠다고 다짐하고 있었다. 결국 대통령 선거에 패배함으로써 그의 정치인 이력은 불과 1년여 만에 막을 내리고 말았으나 그에 대한 취재기자로서의 개인적인 관심은 수그러들지 않았다.

이러한 관심은 그 이듬해《정주영 무릎 꿇다》라는 저서로 표면화되었고, 다시 6년 뒤인 1999년에는《50년의 신화 – 현대그룹 50년을 이끈 주역들의 이야기》라는 저서로 이어진다. 앞의 책이 그가 정치에 참여해서 그만두기까지의 전말顚末을 그렸다면, 뒤의 책은 경제인과 정치인 시절을 망라한 평전評傳의 성격을 띤다. 이미 세기적인 퍼포먼스가 된 소떼몰이 방북이 이뤄진 뒤의 얘기이기도 하다.

　나로서는 이번이 정 회장에 대한 세 번째 책이다. 그렇다고 집필 과정이 그리 쉽지는 않았다. 정 회장에 대해서는 이미 책이 나올 만큼 나왔고, 그의 활약상에 대해서도 알려질 대로 알려진 상태여서 새로이 책을 쓴다는 자체가 엄청난 부담이었다. 나남출판사 조상호 회장과 고승철 주필의 강력한 권유와 우정 어린 닦달이 없었다면 아마 엄두도 내지 못했을 것이다. 더욱이 올해가 정 회장의 탄생 100년이 되는 해이므로 이번 기회에 한국 경제에 큼직한 족적足跡을 남긴 그의 불꽃 같은 삶을 다시 정리해 보겠다는 욕심을 가진 것도 사실이다.

　집필에 앞서 아산峨山, 정 회장의 아호 선생의 활짝 웃는 얼굴 사진을 책상 앞에 놓고 한동안 묵상黙想에 잠겼다. 개인적으로 가깝지는 않았어도 지나간 기억의 편린들이 새록새록 뇌리에 떠올랐다. 이윽고 그것들은 영화 필름처럼 연결돼 스크린에 펼쳐지는 파노라마처럼 빠른 속도로 눈앞에서 흘러갔다. 그때 갑자기 그의 목소리가 들려 왔다. 이명耳鳴이었을까?

　"허 기자! 잘 써봐!"

　그날부터 나는 정신을 가다듬고 원고를 써나가기 시작했다. 그의 생애에 접근할수록 존경심이 되살아났던 점을 부인하기 어렵다. 그럴 때마다 허벅지를 꼬집으며 '용비어천가를 쓰는 것이 아니라 가급적 객관적인 시각을 유지해야 한다'며 스스로를 질책했다. 이 책은 위인전이

　　　　　　　　　　　　　　　　　　　　　　머리글

아니고 공과功過를 함께 다뤄야 할 평전이지 않은가. 그래도 필치筆致가 자꾸 공功쪽으로 쏠렸음을 고백하지 않을 수 없다.

나름대로는 정 회장의 여러 활약상을 통해 무엇보다 인간적인 면모를 그리려고 노력했다. 우리 경제를 일으켜 세운 '경제 영웅'이면서도 그의 평소 생활은 일반인과 거의 다를 바가 없었다. 젊은 시절에는 산동네 문간방에 세 들어 살았으며, 이웃 사람들처럼 물지게로 물을 지어 날라야 하는 처지였다. 부지런하고 성실한 자세가 사업의 밑천이었으며, 성공한 이후에도 이러한 태도에는 변함이 없었다. 이면지조차 아껴 썼던 데서도 그러한 일면이 엿보인다.

그러면서도 시련과 역경을 견뎌 가며 기업을 일군 그의 불굴의 의지를 표현하려고 애썼다. 더욱이 우리 경제가 침체상태에서 헤어나지 못하고 있다는 점에서 정 회장이 보여 준 창조적 기업가 정신이 절실한 상황이다. 기업을 이끌어가는 경영인들은 물론 젊은 세대들도 그의 도전정신을 조금이라도 본받았으면 하는 바람이다. 주어진 여건에 불만을 느끼고 좌절하기보다는 난관을 헤쳐 나가려는 적극적인 개척자 정신을 가졌으면 한다. 지금이야말로 '제2의 정주영'이 필요한 시점이다.

책을 쓰기 위해 그의 육성肉聲을 기록한 지난 취재수첩을 들추고 인터넷을 검색해 가며 그동안의 신문 자료를 뒤적인 것은 물론 지금껏 그의 경제 모험담과 관련하여 출간된 책들을 두루 참고했다. 그가 생전에 남긴《시련은 있어도 실패는 없다》,《이 땅에 태어나서》가 기본 토대가 될 수밖에 없었음을 솔직히 고백한다. 그의 주변에서 가까이 활약한 분들의 회고담 속에서도 관련된 내용을 확인할 수 있었다. 드러난 자료 외에도 숨어 있는 자료들이 여기저기서 자꾸 튀어나오는 데서도 그가 남긴 족적의 방대함을 새삼 확인하게 된다.

정 회장이 기업활동을 통해 훌륭한 업적을 많이 남겼다고 해서 모든 면에서 모범적인 처신을 보였다고 말할 수는 없다. 특히 굵직한 국토개발 공사들을 따내는 과정에서 권력과 유착했다는 비난을 피해 가기 어렵다. 그러나 지금도 기업들이 정치인에게 은밀히 비자금을 건네 가며 사업을 키우는 행태가 비일비재한 상황에서 정치권력이 모든 것을 움직이던 권위주의 시절의 사례에 너무 집착하는 것도 공평한 시각은 아니다.

오히려 정 회장은 권력으로부터 신임을 받은 이상으로 더 많은 업적을 이루었다. 특혜를 받은 기업들 상당수가 탈세나 외화유출 등 비리에 휩싸여 스스로 몰락의 길을 걸었던 사실과도 대비를 이룬다. 그가 지금까지 국민들로부터 존경을 받는 것이 그런 때문일 것이다. 또한 특혜를 받은 적이 없지 않았겠으나 정치 격변기에는 도리어 권력에 밉보임으로써 불이익을 받은 경우도 한둘이 아니다. 그의 사업 과정을 정경유착이라는 고정된 시선으로 바라보아서는 안 된다는 얘기다.

그가 직접 정치에 뛰어든 과정도 마찬가지다. 처음부터 권력에 뜻을 두었다기보다는 기업활동에 대한 정치권력의 과도한 간섭에 맞서려는 자구책이었다. 사업으로 자기 의지를 충분히 펼칠 수 있는 상황이라면 굳이 정치에 뛰어들 이유가 없었을 것이다. 그렇다 해도 정치계에 입문한 그의 선택과 처신에 대해서는 어차피 평가가 엇갈릴 수밖에 없다. 돈을 가진 사람들이 권력까지 넘보는 데 있어 국민 정서가 그렇게 우호적일 수는 없기 때문이다.

원고 집필에 도움을 주신 이병규 〈문화일보〉 회장과 권오갑 현대중공업 사장, 그리고 아산사회복지재단 김인재 사무총장에게 감사의 말씀을 드린다. 현대자동차와 현대건설에서는 필요한 사진을 제공받았다. 전경련 시절부터 오랜 친구로서, '전경련 맨'으로 자타가 공인하는 권오용 효성그룹 고문에게도 많은 신세를 졌다.

여러 분들의 도움에도 불구하고 정 회장의 인간적인 풍모를 그리려한 애초의 의도가 제대로 이뤄졌는지는 장담하기 어렵다. 순전히 독자들이 판단할 몫이다. 그러나 정주영 회장의 행적 자체만으로도 독자들에게 감동과 열정을 불러일으키기에 모자람이 없을 것이라 믿는다. 저자 개인적으로는 그를 추억하고 추모하는 행렬에 동참했다는 사실만으로도 영광이다.

나라경제가 어려울수록, 사랑하는 이 땅 젊은이들의 미래가 불투명할수록 아산 선생이 그리워진다. '제2의 정주영'이 속속 나타나 새로운 기적을 일으키기를 기대한다. 이 책이 그런 역할을 할 불씨가 되기를 염원한다.

2015년 5월

'정주영학^學' 연구자를 자처하는 저자
허영섭

10

영원한 도전자 정주영

20세기의 신화 정주영에게서
찾는 한국의 미래

차례

11

2
가출 시대

3
시련은 있어도

4
실패는 없다

5
그리운 금강산

6
국가를 위해, 사회를 위해

7
기업가 정신

8
정주영 이후

9
영원한 도전자

판문점의
소떼몰이

1

1998년 6월 16일, 판문점板門店.

6·25 전란이 끝나고 한반도에 남북 분단이 고착된 이래 가장 살벌했던 '냉전의 현장'이 바로 이곳이다. 하지만 이날만큼은 달랐다. 긴장된 가운데서도 시골 장터처럼 떠들썩한 분위기였다. 무엇인가 기대가 넘치는 듯도 했다. 소떼를 실은 트럭 행렬이 아침 일찍부터 통일대교를 지나 군사분계선에 이르도록 북쪽으로 길게 이어지는 장면부터가 그러했다.

국도 1호선의 맨 끝자락인 통일대교. 더구나 이 다리가 개통된 것이 바로 그 전날의 일이었다. 기존 '자유의 다리'를 대체하는 왕복 4차선 규모의 통일대교가 마치 이날의 행사를 위해 만들어진 것처럼 여겨질 만도 했다. 중앙분리선을 따라 쭉 뻗은 모습 자체가 장관이었다. 누구라도 다리에 버티고 서서 큰 소리로 호령하면 개성을 넘고 평양을 거쳐 신의주까지라도 당장 앞길이 훤하게 열릴 듯한 기세였다.

특히 판문점 남측 지역의 '평화의 집' 주변은 긴박하면서도 흥분된 분위기가 역력했다. 이른 아침부터 몰려든 내·외신 기자들이 뜨거운 취재 경쟁을 벌이는 모습부터가 달랐다. 세계의 눈길이 남북 분단의 현장인 판문점에 쏠려 있었던 것이다. 그 전에도 남한과 북한의 고위급

소떼를 실은 트럭 행렬이 통일대교를 지나 길게 이어져 있다.

정·관계 인사들이 판문점을 통해 몇 차례인가 오가면서 비슷한 분위기를 풍긴 적이 있었긴 하지만 이처럼 들뜬 모습은 거의 처음이었다.

정주영鄭周永 명예회장.

현대그룹 창업주인 그가 이날의 주인공이었다. 500마리의 소떼를 몰고 군사분계선을 넘어 방북길에 오르도록 예고되어 있었다. 그로서는 두 번째 평양 방문이기도 했다. 1989년의 첫 번째 방문 이후 9년 만에 성사된 그의 북한 방문은 남북한 교류에 있어 상징적 의미를 지니고 있었다. 한국 경제계의 거목巨木으로 불리던 그 자신에게도 생애 마지막으로 시도하는 새로운 도전이었다.

그러했다. 체제와 사상으로 끊겨 버린 북한을 방문한다는 자체가 하나의 도전이자 모험이었다. 철벽처럼 굳게 닫힌 체제의 빗장을 푸는 작업이었으니 말이다. 그 다음 과제는 어디까지나 차후의 문제였다.

때마침 그해 2월 새롭게 출범한 김대중金大中 대통령 정부가 햇볕정책을 표방하던 터였다. 남북한이 같은 핏줄을 나눈 배달의 동포로서 교류와 협력을 통해 민족의 동질성을 확인하는 것은 물론 장차 평화통일의 디딤돌을 놓는다는 포용성 기조의 대북 정책이었다. 일단은 서로 대화를 나누며 자유롭게 왕래하는 것이 무엇보다 중요했다.

하지만 1994년 7월 북한 최고 지도자 김일성金日成의 사망 이후 남북한 사이의 공식 대화는 끊어진 채 겉돌고만 있었다. 남북을 가로지르는 비무장지대DMZ에서 들리는 간헐적인 총성이 전부였다. 그의 아들 김정일金正日 노동당 총서기가 이른바 '유훈遺訓 통치'를 이어받아 북한의 최고 지도자로 자리를 굳혀 갈 때였다. 3년상喪 기간을 마치면서 권력의 전면에 나선 것이다.

북한으로 향하는 500마리의 소떼를 실은 트럭 행렬

　따라서 햇볕정책이라는 정치적 슬로건을 떠나서도 남북한의 원활한 관계개선을 위해서 어떤 식으로든 돌파구를 마련해야 할 판국이었다. 바로 그런 상황에서 정주영의 방북이 이뤄지는 것이었으니, 세계의 눈길이 쏠리는 것도 당연했다. '평화의 밀사密使'로서의 북한 방문이었다. 그를 따라 판문점을 넘어가는 500마리의 소떼가 그 메시지나 다름없었다. 행렬을 이룬 트럭도 무려 50대에 이르렀다.

　드디어 정각 오전 10시. 중절모에 베이지색 코트 차림의 정 명예회장이 취재기자들 앞에 모습을 드러냈고, 곧바로 방북 성명을 낭독했다. 얼굴에 군데군데 핀 검버섯은 여든셋 나이의 연륜을 보여 주었건만 목소리는 여전히 낭랑한 편이었다. 눈초리에도 힘이 실려 있었다.

더군다나 그는 수복지구 이북의 강원도가 고향인 실향민의 한 사람이었다. 이를테면, 고향 방문에 대한 모든 실향민들의 염원을 모아 판문점을 넘는 것이나 마찬가지였다.

'실향민失鄕民'. 가고 싶어도 갈 수 없는 북한 땅에 고향을 둔 사람들이지 않은가. 어쩌다가 고향 생각만 떠올라도 고개를 떨군 채 금방 눈물을 글썽이는 사람들이 바로 그들이다. 그것이 국토의 분단으로 굳어진 엄연한 현실이었고, 정주영이 그 현실 앞에 마주선 것이다. 외환위기로 시름을 겪던 시기에 모든 국민들에게 위안을 전하고 있었다. 소떼몰이로 역사의 거대한 수레바퀴를 돌리려던 참이었다.

여든세 살, 새로운 도전

정주영 명예회장은 그때 방북하면 평양을 거쳐 고향을 방문하도록 되어 있었다.

강원도 통천군 송전면 아산리. 지도상으로는 남한 땅에서 손가락에 잡힐 듯 지척이면서도 휴전선을 가로막은 철조망 탓에 해방 이후 반세기가 지나도록 일체의 연락이 끊어진 터였다. 지척이 천 리 길이라 했던가. 아니, 아예 넘보지 못할 곳이었다. 그럴수록 그는 고향 마을을 잠시도 잊은 적이 없었다.

그가 이름 대신에 사용하던 '아산峨山'이란 아호가 고향 이름에서 따온 것이었음은 물론이다. '높을 아峨'. 말 그대로 어린 시절 마음껏 뛰놀던 고향 뒷산은 높고도 당당한 모습이었다. 그 울창한 산기슭에 소나무와 갈참나무의 숲이 펼쳐졌고, 감나무, 뽕나무가 오순도순 어깨동무하며 감싼 아담한 마을이 아니던가.

세계적인 사업가로 지구촌 곳곳을 바쁘게 누비고 다니면서도 눈을 감으면 아산마을의 정겨운 광경이 머릿속에 아련히 펼쳐지곤 했다. 새벽부터 논밭 일로 고되던 어린 시절의 기억조차 그립기만 했다. 산 너머 무지개를 잡을 수 있겠거니 쫓아다니던 시절이었다. 한때는 고향을 뛰쳐나가려고 무진 애를 썼지만 고향이 싫어서라기보다는 가난이 미웠기 때문이었다. 아니, 설사 그때는 싫었다고 쳐도 지금은 사무치도록 그리웠다.

소학교를 마친 직후부터 열여덟 살에 이르기까지 무려 네 차례에 걸쳐 도회지로의 가출을 감행했던 그다. 이제 여든셋이라는 황혼녘에 이르러 소떼를 몰고 다시 고향땅을 밟기 위해 군사분계선 앞에 선 것이었다. 겨우 철이 들면서 고향을 떠났던 그가 어느새 '큰 목동牧童'이 되어 있었던 셈이다.

어린 시절 무작정 서울을 찾아 달려온 이 길, 판문점을 통해 고향을 찾아가게 되어 무척 기쁩니다. 열여덟 살 이후 처음으로 다시 이 길을 가게 되는 것입니다. 강원도 통천에서 가난한 농부의 아들로 태어나 청운의 꿈을 안고 세 번째 가출을 할 때 아버님이 소를 판 돈 70원을 가지고 집을 나섰습니다. 그 후 긴 세월 동안 저는 묵묵히 일 잘하고 참을성 있는 소를 부지런함의 상징으로 삼고 인생을 걸어 왔습니다. 이제 그 소 한 마리가 1,000마리 소가 되어 그

서산농장을 떠나는 통일소와 정주영

　빚을 갚으러 꿈에 그리던 고향 산천을 찾아가는 것입니다.

　그가 북한에 보내기로 약속한 소는 모두 1,001마리로, 일단 500마리가 그의 방북길에 동행하도록 되어 있었다. 1,000마리가 아니라 1,001마리로 정한 자체의 의미가 작지 않았다.

　1,000이 하나의 완성을 뜻한다면, 1,001은 그것을 뛰어넘어 더 큰 성취를 위한 새로운 시작을 상징하기 때문이다. 사막을 무대로 무한히 이어지는《아라비안 나이트》가 무려 1,001일 밤중에 걸쳐 속삭여진 이야

기라 했던가. 그래서 《천일千─ 야화夜話》이리라.

그 자신 '단발' 행사로 끝내기보다는 북한 관련 사업을 계속 이어 가겠다는 포부였다. 여든셋 나이에 시작하는 '정주영의 천일 야화'였다. 그에게도 마음에 감춘 이야기는 무궁무진했다. 이런 계획이 처음 알려지면서부터 세간에서는 이미 '통일소'라는 이름으로 불리고 있었다.

한 마리, 한 마리에 대한 애착심도 남다를 수밖에 없었다. 그 자신 어렵게 간척한 현대건설의 서산농장에서 새끼를 받아 공들여 키운 녀석들이지 않은가. 서산농장에 들를 때면 외양간을 지나치는 법이 없었다. 새끼를 새로 몇 마리 낳았는지, 몇 마리가 아픈지 보고받는 것을 잊지 않았던 것이다. 북한에 보내려고 검역 절차도 모두 마친 뒤였다.

암컷과 수컷의 비율도 일부러 반반으로 맞추도록 했다. 새끼를 낳고 풍성하게 번식하라는 희망을 담고 있었음은 물론이다. 아직 코뚜레를 꿰지 않았기에 다루기가 어려워 곧바로 농사일에 투입하기는 어려울지라도 앞으로 이들에게서 태어난 송아지들은 북한 농민들의 일손을 크게 거들 수 있게 될 터였다.

이 소를 실은 트럭들은 군사분계선을 넘으면 통일각에서 북측 운전자들에게 넘겨지도록 되어 있었다. 그리고 보니 분주한 모습은 북측 지역도 마찬가지였다. 추가로 예정된 나머지 501마리도 가급적 조만간 보낼 계획이었다.

밭에서 쟁기를 끌도록 키운 소는 농민들에게 식구와 같은 존재로 여겨지는 법. 송아지 때부터 여물을 먹이며 눈길을 주고받은 녀석들이야 더 말할 것도 없다. 식구들이 고기를 먹기 위해 생명을 해친다는 것은 감히 생각도 못 할 일이었고, 그래서 떠오른 것이 북한 농민들에게 기증하는 것이었다.

"이 소들은 한 뼘의 농토를 만들기 위해 고생하던 아버님께 바치고 싶은 아들의 때늦은 선물입니다."

그의 목이 메는 듯했다. 소박하면서도 진솔한 소감이었다. 길지 않은 인사말을 읽어 내려가면서 그 스스로 숙연한 표정이었다. 목소리도 가늘게 떨리고 있었다. 많은 사람들 앞이 아니었다면 아마 울음으로 터져 나왔을 목소리였다.

반세기를 넘겨 그리던 고향땅을 밟으면서 어찌 가슴속 한 줄기 회한 悔恨이 없었겠는가. 같은 핏줄이면서도 서로 총부리를 겨눈 남북 간의 냉혹한 현실과 이산가족들의 애절한 사연을 떠올린다면 어느 누군들 목이 메지 않았으랴.

실향민에서 '큰 목동'으로

한국이 지구상 마지막 분단국일망정 소떼를 앞세우고 판문점을 넘어가는 풍경은 가히 목가적이라 할 만했다. 머지않아 한반도에서 통일이 이뤄질 수 있다는 가능성까지 보여 주는 풍경이었다. 제2차 세계대전이 끝나면서 비슷한 시기에 양분된 동서독도 어느 날 갑자기 베를린 장벽이 무너짐으로써 1990년 통일을 이루지 않았던가.

하지만 남북이 처한 현실적인 상황은 그렇게 낙관적이지는 않았다. 이미 박정희朴正熙 대통령 시절이던 1972년 7·4남북공동성명이 채택되었고, 노태우盧泰愚 대통령 집권 말기이던 1992년에는 남북기본합의서까지 체결되었으나, 그 뒤에도 간헐적인 마찰과 대립으로 서로의 관계는 오히려 더욱 날카로워지고 있었다.

바로 그해 4월에도 중국 베이징에서 비료지원 문제를 논의하기 위한 남북 차관급 접촉이 열렸으나 합의에 이르지는 못했다. 남북관계 개선이 필요하다는 인식에 대해서는 서로 동의하면서도 이른바 '상호주의 원칙'에 대한 견해 차이를 좁히지 못한 것이다. 그 직전 김대중 대통령이 미국 워싱턴을 방문해 빌 클린턴 대통령과 정상회담을 가지면서 대북제재 완화를 요청했던 정도로나마 서로의 속뜻을 전달하고, 또 확인하였을 뿐이다.

오히려 외국인들에게는 일찍이 판문점 공동경비구역에서 벌어진 '도끼만행 사건'이 아직도 기억에 생생할 터였다. 1976년, 한 그루의 미루나무가 발단이었다. 나뭇가지를 치던 미군 장교 2명이 갑자기 떼 지어 달려든 30여 명의 북한군에게 둘러싸여 살해당한 어이없는 사건이었다. 그것도 도끼와 곡괭이에 의한 만행이었으니, 남북한 사이의 군사분계선이 세계에서 가장 첨예하게 대치한 갈등의 현장이라는 인식이 팽배할 수밖에 없었다.

"나의 북한 방문이 단지 한 개인의 고향 방문이 아니라 부디 남북한의 화해와 평화를 이루는 초석이 되기를 진심으로 기원합니다."

정주영의 언급도 이러한 감회에서 우러나왔을 것이다. 남북이 갈라진 이래 민간인이 정식으로 판문점을 넘어 북한으로 향하는 자체가 처음이었고, 세계 언론의 스포트라이트가 쏟아지고 있었다. 한반도의 군사적 긴장 완화에 도움이 될 것이라는 기대를 부풀리기에 충분했다.

발표문을 통해 방북 소감을 낭독한 그는 천천히 걸어서 판문점 군사분계선을 넘었다. 불과 몇 발자국, 군사분계선을 넘으면 바로 북측 통제구역이었다. 혼자서는 발걸음을 옮기기 힘들어하는 기색이었지만 그다지 큰 불편은 없어 보였다. 나이를 감안하면 오히려 정정한 모습이었다. 몇 발자국에 지나지 않는 자신의 행보가 꽉 틀어 막힌 남북한 정세에 거대한 진전의 계기가 될 것임을 스스로도 확신하는 듯했다.

그가 수행원들과 함께 군사분계선을 넘어 북측 지역에 다다르자 통일각에서 대기 중이던 조선아시아태평양평화위원회 부위원장 송호경宋浩景이 그의 일행을 맞았다. 그의 방북 일정 자체가 조선아태평화위원회의 초청 형식으로 이뤄지는 것이었다. 노동당 대남對南 담당 비서와 통일전선부 부장을 지낸 김용순金勇淳이 그 위원장을 맡고 있을 때였다.

"정 선생께서 북한에 오신 것을 열렬히 환영합니다."

송호경 부위원장이 그의 손을 맞잡고 반갑게 인사를 건넸다. 외교부 부부장을 지내며 한때 대미관계 개선을 주도했던 그는 직전에 캄보디아 대사로 나갔다가 다시 본국 무대로 복귀해 있었다. 옆에서 기다리던 여성 안내원들도 정주영 일행에게 꽃다발을 전달했다.

그는 이렇게 북측 안내원들과 간단히 의례적인 인사를 나눈 뒤 동행하는 아우들의 부축을 받으며 벤츠 승용차에 올랐다. 북한 당국이 그의 일행을 위해 특별히 준비한 것이었다.

정주영은 승용차에 올라타기에 앞서 북측 지역까지 몰려간 기자들이 몇 마디 질문을 던지자 환하게 웃어 보이기도 했다. 마치 어린아이처럼 들뜬 표정이었다.

"어젯밤 돼지꿈을 꾸었습니다."

그러했다. 까마득히 잊고 지내던 북녘의 고향을 방문하는 길이 아니던가. 기대가 넘치는 소풍길이었다. 나이가 들어서도 고향은 언제나 위안의 피난처이기 마련이다. 생명의 탯줄이 묻힌 마음의 안식처이기 때문이리라.

그때의 방북길에는 정순영鄭順永, 정세영鄭世永, 정상영鄭相永 등 3명의 아우가 동행했다. 형제 가운데 셋째인 정순영은 성우그룹 명예회장을 맡고 있었고, 넷째인 정세영은 현대자동차 명예회장, 그리고 막내인 정상영은 금강그룹 회장 직책에 있었다. 둘째로서 한라그룹 명예회장이던 정인영鄭仁永은 마침 중국 출장 중이어서 동행하지 못했다. 형제들 모두 맏형을 따라 차례로 고향을 떠나온 실향민이었다. 그리고 지금은 저마다 한국 경제계의 커다란 기둥으로 자리 잡고 있었다.

그의 세 아우들 외에 정몽구鄭夢九, 정몽헌鄭夢憲 등 두 아들도 부친의 고향 나들이길에 따라나섰다. 현대정공 경영을 맡고 있던 큰아들 정몽구는 이미 현대그룹 회장 자리까지 물려받았으며, 대북사업은 현대상선 회장이던 정몽헌이 물려받도록 되어 있었다. 다른 아들들도 저마다 계열사의 중책을 맡고 있을 때였다.

현대그룹 경영진 가운데 수행진으로 선발된 박세용朴世勇 현대상선 사장과 현대건설 김윤규金潤圭 부사장, 현대증권 이익치李益治 사장 등 7명도 판문점 북측 지역에서 기다리다가 합류했다. 이들은 이미 하루 앞서 베이징을 거쳐 북한에 들어가 있었다. 현대그룹이 북한에서 시행할 사업 전망을 타진한다는 계획이었다. 그중에서도 금강산 관광개발이 우선 목표였다.

이렇게 정주영 일행을 태운 승용차 행렬은 북측 요원들의 안내를 받으며 판문점 외곽의 '72시간 다리'를 거쳐 다시 개성을 뒤로 하고 북쪽으로 달렸다. 평양이 목적지였다. 모두 여드레에 이르는 방북 체류 일정이 시작된 것이다.

빠듯하다면 빠듯했지만 앞으로 남북한 교류관계에 지대한 영향을 미치게 될 일정이었다. 막노동판에서 시작해 일찌감치 세계적인 사업가로 명성을 떨친 그가 말년에 이르러 대북사업 개척에 여생을 바치게 되는 새로운 출발점이기도 했다. 모두가 지켜보는 가운데 모험담은 그런 식으로 열리고 있었다.

정주영 일행은 그날 평양에 도착해 만수대 의사당에서 조선아태평화위원회 김용순 위원장의 영접을 받았다. 저녁에는 목란관에서 환영 연회도 열렸다. 국빈급 대접이었다.

이에 대해 북한 〈중앙통신〉은 "김용순 위원장이 정주영 명예회장 일행의 북한 방문을 따뜻한 혈육의 정으로 맞이했다"고 보도했다. 〈평양방송〉도 "정 명예회장 일행이 동포애의 지성을 담아 마련한 소들을 선물로 가져왔다"고 소개했다. 교류가 거의 단절된 상황에서 북한 매체들로서는 이례적인 보도였다.

소떼몰이로 열린 평양 방문길이었다.

20세기의 '마지막 전위예술'

정주영이 소떼를 몰고 방북한 데 대해 국내 언론은 물론이고 외국 언론들도 뜨거운 관심을 나타냈다. 베를린 장벽이 무너짐으로써 과거 사회주의 체제에 속했던 동독의 얼어붙은 빗장이 활짝 열린 이후 세계적으로 동서 진영의 화해를 부르는 최대의 이벤트였다. 눈길이 두루 쏠릴 수밖에 없었을 것이다.

"평화의 상징인 소떼가 지구상에서 군사적으로 가장 날카롭게 대치하고 있는 비무장지대를 평화스럽게 넘어갔다."

미국 CNN 방송의 보도였다. 불과 20여 년 전 이곳에서 벌어진 도끼만행 사건을 떠올린다면 상상하기 어려운 진전이었다. CNN 방송도 당시 사건을 언급하며 달라진 상황을 비교하기도 했다.

그때 미군 장교들이 미루나무 가지를 치는 과정에서 북한군과 시비가 붙은 끝에 살해된 자체가 어이없는 일이었다. 한국군과 미군 수뇌부도 가만히 있을 수는 없었다. 북한군이 다시 도발한다면 개성과 연백평야까지 치고 올라간다는 치밀한 작전까지 마련하고는 문제의 미루나무 절단 작전을 결연히 끝마침으로써 세계적인 관심과 긴장을 불러일으켰던 것이다. 그런 사실만으로도 베를린 장벽 붕괴의 환호성이 울려 퍼진 브란덴부르크 광장의 분위기가 판문점으로 옮겨 왔다는 인상을 주기에 모자람이 없었다.

〈워싱턴포스트The Washington Post〉도 "정 명예회장의 북한 방문은 지난 수십 년 동안 전쟁과 총격전, 도끼만행 등으로 얼룩진 비무장지대의 긴장감을 완화시키는 상징이 될 것으로 본다"며 희망적인 전망을 섞어 보도했다. 소떼몰이 방북을 '한국판 로하이드Rawhide'라고 평가한 것부터가 눈길을 끌었다. '로하이드'는 1960년대 미국에서 최고의 인기를 누린 텔레비전 드라마로, 서부를 배경으로 말떼를 이끄는 카우보이들의 개척정신을 보여 주었다. 정주영을 로하이드의 주인공 클린트 이스트우드Clint Eastwood에 비유한 것이었다.

영국 유력지 〈인디펜던트The Independent〉도 "미국과 중국의 핑퐁외교가 세계 최초의 스포츠 외교였다면, 정 회장의 소떼몰이 방북은 세계 최초의 민간 황소 외교"라고 찬사를 전했다. 그의 활약이 이른바 '대나무 장막'을 연 당시 닉슨 대통령이나 키신저 안보보좌관의 역할에 못지않다는 평가나 다름없었다.

일본 언론들의 관심도 작지 않았다. 〈마이니치신문每日新聞〉은 '소떼가 놓은 남북한의 다리'라는 표제 기사에서 "북한 당국과의 합의에 따라 민간인이 판문점을 합법적으로 통과해 북한에 들어간 것은 남북 분단 이후 처음 있는 일"이라 보도했다. 〈요미우리신문讀賣新聞〉은 "한국 김대중 정권은 북한과 민간 차원의 경제교류를 확대하면서 정치적인 대화의 기회를 엿본다는 자세인 것 같다"며 햇볕정책에 대한 해석까지 곁들였다.

세계적으로도 널리 알려진 프랑스 문명비평가이자 칼럼니스트 기 소르망Guy Sorman의 평가는 더욱 돋보였다. 프랑스의 지성을 대표하는 그는 정주영의 소떼몰이 방북에 대해 '20세기 마지막 전위예술'이라는 극찬을 보냈다. 소떼를 몰아 가는 퍼포먼스치고 그토록 각별한 정치적 의미까지 부여하며 눈길을 끈 경우도 전례가 거의 없었을 것이다.

기 소르망의 언급이 아니라도 판문점의 소떼몰이 행렬은 남북한이

지구촌 최후의 분단국가로 남아 있는 한반도에 바쳐진 소중한 선물이었다. 흩어진 민족의 가슴에 울컥 감동을 전하는 한 줄기 후련한 눈물이기도 했다. 그가 아니었다면 누구도 생각해내지 못했을 하나의 도전이고, 사건이었다. 가히 한 편의 예술이기도 했다.

그렇다고 금강산이 정주영의 최종 목표는 아니었다.

그는 북한 너머 멀리 광활한 시베리아 벌판까지 내다보고 있었다. 시베리아가 자원의 보고라는 점에 눈길이 미친 것이다. 사할린에서 채굴되는 천연가스를 파이프로 길게 연결해 남한까지 운반한다는 방안도 매력적이었다. 거기서 좀더 시야를 넓히면 유럽 대륙까지도 연결이 가능해진다. 시베리아 횡단철도를 이용한다면 남한과 북한에서 생산한 상품을 유럽까지 원활하게 실어 나를 수 있을 것임은 물론이었다. 따라서 금강산 개발은 하나의 시작에 불과했다.

그가 이미 1990년 11월, 모스크바를 방문해 고르바초프 대통령과의 역사적 면담을 통해 논의한 것도 바로 그런 부분이었다. 시기적으로 한국과 소련 정부 사이의 수교가 이뤄진 직후였다는 점에서 더욱 세계 경제계의 이목을 집중시킨 면담이었다. 고르바초프가 이른바 글라스노스트glasnost와 페레스트로이카perestroika를 내세워 사회주의 체제에서 벗어나 개혁 및 개방정책을 적극 추진하던 시점이기도 했다.

소떼몰이로 이러한 계획에 본격적으로 시동이 걸린 것이다.

심야의 백화원 초대소

　정주영의 두 번째 소떼몰이 방북은 그해 10월에 다시 실현된다. 첫 번째 소떼몰이 방북이 이뤄지고 나서 4개월 뒤의 일이다. 애초에 약속했던 1,001마리 가운데 나머지 501마리를 전달하기 위한 방문이었다. 가급적 조속히 전달하려던 것이 국내외 주변 여건상 차일피일 미뤄지다가 뒤늦게 이루어진 것이다. 북한의 권력자 김정일 국방위원장과의 면담도 이때 비로소 성사된다.

　그해 10월 29일. 평양 대성구역 대동강변의 백화원百花園 초대소. 평양 중심가에서 북동쪽으로 약간 떨어진 초대소 주변은 가을빛이 완연했다. 이틀 전 소떼를 몰고 북한 땅을 밟은 정주영 일행이 이곳에 머물고 있었다.

　김일성 주석의 시신이 안치된 금수산 기념궁 경내에 자리 잡고 있다는 사실만으로도 다른 어느 초대소보다 격이 높을 수밖에 없었다. 일반인은 감히 얼씬도 못 하는 초대소였다.

　1990년 당시 장쩌민江澤民 중국 공산당 총서기가 북한을 방문했을 때나, 뒤이어 가네마루 신金丸信 일본 부총리가 북한과의 수교 분위기를 타진하려 평양을 찾았을 때도 바로 이 백화원 초대소에서 묵은 것으로 전해진다. 미국의 지미 카터Jimmy Carter 대통령이 자리에서 물러난 뒤인 1994년 평양을 방문했을 때도 여기가 숙소였다. 이 초대소가 '카터 궁전Carter Palace'이라는 유별난 이름으로 불리기도 하는 것이 그런 까닭이리라.

　정주영 일행으로서는 이날이 북한 체류 일정의 마지막 밤이었다. 다음 날 오전에는 서울로 돌아가도록 되어 있었다. 아니, 좀더 정확히 말하자면 북한 측의 요청으로 당초 예정된 서울 귀환을 하루 늦춘 채 김정일 위원장으로부터의 면담 소식을 기다리던 중이었다. 정주영으로서는 벌써 세 번째 방북이었건만 아직 북한의 최고 지도자를 만나지 못하고 있었다.

그러했다. 이제는 확실한 대북사업의 돌파구를 마련하기 위해서도 김정일 위원장의 직접 언질을 얻어내야만 했다. 이쪽이든 저쪽이든 담판을 지어야 할 때였다. 하지만 지방순시 때문에 바로 그날 낮 평양 시내에서 열린 군사 퍼레이드에도 얼굴을 내밀지 못한 김 위원장이 백화원 초대소로 그를 만나러 올 수 있을지는 여전히 미지수였다.

어느새 저녁 시간이 지나가고 어둠이 이슥해졌건만 아무런 연락이 없었다. 그러나 하루 저녁을 더 기다려 보라고 했으니, 그 밤 안으로 어느 쪽이든 분명히 전갈이 있을 터였다. 아니, 이번에는 김 위원장을 꼭 만나야만 했다.

이미 넉 달 전의 소떼몰이 방문 때도 면담 가능성을 귀띔 받았지만 그가 갑자기 지방순시를 가는 바람에 성사되지 못했다. 그때 자강도를 방문 중이던 김정일은 "다음에 다시 오시게 되면 꼭 만납시다"라는 약속 쪽지를 안내총책 김용순을 통해 전달했다. 아쉽긴 했어도, 현대그룹을 북한과의 대화와 협력 동반자로 인식시키는 데까지 가까이 다가갔다는 정도로나마 위안을 받을 수밖에 없었다.

어쨌거나, 그날도 밤은 점점 깊어만 가고 있었다. 일행은 초대소 숙소의 벽에 걸린 괘종시계를 바라보며 초조하게 기다리고 있었다. 그럴수록 시간은 더 빨리 흘러가는 것만 같았다. 정주영 자신도 애써 내색

판문점의 소떼몰이

을 감추며 가끔씩 헛기침과 함께 공연히 창문 쪽으로 눈길을 돌릴 뿐이었다. 바깥은 울창한 가을 수풀이 희미한 달빛 아래 벌써 어두워질 대로 어두워진 뒤였다.

5남 정몽헌 회장이 옆에서 아버지 시중을 들고 있었다. 정주영의 여동생 정희영鄭熙永과 매제인 김영주金永柱 한국프랜지 회장 부부도 방북 일정에 동행 중이었다. 김영주는 매제 관계를 떠나서도 사업의 오랜 동반자였다. 현대그룹 대북사업단장인 김윤규를 비롯해 경협 실무진 7명도 별도로 베이징을 통해 들어와 백화원 초대소에 합류해 있었다.

그러는 사이, 갑자기 입구 쪽에서 어수선한 발걸음 소리가 들리더니 드디어 전갈이 들어왔다. 김정일 위원장이 지방순시를 마치고 평양에 들어오자마자 그를 만나기 위해 이제 막 초대소 접견실에 도착했다는 것이다. 이미 오후 10시가 넘은 한밤중이었다.

늦은 시간이었건만 김정일로서도 남북관계의 실마리를 찾을 필요성을 느꼈기 때문일까. 현대그룹과의 협상이 그 계기가 될 것이었다. 소떼를 기증받은 데 대한 개인적인 보답의 인사 표시도 건너뛸 수는 없었을 터이다.

김정일과의 담판

접견실은 3층짜리 건물 3개로 연결된 초대소의 중앙 건물 2층에 위치해 있었다. 정주영 일행이 현관에서부터 붉은 카펫이 깔린 계단을 올라 접견실에 들어서자 방 한가운데 서서 기다리던 인민복 차림의 중년 남자가 손을 내밀며 악수를 청해 왔다.

앞머리가 약간 치켜 올라간 곱슬머리에 겉보기에도 다부진 체구였다. 둥그런 금테 안경이 그런 대로 어울리는 모습이었다. 다름 아닌 김정일이었다. 노동당 총비서 겸 국방위원장. 멀리 지방순시를 위해 밤늦도록 돌아다니느라 어느 정도는 지쳤을 법한데도 피곤한 기색은 전혀 엿보이지 않았다. 오히려 안경 속으로 슬며시 눈웃음까지 보여 주었다. 반갑다는 뜻이었을 것이다.

그보다 불과 50여 일 전에 열린 최고인민회의에서 군부를 총괄하는 국방위원장 자리에 추대됨으로써 '북한의 1인자'라는 위상을 거듭 확인시켜 준 그였다. 아버지 김일성의 타계로 인한 3년상 기간이 끝나면서 1997년 10월 노동당 총비서로 추대되었고, 다시 이때 국방위원장 자리에 오르면서 당과 군을 차례로 장악하는 데 성공한 것이다.

하지만 이러한 과정은 어차피 요식적 절차에 지나지 않았다. 누가 뭐래도 그는 북한의 유일한 실력자였다. 김정일 말고는 크든 작든 독자적으로 권한을 행사할 수 있는 사람은 아무도 없었다. 누구라도 어설프게 껍죽대다가 그의 눈에서 벗어난다면 하루아침에 유배를 각오해야 하는 처지였다.

"오시느라 수고가 많으셨습니다. 명예회장 선생께서 연로하시고 거동이 불편하시다는 얘기를 듣고 이렇게 왔습니다."

정주영이 평양에 도착한 지 사흘 만에, 그것도 체류 일정 마지막 밤중에 느지막하게 이뤄지는 면담의 인사치고는 지극히 평범한 수사였다. 그러나 김정일은 그를 수행한 일행들과 차례로 악수를 나누면서도 나름대로 예의를 잃지 않으려고 애쓰는 모습이 뚜렷했다. 정주영에게는 꼬박꼬박 '명예회장 선생'이라는 호칭으로 예우하면서 "명예회장께서는 황소 같은 분이라는 것을 잘 알고 있다"며 추켜세우기도 했다.

이날 대화의 주요 관심사는 금강산 관광사업이었다. 정주영이 김일성 주석이 생존해 있던 1989년 처음으로 북한을 방문했을 때부터 의욕을 갖고 추구한 목표였다.

그러나 사업을 허가해 주겠다는 약속을 받기는 했지만 언제, 어떤 방식으로 시작할지에 대해서는 10년 가까이 유보 상태로 남아 있었다. 소떼몰이 방북이 처음 성사된 바로 넉 달 전에도 조선아태평화위원회 김용순 위원장과 합의문에 나란히 서명까지 했으나 여전히 마지막 문제가 풀리지 않고 있었다.

그때의 방문에서도 이미 김영남金永南 최고인민회의 상임위원장과 만나 논의를 나눈 마당이었다. 하지만 그것으로는 모자랐다. 북한의 권력 서열 2위. 김정일 위원장 바로 다음이지만 그가 책임질 수 있는 것이란 아무것도 없었다.

물론 큰 틀에서의 방향은 진작부터 정해져 있었다. 남한 관광객들이 유람선을 타고 바닷길로 금강산에 도착해 정해진 구역 안에서 관광을 하도록 한다는 것이 그 요점이었다. 이를 위해 현대가 북한 측과 합작 형식으로 금강산 외항인 장전항에 선착장을 설치하고 등산과 온천, 해안 관광 등에 이르는 여러 관광코스를 개발키로 한다는 내용도 포함되어 있었다. 그것이 그때까지 이루어진 기본 합의였다.

더 나아가 여건이 허용하는 대로 금강산 주변에 골프장과 스키장을 건설하는 것은 물론 묘향산과 구월산, 칠보산 등 북한의 다른 빼어난 경승지에 대해서도 관광개발을 한다는 계획이 논의되고 있었다. 결국에는 마음만 먹으면 남한 관광객들이 백두산까지도 쉽게 구경 갈 수 있는 시대가 열릴 참이었다. 통일까지는 아니라도 그 앞 단계의 교류가 눈앞에 실현되고 있었다.

문제는 과연 관광사업을 언제부터 시행할 수 있느냐 하는 것이었다. 양측이 합의한 의정서에도 "가급적 조속한 시일 내에"라는 정도로만 명시되었을 뿐이다.

금강산 관광, 합의에 이르다

결국 남북한 당국의 최종 승인을 받아야 한다는 것이 가장 중요한 전제조건이었다. 그중에서도 북측의 허가사항이 관건이었다. 남한에서는 김대중 정부가 햇볕정책을 추구하고 있었던 만큼 장애 요인은 별로 없었다. 그런 면에서는 남한 정부가 오히려 더 적극적인 편이었다.

결국 북측의 승인이 떨어지기만을 기다리던 상황이었다. 다시 말해서, 김정일의 직접 언질이 필요했다. 북한의 책임자들이라고 해야 그의 말을 전달하는 중간 연락책에 불과했다. 폐쇄적인 북한 체제의 속성상 어정쩡한 상태에서 감당하지도 못할 말을 함부로 내뱉었다가 삐끗하는 날에는 당장 그날로 숙청을 각오해야 했다.

남북관계에 관련된 금강산 관광사업은 특히 미묘한 문제였다. 그리고 그날 백화원 초대소에서 이뤄진 김정일 위원장과의 심야 면담이 그것을 좌우하는 자리였음은 물론이다. 권력자와 사업가 사이의 담판이었다.

"금강산 사업은 우리가 이미 준비를 다 해놓았으니 현대가 모든 것을 맡아서 적극적으로 추진해 주십시오."

드디어 김정일 위원장의 입에서 원하던 언질이 떨어졌다. "발해만勃海灣에 석유가 많이 매장되어 있으므로 앞으로 발굴에 성공하면 남쪽에도 주겠다"고도 했다. 금강산 관광뿐만 아니라 다른 분야에서도 사업권을 부여하겠다는 뜻이었을 것이다.

정주영이 그에게 '장군님'이라 부르면서 마지막 응답을 요구한 데 대한 답변이기도 했다. 정주영은 이 자리에서 그에게 금으로 만든 학鶴을 선물로 전달하기도 했다. 1천 년을 넘겨 산다는 학처럼 장수하라는 의미를 지닌 선물이었다. 뒷날 남북 교류사에서 중요한 한 페이지를 장식하게 되는 정주영과 김정일 사이의 첫 면담은 이렇게 우호적인 분위기 속에서 진행되었다.

물론, 이날의 면담 내용에 대해 추후 논란이 제기되지 않을 수 없었다. 김정일에 대한 '장군님'이라는 호칭부터가 정치적으로 시비의 대상에 오르게 된다. 하지만 이 호칭에 오해의 소지가 있다곤 해도 마땅한 호칭이 달리 없었던 것도 사실이다. 폐쇄정권의 최고 실력자에게는 어차피 '위원장'이나 '장군님'이나 마찬가지일 터였다. 더욱이 그는 조선인민군 최고사령관이라는 위치에 있었고, '김정일 장군의 노래'라는 우상화 노래도 북한 사회에 퍼져 갈 때였다.

김정일에게 준 금학이 150돈짜리라는 사실도 성토 대상에 올랐다. 소 1,001마리와 그 소떼를 싣고 간 트럭들을 모두 북한에 기증한 데 비하면 상대적으로 무시해도 될 만한 액수였지만 금붙이 선물이라는 점에서 일반 정서상 용인되기 쉽지 않았을 것이다. 그러나 그 뒤로 한동안 남북 교류가 본격적으로 진행되면서 우리 기업인들이 김정일에게 금송아지나 금거북이를 선물로 전달하는 사례가 이어졌음을 기억할 필요가 있다.

어쨌거나, 40분 남짓 진행된 그날의 심야 담판으로 역사적인 금강산 관광길이 열리게 되었다. 북한 당국으로서도 내심 원하던 사업이었을 것이다. 내부 사정상 외화外貨가 절실하게 필요한 처지였기 때문이다. 처음부터 잔뜩 긴장했던 담판치고는 싱겁게 끝나고 말았다.

김정일은 대화를 마치고 초대소 현관에서 기념사진을 찍으면서도 자신은 옆에 비켜서고 정주영에게 가운데에 서도록 극구 권유했다. 연장자 대접에 소홀함이 없는 모습이었다. 사진을 찍는 배경이 금강산 총석정叢石亭 그림이었다는 점에서도 상징적인 의미를 더했다.

"이렇게 공산당 당수와 나란히 사진을 찍는 것은 보안법 위반이 아닙니까?"

김정일은 사진을 찍으면서 일행에게 농담을 건네기도 했다. 그 스스로도 흡족한 표정이었다. 그는 사진을 찍은 뒤 작별의 악수를 나누고는 자신의 수행원들과 함께 초대소를 떠나갔다. "이젠 길이 터졌으니 자주 오시라"는 초청 인사말이 그날의 마지막 선물이었다.

이날 면담에 대해 북한 〈중앙방송〉은 "경애하는 김정일 동지께서 현

김정일 위원장과 함께 기념촬영 중인 정주영

대그룹 정주영 명예회장과 그 일행을 접견하셨다"고 공식 보도했다. 그의 일행이 면담을 마치고 서울로 귀환한 다음 날 저녁의 일이다. 그동안 남북 간에 일체의 교류관계가 끊어져 있던 상황에서 이례적인 보도였다. 보도 말미에는 "이에 대해 정 명예회장 일행은 경애하는 장군님께 자기들을 친절하게 접견해 주신 데 대해 심심한 감사의 말씀을 드렸다"는 내용도 덧붙였다.

이로써 현대그룹 금강개발이 주관하는 금강산 관광사업은 빠르게 추진되어 바로 다음 달 동해항에서 유람선이 첫 출항을 하게 된다. 이를 전담하는 계열사로서 현대아산이 정식 출범한 것은 또 그 다음의 일이다. 회사 이름조차 정주영의 아호인 '아산'을 따서 만들어졌다. 회사 명칭에서부터 실향민으로서 북한 개발을 염원하는 그 자신의 각별한 의

44

지를 보여 주었다.

금강산 관광사업은 단순히 정치 선언적인 차원을 넘어 실질적으로 남북 화해와 교류협력의 새로운 시대를 알리는 출발점이었고, 민간 경협의 빗장을 여는 본격 신호탄이기도 했다. 그 직후 재개된 이산가족 상봉도 이를 발판으로 삼은 것이었음은 물론이다. 금강산에서 만나는 이산가족의 해후였다.

이때 현대는 금강산 관광사업에서 50년간 토지를 독점적으로 이용하는 권리를 부여받았다. 내금강과 외금강, 해금강 일대의 토지가 그 범위에 포함되었다. 아울러 황해도 해주에 2천만 평의 토지를 불하받아 이듬해부터 10년 동안 공단을 조성하는 사업계획에도 잠정 합의를 보았다. 북한의 서해안 석유탐사도 공동 진행키로 하는 등 여러 분야에서 선점권을 인정받은 것이다.

그보다 더 중요한 사실은 정주영의 북한 방문과 금강산 관광 성사로 인해 김대중 대통령과 김정일 국방위원장 간 정상회담 논의의 물꼬가 터졌다는 점이다. 그렇게 본다면, 이후 남북을 연결하는 도로와 철도가 부분적으로나마 개통되고, 지금의 개성공단이 개설된 것도 결국은 그 연장선에서 이뤄진 결실이나 다름없다. 현재 남북 간의 교류가 다시 막힌 것이 아쉬울 뿐이다.

우리 시대의 '신화神話'

이렇듯 총칼로 대치하고 있는 판문점의 빗장을 소떼몰이로 열었다는 자체가 하나의 영웅담이다. 그가 젊은 시절 탐독했다는 나폴레옹이나 칭기즈칸의 얘기가 바로 그런 것이지 않은가. 일찍이 알프스를 넘어 로마로 진군한 카르타고의 영웅 한니발의 모험담이 또한 비슷한 범주에 포함된다.

정주영이 '현대現代'라는 회사 간판을 내걸고 사업을 본격 시작한 이래 건설, 자동차, 중공업 등의 각 분야에서 성공을 거둔 과정이 모두 같은 식이었다. 가난한 농부의 아들로 태어나 어려서 고향을 뛰쳐나오면서부터 기꺼이 헤쳐 온 길이었다.

영국에서 발행되는 경제전문 주간지 〈이코노미스트Economist〉가 일찍이 그를 '한국 재계의 나폴레옹'이라고 지적한 이유가 바로 거기에 있다. 한국이 1997년 외화 부족으로 인한 경제위기를 맞아 국제통화기금 IMF 관리체제에 들어간 이후에도 선뜻 기아자동차를 인수하고 금강산 관광사업을 성사시킨 데 대한 찬사였다. 이러한 추진력에 대해 "불가능은 없다는 신화를 연상시킨다. 끊임없이 목표를 세우고 그것을 이루기 위해 전력투구한다는 점에서 나폴레옹과 매우 흡사하다"고 평가한 것이다.

나폴레옹이 불굴의 정신으로 유럽 대륙을 정복했듯이 정주영은 경제 영토를 개척했다. 그런 점에서 그의 지난 역정은 우리가 이 땅에 함께 살아가는 시대에 쌓아 올린 신화나 다름없다. 사방을 둘러봐도 모래뿐인 사막의 허허벌판에 육중한 돌덩이를 깎아 피라미드를 세운 '거탑巨塔

의 신화'였다.

소떼를 몰고 판문점을 넘겠다는 발상만 해도 어느 누가 감히 쉽게 떠올릴 수 있었을까. 정주영이라고 군사분계선 통행증을 원래부터 쥐고 있지는 않았다. 끈질기게 추진한 끝에 남북한 당국으로부터 얻어 낸 것이다.

더구나 6·25 전란 직후 한국은 폐허에 지나지 않았다. 그런 상황에서 그는 맨주먹으로 달려들어 사업을 일으켰다. 산을 뚫어 터널을 내고 강을 가로질러 다리를 놓았다. 댐을 쌓고 항만도 건설했다.

평소 그가 좋아하던 한문 글귀대로 "산을 만나면 길을 내고, 물을 만나면 다리를 놓는다 逢山開道 遇水架橋"는 식이었다. 그의 앞에는 거칠 것이 없었다. 역대 통치자들이 어쩌지 못하던 보릿고개를 물리치고 '한강의 기적'이라 불리는 경제성장을 일궈 낸 것은 그 결과였다. 외국 언론에서 한국을 '쓰레기통'이라 비아냥대기도 했지만, 그 가운데서도 장미꽃을 가득 피워 낼 수 있음을 증명해 보였다. 적어도 민간 분야에서는 그가 한국 경제의 밑받침을 다진 주인공이라 해도 전혀 지나치지 않다. 그 과정에서 때로는 불가능한 일을 현실로 만들어내기도 했다. 그야말로 지도에도 없는 길을 앞장서서 개척한 주역이었다.

옛말에 "망망대해에 배 지나간 자취 찾기 어렵고, 구름 높은 하늘에 새 떼 날아간 흔적 찾기 어렵다"고 했다. 그러나 그가 남긴 발자국은 너무나 선명하다. 코끼리 떼를 이끌고 눈 덮인 알프스를 넘은 한니발이나, 말 위에 올라 대륙을 호령한 칭기즈칸 이상의 뜨거운 의지를 그는 가슴속에 지녔던 것이다. 어떠한 시련에도 굴하지 않는 영웅의 풍모가 바로 그런 것일 터이다. 그를 단순히 '창조적 기업인'이라고 평가하는 것만으로는 부족한 이유다.

비단 우리끼리만 박수치고, 국내에서의 칭찬으로만 그치는 평가가
아니다. 외국 언론이나 전문가들은 더욱 경이스런 눈길로 바라보았다.
앞에 인용한 〈이코노미스트〉의 기사는 하나의 사례에 지나지 않는다.

소떼몰이 방북 이전이나 이후나 마찬가지였다. 그리고 그가 타계한
이후 지금까지도 그의 경제 업적을 새롭게 평가하려는 시도는 계속 이
어지고 있다. 건설과 자동차를 포함하여 조선, 석유화학, 정유, 해양유
조장비, 백화점 및 호텔 등의 분야에 이르기까지 드넓은 영토를 개척하
며 '현대 제국Hyundai Empire'을 건설했다는 점에서 그는 '한국의 기업인'
에서 '세계의 기업인'으로 재평가 받을 만하다.

우리 주변으로 눈길을 돌려도 금방 확인되는 사실이다. 일찍이 전
란 통에 부서진 한강대교를 복구했으며, 양화대교와 한남대교, 그리고
마포대교를 놓았다. 남산을 가로질러 터널을 뚫고 서울타워의 첨탑을
세웠다. 여의도 국회의사당을 완공한 것도 정주영의 현대건설이었다.
1970년대 초반 배밭이 널려 있던 서울 압구정동에 아파트 단지를 조성
해 '강남 시대'를 열기도 했다. 선박 건조 경험이 전무한 상황에서 맨모
래밭에 도크를 지어 세계적인 조선소로 키웠다는 한 가지 사실만으로
도 가히 기적으로 기록될 만하다.

그뿐만이 아니다. 전국경제인연합회 회장을 맡아 한국 경제계의 역
동력을 키우는 구심점 역할을 맡았으며, 그 역할을 발판으로 1988년의
서울올림픽 유치에도 결정적으로 공헌했다. 유치 경쟁에 뒤늦게 뛰어
들었으면서도 1981년 9월 서독 바덴바덴에서 "쎄울Seoul, 꼬레아Korea"
신화를 만들어 낸 것이다. 그때 IOC 총회에서 올림픽 개최지를 발표한

안토니오 사마란치Juan Antonio Samaranch 위원장의 서툰 발음은 모진 시련을 견뎌 온 한국에 번영과 축복을 선사하는 메시지이기도 했다. 그것을 이끌어 낸 주인공이 바로 정주영이었다.

그는 이 밖에 학교를 세우고 농촌에 병원을 세우는 등 기업이윤의 사회환원 활동에도 지치지 않는 열의를 보여 주었다. 언론지원 활동에서도 마찬가지다. 직접 신문사를 세운 것 말고도 언론단체인 관훈클럽에 막대한 기금을 지원했다. 세계적으로 남부럽지 않을 만큼의 재산을 일궈 낸 과정이 역경의 연속이었으면서도 그것을 혼자서 누리기보다는 이웃과 사회에 베풀려 노력한 흔적이다.

그는 한때 정치에도 참여했다. 1992년의 대통령 선거에 나선 것이 그것이다. 통일국민당을 창당해 총선거에서 돌풍을 일으킨 여세를 몰아 스스로 대선 후보로 출마했다. 그러나 결과적으로 패배했고, 그로 인해 마음속 깊은 상처를 입었다. 후유증도 작지 않았다. 그때의 강요된 은둔이 그로서는 견디기 어려운 아픔이자 번민이었을 것이다.

그 고비가 정주영이 인생 막바지에 겪어야 했던 최대의 시련이었다. 영국과의 워털루 전쟁에서 패배하여 대서양의 외딴섬 세인트헬레나에 유배된 나폴레옹의 심정이 그러했을까. 유럽 대륙을 흔든 불세출의 영웅이었으면서도 허공을 향해 "이것이 정녕 하늘의 뜻입니까?"라고 절규해야 했던 운명이다. 정주영도 아마 날마다 하늘을 쳐다보며 원망했을지 모른다.

그의 정치 도전에 대해서는 어차피 평가가 엇갈릴 수밖에 없겠으나, 세월이 지나면서 새로운 눈길로 해석하려는 시도가 끊이지 않는다. 비슷한 무렵 미국에서도 기업인 출신 로스 페로Ross Perot가 대통령 선거에 출마한 사례가 있다. 크라이슬러자동차 회장으로 '경영의 귀재'라고 불리던 아이아코카Lee Iacocca도 대선에서 유력한 후보로 꼽히다가 중도 포기 의사를 밝힌 무렵이었다.

이처럼 '경제 대통령'이 하나의 추세였다. 바라보는 시각에 따라서는 만약 그때 선거에서 정주영이 당선됐다면 한국이 그 직후 닥쳐 온 외환위기를 겪지 않아도 되었을 것이라고 말하기도 하지만, 그 역시 하나의 부분적인 견해일 뿐이다.

이제 그러한 모든 훼예포폄毁譽褒貶의 평가를 떠나 정주영의 발자취는 다시 돌이킬 수 없는 영원한 과거의 영역으로 흘러가 버리고 말았다. 우리가 시도할 수 있는 일은 단지 기억을 더듬어 그가 지나간 행적을 되돌아보는 정도일 것이다. 영웅의 발자취를 뒤좇는 것은 그 자체만으로도 흥분되고 벅찬 일이다.

가출 시대

2

1915년 11월 25일, 정주영은 강원도 통천군 송전면 아산마을에서 태어났다. 기껏해야 50호 남짓 옹기종기 모여 살던 작은 동네였다. 면사무소 소재지인 송전이 동해안의 소나무 숲 해변가를 따라 위치해 있었고, 아산리는 거기서 서쪽으로 얼추 10리쯤 떨어져 있었다. 빠른 걸음으로 한 시간쯤 걸리는 산골 마을이었다.

그의 집안은 증조부 때부터 이곳에 터 잡아 살고 있었다. 원래 조상대대로 함경북도 명천에서 붙박아 살던 집안이었다. 그러다가 도중에 길주로 옮겨 거주하고 있었는데, 증조부 때에 이르러 아들 3형제를 포함하여 딸린 식구들을 거느리고 남쪽으로 내려오다가 금강산 근처의 빼어난 산세가 마음에 들어 통천에 자리를 잡게 되었다.

이를테면 동네에서도 타지 출신으로 외톨박이 집안이었다. 그렇게 집안이 이곳에 정착한 것이 갑오년甲午年, 즉 1894년 즈음의 일이다.

당시의 시대 상황은 매우 혼란스러웠다. 그때의 갑오년만 해도 동학교도를 중심으로 농민들의 봉기가 일어나 조선 팔도가 들썩였다. 이를 진압한다는 빌미로 일본군과 청군이 들어와 저들끼리 청일전쟁을 벌였고, 뒤이어 근대화 개혁을 내세운 갑오경장甲午更張이 진행되었다. 1896년 초에는 단발령이 내려졌다. 머리가 잘리는 한이 있더라도 머리칼은 자르지 않겠다고 버티는 사대부, 백성들의 집단항의에 전국이 뒤숭숭했다. 앞날을 내다보기가 어려웠다.

이런 상황에서 그의 증조부가 전답을 모두 처분하고 식솔들과 함께 새로운 정착지를 찾아 남쪽으로 내려온 것은 아마 재난을 피해 피장처避藏處로 숨어들려는 시도였을 것이다. 물, 불, 바람의 3가지 재난을 모면할 수 있다는 곳이 바로 피장처가 아니던가. 흉흉한 민심으로 백성들이 《정감록鄭鑑錄》의 도참설에 솔깃하던 시절이다.

도참설이 아니라도 함경도 땅은 척박하기 이를 데 없었다. 조선 후기의 실학자 이중환李重煥은 《택리지擇里志》에서 "함흥 북쪽은 산천이 험악하고, 풍속이 사납고, 토지도 메말라 있다"고 표현하고 있다. 그만큼 살기가 어려웠던 것이다.

새로 정착한 강원도라고 더 나을 수는 없었다. 그러나 그때만 해도 통천 일대는 여유가 있었던 것으로 보인다. "오직 고성과 통천에는 논이 많고 땅도 척박하지 않다惟高城通川最多水田而亦不甚磽薄云"는 게 《택리지》의 기록이다.

역사적으로 신라가 고려에 무릎을 꿇고 나라를 바쳤을 때, 마의태자 김일金鎰이 세상을 한탄하며 머리를 깎고 숨어들었다는 곳이 바로 통천이다. 신라 마지막 임금 경순왕의 태자였던 그는 이곳 개골산皆骨山에서 초근목피로 주린 배를 채우며 여생을 보낸다. 베옷麻衣을 입고 지냈다고 해서 붙여진 이름이 마의태자다. 뒤에 그의 아들 김교金較가 통천군通川君 벼슬에 봉해지면서 '통천 김씨'가 창성된다. 통천 김씨 사당이 통천읍에 모셔진 데는 그런 배경이 있다.

어쨌거나, 정주영이 태어난 것은 그의 집안이 통천에 정착한 때로부터 대략 스무 해가 지나서다. 이때까지만 해도 면 이름은 통천군 소속이긴 했어도 '송전松田'이 아니라 '답전踏錢'이었다. 1936년에 이르러서야 답전면이라는 이름이 송전면으로 개칭되었으니, 정주영으로서는 벌써 서울에 정착한 이후의 일이다.

통천군 송전면 아산리 210번지의 세 칸짜리 초가가 그가 태어난 집이었다. 증조부가 식솔을 거느리고 처음 이곳에 임시로 마련한 거처가 세월이 지나면서 한 칸씩 늘어났을 것이다. 그 세 칸 방 사이에는 마룻방도 하나 딸려 있었다. 당시 대가족 체제의 많은 식구들이 기거해야 하는 농촌집의 일반적인 구조였다.

하지만 그 집에서 강보에 싸여 첫 울음을 터뜨리며 태어난 사내아이가 장차 대한민국의 경제를 일으켜 세우는 주인공이 되리라는 사실을 누가 짐작했으랴. 발이 큰 데다 울음소리가 유난히 우렁차다는 정도가 달랐을 뿐이다.

더구나 당시는 일제 치하였다. 청일전쟁에서 노대국 청나라를 무릎 꿇린 것을 기화로 이리저리 넘보다가 결국은 삼천리 강산을 통째로 집어삼킨 일본이었다. 촌구석이라고 식민정책이 가혹하지 않았던 것은 아니다. 그들의 음흉한 속셈에 미리 대처하지 못한 조선 지도자들의 잘못이기도 했다.

정주영이 태어난 해는 일본 연호로 다이쇼大正 4년. 일본이 강제로 조선 땅을 지배하기 시작한 때로부터 이미 다섯 해가 지났고, 1912년 메이지明治 일왕의 사거에 따라 그 아들인 요시히토嘉仁 왕세자가 자리를 물려받은 이래로는 어느덧 네 해째가 지나갈 무렵이었다. 요시히토 일왕의 연호가 바로 '다이쇼'가 아니던가.

가출 시대

통천군 일대에서도 일제 침략에 대한 주민들의 저항 의식이 대대로 이어져 내려오고 있었다. 구한말에는 의병투쟁이 일어났고, 1919년 기미년己未年 3·1운동 때는 곳곳에서 만세운동도 벌어졌다. 당시 통천읍에서 보통학교 학생들의 시위가 일어나 일본인 순사들에 의해 강제 진압되는 과정에서 수십 명이 다치고 그중 몇 명은 옥고를 치렀다는 얘기를 정주영도 자라면서 귀띔으로 들을 수 있었다.

가난한 농촌 집안의 장남으로

그런 시대적 상황에서도 아버지 정봉식鄭捧植은 우직한 촌부였고, 어머니 한성실韓誠實은 이름 그대로 성실한 아낙이었다. 이들 부부 사이에서 태어난 첫아들이 정주영이다. 가문의 장손이었다.

하지만 정봉식이 32세 때, 한성실이 22세 때여서 아이를 일찍 본 경우는 아니다. 오히려 늦은 편이었다. 길주에서 태어난 정봉식이 어린 시절 할아버지와 아버지 손에 이끌려 낯선 땅에 정착했기에 마을 사람들과 쉽게 어울리지 못했고, 따라서 혼인도 늦어진 결과였다. 정주영이 집안의 장손이면서도 둘째 집의 맏이인 덕영德永보다 두 해나 늦게 태어난 것이 그런 이유다.

정주영은 자기 밑으로 남동생 5명과 여동생 2명을 더 봄으로써 6남 2녀 가운데 장남으로 자라난다. 먹을 것이 변변치 않아 너나없이 풀뿌리와 나무껍질로 겨우 연명하던 시절이었으니, 그 또한 어려서부터 배고픔을 견뎌 가며 농사일을 거들어야 했다.

농사철이 되면 아버지는 아직 새벽 어스름이 밝아 오기도 전에 그를 깨워 논으로, 밭으로 걸음을 앞세웠다. 어린 마음에 가끔씩은 잠이 덜 깬 눈으로 투정을 부리기 일쑤였다. 철부지로서 야속하기만 했다.

워낙 말수가 적은 아버지도 그때마다 꾸중 반으로 그를 타이르곤 했다. "동생들을 책임지고 시집 장가 보내려면, 맏아들인 네가 열심히 일하지 않으면 안 된다"는 얘기였다. 농촌이 아니라도 어느 집에서나 장남의 어깨가 무거울 때였다. 하물며 장손의 책임은 남달랐다.

그렇게 논밭에 나가 하루 종일 일하기 시작한 것이 대략 소학교에 들어가면서부터다. 아홉 살이 되어 송전소학교에 들어갔다. 학교 공부가 없는 날이면 새벽같이 일터에 나가 해가 저물어 어둑해진 뒤에야 돌아오는 게 보통이었다. 산과 들에서 소 먹일 꼴을 베어 오기도 했다. 산골짜기에 옅은 아지랑이가 피어나는 봄철부터 밭일이 본격 시작되었지만 여름에는 특히 일이 고되었다. 농촌의 여름날은 길기만 했다.

아버지는 그를 농사꾼으로 만들려고 했다. 달리 선택할 방도도 없었다. 아버지 자신이 마을에서도 부지런한 으뜸 농사꾼이었다. 외지에서 흘러들어 온 집안이었기에 게을렀다간 식구들 모두가 굶주리기 십상이었다. 아버지 성격이 과묵했던 것도 어려서부터 또래 친구가 별로 없었기 때문일 것이다. 마을에서는 그의 집을 '질죽집'이라 불렀다. 함경도 길주에서 흘러들어 온 집안이라는 뜻이었다.

쌀뒤주가 바닥을 드러낸다고 해도 마땅히 손 벌릴 이웃도 없었다. 아래윗집 모두가 고만고만한 처지에 외지 사람으로서 보리쌀 됫박이나마 꾸어 달라는 부탁이 염치가 없을 것이었기 때문이다. 아버지가 맏아들인 그에게 밭을 매고, 씨를 뿌리고, 풀을 뽑는 농사일을 가르치지 않으면 안 되었던 이유다.

아버지 자신이 동네 서당의 훈장이던 할아버지 슬하에서 6남 1녀의 장남으로 자라난 입장이었다. 따라서 집안 살림을 앞서서 이끌어가야 하는 무거운 책임을 떠안고 있었다. 아버지의 형제자매 가운데서도 막내 고모는 정주영과 불과 네 살 차에 지나지 않았다. 먹어야 하는 입은 많아도 일손은 부족했다.

어머니도 무릎 밑의 자식들뿐만 아니라 시동생들 뒷바라지에 농사일을 돌보면서 길쌈과 누에까지 쳐야 했으니, 부지런하기는 마찬가지였다. 바닷가 고기잡이철에는 푼돈이나마 살림에 보태기 위해 송전면 어촌에 나가 생선 비늘을 다듬었으며, 겨울에도 쉬지 않고 가마니를 짰다. 손은 늘 거칠기만 했다. 식구들이 먹고사는 문제를 해결하는 데는 어머니가 아버지보다 더 억척스러운 편이었다.

"어머니는 일복을 타고나서 그랬는지 유난히 손발이 크셨지요."

아들로서 어머니에 대한 정주영의 애처로운 기억이다. 간혹 어머니에 대해 이야기를 꺼낼 때마다 한층 가라앉은 목소리였다. 그도 어린 시절 동생들과 함께 어머니를 따라 산뽕나무 잎사귀를 따러 험한 산기슭을 헤매고 다녀야 했다. 더욱이 자식들에 대한 어머니의 보살핌은 극진했다. 한밤중에도 장독대 위에 물을 떠놓고는 자식들을 위해 치성을 드리곤 했으니 말이다.

보릿고개의 기억

이처럼 어려서부터 부모님께서 몸소 보여 주신 부지런한 생활태도와 식구들에 대한 책임감이야말로 그의 인생에서 중요한 교훈으로 새겨진다. 훗날 맨손으로 사업을 시작하면서 그의 가장 중요한 밑천이 바로 그것이었다.

더구나 아버지는 책임이 무거웠다. 동생들의 생계까지 떠맡아야 했다. 밑으로 여섯 동생들을 혼례 시켜 밭떼기까지 적당히 나눠 줘야 하는 책임이 전적으로 아버지의 몫이었다. 할아버지가 통천에 정착하자마자 서당을 열고 훈장으로 들어앉았기 때문이다. '공자 왈 맹자 왈'을 가르치는 것만으로는 식구들의 배고픔을 해결할 수 없었다.

그 아버지의 책임을 정주영이 대를 물려 다시 떠안아야 하는 처지였다. 맏아들은 집안의 기둥뿌리였다. 그 기둥이 흔들리면 동생들의 분가는커녕 당장 식구들의 끼니가 어려울 판이었다. 그를 으뜸 농사꾼으로 만들려는 아버지의 걱정이었다.

하지만 어린 생각에도 그는 농사일이 싫었다. 진저리가 쳐질 정도였다. 철 따라 김을 매느라 허리도 펴지 못하면서 고되게 일하는데도 논밭의 소출은 보잘것없었다. 아버지를 거들어 틈날 때마다 골짜기 빈터의 덤불을 파 엎고 나무 등걸과 돌멩이를 가려내며 화전火田까지 일구었는데도 살림은 늘 모자랐다. 하루 세 끼 입에 풀칠이 어려웠다.

춘궁기春窮期에는 더욱 심했다. '태산보다 높다'는 보릿고개가 아니던가. 평소에도 쌀보다는 보리나 밀이 주식이었다. 밀에 감자와 옥수수를 섞어 밀밥을 지어 먹었다. 밥 알갱이가 까끌까끌해서 목구멍에 잘 넘어

가출 시대

가지 않는 것이 밀밥이다. 가끔씩 식구들의 생일날이면 밥상에 쌀밥이 올라오기도 했으나 그나마 춘궁기 때는 어림도 없었다. 밀기울이나 콩죽, 비지밥도 마다할 형편이 아니었다.

여름 동안에는 학교를 다니면서도 거의 맨발이었다. 10리 길을 오가다 보면 짚신은 금방 떨어지기 마련이었다. 그러다가 추석 명절이 되어서야 새 버선에 읍내 장터에서 새로 사온 검정 고무신을 신을 수 있었다. 추석이라고 해서 어머니가 무명을 직접 물들여 바지저고리를 새로 지어 주면 눈보라 치는 겨울에도 그것이 전부였다.

그러한 모습이 당시 강원도 첩첩 두메의 농촌생활이었다. 통천군을 에워싼 주변 지역이 거의 마찬가지였다. 북서쪽으로 마주한 함경남도 안변군이나 서남쪽의 회양군, 동남쪽의 고성군이라고 해서 주민들이 연명하던 형편이 크게 다를 수 없었다. 앞서 《택리지》의 평가에도 불구하고 농촌 중에서도 농촌, 산골 중에서도 산골이었다. 그야말로 '깡촌'이라는 표현이 더 어울렸다고나 할까.

가뭄이 들면 논밭이 타들어 가는 모습을 지켜보며 애를 태우다가도, 어느 날 갑자기 홍수가 지면 어렵게 지은 농작물이 물살에 떠내려가는 통에 울음을 터뜨리기 일쑤였다. 여름철에 난데없이 우박이 내리기도 했고, 나락이 여물어 가는 가을 녘에 이른 서리가 내려 1년 농사를 망치기도 했다.

그 무렵인 1925년 을축년乙丑年 물난리가 그러했다. 충청도나 전라도, 경상도에서는 쏟아져 내린 폭우로 논밭이 쑥대밭이 되었다. 소, 돼지, 닭 같은 가축에 집채까지 떠내려갔으니, 농사 피해는 더 말할 것도 없었다. 그나마 강원도 산골은 홍수 피해가 덜한 편이라며 동네 어른들은 위안의 한숨을 섞어 얘기하곤 했다. 정주영이 10세 때, 아직 어린 나이이긴 했어도 그만한 눈치는 있었다.

그렇다면, 농사란 뿌리고 심는 대로 거두는 게 아니었다. 그것은 운이 좋을 때만의 얘기였다. 밭에 씨를 뿌리고, 거름을 주고, 김을 매는 정도가 사람이 할 수 있는 노력의 전부였다. 그 다음은 자연의 조화에 맡길 수밖에 없었다. 아무리 애를 써도 비바람의 심술에 흔들리기 십상인 농사일로 일생을 보내야 한다는 것은 어린 마음에도 끔찍했다. 마치 철따라 다람쥐 쳇바퀴 도는 듯한 농촌 생활에 대한 거리감이었다.

하지만 이러한 생각과는 아랑곳없이 15세 무렵부터 정주영의 농사일은 본격적으로 시작된다. 소학교를 졸업하면서부터다. 이제는 산속 빈터에 화전을 일구는 것뿐이 아니었다. 아버지는 개천가의 돌밭을 개간해서 논으로 만들기도 했다. 무엇보다 농토에 대한 아버지의 집념은 대단했고, 그럴수록 그는 툴툴대면서 힘들게 쫓아다녀야 했다.

농사일이 싫다고 해서, 또는 힘에 부친다고 해서 농토의 소중함을 몰랐던 것은 아니다. 농토는 농민들의 한恨이자 악착같이 살아가고자 하는 삶의 의지였다. 또한 숙명이기도 했다. 변변한 제 땅이 없으면 가난의 천형天刑에서 벗어나기 어려웠던 대부분 농민들의 한숨이 그것을 말해 주었다.

정주영이 그런 사연을 모를 리 없었다. 아직 어린 나이에도 서서히 철이 들고 있을 때였다. 아니, 그쯤이면 이미 어린 나이도 아니었다.

가출 시대

방황했던 어린 시절

어린 시절, 정주영은 공부에 소질이 있었다. 학교에 다니면서 신식 공부를 깨치는 데 재미를 붙였다. 농사일은 마음에 내키지 않아도 책을 읽는 데는 흥미를 느꼈다. 읽을 책이 없었을 뿐이다.

날마다 10리 고갯길을 걸어 학교를 오가면서도 힘든 줄을 몰랐다. 아홉 살 때 들어간 송전소학교였다. 학교에 가는 날은 농사를 시키지 않아서도 좋았다. 어려서부터 키가 크고 덩치가 컸으면서도 힘보다는 머리를 쓰려는 편이었다.

자기 스스로 "습자習字와 창가唱歌 과목 정도만 빼놓고는 거의 전 과목이 만점을 유지했을 정도"라고 돌이킨 바 있다. 공부를 열심히 파고들었다기보다는 워낙 머리가 명석한 편이었다. 그러면서도 붓글씨에 집중하기 어려웠던 것은 성격이 차분하지 못한 탓이었고, 노래 실력 또한 타고난 대로였을 것이다. 괄괄한 목소리로는 학교 교실에서 부르는 동요에 젬병일 수밖에 없었다.

된통 감기에 걸려 피고름 섞인 가래침 때문에 대여섯 달이나 학교 공부를 거르고도 다른 학생들보다 성적이 좋았던 게 그 덕분이었을 터다. 한 학기를 쉬고도 뒤처지지 않고 무난히 학교를 마칠 수 있었다. 어린 마음에 1등을 놓친 것이 못내 아쉬웠을 뿐이다.

소학교에 들어가기 전에는 이미 여섯 살 때부터 서당에 다니며 3년 동안 한문을 깨쳤다. 《천자문千字文》과 《동몽선습童蒙先習》, 《명심보감明心寶鑑》을 배웠고, 《소학小學》과 《대학大學》, 《자치통감自治通鑑》도 배웠다. 오언시五言詩에 칠언시七言詩 글귀까지 두루 익힌 실력이었다. 그 정도로도 문자를 뽐낼 만했다.

할아버지가 마을의 서당 훈장이어서 더욱 따끔하게 배워야 했다. 회초리로 종아리를 맞아 가며 깨친 한문 실력이 뒷날 살아가면서 두고두고 중요한 밑천이 될 줄이야 그때로서는 미처 몰랐을 것이다.

책장을 넘기며 글 읽는 것을 좋아했기에 장차 소학교 선생님이 되겠다는 소망을 품기도 했다. 그러나 학교를 마치면서 그런 포부도 그대로 사그라들고 말았다. 그의 정식 최종학력으로 기록된 소학교 시절의 기억이다. 소학교를 전체 2등으로 졸업하고도 집안 형편 때문에 고등보통학교 진학은 꿈도 꾸지 못했다. 통천에서 가장 가까운 원산에 원산고보와 원산상업학교가 있었으나 그로서는 언감생심이었다.

그러면서도 신문을 읽기 시작한 것은 새로운 배움의 기회였다. 동네 어른들이 돌려 가며 읽고 난 신문을 얻어 읽으려고 틈틈이 송전면 이장 집을 드나들었다. 그때 일대 지역에서는 거의 유일하게 이장 집에서 〈동아일보東亞日報〉를 구독하고 있었다. 통천에서도 제일가는 부잣집으로 꼽히던 집안이었다.

신문은 그에게 바깥세상 돌아가는 소식에 도회지의 온갖 환상까지 얹어 전해 주는 배달부였다. 세상살이에 대한 모든 공부가 그 안에 들어 있었다.

"나는 '신문 대학'에서 세상 물정을 배웠지요."

그가 현대그룹을 일군 뒤에도 자주 이렇게 말한 것이 반드시 지나가는 농담만은 아니었다. 신문은 그에게 학교였으며, 스승이었으며, 도서관이었다. 집안 형편 때문에 상급 학교에 진학할 수 없었던 처지에서 하나의 도피처였다.

신문 소설도 그의 마음을 사로잡았다. 당시 박화성朴花城이 연재하던 《백화白花》나 방인근方仁根이 쓰던 《마도魔都의 향불》을 읽게 된 것도 바로 신문에서다. 특히 춘원春園 이광수李光洙가 연재하던 《흙》은 그의 관심을 끌었다. 이는 당시 〈동아일보〉 편집국장이었던 춘원이 지식인들의 귀농운동을 독려하려는 뜻에서 쓴 작품이다. 이른바 '브나로드 운동'이 벌어지던 무렵이었다.

정주영은 소설에 심취한 나머지 얘기 속에 빠져들곤 했다. 농촌 출신의 변호사 허숭許崇이 소설 속의 주인공으로 등장하는데, 한때나마 주인공처럼 변호사가 되겠다는 생각을 갖기도 했다. 한편으로는 이광수 같은 문필가가 되겠다는 소망도 가졌다. 동떨어진 현실 속에서도 나름대로 한창 포부를 키워 가고 있었다.

그 시절, 이장 댁 딸에 대한 은근한 호기심도 없지는 않았다. 마당의 평상마루에 걸터앉아 신문을 들추면서 그 집 딸이 부엌을 드나들며 슬며시 얼굴을 붉히는 모습을 지켜보는 것만으로도 가슴이 쿵쿵 뛰곤 했으니 말이다. 머릿속으로나마 자신이 《흙》 속의 주인공이 되어 허숭을 돌봐 주던 윤참판 댁의 딸과 결혼하는 장면을 떠올리기도 했다. 열대여섯 살 한창 시절의 짧은 풋사랑이었을 것이다.

그러나 소학교 선생님이든 변호사든 현실과는 거리가 멀었다. 더욱이 노력한 만큼 제대로 성과를 기대하기 어려웠던 농사일로는 아무것도 이룰 수가 없었다. 덤불숲이나 개천가 돌밭을 개간하는 작업도 마찬가지였다. 차라리 공사판에 뛰어들어 막노동을 하더라도 그 품값을 모아 논밭을 사들이는 쪽이 훨씬 쉬울 것만 같았다. 공사판 노동이 아무리 힘들지언정 농사일보다야 어렵지 않을 것이라는 생각도 들었다. 그

청년 시절 동생
정희영과 함께

만하면 큰 키에 건장했고 어깨 힘도 누구에게 뒤지지 않았다. 씨름판에
라도 나갈 만했다.

그렇게 생각하다 보니 방향은 점점 확실해졌다. 일단은 노동판이 탈
출구였다. 그러기 위해서는 산골을 벗어나 도회지로 나가야 했다.

이미 소학교 시절부터 막연하게나마 도회지를 동경하고 있었다. 송
전에서 서울이 더 가까운지, 평양이 더 가까운지를 놓고 같은 반 친구
들과 자주 말다툼을 벌인 것이 그런 마음에서였을 것이다. 이런 식으로

65   가출 시대

싹트기 시작한 동경심이 신문을 읽으면서 더욱 구체화되기에 이른 것이었다.

그러했다. 방법은 오직 하나뿐이었다. 어차피 아버지의 눈길을 피해 몰래 가출해야만 했다. 노동판에 나가려 한다면 아버지가 허락하지 않을 것이 분명했다. 점차 철이 들고 세상 물정에 눈뜨면서 그에게 문득 떠오른 생각이었다.

아버지에게는 자나 깨나 농사일이 전부였다. 아들도 으뜸 농사꾼으로 키우겠다고 일찌감치 작정한 터가 아니던가. 아버지는 마치 송아지에 코뚜레를 꿰어 일소를 만들듯이 그를 농사꾼으로 만들려 했지만, 그는 그것이 싫었다. 손바닥보다 좁은 두메산골의 우리에 갇혀 지내고 싶지 않았다.

더구나 신문에 실린 도회지 소식이 그를 은근히 유혹하고 있었다. 바깥세상에 대한 막연한 동경憧憬이었다. 탯줄을 묻고 자란 고향이련만 언젠가는 떠나야 할 곳이었다. 돈을 벌려면 일단 고향을 벗어나야 했다. 무지렁이 산골 소년에게는 쉽잖은 모험일 것이었으나 그는 기꺼이 운명으로 받아들이기로 마음을 굳혀 가고 있었다.

여름 땡볕에도 논밭에서 땀 흘리며 고생해야 하는 처지만큼은 훌쩍 벗어나리라 했다. 적어도 아버지보다는, 그리고 동네 어른들보다는 더 나은 삶을 보장받고 싶었다.

"뒷간에 사는 쥐는 똥을 먹고 살고, 곳간에 사는 쥐는 쌀을 먹고 산다"고 했던가. 그는 소설《흙》의 한 구절을 가슴에 깊이 새기고 있었다. 설사 굶주릴지언정 목줄에 매인 고양이가 아니라 넓은 들판을 마음껏 활보하는 살쾡이가 되고자 했다.

열여섯 살, 첫 번째 가출

정주영의 가출 의지를 더욱 자극한 요인 가운데 하나가 송전해수욕장 주변의 별장 풍경이었다. 서울에 사는 총독부 고관이나 일본인 부자들이 송전에 별장을 마련하고 있었다. 여름 피서철이면 평양이나 함흥에서도 사람들이 내려왔다. 해변가 양옥 풍의 별장은 그 자체로 호기심의 대상이었다.

'솔밭'이라는 원래 이름답게 모래알이 빛나는 백사장에 소나무 숲이 병풍처럼 둘러쳐진 송전해수욕장의 모습은 휴양지로서 어디 내놓아도 손색이 없었다. 개나리, 진달래가 질 무렵이면 어느새 해당화가 만발해 장관을 이루곤 했다. 가끔씩 별장 식구들이 해변을 거니는 모습을 멀찌감치 바라보면서 어린 마음에도 왜 부럽지 않았을까.

"나도 도시에 나가 기필코 돈을 벌리라."

어머니도 장독대에 물을 떠놓고 치성을 드릴 때면 맏아들 이름부터 입에 올렸다. 첫마디가 "우리 큰아들 주영이, 걸음마다 열매 맺고 사람들마다 우러러보게 해주옵소서"였다. "주영이가 돈을 낳게 해달라"고도 했다. 그가 은연중에라도 돈을 벌어야 한다는 각오를 다지게 됐을 터이다.

그러던 어느 날, 송전면 이장 집에 들러 신문을 읽다가 문득 어느 기사에 눈길이 멈추었다. 활자가 큰 기사도 아니었건만 관심을 잡아끌기에 충분했다. 청진에서 한창 부두 공사도 하고 제철공장도 세우는데, 공사장에 인부가 필요하다는 내용이었다. 그것도 일손이 상당히 모자란다는 것이었다.

기사를 읽으면서 생각이 번뜻 그의 머리를 스치고 지나갔다. 드디어 기회가 찾아온 것 같았다. 노동판에서 돈을 벌겠다고 생각하던 그에게는 놓칠 수 없는 기회였다.

식솔을 두루 이끌고 타향살이를 감행한 증조부로부터 물려받은 천성적인 '역마살'이 속에서 꿈틀대기 시작한 것이다. 동서고금을 막론하고 영웅의 등장은 이 역마살에서부터 시작되는 법이 아니던가. 누에고치 속의 번데기가 날개를 달기 위해 허물을 벗는 과정이었다. 증조할아버지가 험난한 세상을 피해 산골짜기로 숨어든 반면, 그는 오히려 바깥세상으로 나가려 한 것이 달랐을 뿐이다.

시기적으로 원산에서부터 연결되는 함경선咸鏡線 철도의 개통으로 그 중간에 위치한 청진이 북적거릴 때였다. 벌써부터 축항공사가 이뤄지고 있었으며, 두만강 부근의 무산철광이 개발되기 시작하면서 지리적으로 가까운 청진에도 크고 작은 제철공장이 들어서고 있었다. 함경선이 한반도의 북쪽 끝자락인 함경북도 종성까지 이어졌으면서도 그 중심 도시는 어디까지나 청진이었던 셈이다.

무슨 수를 써서라도 청진에 가야만 했다.

그러나 아버지가 그를 놓아줄 리 만무했다. 농사일을 시켜야 하기도 했지만, 그보다는 객지로 혼자 내보내기에는 아직 나이가 어렸다. 세상 물정을 모르면서 객지에 나갔다간 돈을 벌기는커녕 잔뜩 고생만 하다가 몸을 상하고 빈털터리로 돌아오기 십상이었다. 멀쩡하니 눈을 뜨고도 순식간에 코를 베이는 세상이 아니던가. 도회지로 나가겠다고 말을 꺼낸다면 어머니도 질색할 것이 틀림없었다. 결국 가출을 시도할 수밖에 없었다. 식구들 몰래 뛰쳐나가는 것이었다.

드디어 어느 여름날 밤. 식구들이 모두 잠들기를 기다려 슬쩍 집을 빠져나왔다. 눈치채지 못하게 빠져나오느라 괴나리봇짐 하나 챙길 수 없었음은 물론이다. 야반도주나 마찬가지였다. 그냥 입고 있던 홑바지 저고리 차림이었을 뿐이다. 태어나서 처음으로 객지 경험을 하는 계기가 된 가출이다. 소학교를 졸업한 이듬해, 그러니까 16세 때의 일이다.

그렇게 집을 뛰쳐나와 처음으로 경험한 일자리가 철도 공사판이었다. 걸어서 원산을 지나 청진으로 향하던 도중 고원에서 얻게 된 노역 일거리다. 때마침 평양에서 고원을 거쳐 원산까지 연결하는 평원선平元線 철도공사가 진행되던 때였다. 이미 평양 외곽의 대동군 서포에서 사인장, 순천, 신창 구간까지 노선이 차례로 개통된 데 이어 원산까지 이르는 나머지 구간의 공사가 진행되고 있었다. 일단 여기서 일하면서 경험을 키워 청진으로 가는 것도 무방하겠다고 판단했다.

그러나 이렇게 진행된 첫 번째 가출은 어느 날 공사 현장으로 불쑥 찾아온 아버지에 의해 막을 내리고 말았다. 같이 일하던 어느 인부가 고향으로 돌아가는 길에 노잣돈이나 얻으려고 아산마을의 그의 집을 찾아 행방을 알려 준 것이다. 인부들끼리 가끔씩 서로 둘러앉아 공연히 신세타령을 하고 허풍도 떨면서 심심풀이 삼아 이런저런 얘기를 주고받았는데, 그가 대화에 끼어들어 집안 얘기를 꺼낸 게 잘못이었다.

결국 두 달 만에 끝나 버린 도회지로의 첫 탈출 시도였다.

금강산 구경으로 끝났으나

고원의 철도 공사판에서 아버지에게 붙잡혀 집으로 돌아왔지만 정주영은 온몸이 근질근질했다. 넓은 바깥세상을 잠깐이라도 구경한 이상 더는 농사일에 미련이 없었다. 눈을 감으면 원산 부두의 휘황한 밤 풍경이 어른거렸다. 쉽지는 않더라도 막노동으로도 충분히 먹고살 수 있을 것이라는 자신감이 들었다. 그렇게 버텨 나가다 보면 분명 새로운 길이 열리지 않겠는가.

그러나 속마음을 들키지 않기 위해서라도 열심히 일해야 했다. 그러면서 다시 기회를 엿보고 있었다. 사나이 대장부로서 뜻을 펴려면 역시 도회지로 나가는 방법밖에는 없다고 여겼다. 객지客地 생활은 고생스럽기도 하지만 그 고생을 통해 웬만한 상처에 견딜 만큼 단련되기도 한다는 사실도 깨달은 터였다. 결국은 가출이었다.

이번에는 아예 서울을 목표로 잡았다. 걸어서도 서울은 대엿새면 충분할 것 같았다. 이리저리 한눈을 팔며 쉬엄쉬엄 걷는다고 해야 하루나 이틀쯤 더 걸릴 것이라 생각했다. 아무리 잰 걸음으로도 보름씩이나 걸리는 청진보다는 훨씬 가깝기도 했거니와 일자리도 많을 것이 틀림없었다. "성공하려면 말은 제주도로, 사람은 서울로 보내야 한다"는 옛말까지 있지 않은가.

드디어 주변 산등성이를 덮었던 겨울눈이 서서히 녹기 시작하던 이듬해 4월께, 역시 한밤중을 택해 슬며시 마을을 나섰다. 그로서는 두 번째 시도하는 가출이었다. 이번에는 가까운 동네 친구 두 명도 길동무로 함께 따라나섰다. 나뭇짐을 팔아 끝전을 챙기는 식으로 약간의 노잣돈까지 모아 둘 만큼 사전 준비도 갖췄다.

그러나 결과적으로는 두 번째 가출도 실패로 끝나고 말았다. 밤새 통천 읍내를 거쳐 서둘러 추지령楸池嶺 고개를 넘은 것까지는 좋았으나, 다음 날 회양에 이르러 금강산으로 방향이 틀어진 것이 문제였다. 어느 길손의 꼬임에 빠져 취직해 보겠다고 따라간 것이 공연한 헛수고로 끝나 버렸다.

몇 푼도 안 되는 노잣돈을 그렇게 길거리에서 모두 날리고는 다시 서울로 향하다가 김화에 이르러 가출길이 종지부를 찍게 되었다. 그곳에 거주하던 작은할아버지 댁이 종착지였다. 배도 고프고 잘 곳도 마땅치 않았던 차에 하룻밤만 신세 지고 길을 떠날 작정이었으나, 아버지가 벌써 이곳에 들러 신신당부를 해놓은 터였다. 그가 서울로 향하는 길에 김화 할아버지 댁에 들를지 모른다고 생각했을 것이다.

그 다음은 얘기하나마나다. 작은할아버지와 당숙은 그가 서울로 떠나는 걸음을 허락하지 않았고, 결국 두 번째 가출도 보름도 채 되지 않아 싱겁게 끝나고 말았다.

세상은 결코 생각만큼 어수룩하지 않았다. 나름대로는 힘이 펄펄 넘친다고 했지만 17세 시골 떠꺼머리가 마음먹은 대로 휘두를 수 있는 것은 아무것도 없었다. 아직은 천둥벌거숭이요, 애송이에 지나지 않았다.

그래도 소득은 없지 않았다. 가출 첫날 밤, 눈길에 넘어지면서도 어둠 속에 추지령 고갯길을 올랐고, 아침 녘 고갯마루에 올라 드넓게 펼쳐진 세상을 구경할 수 있었던 것은 새로운 경험이었다. 저 아래 회양 쪽으로 눈 덮인 들판이 아침 햇살에 눈부시도록 빛나고 있었다. 저 설경을 건너 계속 걸어가면 철원과 포천, 양주를 거쳐 서울에 닿을 수 있을 것이었다. 비록 실패로 돌아가긴 했지만 그때의 가슴 뛰던 광경을 영원히 잊지 못할 것 같았다.

낯선 길손의 꼬임에 빠진 것이기는 했으나 금강산 경치도 두루 구경하지 않았던가. 역시 금강산은 천하의 절경이었다. 봉우리마다, 골짜기마다 한 폭의 그림이었다. 더구나 장안사長安寺 스님들에게 상다리가 휘도록 음식 대접도 받았다. 그야말로 '금강산도 식후경'이었다.

"내 언젠가는 성공을 이뤄 반드시 다시 금강산을 찾으리라."

이렇게 다짐한 것이 바로 그때였다.

가출의 유혹은 끝나지 않았다.

소 판 돈 70원으로

집으로 붙들려 와서는 다시 농사일에 매달릴 수밖에 없었다. 공연히 소란을 피웠다는 죄책감에 식구들에 대한 미안한 마음도 없지는 않았다. 그래도 마음속으로는 이미 작정한 바가 지워지지 않았다. 다음에는 기필코 성공하리라. 그래서 보란 듯이 서울에서 자리를 잡으리라 했다.

그러던 무렵, 기회는 다시 찾아왔다. 〈동아일보〉에 서울의 부기학원 광고가 실린 것이었다. 경성실천부기학원의 수강생 모집 광고였다. 여섯 달짜리 속성 과정을 마치면 사무실 경리직원으로 취직하기가 쉽다는 내용이었다. 농사일을 하면서도 틈틈이 이장 집에 들러 신문을 들추다가 광고면에 눈길이 멈춘 것이다.

고등보통학교까지 나와도 아직 사무실 일자리를 얻기가 어려울 때였다. 주변에서 사무실에 취직했다고 하면 사환으로서가 대부분이었다. 쉽게 말해서, 정식 직원으로 펜대를 잡기보다는 잔심부름꾼에 지나지 않았다. 일본말로 '고쓰까이小使'일 뿐이었다.

그런데, 6개월 과정을 마치기만 하면 정식 경리직원으로 채용될 수 있다니…. 귀가 솔깃할 수밖에 없었다. 땀 흘리며 등짐을 지는 노동판보다도 훨씬 나을 것이었다. 더구나 도회지로의 탈출을 위해 기회만을 엿보던 중이 아니던가.

이미 그 전에도 신문에서 평양부기학원의 비슷한 광고를 보고는 입학 안내서를 우편으로 주문한 바가 있었다. 한때는 평양으로 갈까도 생각했던 것이다. 이번에도 부기학원 안내서를 식구들 몰래 주문했고, 한 달쯤 지나서는 경성부기학원의 입학 안내서가 도착했다.

학원에서는 부기簿記 과목과 주산珠算, 타자打字를 가르친다는 내용이 안내서에 소개되어 있었다. 타자는 타자수로 취직하려는 여성들을 위한 과정이었다. 주간반 외에 속성반과 야학반도 별도로 모집하고 있었다. 더구나 수강생 입학에는 연령이나 학력 제한도 없다고 했다. 영락없이 그 자신을 위한 부기학원이었다.

놓칠 수 없는 기회가 또다시 찾아온 것이다. 서울에서 자리를 잡기 위해서는 일단 부기학원에 들어가야 한다고 생각했다. 이미 가출 시도가 두 번이나 실패로 돌아갔으므로 이번에는 실수가 없도록 해야 했다.

하지만 돈이 문제였다. 서울에서 부기학원에 들어가는 것뿐만 아니라 학원에 다니는 동안 숙식을 해결하려면 무엇보다 돈이 필요했다. 그것도 한두 푼이 아닐 것이었다. 나뭇짐이나 팔아서 해결될 문제가 분명 아니었다.

그때 마침 안방의 이불 장롱 속에 거금이 보관되어 있었다. 집에서 키우던 황소를 읍내 시장에 내다 팔고 집안에 목돈이 생긴 것이다. 모두 70원에 이르는 큰돈이었다. 아마 집안에서 큰맘 먹고 땅 마지기라도 마련하려는 용도였을 것이다.

그러나 정주영에게는 둘도 없는 기회였다.

그 장롱 속 돈뭉치에 눈길이 쏠렸다. 이번 기회를 놓치면 죽을 때까지 손바닥에 흙먼지를 묻히고 살아야 한다는 생각이 가슴을 짓눌렀다. 그로서는 절박했다. 일단 내다 쓰고 다음에 취직되면 한꺼번에 갚으면 될 일이었다. 이자까지 두둑하게 얹어서 갚는다면 집안에서도 흔쾌히 용서하실 것이라 여겼다.

기껏 나뭇단을 내다 팔고 잔 푼이나 챙기던 수준에서 그야말로 소도둑이 되려는 참이었다. 이제 눈 딱 감고 손만 뻗으면 될 일이었다.

드디어 결행의 날은 다가왔다. 며칠 뒤, 식구들이 모두 잠들기를 기다렸다가 안방 장롱 속의 돈뭉치를 한 움큼에 바지 주머니에 집어넣었다. 그리고는 송전역으로 내달았다. 더 돌아보지도 않고 서울행 야간열차에 올라탔음은 물론이다. 청량리가 종착역이었다. 두툼한 돈뭉치를 제외하면 달랑 경성부기학원 안내서 한 장이 소지품의 전부였다.

경성부기학원은 서울에서도 한복판인 태평통 2정목에 있었다. 덕수궁 대한문에서 바로 길 하나 건너의 어느 건물이었다. 몇 해 전에 새로 지었다는 경성부청이 바로 앞거리에 우뚝했고, 눈길을 옆으로 돌리면 남대문과 그 문루에 이어진 성벽이 한눈에 들어왔다. 웅장한 돌 지붕의 총독부 청사도 저만치 보였다. 그 뒷산이 백악산이라고 했다. 오매불망 원하던 서울에 도착한 것이었다.

서울에 도착한 그날로 부기학원에 등록했으며, 지닌 돈을 모두 학원에 맡겨 놓았다. 요행이라 해야 할지, 숙식도 학원에 딸린 곁방에서 해결하도록 얘기가 되었다. 이제 여섯 달만 지나면 서울에서 어엿한 경리직원으로 새출발한다는 희망에 마냥 들떴다. 소학교 훈장 선생님이나 변호사 정도는 아닐지라도 새벽부터 농사일에 매달려야 하는 촌구석 생활은 이제 끝이었다.

학원에서는 부기 위주로 배웠다. 단식부기도 배웠고, 복식부기도 배웠다. 부기의 원리를 먼저 익히고는 주판알을 튕겨 가며 실제로 장부를 작성하기도 했다. 처음에는 내용이 생소했기에 쉽지는 않았지만 정신을 집중하여 열심히 공부했다. 무엇인가 배운다는 자체가 즐거웠다.

나폴레옹이나 링컨에 대해 읽은 것도 바로 이때였다. 칭기즈칸과 플루타르크 영웅전도 읽었다. 학원에서는 부기 공부에 매달렸고, 학원이 끝나고 숙소에 돌아오면 위인전의 책장을 넘겼다.

바깥 구경을 하려고 외출이라도 하게 되면 한 푼이라도 돈을 축내야 했으므로 골방에 앉아 책을 읽는 게 상책이었다. 그때 〈매일신보〉에 연재되던 《삼국지》도 재미있게 읽었다. 당시 신문사 소속 기자인 양백화梁白華가 쓰던 번역물로서, 그에게는 새로운 감흥이었다.

그중에서도 에이브러햄 링컨의 얘기는 그에게 특히 감동을 주었다. 미국 켄터키 주의 가난한 통나무집에서 태어나 학교 교육은 거의 받지 못했으면서도 독학으로 변호사가 되었고, 끝내 대통령 자리까지 올라간 주인공이지 않은가. 무엇보다 자신과 처지가 비슷하다고 생각했다. 첩첩산골에서 태어나 도회지로 진출한 과정이나, 어렵게 생활을 개척해 나간 상황이 그러했다.

나폴레옹의 출세담은 더욱 흥미를 끌었다. 딱히 내세울 것 없는 지중해 코르시카 섬마을의 하급귀족 집안에서 태어났어도 굽히지 않는 용기와 인내로 프랑스 황제의 자리에 오르기까지의 얘기를 단숨에 읽어 내려갔다.

"내 사전에 불가능은 없다."

나폴레옹의 다짐은 혈기방장한 그의 가슴에 불을 질렀다. 마케도니아의 알렉산더 대왕, 로마를 지배한 카이사르의 얘기도 마찬가지였다.

이러한 얘기들을 차분차분 읽으면서 그 자신 지금은 비록 부기학원에 다닐망정 언젠가는 반드시 사내대장부로서 남부럽지 않게 성공을 거두고 말리라는 의지를 다지곤 했다. 서서히 싹트던 영웅으로서의 자각이었다. 어느새 영웅을 꿈꾸고 있었던 것이다.

그러나 꿈은 또다시 꺾이고 말았다. 그렇게 두 달쯤 지나갈 무렵, 어떻게 알았는지 아버지가 불쑥 부기학원으로 찾아온 것이다. 정말이지 뜻밖이었다. 세상에 청천벽력이 따로 없었다. 집안 방구석에 아무런 생각 없이 던져둔 평양부기학원의 안내서가 빌미였다.

아버지는 그 안내서를 보고 평양까지 찾아갔다고 했다. 그리고는 아들이 부기학원을 다니기 위해 서울로 갔을지도 모른다는 짐작에 곧바로 서울로 직행한 것이다. 부기학원이라야 서울에도 몇 개에 지나지 않을 때였다. 그는 아버지에게 죄송스러운 마음과 함께 부기학원 안내서를 제대로 처리하지 못한 자신의 불찰을 속으로 몇 번이나 꼬집어 댈 수밖에 없었다. 이제 학원공부가 겨우 자리를 잡아 가는 마당에 덜미를 잡혔으니, 모든 것이 끝장이었다.

그렇다고 아버지는 그를 야단치지도 않았다. 짐을 꾸려 집으로 내려

가자는 말뿐이었다. "이번에는 내려가지 않겠다"며 극구 버텼지만 아버지도 단호했다. "성공한다는 것을 말리겠다는 게 아니다"고 했다. 성공하겠다고 서울로 와서는 집안까지 들어먹고 끝내 알거지가 되는 경우를 숱하게 봐왔기에 허락할 수 없다는 뜻이었다.

한사코 쫓아가지 않겠노라 버텨 봤으나 아버지의 눈물 앞에서는 그도 어쩔 수가 없었다. 아버지는 동생들 이름을 열거하며 차례로 세간 내보낼 걱정을 한숨처럼 쏟아 냈다. 당신께선 이미 나이가 들어 힘이 부쳤기에 맏아들만을 굳게 믿고 있었을 터다. 그런데 정작 본인은 집에 따라가지 않겠다며 버티는 모습에 스스로 답답해 흘린 눈물이었을 것이다.

세상의 어느 부모라고 제 자식 잘되는 모습을 보기 싫어할 것인가. 아버지도 응당 그럴 것이었다. 더욱이 "네가 맏이만 아니어도 하고픈 대로 놔두겠다만 너는 집안의 기둥뿌리다. 집안을 지켜야 하지 않겠느냐"는 하소연에 더 이상은 버틸 수가 없었다. 그가 벗어 놓고 간 옷에 어머니가 얼굴을 묻고 하염없이 울었다고도 했다. 결국 세 번째 가출도 어이없이 끝나고 말았다.

농사를 숙명으로 받아들였으나

세 차례에 걸친 가출 시도가 연달아 멋쩍게 돌아간 마당에 이제는 농사꾼의 처지를 숙명으로 받아들여야 했다. 집안에서 목돈이 필요해 소를 팔아 장만한 돈까지 몰래 움켜쥐고 달아났던 탓에 다른 식구들 볼 면목도 없었다. 스스로 망나니가 따로 없었다. 밑의 동생들에게는 더욱 그러했다.

이제는 집안의 장손으로서 역할을 다할 작정이었다. 하지만 나름대로 열심히 일했는데도 그해 농사부터가 흉작이었다. 가을 서리가 일찍 찾아온 탓에 논밭 작물이 거의 얼어 터지고 말았다. 아무리 농사를 잘 지어도 그런 식으로 한 해씩 걸러서는 흉년이기 십상이었다.

풍작이라고 해야 집안 식구들이 모두 배불리 먹을 수도 없었다. 또다시 농사일에 대한 회의가 들기 시작했다. 과연 농사일 외에 다른 일은 없는 것일까….

다시금 슬며시 가출 생각이 꿈틀댔다. 이미 세 번이나 가출을 시도하지 않았는가. 한 번 더 시도하는 건 문제도 아니었다. 역마살의 유혹이 밑바닥에서 충동처럼 슬며시 깨어나고 있었다. 다만, 이번에는 반드시 성공해야 할 터였다.

드디어 네 번째 가출이었다. 그의 나이 18세 때, 1933년의 일이다.

이번에는 소학교 동창생인 오인보吳仁輔가 서울까지 동행한 데다 기찻삯까지 대주었다. 다음에 돈을 벌어 갚으라는 식이었다. 동네에서도 제법 알부자로 알아주던 지주 집안의 아들이었으니 말이다.

그러나 막상 서울에 도착하니 눈앞이 캄캄했다. 당장 앞가림부터가 문제였다. 먹을 데도, 잠잘 곳도 마땅히 없었다. 오인보가 약간의 지참금을 갖고 있었다고는 해도 거기에 매달리기가 싫었다. 친구 신세를 지겠다는 요량이라면 애당초 집을 떠날 생각을 하지도 않았을 것이다.

결국 서울에 남겠다는 친구를 남겨 두고 그는 일단 인천으로 내려가기로 했다. 연락선을 비롯해 크고 작은 화물선이 분주하게 드나드는 부둣가인 만큼 등짐 지는 일이라도 있을 것 같았다.

예상대로 인천 부둣가에는 등짐 일이 적지 않았다. 최소한 굶어 죽지는 않을 터였다. 하지만 한 달 동안 허리가 휘도록 열심히 일했건만 주머니에 돈은 모이지 않았다. 겨우 하루 세끼의 굶주림만 해결할 수 있었을 뿐이다. 역시 혼자 생각과는 달랐다.

다시 서울로 올라왔다. 같은 노동일을 한다고 치더라도 기왕이면 서울이 나을 것이라는 판단에서였다. '인천 쥐'보다는 '서울 쥐'가 나을 것 같았다. 원래 가출할 때부터의 목표가 서울이지 않는가.

그때 안암동 보성전문학교普成專門學校 신축공사가 한창 진행되고 있었다. 지금의 고려대학교다. 구한말 황실 재정을 담당하던 이용익李容翊이 원래 경복궁 근처인 송현동에 학교를 세웠으나 경영난에 부딪친 나머지 김성수金性洙에게 경영을 넘겼고, 그가 현재 자리에 우람한 석조 건물을 신축하고 있었다. 김성수는 중앙고보와 〈동아일보〉를 이끌어가던 중이었다.

정주영은 이 공사장에서 등짐 품을 팔았다. 인천에서 서울로 올라와 일거리를 찾아다닌 끝에 잡은 막노동이었다. 교사 벽을 쌓아 올리는 데 들어가는 견칫돌을 꼭대기 4층까지 지어 날랐다. 어깨에 가마니 조각을 대고 그 위에 돌덩이를 얹었지만 어깨가 뻐개지는 고통은 어쩔 수 없었다.

그는 기업가로 성공하고 나서도 "고려대 석탑石塔 건물은 내가 등짐 지어 지었다"며 웃음 삼아 농담을 던지곤 했다. "고단하게 일을 하면 잠도 달다"는 교훈도 덤으로 깨친 시기다. 하지만 막노동이라고 해서 아무 때나 일거리가 있는 것은 아니었다. 보성전문학교 공사장 작업도 두 달 만에 끝나 버리고 말았다.

고정된 일자리를 잡아야 했다. 일거리가 들쭉날쭉해서는 생활도 떠돌이처럼 안정될 수가 없었다. 당시 원효로의 풍전엿공장 견습사원으로 들어가 잔심부름을 자처한 것이 그래서이다. 오늘날 ㈜오리온의 전신이다. 막노동보다는 품값이 헐했어도 비가 오나 눈이 오나 일을 거를 염려가 없다는 게 마음에 들었다.

그러나 기술이라도 배워 볼까 하던 당초 기대와는 달리 계속 심부름만 시키는 것이 달갑지 않았다. 결국 물엿공장도 때려치운다. 바람이 불면 몸을 웅크려야 하는 부평초 신세였다.

이렇게 노동판을 떠돌아다니면서도 그는 한때 혼자서 보통고시를 준비했다. 〈동아일보〉에 연재되던 《흙》의 주인공 허숭 변호사가 떠올랐고, 독학으로 변호사가 된 링컨이 생각났기 때문이다. 고달픈 가운데서도 밤중에 틈날 때마다 통신강의록 법학 교재를 들춰 가며 배움의 의지를 불살랐다. 실제로 시험을 치르기도 했으나 결과는 뻔했다. 변호사 도전은 그 한 번으로 족했다.

노동판에서 생존의 경험을 체득한 것도 그에게는 더없는 소득이었다. 이른바 '빈대의 교훈'이 그 하나다. 인천 부둣가에서 등짐을 질 때의 일로, 짐꾼 합숙소에 우글거리던 빈대 떼거리가 그에게 교훈을 준 것이다.

저녁에 자리에 누우면 빈대가 이리저리 물어뜯는 통에 밤잠을 설쳤다. 그것은 아침 일찍부터 부둣가를 기웃거리며 일거리를 찾아야 하는 처지에서 큰 고통이었다. 빈대를 피하려고 밥상 위에 올라가서 잠을 청했는데도 마찬가지였다. 빈대는 기어코 상다리를 타고 올라와서까지 몸에 달라붙었다.

그래서 짜낸 꾀가 밥상 다리마다 큰 양재기에 물을 부어 놓는 방법이었다. 그렇게 하면 빈대가 밥상 위로 기어 올라오지 못할 것 같았다. 하지만 웬걸, 이틀쯤 지나자 다시 빈대들이 달라붙어 물어뜯기 시작했다. 밥상 다리에 받쳐 둔 물 양재기도 소용없었다. 자세히 살펴보니 벽을 타고 천정으로 올라간 빈대들이 이불 위로 떨어져 옷 속으로 파고들고 있었다.

빈대 가운데서도 본능적으로 똑똑한 놈들이 있었다는 얘기다. 하물며 코딱지 같은 빈대라 할지라도 눈앞에 가로놓인 장애물을 극복하려고 나름대로 절실하게 노력한다는 교훈을 얻게 된 것이다.

그가 평생 간직한 깨달음 가운데는 '청개구리의 교훈'도 있다. 나뭇가지가 너무 높은 탓에 서너 번 뛰어도 닿지 못하다가 계속 시도한 끝에 결국 성공했다는 청개구리 얘기다. 한 번 시도해서 안 되면 두 번, 두 번 해서 안 되면 세 번 하는 식으로 계속하다 보면 반드시 뜻을 이루기 마련이라는 가르침이다.

일곱 번이면 어떻고, 여덟 번이면 어떠랴. "열 번 찍어 넘어가지 않는 나무가 없다"는 속담이 바로 그런 뜻일 터였다.

이것이 노동판을 전전하며 고생하던 정주영에게 한 줄기 희망을 준 청개구리와 빈대의 교훈이다. 한낱 청개구리와 빈대도 뜻을 이루려고

81 　 가출 시대

그렇게 애쓰는데 하물며 사서삼경四書三經의 공자님, 맹자님 말씀까지 깨친 입장에서 쉽사리 포기해서야 되겠느냐는 깨달음을 얻은 것이다. 이미 네 차례에 걸친 끈질긴 가출 시도가 비슷한 의미를 지니고 있었다.

쌀가게 '부흥상회'를 발판으로

그렇게 노동판을 전전하다가 새로 잡은 일자리가 인현동의 쌀가게다. 원효로 물엿공장에서 1년 가까이 견습공으로 일하다가 새로운 일자리로 옮긴 것이었다. 이를테면 노동판에서 물엿공장 잔심부름꾼으로, 다시 쌀가게 점원으로 들어앉은 셈이다. '부흥상회復興商會'라는 이름의 미곡상이었다.

대우도 그만하면 만족할 만했다. 점심과 저녁 하루 두 끼씩 먹여 주는 데다 월급으로 쌀 1가마니씩을 받기로 했다. 배달원치고는 후한 대접이었다. 빗줄기가 조금만 뿌려도 공치기 쉬운 노동판을 쫓아다니다가 모처럼 안정된 일자리를 잡은 것이다. 평소 그토록 원하던 '쌀 곳간'이었다.

그 자신으로서도 쌀가게 간판처럼 '부흥 시대'를 맞고 있었다. 그러나 정주영은 생전에 '부흥'보다는 '복흥'이라는 복고식 이름으로 부르기를 더 좋아했다. 쌀가게 주인을 비롯해 주변에서 그렇게 불렀기 때문일 것이다.

쌀가게 일자리를 잡고 나서 앞길이 그런 대로 훤히 트여 가는 것을 느꼈다. 비로소 마음의 여유도 찾을 수 있었다. 도회지 구석구석에서 돌아가는 깍쟁이 세상 물정도 어느 정도는 깨친 뒤였다. 촌구석 시골내기의 어수룩한 때깔도 거의 벗어 가고 있었다. 그의 나이 19세 때, 네 번째 가출한 이듬해인 1934년의 일이다.

그 사이에 세상도 많이 달라졌다. 한강 인도교 노량진 쪽 부분의 보수공사가 새로 시작됐다는 소식이 장안의 화젯거리였다. 한강 인도교는 1917년 개통됐으나 1925년의 을축 대홍수로 중간 부분이 휩쓸려 떠내려감으로써 제 구실을 못 하고 있었다. 이에 따라 우선 용산 방면 구간의 공사가 이뤄진 데 이어 노량진 쪽 공사가 착공된 것이다. 이러한 소식은 쌀가게에서 일하는 정주영에게도 저절로 들려왔다.

동대문에서 청량리에 이르는 전차선이 한 줄 더 깔려 복선으로 운행되기 시작한 것도 그 무렵이었다. 그 자신은 전차를 탈 일도 별로 없었거니와 혹시 있더라도 걸어 다니기 일쑤였다. 전찻삯을 아끼려던 것이다. 자취하는 집에서 쌀가게까지도 걸어 다녔다. 어쩌다가 구두짝을 얻어 신기라도 하면 닳지 않도록 밑창에 쇠 징을 박기도 했다.

자취방은 동숭동 낙산의 산동네에 있었다. 그 중턱의 허름한 판잣집 문간방에 겨우 거처를 잡았다. 담도 없고 부엌도 없는 집이었다. 방문을 열고 나면 바로 길가였다. 그래도 새벽마다 우물가에서 물을 길어 놓고는 쌀가게에 나갔다.

부흥상회는 당시 예순 줄 중반에 들어선 이경성 영감이 키워 온 쌀가게였다. 좀더 정확히 말하자면, 동생이 일찍이 쌀가게 문을 열었다가 타계하자 대신 운영하고 있었다. 제수씨인 차소뚝 할머니가 시아주버니인 이경성 영감에게 관리를 맡겨 놓은 것이다. 원래 왕십리 바깥에서 미나리꽝으로 자수성가한 사람들이었다.

정주영은 쌀 배달을 하면서 차근차근 요령을 배워 나갔다. 자전거로 쌀가마를 배달하려면 가급적 세워서 실어야 균형을 맞추기가 쉽고, 쌀가마를 자전거에 꼭 붙들어 매서도 안 된다는 식이었다. 가마니를 눕혀 실었다가는 자칫 균형을 잃고 낭패를 보기 십상인 데다, 단단히 붙들어 맸다가 실수로 넘어지면 오히려 쌀가마의 무게로 자전거 몸체까지 덩달아 망가지는 수가 있다고 했다. 하찮은 쌀 배달이라고 해서 아무렇게나 할 수 있는 것은 아니었다.

사실, 자전거 배달은 쉽지가 않았다. 그 자신도 처음에는 몇 번이나 고갯길에서 나뒹굴었지만 사나흘이나 자전거 타는 연습을 한 다음에야 실수가 없어졌다. 더욱이 자전거에 익숙해지면서는 쌀을 2가마니까지 한꺼번에 싣고 배달을 나갈 정도가 되었다. 그 일대에서 2가마니를 자전거에 싣고 배달을 다닐 수 있는 사람은 그 혼자뿐이었다. 워낙 힘이 좋을 때였다.

더구나 그는 누구보다 부지런히 일했다. 대여섯 명의 배달꾼 가운데서도 가장 먼저 가게에 나왔다. 가게 문을 여는 것은 언제나 그의 몫이었다. 가게 앞 거리를 싸리나무 빗자루로 깨끗이 쓸고는 먼지가 날리지 않도록 물까지 잔잔하게 뿌려 놓곤 했다.

쌀 되질도 금방이었다. 됫박에 쌀을 수북이 얹고는 약간의 덤을 남기고 나무 굴대로 깎아내는 데도 솜씨가 필요했다. 덤을 너무 후하게 주면 이문을 남길 수 없었고, 그렇다고 손님들에게 야박하다는 소리를 들어서도 안 되었다.

그러면서도 배달이 끝나 한가해지면 신문을 들추곤 했다. 세상 공부에 대한 관심을 버릴 수 없었다. 한강 인도교 보수공사나 청량리 전차선 운행 소식이 그 안에 있었다. 신문에 연재되던 심훈沈熏의 《상록수常綠樹》를 읽은 것도 바로 그때다. 다른 배달원들은 서로 담배를 피우고 장기를 두면서 어울리곤 했지만, 그는 시간을 때우기 위한 잡기에는 거의 눈길을 두지 않았다.

그가 이처럼 열심히 일하는 모습을 이경성 영감은 흡족한 눈길로 바라보곤 했다. 그의 외아들이 정주영과 동갑내기면서도 가게 일에는 등한했기 때문에 서로 비교가 되었다. 종잇장에 거래 내역을 간단히 적어 놓으면 아들이 해 질 무렵에야 나와 치부책에 정식 기재하는 식으로 가게를 꾸려 갔지만, 그 아들은 정신이 바깥에만 팔려 있었다. 어차피 임자가 따로 있었기에 자기가 물려받지 못할 것이라 짐작했을 것이다.

정주영이 쌀가게에 들어가 예닐곱 달쯤 지나던 무렵 그에게 치부책 정리 업무까지 맡겨진 것이 그런 때문이었다. 주인 영감이 아들보다도 그를 더 믿는다는 뜻이기도 했다. 워낙 눈썰미가 좋은 데다 부지런하고 성실하게 일했기에 주변으로부터 더욱 믿음을 얻게 되었다. 그 개인의 신용이자 밑천이었다.

이러한 모습들이 정주영의 '젊은날의 초상화'였다.

이 부분에 대해서는 원래 주인인 차소뚝 할머니의 증언도 전해진다.

"처음 우리 가게에 들어왔을 때 글씨를 써보라고 했더니 한문이나 한글을 기가 막히게 잘 쓰는 거야. 게다가 부지런하고 열심히 일하니까 배달원으로 썩히기가 아까웠지. 그래서 치부책 정리를 맡긴 거지."

정주영은 훗날 사업에 성공한 뒤에도 아직 생존해 있던 주인 할머니와 자주 만나며 왕래를 이어갔다. 자기보다 먼저 배달원으로 들어와 있던 이원재李元宰와도 마찬가지였다. 특히 이원재와의 관계에서는 단순한

가출 시대

1934년 부흥상회 주인
차소뚝 할머니와 함께.
정주영은 타고난 성실성과
노력 덕분에 누구보다도 먼저
인정받을 수 있었다.

친분 차원을 넘어 현대건설 설립 초창기에는 사업 동반자로까지 참여
시킨다. 그에게 쌀 배달 자전거 타는 요령을 배운 인연을 잊지 못한 것
이다.

세상을 살아가는 과정에서 그에게는 의리도 중요한 덕목이었다.

'가출 시대'는 끝나고

부흥상회에서 자리를 잡아 나가던 도중 고향 집에도 편지를 보냈다.
비로소 일자리에 만족하게 되었고, 따라서 아버지로부터도 인정받을
수 있을 것이라는 자신감이 생겼다. 그러고 보니 동네 친구인 오인보와
함께 고향을 몰래 떠나온 지도 어느새 세 해째가 훌쩍 지나고 있을 때
였다.

이때는 월급도 쌀 1가마니 반으로 올라 있었다. 처음 1가마니 때보다

절반이나 높게 받게 된 것이다. 1년이면 무려 18가마니였다. 거기에 설날과 추석 명절이면 1가마니씩 떡값 명목으로 더 붙여 받았으니, 월급으로 한 해에 20가마니를 받은 셈이다. 연봉으로 20가마니를 받는다는 것은 아버지로서는 생각하기 어려웠을 것이다.

한 마지기 농토에서 대체로 한 섬 안팎, 그러니까 쌀 2가마니 정도를 거두는 게 보통이었다. 20가마니라면 10마지기의 농토가 필요했다. 다시 말해서, 2천 평 논에서 농사를 짓는 수확이었다. 그런 정도라면 농촌에서도 한 사람 몫의 노동으로는 그리 남부럽지 않은 수확이었다. 아버지가 "우리 큰아들이 출세를 해도 크게 출세한 것 같구나. 네 소식을 들으니 정말 기쁘다"라는 내용의 답장을 보내 왔다.

정주영의 쌀가게 성공담은 여기서 그치지 않는다. 더 나아가 이경성 영감으로부터 "아예 이 쌀가게를 넘겨받지 않겠느냐"는 제의를 받기에 이른 것이다. 부흥상회 생활 네 해째의 일이다. 감히 엄두도 내지 못할 만한 제안이었다.

아들이 방탕에 빠진 나머지 멀리 평양, 압록강 너머까지 쏘다니며 재산을 거덜 내던 터여서 차라리 성실한 점원에게 넘겨주는 것이 속 편하겠다는 생각이 들었음직하다. 벌써 일흔을 바라보던 나이에 가게를 정리할 때가 되었다고 판단한 이경성 영감의 어려운 선택이었다. 일본인들의 간섭도 점점 심해지고 있었다. 차소뚝 할머니와도 당연히 논의를 거쳤을 것이다.

정주영으로서는 자기 돈을 한 푼도 들이지 않고 그동안 쌓아 온 성실성만으로 쌀가게를 물려받게 된 것이다. 배달꾼에서 일거에 주인으로 신분이 바뀌었으니, 그로서는 인생의 중요한 전기를 맞은 것이다. 당시

양조장이나 정미소만큼은 못해도 쌀가게를 운영한다는 자체만으로도 주변에서 상당한 재력을 인정받던 때였다. 웬만한 두부공장이나 국수 공장, 참기름공장, 솜틀집보다야 한 단계 위였다.

이제는 한 해에 쌀 20가마니 급여가 문제가 아니었다. 더욱이 굵직한 거래처를 그대로 물려받고, 주변의 정미소들로부터도 외상으로 쌀을 얼마든지 대주겠다는 약속도 받은 터였다. 그것이 23세 때의 일이다. 한창 젊은 나이에 이미 성공 길에 들어선 듯했다. 쌀가게에서 영웅의 첫걸음이 열리고 있었다.

그래도 아직은 본인도 미처 몰랐을지 모른다. 예언자의 계시가 자신에게 쏠려 있었음을…. 다만 맡겨진 하나하나의 일에 최선을 다하리라는 게 그의 다짐이었다. 어디까지나 쌀가게 주인으로서였다.

그는 신당동 큰길가로 점포를 옮기고 '경일상회京一商會'라고 간판을 바꿔 달았다. 서울에서 가장 큰 쌀가게를 만들겠다는 뜻이 담긴 이름이 었으니, 벌써부터 포부는 작지 않았다. 정주영 개인의 첫 사업체였다. 이제는 남부러울 것이 없었다. 그러나 그 자신 주인이면서도 직접 배달까지 나서는 등 분주하게 쫓아다녀야 했다. 가게를 키워야 했기 때문이다. 거래처는 계속 늘어났다.

그는 소탈한 성격이었고 사업 수완도 뛰어난 편이었다. 든든한 체격이면서도 싱겁게 웃는 듯한 표정으로 상대방을 편안하게 만들어 주곤 했다. 고객들의 눈높이에 맞춰 가며 적당히 얘기를 이끌어가는 소질도 발휘했다. 마음씨 좋은 이웃집 총각이 따로 없었다.

어려서 회초리를 맞아 가며 배운 한문 실력과 노동판을 돌아다니면서 겪은 쓴맛, 단맛도 쌀가게 영업에 적잖은 도움이 되었다. 빈대나 청개구리의 자잘한 움직임에서도 깨우침을 받은 그가 아니던가.

그러나 이처럼 번창하던 경일상회도 만주사변 발발에 이어진 중일전쟁이 전면전으로 치달으면서 끝내 막을 내리게 된다. 총독부가 전시戰時체제령을 내리고 숟가락과 젓가락을 포함하여 무기를 만드는 군수물자의 유통과 거래를 통제하더니, 1939년 전선이 더욱 확대되면서부터는 양곡의 시장 판매까지 전면 금지하기에 이른 것이다. 그 대신 배급제가 도입되었다. 쌀가게는 필요가 없어졌다. 이로써 경일상회뿐만 아니라 전국의 모든 쌀가게가 하루아침에 문을 닫고 말았다.

쌀가게 간판을 내리면서 아쉬움은 컸지만 능력껏 성실히 일한다면 누구라도 성공할 수 있다는 교훈을 얻은 것만으로도 만족해야 했다. 겨우 철들기 시작한 16세 때부터 네 차례나 가출을 시도한 끝에 쌀가게까지 운영하는 남다른 행운을 잡았고, 다시 그 행운이 물거품으로 돌아가면서 마지막으로 마음에 남게 된 무형의 자산이었다.

금전적인 소득도 적지는 않았다. 쌀가게를 정리하고 나니 아쉽지 않을 만큼의 현금이 남았다. 웬만한 월급쟁이의 2~3년 치 급여는 되었다. 한밤중 식구들의 눈을 피해 고향을 떠나온 처지로서는 가히 금의환향이라 이를 만했다. 그 돈의 일부를 떼어 아버지에게 농지도 사드렸다. 몰래 갖고 달아난 소 판 돈에 몇 곱절의 이자를 쳐서 갚은 셈이었다.

이미 그 사이에 아버지의 뜻을 받들어 장가도 들었다. 아산마을 옆동네 옥마리玉馬里에 살던 수더분한 규수인 변중석邊仲錫을 신부로 맞아들였다. 여섯 살 아래인 규수는 성품이 더없이 곱고 차분했다. 할아버지가 송전면장을 지냈을 만큼 집안 배경도 없지 않았다. 고향에서 신부댁과 같은 동네에 살던 그의 넷째 숙부가 어릴 적부터 점찍어 두었다가 큰조카가 결혼할 나이에 이르자 맞선을 주선한 것이다.

타향살이에 내세울 것 없기는 마찬가지였으나, 서울 살림에 서로 의지가 되었다. 낙산 산꼭대기 자취방에 그대로 신부를 맞아들였다. 결혼식을 올리고 새댁이 고향에서 시집살이를 하던 처음 몇 달간의 별거생활을 거쳤을 뿐이다.

남보란 듯이 신접살림이라고 차릴 것도 없었다. 달랑 이불 두 채가 신혼살림의 가장 큰 재산이었다. 새색시는 부엌도 없는 단칸방에서 살림을 꾸려 가느라 한숨을 내쉬곤 했지만 그것도 잠깐이었다. 쌀가게를 열었다가 다시 간판을 내려야 했듯이 세월의 바람은 모질게 불어 가고 있었다.

정주영으로서도 이제는 가정을 꾸려 어엿한 어른이 된 것이다. 이로써 미래에 대한 막연한 기대와 불안, 그리고 방랑으로 점철됐던 그의 '가출 시대'도 어느덧 지나가고 있었다. 앞으로의 도약을 기약하는 준비 기간이었다.

시련은
있어도

3

이제는 다시 처음부터 시작해야 했다. 의욕적으로 운영하던 쌀가게가 강제로 문이 닫힌 뒤 정주영에게도 새로운 준비기간이 필요했다. 아직 혈기가 넘쳤고, 그의 앞에는 창창한 미래가 기다리고 있었다.

그러나 둘러싼 여건은 어둡기만 했다. 어떻게 헤쳐 나가야 할지 길을 찾아야 했다. 때는 일제강점기, 더구나 나라 바깥에는 세계전쟁의 포연砲煙이 한층 자욱하게 드리워 있었다.

정주영이 자동차 수리공장을 인수하여 본격적으로 자기 사업에 뛰어든 것은 25세 때. 그러니까 신당동의 경일상회가 간판을 내린 이듬해인 1940년 3월께의 일이다. 마침 애오개 고갯길에 있던 '아도서비스'가 경영난에 빠져 매물로 나와 있었다. '애프터 서비스after service'를 일본 발음으로 읽은 이름이었을 것이다.

서울 거리는 겉으로는 평온한 듯했지만 중일 전쟁의 전선이 갈수록 확대되면서 전체 분위기는 더욱 움츠러들고 있었다. 일본이 독일, 이탈리아와 손을 잡은 추축국의 일원으로 연합국을 상대로 동남아 곳곳에서 전투를 벌일 때였다. 이런 상황에서 새로운 사업에 뛰어든다는 자체가 하나의 모험이자 도전이었다.

그러나 시기를 놓칠 수는 없었다.

시련은 있어도

서울에 아직 조선 사람이 운영하는 자동차 수리공장이 몇 개 되지 않을 때였다. 그중에서도 황금정黃金町 6정목의 경성서비스공장이 가장 큰 편이었다. 지금의 을지로통이 '황금정'이란 이름으로 불렸다. 뒷날 해방 직후 좌우익 세력 대립과정에서 건국준비위원회를 이끌게 되는 몽양 여운형呂運亨의 후원자였던 정무묵鄭武黙, 형묵亨黙 형제가 그 주인이었다.

그밖에 혜화정 교차로 부근에는 미곡상으로 성공한 유영섭柳永燮이 운영하던 경성공업사가 있었고, 종로 5정목에는 일진공작소가 있었다. 나머지 정비업체나 부품판매업체는 대체로 아도서비스 수준의 고만고만한 소규모 공장이었는데, 거의 일본인 기술자들의 소유였다. 일거리에 비해서는 전반적으로 수리공장이 부족해 그나마 전망이 어둡지는 않았다.

사실은, 공장을 인수하는 자금 마련부터가 문제였다. 쌀가게를 정리하고 남은 돈이 있긴 했으나 이제는 푼돈에 지나지 않았다. 고향의 아버지에게 농지를 마련해 드린 데다 생활자금으로도 충당한 뒤끝이었다. 벌써 슬하에도 두 아들을 두고 있었다. 맏이로 태어난 정몽필鄭夢弼이 네 살 무렵이었고, 두 살 터울인 정몽구가 이제 막 아장걸음을 뗄 때였다. 앞으로 살아 나갈 살림 밑천도 필요했다.

그때 머리에 불현듯 떠오른 사람이 있었다. 쌀가게를 하면서 외상 거래로 도움을 받은 삼창정미소의 오윤근吳潤根이었다. 그는 정주영의 성실한 자세를 믿고 외상으로 쌀을 대주곤 했다. 부흥상회의 이경성 영감보다는 연배가 열 살 정도 아래였는데, 그가 사채놀이도 한다는 사실이 퍼뜩 떠올랐다.

미리 걱정한 바와 달리 오윤근은 정주영의 말을 듣고는 선뜻 거금을 빌려주었다. 월 3푼의 이자라는 조건이 전부였다. 그때로서는 보통의 융통 조건이었다. 부지런한 천성에 날짜를 어기지 않고 제때마다 쌀값을 갚은 개인적 신용이 그의 담보였던 셈이다.

송전소학교 동창인 오인보에게도 적지 않은 돈을 빌렸다. 일종의 투자였다. 네 번째 가출할 때 서울까지 같이 길동무했던 바로 그 친구다. 거기에 경성서비스공장의 엔진 기술자이던 이을학李乙學도 얼마의 돈을 보탰고, 정주영 자신도 주머니에 남은 자금을 몽땅 털어 넣었다.

이로써 일종의 합자회사가 만들어졌다. 하지만 이처럼 어렵게 마련한 출자금보다는 더 믿음직한 자산을 갖추고 있었다. 아무리 여건이 어려워도 부지런하고 성실하게 일에 매달린다면 어떤 식으로든 매듭이 풀리기 마련이라는 경험이 그것이었다. 이미 쌀가게에서 터득한 스스로의 능력에 대한 자신감이었다.

굳이 얘기하자면 지금 현대자동차의 모태가 된 회사라고나 할까. 나름대로 서울 물을 먹기 시작한 이상 서울에서 승부를 겨루어야 했다. 동업자를 자청한 이을학으로부터 앞으로 자동차 수리공장이 유망하다는 얘기를 듣고는 솔깃해서 뛰어든 사업이었다.

기대했던 대로 일거리는 적지 않았다. 계약금을 지불하고 공장을 인수하자마자 밤잠도 못 자고 매달려야 할 만큼 일감이 쏟아져 들어왔다. 이을학이 원체 기술자로서 소문이 높았다. 그의 이름을 믿고 수리 업무가 밀려들어 온 것이다. 정주영은 희망에 잔뜩 부풀어 있었다. 경일상회 쌀가게 간판을 내리면서 주춤했던 인생길이 다시 서서히 풀려 가는 느낌이었다.

그런데 예기치 못한 사고가 터졌다. 공장에 불이 난 것이다. 새벽녘에 일어난 화재였다.

공장을 시작해서 불과 스무 날 정도가 지나가던 무렵이었을까. 밤늦도록 작업을 끝내고 숙직실에서 자고 일어나 불을 피우려고 시너통을 집어 든 게 실수였다. 화로에 시너를 조금 부으려고 휘젓는 순간 불길이 갑자기 시너통으로 옮겨 붙었고, 결국 공장은 순식간에 불길에 휩싸이고 말았다.

급하게 피한 덕분에 사람이 다치지 않은 게 그나마 다행이었지만 수리 의뢰를 받은 자동차들이 모조리 뜨거운 연기에 그을려 버린 게 보통 문제가 아니었다. 공장을 고치는 비용보다 고객들의 자동차 변상 비용이 더 걱정이었다. 외상으로 들여놓은 부속품 값도 만만치는 않았다. 공장을 새로 시작하자마자 인수금만 고스란히 날리고 덜렁 빚더미에 올라앉을 판이었다. 처음부터 맞닥뜨린 위기 상황이었다.

'아도서비스' 수리공장

정주영은 눈앞이 캄캄했지만 그렇다고 그냥 주저앉을 수는 없었다. 이대로 꺾인다면 그동안의 공든 탑이 모두 끝장일 것이었다. 다시 오윤근을 찾아가 무릎을 꿇고 통사정하는 수밖에 없었다. "이렇게 중도 포기한다면 이미 빌렸던 돈도 갚지 못하게 되니 자금을 더 융통해 달라"고 매달렸다.

오윤근은 이번에도 어쩐 일인지 순순히 응했다. 그의 얘기를 들으며 몇 번인가 눈살을 찌푸린 게 전부였다. 더구나 먼저 융통한 것보다 더 많이 빌려 주었다. 그동안 돈놀이를 하면서 한 번도 떼인 적이 없었는데, 그런 식으로 떼인다면 평생 마음이 찜찜할 것이라는 사실을 스스로 용납할 수 없었던 것이다. 그로서는 쌀가게 시절부터 정주영을 관찰해 오던 터라 내친걸음이기도 했다.

그러나 불 탄 자리에 다시 공장을 세우려 했으나 쉽지 않았다. 무엇보다 허가 조건이 까다로웠다. 결국 이리저리 궁리를 짜낸 끝에 아예 애오개를 벗어나 신설동의 뒷골목 공터로 자리를 옮기기로 했다. 공터에 허름한 판잣집 공장 한 칸을 올리는 것은 그리 어려운 일도 아니었다. 대장간 풀무를 들여놓은 것이 그나마의 공장 구색이었다.

하지만 허가를 받지 못했으니, 어디까지나 무허가였다. 관할인 동대문경찰서로부터 경고장이 계속 날아든 것이 그래서였다. "공장 문을 즉각 닫아걸지 않으면 잡아넣겠다"는 것이었다.

그러나 정주영은 끝내 담당자인 일본인 보안계장을 설득하는 데 성공한다. 보름 동안이나 새벽마다 그의 집으로 찾아가 다급한 사정을 설명한 노력이 성과를 낸 것이다. 특유의 배짱과 끈기가 거둔 성과였다.

이렇게 공장 문을 열자 일거리가 다시 밀려들기 시작했다. 성실하고 정직하게 일하는 자세가 금방 소문이 퍼진 까닭이었다. 그의 신설동 공장은 자동차를 맡기러 온 손님들로 넘쳐 났고, 수리공과 종업원들도 모두 신바람 나게 일에 매달리곤 했다. 벌써 동네 구멍가게 수준은 벗어났다.

그때 정비업소들 대부분은 약속이라도 한 듯 손님들에게 은근히 애를 먹여 가며 공장을 운영하고 있었다. 예를 들자면, 손쉽게 고칠 수 있는 고장인데도 고치기 어려운 척 수리 기간을 일부러 길게 잡아 가며 수리비를 높여 받아 내는 식이었다. 일종의 바가지 영업 전략이었다.

이에 비해 아도서비스 공장에서는 반대 방식을 택하기로 했다. 수리가 오래 걸릴 만한 고장에 있어서도 전심전력하여 최대한 빨리 고쳐 주는 전략이었다. 그 대신 수리비를 더 많이 청구하면 될 터였다.

자동차를 굴리는 입장에서는 웬만한 비용 차이라면 하루라도 더 빨리 차를 몰 수 있도록 해주는 방식이 훨씬 더 마음에 들었을 것이다. 왕실 귀족들이나 총독부 고위관리, 조선은행과 식산은행 그리고 동양척식회사를 포함한 몇몇 회사의 최고 간부들만이 개인 자동차를 보유하고 있던 무렵이었으니 말이다.

정주영 자신도 수리공들과 함께 땀을 흘리며 매달렸다. 자동차 분해에서부터 수리하고 다시 부품을 끼워 맞춰 나사를 조이는 과정에 이르기까지 일일이 참견하면서 작업을 거들었다. 하루 일이 끝나면 온몸이 기름과 땀으로 범벅이 되기 마련이었다. 그 자신 자동차 구조에 대해 어느 정도 기본 원리를 터득할 수 있게 된 것이 그러한 덕분이었다.

그의 어머니와 새댁인 변중석도 한몫을 거들었다. 종업원들의 식사를 챙기는 것은 아녀자들의 몫이었다. 점심때마다 정비업소에 나와 밥을 해 먹였으며, 밤늦게 작업이 있을 때도 함지박에 밤참을 싸들고 왔다. 가끔씩은 여동생 정희영도 동원되었다.

식사라야 좁쌀이 잔뜩 들어간 잡곡밥에 소금에 절인 배추짠지, 그리고 시래기국이 전부였지만 종업원 누구라도 불평이 있을 수 없었다. 찬물에 보리밥 한 덩어리 훌러덩 말아 먹을 수 있다는 것만으로도 만족스런 시절이었다. 그것이 평소 정주영 자신의 식단이기도 했다. 부모님을 포함하여 형제들이 서울 살림에 차례로 합류하면서 근처에 거처를 마련하고 있을 때였다.

결과적으로 자동차 수리공장으로 적잖은 돈을 벌게 되었다. 사채업자인 오윤근에게 빌린 돈도 모두 갚았다. 이자까지 후하게 얹었음은 물론이다. 정주영은 신용을 지킬 수 있었고, 오윤근도 돈을 잘못 빌려 주었다가 떼이고 말았다는 주변의 빈정거림을 듣지 않을 수 있었기에 만족스러웠을 것이다.

더구나 그로서는 이러한 과정을 통해 '일근천하무난사一勤天下無難事'의 교훈을 다시금 깨닫게 되었다. 즉, '부지런하면 세상에 어려울 것이 없다'는 의미다. '일백 번을 참으면 집안에 큰 화평이 있다'는 뜻의 '백인당중유태화百忍堂中有泰和'와 댓구를 이루는 입춘방立春榜의 하나이거니와 정주영에게는 그 이상의 생활 신조였다. 그가 평생 좌우명으로 삼았던 글귀가 바로 이것이다.

그런 가운데서도 전쟁 상황은 갈수록 악화되고 있었다. 더욱이 일본이 1941년 12월에 이르러 하와이 진주만 기습을 감행한 것은 덤불더미를 짊어지고 스스로 불길 속으로 뛰어든 것이나 마찬가지였다. 전쟁이 태평양 일대로까지 확대되면서 총독부의 통제는 더욱 엄혹해졌다. 한동안 승기를 잡는 듯하던 전세도 차츰 불리하게 돌아가고 있었다.

결국 기업 정리령이 내려졌고, 정주영의 신설동 공장은 일진공작소에 강제로 합병당하고 말았다. 그로서는 멀쩡히 눈을 뜬 채 공장을 그냥 빼앗긴 것이나 다름없었다. 쌀가게를 폐쇄당한 데 이어 자동차 수리공장에서 또다시 깊은 상처를 입게 된 것이다.

그렇다고 마땅히 하소연할 데도 없었다. 그의 나이 28세이던 1943년의 일이다. 태평양전쟁이 끝 모르게 확산되고 있었다.

시련은 있어도

공장을 빼앗겨 낙담할 수밖에 없었으나 그래도 주저앉을 수는 없었다. 그러다가 황해도 수안군 홀동금광에서 캐낸 금광석을 평양 선교리의 대동강 철교 부근까지 운반하는 하청 일을 맡게 되었다. 자동차 수리공장을 하면서 알게 된 조선제련 경영진과의 연줄을 동원한 덕분이었다. 일자리도 일자리였지만 징용을 피하려면 군수軍需 분야에서 일할 필요가 있었다. 까딱하다간 그 자신은 물론 동생들까지 한꺼번에 전쟁터로 붙들려 갈 처지였다. 일제가 애꿎은 조선 젊은이들을 강제로 징발하던 때였다.

일제의 민족 말살정책이 극도에 이르면서 그의 형제들도 창씨개명 방침에 따를 수밖에 없었지만, 그렇다고 징용 대상의 눈길에서 벗어나기는 어려웠다. 그때 그의 집안은 '가도오河東'라는 일본 성씨를 사용하고 있었다. '하동 정씨'에서 따온 이름이었다. 조상과 부모님으로부터 부여받은 성과 이름을 마음대로 쓸 수 없었던 식민지 백성의 비애는 정주영에게도 마찬가지였다.

그 무렵에는 일본 아오야마靑山학원으로 유학을 떠났던 둘째 아우 정인영도 귀국해서 신설동 집에 은신해 있었다. 형에 뒤이어 어려서 서울에 혼자 올라온 그는 기독교청년회YMCA 영어학습 과정에 다니던 실력을 토대로 일본에서 영문학을 전공했다. 셰익스피어와 헤르만 헤세에 심취해 있던 문학도였다.

하지만 광석 운반 일이라고 해서 그리 쉽지는 않았다. 평안남도와 황해도의 경계를 이루는 험한 고갯길을 넘어 다녀야 했다. 지도상으로 언진彦眞과 멸악滅惡의 산줄기가 엇갈리는 지역이었다.

거리 자체도 짧지 않았거니와 까딱하다간 잠깐 사이에 골짜기로 처박힐 판이었다. 제련소가 대동강 하구의 진남포에 있었지만 중간 지점인 선교리까지만 운반하도록 하청 계약이 맺어진 것도 그 구간이 특히 험난했기 때문이었을 터다. 선교리에서 진남포까지는 철도로 연결되어 있었다.

워낙 험한 산길이라 트럭이 도중에도 걸핏하면 고장을 일으키고 멈춰 서버리기 일쑤였다. 정비 책임을 맡은 김영주도 질색하고 말았다. 자동차의 엔진 소리만 듣고도 어느 부분에 문제가 있다는 것을 족집게처럼 집어낼 만큼 눈썰미가 있으면서도 이 운반 작업에서만큼은 혀를 내두르곤 했다. 전부 30대의 트럭을 움직여 가며 운반 일에 매달렸건만 힘에 버거웠다.

결국 광석 운반 일을 맡은 지 2년 만에 하청계약을 떠넘기고 말았다. 두 손을 든 채 계약을 청산한 것이다. 마침 일을 맡겠다는 후속 임자가 나타난 게 다행이었다. 계약 때 미리 맡겨 놓았던 보증금과 그동안 지급이 미뤄진 운반대금을 몽땅 찾아서는 뒤도 돌아보지 않고 홀동광산을 떠났다. 더 이상 미련을 가질 일이 아니었다.

그러나 하늘의 보살핌이란 게 바로 그런 것이었을까. 일본이 태평양 전쟁에서 패망한 것이 그로부터 불과 석 달 뒤의 일이다.

히로히토裕仁 일왕의 항복 선언과 동시에 소련군이 이북 전역에 진주해 들어옴으로써 홀동광산은 하루아침에 문을 닫아걸었고, 광산에서 일하던 일본 사람들은 포로 신세가 되어 줄줄이 소련으로 끌려갔다. 만약 석 달만 더 지체했더라면 그 자신 어떻게 되었을지 모른다. 전쟁물자인 광석 운반 책임자였던 만큼 시베리아 유형을 피하지 못했을 것이 틀림없다.

깃발 올린 '현대자동차공업사'

정주영이 8·15 해방을 맞은 것은 홀동광산에서 물러나 집에서 쉬고 있을 때였다. 일제의 식민지 속박에서 풀려난 만큼 이제는 모든 것을 원점에서 다시 모색해야 했다. 그것은 새로운 희망과 의욕을 의미했다. 더욱이 어느 정도 사업 경험을 쌓은 데다 자금 여력도 갖추고 있던 터였다.

그러나 사회 분위기는 온통 어수선하기만 했다. 이제는 우리 손으로 우리의 나라를 세울 수 있다는 해방의 기쁨과 미래에 대한 막연한 불안이 교차하고 있었다. 사회 통제권이 남한에 들어온 미군정청의 관할 아래 놓인 상황에서 사회단체들은 우익과 좌익으로 갈려 이념적으로 날카롭게 대립하고 있었다. 서로 반탁反託이니 찬탁贊託이니 주장하면서 격렬한 몸싸움까지 벌이던 시절이었다.

정주영이 적산敵産 대지 200평을 불하받은 것이 그 무렵이다. 미군정청 산하로 발족한 신한공사新韓公司가 일본인들이 허겁지겁 떠나가면서 버려 놓은 재산을 관리하고 있었다. 중구 초동 106번지. 원래 일본인 주택이 들어서 있었는데 전쟁 말기에 집들이 헐리고 빈 땅이었다.

그 자리에 공장을 짓고 '현대자동차공업사'라는 간판을 내걸었다. 일단 '아도서비스'로 손에 기름때를 묻혔고 홀동광산 트럭운반을 맡았던 만큼 자동차 수리 분야에서 결판을 내고 싶었다. 잔꾀를 부리지 않고 열심히만 쫓아다니면 충분히 성공할 수 있다는 자신감도 얻은 뒤였다.

그의 사업 과정을 통틀어 '현대'라는 이름을 처음으로 쓴 것이 바로 이때다. 과거의 혼돈과 질곡에서 벗어나 앞으로의 밝은 미래를 기약하자는 뜻이었다. 그러기 위해서는 지금 바로 이 순간이 중요했다. '현대'가 지닌 이름의 뜻풀이다. 그것이 8·15 광복 이듬해인 1946년 4월의 일이었다. 돈암동의 세 칸짜리 집에서 모든 식솔들이 부대끼며 비좁게 거주하면서도 앞날을 내다보며 살아가던 때였다.

이렇게 사업을 새로 시작하면서 가장 큰 힘이 되어 준 것은 역시 아우들이었다. 특히 둘째 정인영과 셋째 정순영의 도움이 컸다. 정인영은 유창한 영어로 미군 사업을 따내는 데 힘을 보탰다. 김영주의 역할도 작지 않았다. 김영주는 이미 그의 여동생과 결혼함으로써 매제로 맺어져 있었기에 더욱 든든했다. 그는 특히 현장 감각이 뛰어났고, 손재주도 좋았다.

아도서비스에 돈을 댔던 고향 친구 오인보도 정비업소 사업에 같이 참여하기에 이른다. 주로 자금 지출이나 조달과 관련하여 장부처리 업무를 맡았다. 어린 시절의 가출 길동무에서 시작해서 사업까지 동행하게 된 것이다.

정비업소 일거리는 단순한 편이었다. 주로 고물 트럭을 수리하는 작업이었다. 일제 당국이 남기고 간 망가진 트럭들이 수두룩할 때였다. 아예 구조를 뜯어고쳐야 하는 경우도 적지 않았다. 예를 들어, 1.5톤짜리 트럭을 2.5톤짜리로 바꾸는 식이었다. 트럭의 가운데 부분을 잘라 철판으로 용접해서 연결하면 그만큼 적재용량이 늘어났다. 휘발유보다는 대체로 목탄이나 카바이드를 자동차 연료로 사용하던 무렵이었다.

이처럼 일감이 속속 밀려들면서 종업원도 대략 80명 정도로 크게 늘어났다. 공장을 열고 나서 불과 1년 남짓 만에 나타난 변화였다. 미군의 용산 병기창兵器廠에 일일이 출장을 다니며 자동차 엔진을 교체해 준다

초창기의 현대자동차공업사 직원들

든가 하던 사업 초기의 단순 작업으로는 이제 성에 차지 않았다.

그렇다고 자동차 수리공장에만 만족할 수는 없었다. 수리공장이 재미가 짭짤하기는 했어도 그때 여건으로는 한계가 분명했다. 국내의 전체 자동차 보유 대수가 7천 대를 조금 넘는 수준일 무렵이었다. 그중에서도 화물차가 3,600대, 승용차가 1,300대 남짓이었다. 따라서 가급적 다른 사업을 더 벌여야만 했다.

수리공장을 하는 한편으로 토건업에 뛰어든 것이 그런 뜻이었다. 한꺼번에 두 마리 토끼를 잡겠다는 의도였지만, 그렇게 어려울 것도 없었다. '현대토건사'라는 간판을 하나 더 내달았을 뿐이다. 이로써 계열사가 하나 늘어나게 된다. 간판 하나에 불과했을지언정 그에게는 미리부터 정해진 운명이었다. 드디어 건설업과의 인연이 맺어진 것이다.

아직 '건설'이라는 용어 대신 '토건'이나 '청부업'이라는 표현에서 벗어나지 못할 때였다. 지금의 대한건설협회도 그때는 '대한토건협회'라는 이름을 사용하고 있었다.

또한 당시는 제도적으로 건설면허 허가제도가 느슨했다. 토건회사를 차릴 수 있는 자격도 마찬가지였다. 누구라도 간판을 내걸고 제 실력껏 공사를 따내면 그뿐이었다. 공사를 잘하고 못하고는 순전히 공사를 발주하는 쪽에서 판단할 사안이었다. 정주영이 경험도 없이 선뜻 건설업에 뛰어들 수 있었던 배경이다.

정주영은 이때의 결정에 대해 자서전에서 밝힌 바 있다.

"나는 무슨 일을 시작하든지 '된다'는 확신 90%와 '반드시 되게 할 수 있다'는 자신감 10% 외에 다른 쓸데없는 생각은 갖지 않는다."

즉, '안 될 수도 있다'는 불안감은 일부러라도 말끔히 지운다는 뜻이었다. 스스로 능력에 대한 신념이 있었기에 무모하다는 주변의 반대를 물리칠 수 있었다는 것이다. 더욱이 당시 토건업이라는 게 지금의 대규모 교량이나 터널, 제방 건설처럼 고도의 기술을 요하기보다는 단순 수리나 보수작업 위주였기에 그렇게 겁낼 필요도 없었다. 일단 시작이 중요했다.

토건업은 공사를 따내는 과정이 어렵더라도 계약이 성사되기만 하면 남는 이윤이 커서 대들 만하다는 게 그의 판단이었다. 뿐만 아니라 시기적으로 긴급을 요하는 미군 시설공사가 줄지어 발주될 때였다. 전국적으로 수많은 군소업체가 여기저기 난립했지만, 그 가운데서도 꼽아주는 토건회사들은 대략 10개 남짓이었다. 삼환기업, 신건공영, 광진토건, 오공무소 등도 아직 회사 규모는 그리 크지 않았지만 미군 발주 공사로 은근히 재미를 보고 있었다. 나머지 회사들은 서로 처지가 비슷비슷했으므로 한번 부딪쳐 볼 만했다.

그렇게 해서 '현대토건사' 간판을 단 것이 1947년 5월 25일의 일이다. 지금까지 현대건설의 창립기념일로 지켜지는 상징적 의미를 지닌 날이다.

토건업을 시작하면서 그의 발걸음도 바빠졌다. 미군 공사를 따내기 위해 직접 쫓아다녀야 했다. 미8군 서울지구사령부가 중요한 출입처였다. 뒷날 수도경비사령부가 주둔하는 경복궁 안쪽으로 서울지구사령부가 들어 있었는데, 이곳 사무실이 미8군의 긴급공사가 발주되는 창구였다. 그때 정주영은 2인승 오토바이를 타고 부리나케 쫓아다녔다. 아우 정인영도 통역을 위해 대동하곤 했다.

여기서 한 발짝 더 나아가 이듬해에는 서소문 모퉁이의 평화신문사 건물(현 〈대한일보〉 건물)에 별도의 현대토건사 사무실을 차리게 된다. 비록 방 두 칸짜리의 단출한 규모였지만 그것만으로도 일단 의욕에 넘치는 새 출발이었다. 다른 경쟁업체들에 비해 아직 실적은 초라했어도 업계에 꾸준히 얼굴을 내밀며 경험을 쌓는다는 자체로도 만족할 수 있었다. 그러면서 나름대로 신용도 쌓이고 있었다. 무엇보다 초동의 자동차 수리공장에서 벗어나 시내에 독립된 사무실을 꾸리게 됐다는 사실이 스스로도 대견스러웠다.

그렇게 두 해 남짓 보내고 나서 자동차공업사와 토건사를 하나의 회사로 합병하기에 이른다. 간판은 '현대건설주식회사'로 바꾸어 달았다. 중구 필동 1가 41번지에 본사 사무실을 두었고, 자본금은 3천만 원 규모였다. 1950년 새해를 맞고 나서의 일이다.

정확히 말하자면, 토건회사가 자동차 수리공장을 합병한 것이나 다름없었다. 회사 내부적으로 토건 업무가 더 알짜배기 노릇을 했다는 증거다. 토건회사에서 건설회사로 명칭의 격이 한 차원 높아진 데서도 의미를 찾을 만했다. 그 사이에 대한민국 정부가 수립되고 국가재건 차원에서 건설 행정이 골격을 잡아 나가던 무렵이었으므로 회사 체제를 제대로 갖출 필요가 있었다.

그때 오인보를 포함하여 최기호崔基浩와 이명규李明圭, 홍춘희洪春憙, 손상술孫尙述, 이원재 등 6명이 이사로 참여한다. 이 가운데 최기호는 홀동광산 때부터의 동업자였고, 이원재는 부흥상회 쌀가게 배달원 시절부터의 동료였음은 더 말할 것도 없다. 동업자의 범위가 점차 확대되고 있었다.

6·25 전란의 와중에서

그러나 시련은 또다시 닥쳐왔다. '현대건설'이라는 이름으로 새로 출발했으나 불과 다섯 달 만에 북한의 기습 공격으로 6·25 전란이 터진 것이다. 정상적인 기업활동이 모두 중단될 수밖에 없었다. 정주영 한 사람에게만 해당되는 시련이 아니라 민족 전체가 겪어야 했던 비극이다. 기업활동은 고사하고 일단 몸부터 피해야 했다.

탱크를 앞세운 인민군이 벌써 동두천과 의정부를 거쳐 미아리고개를 넘어올 기세라는 소식이었으므로 신변 안전을 보장할 수가 없었다. 현대토건사가 인천, 대전, 포천, 춘천 등에서 미군 숙사와 병영 시설 공사를 맡아 수행해 왔기에 꼬투리를 잡힐 수밖에 없는 처지였기 때문이다.

　피신해야 하는 처지는 아우 정인영도 마찬가지였다. 이때는 이미 〈동아일보〉에 들어가 기자로 활약하던 중이었다. 외신부를 맡아 미소공동위원회美蘇共同委員會 취재를 거쳐 그 무렵에는 외국기관을 출입하고 있었다. 영어 실력을 인정받은 덕분이었다. 서울에 부임하는 외국 대사들의 프로필 기사도 그의 몫이었다. 그 직전까지만 해도 미국과 중화민국을 필두로 영국, 프랑스, 필리핀 등 한국을 승인한 나라들이 모두 자유진영 국가들이었기에 그 대사들과 가까이 접촉해 왔다는 사실만으로도 서울에 머물러 있다가는 인민군의 우선적인 표적이 될 수밖에 없었다.

　다른 사람은 몰라도 일단 두 사람만큼은 조속히 피신해야 했다. 그러나 서빙고 나루터에 도착하니 벌써 한강 인도교가 끊어진 뒤였다. 보따리를 짊어진 피란민들이 저마다 강을 건너겠다며 다투어 아비규환을 이루고 있었다. 패잔병들도 그 행렬에 섞여 있었다. 그런 와중에서 노도 없는 남의 나룻배에 간신히 올라타고 손으로 물살을 헤쳐 가며 한강을 건넌 것이 그나마 다행이었다.

　한강을 건넌 다음에는 계속 걸었다. 방향은 남쪽이었다. 천안까지 내려갔다가 국군이 반격을 시작했다는 뜬소문을 믿고 잠깐 주춤하기도 했으나 돌아가는 낌새로 보아 금방 끝날 전쟁은 아니었다.

　결국 대전을 거쳐 대구로 내려갔다가 다시 부산까지 이르게 된다. 추풍령 저지선이 무너짐으로써 북한군이 낙동강까지 밀고 내려온다는 긴박한 소식이 전해졌기 때문이다. 그 사이 대전에서 대구로 옮겨졌던 임시수도도 부산으로 이전해 있었다.

　다행히도 정인영이 미군사령부 통역으로 취직하게 되었다. 부산 서면에 지휘부를 차린 미8군 후방기지 사령부에 특채된 것이었다. 일본 유학으로 영문학을 전공했고, 더 나아가 신문기자까지 지낸 경력이었으니 자격에 손색이 없었다. 그것은 형인 정주영에게도 하나의 기회였다. 더구나 일이 순조롭게 풀리려고 그랬는지 정인영은 사령부에서도 공병대 책임자인 맥칼리스터 중위의 전속 통역으로 배치되었다.

맥칼리스터 중위는 정인영에게 건설업자를 알선하라는 지시를 내렸고, 이 얘기를 전해 들은 정주영은 때를 놓치지 않았다. 무슨 공사든지 맡겨 주는 대로 척척 처리하겠노라고 나섰다. 건설회사를 차린 입장이었던 만큼 자격이 없었던 것도 아니다.

전쟁 통이었기에 미군부대에서는 끊임없이 건설 물량이 쏟아져 나왔다. 이른바 '전쟁 특수特需'였다. 부산이 병참기지였으므로 군수물자 보관창고 건설이 시급한 실정이었다. 당시 미군은 토목, 건축, 수도, 전기 등 모든 부문의 공사를 일괄해서 발주하고 있었다. 상황이 상황이었던 만큼 하나씩 절차를 밟아 공사를 추진할 시간적 여유가 없었을 것이다.

미군 숙소가 그 가운데서도 급선무였다. 미군 병사들이 전선에 배치되기 위해 속속 부산으로 도착하던 참이었다. 결국 미군 사령부가 건설 주문을 내놓게 됨에 따라 아우 정인영의 추천으로 그가 나섰다. '현대건설'이라는 간판을 서울 사무실에 달아 놓고 정작 사업은 부산에서 시작한 셈이다.

정주영은 일단 학교 교실을 이용하기로 했다. 전쟁 중이라 모든 학교가 휴교에 들어갔으므로 학교를 임시 숙소로 활용하는 데는 큰 문제가 없었다. 그러나 대부분 책걸상을 놓고 지붕만 올렸거나, 아니면 천막을 두른 상태에서 교사로 쓰던 상황이었다. 아쉬운 대로 교실 내부에 소독

약을 뿌린 뒤 맨 **흙바닥**에 널빤지를 나란히 깔고는 그 위에 천막을 치는 방식으로 임시 숙소를 조달했다.

그나마도 일손이 모자랐다. 여기저기 닥치는 대로 인부를 동원하고도 일손이 달리는 탓에 하루 서너 시간씩밖에 자지 못하면서 버텼다. 공사를 맡은 이상 약속된 시일 내에 끝내는 것이 중요했다. 전쟁을 치르는 군인들에게는 돈보다는 시간이 더 중요했다. 숙소를 마련하는 것부터가 전쟁의 과정이었다. 이런 식으로 한 달 가까이 일한 덕분에 제법 목돈을 만질 수 있었다.

유엔군 묘지의 보리 물결

드디어 맥아더 장군의 인천상륙작전으로 반격이 시작되었고, 국군이 평양까지 치고 올라가면서 정주영도 함께 서울로 돌아왔다. 그러나 인민군을 격퇴하고 서울을 탈환하긴 했어도 곳곳이 폐허였다. 임시방편으로라도 보수공사가 필요했다. 일거리는 적지 않았다. 역시 거의 군부대 공사였다.

서울 종로구 동숭동의 서울문리대 본부에 미8군 최고사령부 막사를 만든 것이 바로 그때의 작업이다. 수원 공군기지 복구공사도 수행했다. 그러나 그것도 잠시, 중공군의 개입에 따른 한겨울의 1·4 후퇴로 다시 부산으로 쫓겨가게 된다. 공사를 마치고도 현장의 장비조차 제대로 챙기지 못한 채 떠난 피란길이었다.

그래도 이번에는 부산에 현대건설이라는 회사 간판을 내걸 만큼 여유가 있었다. 부산항 제1부두 앞에 사무소를 차려놓고 미8군 발주 공사를 이어 갔다. 부산에서도 가장 북적대던 거리였다. 당시는 제1부두가 전적으로 미 제7항만사령부의 통제 아래 놓여 있을 때였다.

피란민들도 부산으로 쏟아져 들어왔다. 영도다리 주변에는 가족을 찾으며 울부짖는 피란민들의 행렬이 끊이지 않았다. 부산에서 사업을 하면서도 그 자신 피란민이었다. 그나마 범일동에 거처를 마련해서 마당에 숙소를 짓고 기술자들까지 함께 기거할 수 있었다.

여전히 병사들의 숙소를 조달하는 공사가 우선 과제였다. 부산 수산대(현 부경대)와 영도초등학교 건물 내부를 고쳐 미군 보충병력 막사로 만드는 공사가 그때 현대건설이 수행한 작업 중 하나다. 이 밖에 부산항 제2부두 창고 건설공사와 달성군의 가창댐 설비공사를 진행하기도 했다. 폭격을 받아 무너진 곳곳의 다리 복구공사에도 참여했다.

그 당시 맡았던 유엔군 묘지 단장공사는 한편으로는 황당한 작업이었다. 부산 대연동에 유엔군 묘지가 들어서기 시작할 때였다.

전쟁이 터진 이래 참전한 유엔군 용사들의 희생이 자꾸 늘어나자 유엔군 사령부가 1951년부터 여기에 묘역을 조성하고 있었다. 특히 인천과 대구, 대전, 마산 등지에 임시로 묻힌 병사들의 유해가 이곳으로 이장되면서 묘역이 계속 확장되던 참이었다. 미군과 유엔군이 다시 38선 이북으로 치고 올라가면서는 개성 일대에서도 유해들이 일부 옮겨지고 있었다.

묘지가 연이어 들어서고 있었으므로 겉모습 단장에 신경을 기울일 처지가 아니었다. 계절적으로도 아직 겨울이었다. 묘지마다 뗏장도 입히지 못한 채 흘러내리지만 않도록 그냥 흙으로 겨우 다져 놓았을 뿐이

부산 대연동 유엔군 묘지의 오늘날 모습

다. 주변에 심은 나무들이라고 변변할 리 없었다. 더구나 아직 전쟁 중이었다. 묘역이 전반적으로 썰렁한 분위기를 벗어나기는 어려웠을 것이다.

그때 각국 사절단이 유엔군 묘지를 참배한다는 계획이 마련되었고, 그 준비단계에서 단장공사가 정주영에게 맡겨졌다. 참배하는 대표단에게 차마 썰렁하고 침울한 흙바닥 모습 그대로 보여줄 수는 없는 일이었다. 유엔군을 대표하는 미군의 입장에서도 내키지 않았을 터다. 세계 평화를 지키기 위해 참전했다가 목숨을 잃은 희생자들이었으므로 그 묘역만큼은 성의껏 단장해 보여줘야 했다.

임시변통이더라도 주변 분위기를 살리려는 노력이 필요했다. 가급적 묘역 주변이 파릇파릇 생기 있게 보이도록 꾸미는 것이 급선무였다. 정주영에게 떨어진 주문이 바로 그것이다. 아마 추운 겨울에도 푸른색을 유지하는 잔디 품종을 심도록 기대했던 것일까. 그런 품종이 없지는 않았다. 미국에 퍼져 있던 켄터키그라스나 페레니얼라이그라스 같은 품종이 그것이다.

그러나 주어진 여건은 미국이 아니라 한국이었다. 잔디가 있기는 있어도 이미 가을철에 들면서부터 이파리들이 누렇게 시들어 버렸을 때였다. 그 금잔디 품종으로는 어림도 없는 얘기였다. 묘역을 파릇하게 꾸며 달라고 주문한 미군 책임자들 스스로도 속으로는 난감했을 것이 틀림없다. 아마 자기들로서는 할 만큼 했다는 하나의 증거를 남기려 했는지도 모를 일이다.

하지만 역시 정주영이었다. 이때도 다시 특유의 순발력이 유감없이 발휘되었다. 어린 시절 아버지를 도와 화전으로 일구던 보리밭이 문득

시련은 있어도

떠오른 것이다. 엄동에 새움을 틔워 두툼한 눈 속에서도 파릇파릇 자라나는 것이 보리가 아닌가. 이러한 생각만으로도 쾌재를 부르기에 충분했다. 더구나 곳곳이 보리밭이었다. 저절로 휘파람소리가 새어 나왔다.

그는 낙동강변의 밭고랑에서 보리 포기들을 눈에 띄는 대로 실어 왔다. 돈을 준다는 데야 밭 임자들도 싫어할 리가 없었다. 풀만 파랗게 나 있으면 된다는 미군 당국자의 다짐에 따른 것이었다. 파랗기로 치자면 보리 포기가 잔디에 결코 뒤지지 않았다.

유엔군 묘역은 금방 파랗게 꾸며졌다. 사절단 일행이 묘지에 들러 헌화하고 떠나가면서 설령 그것이 잔디가 아니라 보리 포기라는 사실을 알아챘다고 해서 굳이 따지고 들 것도 아니었다. 그에게 불가능이란 없었다. 머리를 얼마나 쓰느냐에 달린 일이었다. 정주영의 진가가 다시 확인되는 계기였다.

이렇게 정주영은 부산 피란시절을 통해 고생은 했지만 돈도 벌고 건설업자로서의 이름도 쌓을 수 있었다. 그 뒤로 다른 유수 업체들을 따돌리고 미군 측에서 발주하는 공사를 거의 독점할 수 있었던 것도 그때의 연줄 덕분이다. 이렇게 본다면, 정주영에게는 6·25 전란이 하나의 중요한 전환점이었다.

아우 정세영과 정신영鄭信永까지 함께 가세한 시절이었다. 정신영은 그 무렵 부산 대신동으로 옮겨와 있던 서울대 법과대학에 진학하였다. 서울대 건축과 학생이던 이춘림李春林도 피란시절을 통해 일찍이 정주영의 일을 도우며 현대건설과 인연을 쌓았다.

이렇게 활약한 덕분인지 정주영은 1952년 부산에서 열린 대한토건협회 대의원 총회에서 이사로 선임된다. 업계 내부적으로도 개인적인

1953년 부산에서 함께한 7남매. 왼쪽부터 정세영, 정인영, 정상영, 정주영, 정희영, 정순영, 정신영

위치가 높아진 것이다.

그렇다고 부산 피란시절이 결코 화려했던 것은 아니다. 아내 변중석도 범일동 시장 길거리에 좌판을 깔고 과일장사에 나서기도 했다. 먹고 살려면 달리 방법이 없을 때였다. 과거 고난을 헤쳐 온 우리 모두의 자화상이다. 우리나라의 1인당 국민소득이 기껏 60달러 수준일 때였으니 말이다.

폐허의 잿더미는 누구에게는 마지막이었고, 또 다른 누구에게는 새로운 출발을 의미했다. 절망과 희망이 엇갈리고 있었다. 희망을 찾으려

시련은 있어도

면 절망의 고비를 넘어서야만 했다. 그 고비의 순간에 마지막 힘을 내느냐 하는 것은 전적으로 본인의 몫일 수밖에 없다. 정주영은 혼돈의 와중에서도 스스로 용기를 내는 방법을 본능적으로 깨닫고 있었다.

'넘버 원, 현대건설'

전쟁이 38선을 중심으로 교착상태에 이르면서 정주영은 부산으로 피란했던 식솔들을 이끌고 서울로 돌아온다. 현대건설 사무실도 서울로 옮겼다. 이제는 서울을 중심으로 새로운 일거리를 찾아야 했다.

부평의 조병창造兵廠 보충부대 막사 신축공사를 포함하여 여전히 미군 공사가 대부분이었다. 미군 공사는 공사비도 후한 편이었지만 환차익을 챙기는 재미도 쏠쏠했다. 공사비를 달러화로 받은 덕분이었다. 공사가 끝날 무렵이면 계약 때보다 환율이 대폭 올라 있었다. 6·25 전란이 터지던 무렵 1,800원에서 오르내리던 달러 시세는 1951년 2,500원, 다시 이듬해에는 6천 원으로 뛰어올랐다. 달러 지폐를 움켜쥐고 가만히 앉아서도 그만큼 이익을 남길 수 있었다.

그렇다고 그가 미군 연줄을 이용해서 안면으로만 사업을 따낸 것은 아니었다. 나름대로는 공사를 진행하면서 최대의 능력을 발휘했다. 미군이라는 조직이 서로 친분이 있다는 사실만으로 사업 능력도 없는 업체에 공사를 맡길 만큼 허술하지는 않았을 터다. 부산 유엔군 묘지 단장공사가 그 대표적인 사례다.

미국 아이젠하워Dwight Eisenhower 대통령이 당선자 신분으로 한국을 방

미군장교들과 자리를 함께한 정인영(왼쪽 두 번째)과 정주영(왼쪽 네 번째)
미군 공사를 수주하는 데는 동생 정인영의 역할이 매우 컸다.

문했을 당시의 숙소 공사도 마찬가지다. 전쟁이 막바지로 치닫던 1952년 12월의 일이다. 숙소가 가장 큰 문제였다. 곳곳이 공습을 받아 쑥대밭이 된 서울에서 마땅한 숙소가 있을 리 없었다.

숙소는 일단 창덕궁 앞의 운현궁雲峴宮으로 결정되었다. 이에 따라 미 8군과 대사관 측은 아이젠하워 당선자와 수행원들이 이용하기에 불편함이 없도록 내부 시설을 고쳐 달라며 현대건설에 공사를 의뢰했다. 그 중에서도 보일러 난방장치와 수세식 화장실을 설치해 달라는 게 우선 주문이었다. 욕조도 설치해야 했다. 침실에 딸려 화장실과 목욕탕까지 만들어야 한다는 개념 자체가 우리에게는 서투를 때였다.

게다가 주어진 작업 시한이 짧았다. 사실은, 당시 아이젠하워의 한국 체류일정 자체가 극비였다. 대통령 당선자로서의 비공식 방문이었기 때문이다. 아이젠하워가 미국 본토에서 군함으로 괌까지 이동한 다음 다시 군용기를 갈아타고 여의도 비행장에 내렸을 때까지도 우리 정부에서는 그의 숙소를 두고 혼선을 빚었을 정도다. 경무대景武臺도 마찬가지였다.

더구나 당시 이승만李承晩 대통령은 북진통일을 주장한 반면 아이젠하워는 '한국전 종식'을 선거공약으로 내걸고 당선되었기에 두 사람 사이의 기류가 미묘했다. 결국 양국의 두 지도자가 만난 것도 서울문리대 자리의 미군사령부 본부에서 잠깐 대면한 정도로 그치고 말았다.

운현궁 숙소 작업이 아이젠하워 방한에 임박해 서둘러 발주된 것도 그런 배경 때문이었을 것이다. 그렇게 본다면 정주영은 아이젠하워의 방한에 깊숙이 관여한 셈이다.

하지만 문제가 한둘이 아니었다. 당시 여건에서 보일러 시설도 작은

미군 공사 계약서에 서명하는 정주영

문제는 아니었지만 수세식 화장실에 필요한 양변기 자체가 일반인에게
는 생소할 때였다. 정주영 자신도 양변기를 아직 구경해 본 적이 없었
다. 마치 시골 어린이가 전혀 구경해 보지도 못한 동물원 코끼리를 말
로만 설명을 듣고 그림으로 그려내야 하는 듯한 형편이었다.

　과연 필요한 자재와 물품을 제대로 조달할 수 있을지부터가 확신이
서지 않았다. 그러나 기일 내에 제대로 공사를 해내면 특별 보너스를
주겠다는 제의를 뿌리칠 수 없었다. 일단 부딪쳐 보기로 했다. 기일을
지키지 못한다면 반대로 계약금을 토해 내야 할 판이었지만 그것은 어

　　　　　　　　　　　　　　　　　　　시련은 있어도

디까지나 다음 문제였다.

머리를 짜낸 끝에 고물상을 뒤지기로 했다. 특히 용산의 이태원과 한남동 일대 지역 고물상이 주요 대상이었다. 해방 직후부터 미군이 주둔해 있던 지역이므로 무엇이라도 찾아낼 수 있을 것 같았다. 과연 예감은 적중했다. 주인들이 피란을 떠나 비어 있는 고물상의 창고와 야적장을 뒤진 끝에 보일러 설치에 필요한 여러 크기의 파이프는 물론 세면대와 양변기까지 찾아냈다. 욕조도 구할 수 있었다. 양옥의 내부 시설에 필요한 물품들이었다. 연락처 쪽지를 남겨 놓고는 모두 실어 왔다.

물품을 조달한 만큼 그 다음은 일사천리였다. 인부들을 총동원하여 종일토록 매달렸다. 작업을 진행하던 도중 약간의 기술상 문제가 없지는 않았지만 정해진 기간 안에 무사히 끝낼 수 있었다. 미군 당국으로부터 뛰어난 추진력을 인정받는 계기가 되었다. 미군 관계자들이 정주영과 마주칠 때마다 "현다이 넘버원"이라며 엄지손가락을 추켜올리게 된 것이 그 결과다.

이때는 아우들도 저마다 자기 일에 매달려 있었다. 정인영은 〈모던 타임즈〉라는 잡지사를 꾸리고 있었고, 정세영과 정신영은 학업에 몰두하던 차였다. 정세영은 고려대학교에, 정신영은 서울대학교에 재학 중이었다. 아직 전란기였기에 학교가 각각 대구와 부산에 머물고 있을 때의 얘기다. 셋째 아우인 정순영과 막내 정상영이 맏형을 가까이서 돕고 있었다.

한편 현대건설은 미군 공사 외에 정부 관청에서 발주하는 긴급 복구 공사에도 적극 참여하기 시작했다. 군사작전과 전략물자 수송을 위한 복구공사가 곳곳에서 발주되고 있었다. 서울 노량진 수원지 복구공사를 맡았으며, 한국조폐공사 동래 사무실 건조실 공사를 수행하기도 했다. 당인리 발전소와 삼척과 마산의 화력발전소 건설에도 참여했다. 그 중에서도 논산대교 복구공사를 비롯해 파괴된 교량 공사에 중점적으로 매달리게 된다.

위기의 고령교 공사

정주영이라고 해서 모든 일이 순조로웠던 것만은 아니다. 밀물이 있으면 반드시 썰물이 있고, 찼다가는 다시 이지러지기 마련인 것이 세상 이치가 아닌가. 대구와 거창을 연결하는 낙동강 상류의 고령교高靈橋 복구공사를 맡았다가 최대의 위기에 직면한 것이 바로 그 직후의 일이다.

고령교는 일제강점기이던 1935년 처음 개통된 이래 일대 지역을 연결하는 관문 역할을 맡아 왔다. 이 다리가 전란의 와중에 폭격으로 무너져 내렸다. 상판은 여러 조각으로 깨져 기껏 몇 개의 교각만 남았을 뿐이다. 정주영으로서는 미군 공사에서 정부 공사로 눈길을 돌리다가 여기에 눈길이 멈추게 되었다.

복구공사가 시작된 것은 휴전 직전인 1953년 4월의 일이다. 공기工期는 2년으로 발주되어 있었다. 그때까지 현대건설이 맡았던 공사 중에서 가장 큰 규모였음은 물론 정부가 내놓은 공사로서도 최대 규모로 꼽혔다. 지리산으로 통하는 길목이었기에 산골짜기로 숨어들어 간 빨치산 토벌작전을 위해서도 시급한 작업이었다.

문제는 정부의 긴급통화조치령이 발표되어 화폐가치가 100분의 1로

121

평가절하된 직후였다는 점이다. 화폐 단위도 '원'에서 '환'으로 변경되었다. 당시 이승만 대통령이 전시 인플레이션을 수습하려는 방편으로 '대통령 긴급명령 13호'를 발표한 것은 휴전협정 조인이 임박하던 그해 2월, 부산 임시수도에서였다. 이로써 경제가 온통 혼란에 빠져들고 있었다.

이런 상황에서도 정주영 나름대로는 기대를 갖고 시작한 공사였다. 내무부 토목국장을 지낸 최경렬崔景烈을 고문으로 초빙하면서까지 공사 수주에 의욕을 보였다. 일본 교토京都제국대학 토목과 출신인 그는 조선인으로는 유일하게 총독부 토목기사로 한강 인도교 설계에 관여한 주인공이다. 이와 함께 일본 시미즈쿠미淸水組 경성 지점에서 교량 건설을 맡았던 김영필金煐弼을 상무로, 와세다早稻田공업학교 토목과 출신 이연술李鍊述을 기술주임으로 불러들였다.

하지만 이 같은 의욕에도 불구하고 착공 1년이 지나도록 교각도 제대로 박아 넣지 못한 상태에서 물가는 하늘 높은 줄 모르게 치솟고 있었다. 공사 자잿값과 노임도 마찬가지였다. 100분의 1로 평가절하된 화폐개혁의 부작용이었다. 공사는 갈수록 더뎌졌고 밀린 임금을 지불해달라는 인부들의 항의와 자재대금 독촉 요구만 거세지고 있었다.

고령교 공사 자체가 난공사였다. 주어진 여건이 그러했다. 여름철 홍수가 시작되면서는 수량의 변화를 예측하기가 어려웠다. 교각을 겨우 세워 놓았다 싶으면 갑자기 빨라진 물살에 휩쓸려 떠내려갔다. 갖추고 있던 장비 자체가 워낙 형편없었던 까닭이다. 소형 크레인 한 대가 고작이었다. 그 크레인에 인부들이 우르르 달라붙어 밀고 당기면서 교각을 세워야 했던 처지다.

이처럼 난관에 부딪치자 회사 간부들로부터 공사를 포기해야 한다는 건의가 들어왔다. 공사를 끌면 끌수록 손해가 뻔했다. 그러나 정주영은 중구 초동의 자동차 수리공장을 처분하고 동생들의 집까지 팔아 가면서 매달린 끝에 기어코 공사를 마무리했다. 사업가로서 신용을 잃으면 모든 것이 끝장 아닌가. 중도 포기란 있을 수 없었다. 그것이 사업가로서 그의 기본 자세였다. 첫째도 신용, 둘째도 신용이었다.

"부지런하다면 먹고는 살겠지만 더 큰 뜻을 이루려면 신용을 지켜야 한다. 신용은 나무처럼 자라는 것이다."

쌀가게 시절부터 지켜 온 믿음이었다. 작은 일에서부터 성실하게 인생을 개척해 나가다 보면 신용이 저절로 싹이 터서 무성하게 자란다는 의미였다.

결국 고령교 공사는 막대한 적자로 끝나고 말았다. 어처구니없는 결과였다. 그 자신으로서도 현실로 받아들이기 어려웠다. 참담했지만, 신용을 지키기 위해 스스로 감수한 적자였다. 당초 2년 안에 끝내기로 했던 공사가 한 달 더 지연됨으로써 1955년 5월에 끝난 것뿐이었다. 그때 고뇌의 흔적이 김형근金亨根 내무부장관 이름으로 수여된 포상장으로 남아 있다.

현대건설주식회사 취체역 사장 정주영.

이 사람은 고령교 전재戰災 복구공사의 청부를 맡아 그 공사의 규모가 크고 2년의 장기 공사이어서 물가앙등 기타 여러 가지 난관과 애로가 있었음에도 불구하고 이를 극복하고 타개하여 채산을 돌보지 아니하고 성심성의 좋은 성적으로 준공하여 국토재건

손해를 감수하면서도 마무리하여 신용을 얻은 고령교 공사 현장

고령교 공사에 대하여
내무부장관이 수여한
포상장

에 크게 이바지하였으므로 이 포상장을 준다.

단기 4288년 5월 20일 내무부장관 김형근

그로서도 당초 전쟁이나 화폐개혁의 후유증으로 인한 물가상승 요
인을 감안하지 않은 것은 아니었다. 계약 기간에 관계없이 나름대로는
1년 반이면 공사를 얼추 끝낼 것이라는 복안이 있었고, 그 기간이라면
물가가 오르더라도 대략 감당하리라고 내다봤다. 그런 예측이 터무니
없이 빗나간 셈이었다.

그 빚을 갚는 데만 무려 20년 가까이 걸렸다. 1972년에 이르러 8·3
사채동결 조치가 발표되고 나서야 겨우 자금상환의 압박에서 벗어날
수 있었으니 말이다. 정주영으로서는 창업 이래 최대의 곤경을 맞았던
것이다.

더구나 고령교 공사 직전에 착공한 조폐공사 부산 동래 사무실 신축
공사도 적잖은 손해를 본 채 마무리되었다. 이로써 그동안 미군 공사에

서 벌어들인 돈을 한꺼번에 까먹고 말았다. 회사 금고가 바닥을 드러냄으로써 노임도 제대로 지급할 수 없었다. 서울 초동의 본사 건물을 팔고 미도파백화점 건너편 삼화빌딩에 두 칸짜리 사무실을 얻어 옮겼으나 현장 인부들이 밀린 임금을 내놓으라며 사무실로 쳐들어오기도 했다.

넷째 아우 정세영이 전란 가운데서도 고려대학교를 마치고 미국에 유학 중이었건만 한 달에 150달러씩 보내 주던 학비와 생활비도 제대로 부치지 못할 지경이었다. 컬럼비아대학교에서 공부하던 그가 장학금을 찾아 오하이오 주의 마이애미대학교로 옮긴 것이 그런 연유에서다. 셋째인 정순영과 매제인 김영주는 회사 빚 때문에 집을 처분하고 초동다리 옆의 판잣집에서 겨우 살림을 꾸려 갈 정도였다.

그러나 이런 위기 상황에서도 그는 담담한 마음이었다. 오히려 《채근담菜根譚》의 한 구절을 떠올렸다. "실패한 뒤에 오히려 성공을 이루는 경우가 있으니 마음에 거슬려도 일에서 손을 떼지 말지니 敗後惑反成功 故拂心處切莫放手"라고 하지 않았는가. "세상에서 무슨 일을 겪든 힘써 견뎌 내야 하고 또한 벗어나는 요령을 가져야 할 것이니 宇宙內事 要力擔當 又要善擺脫"라고도 했다. 결국 새옹지마塞翁之馬 또는 호사다마好事多魔일 터였다.

오히려 정주영은 멀리 앞을 내다보고 있었다. 집을 팔아서라도 신용을 철석같이 지킨다는 사실을 널리 확인시켜 준 것만으로도 고령교 공사로 입은 손실은 이미 충분히 상쇄되고 있었다. 결코 실패는 아니었다. 단지 한 번쯤 거쳐야 하는 시련에 지나지 않았다. 옥에도 티가 있고, 좋은 일일수록 탈도 많다고 하지 않았던가. 다만 그 교훈의 비용이 좀 비쌌을 뿐이다.

그런 가운데서도 현대건설은 운크라UNKRA, 즉 유엔한국재건단의 지

시련은 있어도

원자금으로 진행되던 전후 복구사업에 적극 뛰어든다. 1955년 낙동강 우곡제牛谷堤 개수공사를 비롯하여 부산항 제4부두 신축공사를 수주했고, 그 이듬해에도 서울 의주로에 자리 잡고 있던 전매청 복구공사를 수행했다. 이로써 조폐공사 동래 사무실 신축공사나 고령교 공사에서의 손실을 어느 정도는 만회할 수 있었다.

미도파백화점 사건

그 무렵 터져 나온 미도파백화점 사건도 정주영에게는 곤혹스런 일이었다. 일제강점기 조지야丁子屋라는 이름으로 세워진 백화점 건물의 해방 이후 귀속재산 처리과정에서 일어난 사태였다.

일제강점기에 미쓰코시三越백화점(현재 신세계백화점), 화신和信백화점과 함께 장안의 최신 유행을 이끌던 조지야백화점은 6·25 전란을 겪으며 불이 나 건물이 심하게 황폐화된 상태였다. 그것을 대한부동산회사의 유덕영劉德榮이 임차 형식으로 불하받아 내부를 복구하는 등 완전히 뜯어고치고 '미도파美都波'라는 이름으로 새로 백화점을 개점하게 된다. 그것이 1954년의 일이다.

그 과정에서 현대건설이 건물의 내부 개조공사를 맡았고, 공사 대금으로 미도파백화점 주식을 받았다. 공사를 끝내고 백화점 주식으로 대금 결제를 받을 때만 해도 그것이 엉뚱한 사태에 휘말려드는 꼬투리가 될 줄은 미처 깨닫지 못했다. 단지 계약에 따라 공사를 해준 거래관계에 지나지 않았을 뿐이다.

그런데 어떻게 된 영문인지 이 백화점 건물을 한국무역협회가 다시 곧바로 매입하게 됨으로써 문제가 빚어졌다. 당시 옛 식산은행 건물(지금 롯데백화점 자리)에 들어 있던 무역협회 사무실이 미도파백화점으로 입주했고, 결과적으로 대한부동산회사는 임대권을 빼앗기고 쫓겨나는 사태가 일어났다.

새로 단장한 미도파백화점이 다시 장안의 명물로 자리를 잡아가던 중이었다. 비운의 천재화가 이중섭李仲燮이 타계하기 직전 생애 첫 번째 이자 마지막 전시회를 연 것도 당시 미도파 화랑에서였다.

백화점에서 사치품을 버젓이 진열해 놓고 판매하는 모습 때문에 권력층의 눈 밖에 났다는 소문이 퍼졌다. 이승만 대통령의 직접 지시에 따른 조치라는 얘기도 들려왔다. 전쟁의 잿더미에서 허리띠를 졸라매고 복구작업을 벌여도 시원찮을 판에 호화 수입품을 들여와 판다는 데 대해 사회적인 눈길이 그리 곱지는 않았을 것이다.

더욱이 그때 무역협회 회장을 맡고 있던 최순주崔淳周는 국회 부의장을 지낸 실력자였다. 광복 후 조선은행 총재를 지냈고, 6·25 직전 재무부장관에 임명되어 1년 가까이 장관직을 수행하기도 했다. 이후 1954년에 실시된 제3대 총선에서 자유당 소속으로 국회의원에 당선된 화제의 주인공이다.

그 과정에서 대한부동산회사가 관재청과 수의계약으로 임대차계약을 맺은 절차가 뒤늦게 문제가 된 것이다. 계약체결 과정에 관여한 당사자는 물론 건물 내부공사를 맡은 사람까지 조사하라는 지시가 떨어졌다. 당시 관재청이 귀속재산 업무 처리를 하면서 모종의 특혜를 베푼 게 아니냐는 숙덕공론에 따른 조치였다.

정주영이 공연히 곤경에 처하게 된 것이 그런 때문이었다. 하마터면 잡혀 들어가 옥살이를 치를 뻔했다.

"그러나 민사로 해결할 문제이지 형사 문제가 아니라는 결론으로 겨우 고비를 넘기게 되었다."

그는 자서전에서 당시의 사태에 대해 짤막하게 전말을 언급하였다. 그리 기억하고 싶지 않은 사건이었을 것이다.

이 사건은 그 뒤 4·19 혁명으로 자유당 정권이 몰락하면서 새로이 문제로 떠오르게 된다. 이승만 정권의 실세들이 무리하게 사건을 몰아간 것이 아니었느냐는 의혹 제기에 따른 것이었다. 피해자인 대한부동산회사 대표 유덕영은 경무대의 박찬일朴贊— 비서가 '대통령 유시諭示'라는 허위 공문서를 만들어 미도파 불하계약을 취소시켰다고 주장했다. 자유당 독재에 반대하여 시위를 벌였던 4·19 혁명 부상자들도 농성을 하며 진상규명 요구에 집단으로 가담했다.

이에 따라 문제의 문건에 나타난 '가可', '만晩'이라는 글자 서명에 대해 이승만 대통령의 친필인지 여부를 가리는 감정 작업이 이뤄지기도 했다. '만晩'은 이승만 대통령 본인이 재가했다는 뜻일 터였다. 이를테면 본인이 재가한 것인지 아니면 다른 사람이 그의 서명을 흉내 내서 엉뚱한 일을 꾸민 것인지 가리자는 뜻이었다.

현대건설과는 이미 관련 없는 일이었다. 정주영이 공사대금으로 받은 미도파백화점 주식에서 손을 턴 후였다. 하지만 정권 실세들에게 밉보여서는 사업에서 결코 성공하기 어렵다는 사실만큼은 다시 한 번 확인할 수 있었던 계기다. 그것이 우리의 숨김없는 기업 현실이었다.

미군 공사로 발판을 삼고

앞서의 고령교 공사로 한바탕 곤욕을 치르는 과정에서 정주영은 다시 현대건설의 고삐를 틀어쥐기 시작했다. 조금이라도 빈틈을 보이면 순식간에 잡아먹히기 마련인 약육강식의 살얼음판에서 굳건히 살아남고자 하는 스스로의 결의였다.

회사 자본금을 1천만 환으로 증자한 것이 그런 움직임의 하나다. 원래 3천만 원으로 시작했던 자본금이 화폐개혁으로 인해 30만 환으로 쪼그라든 것을 다시 대폭 늘린 것이다. 그때가 1955년 1월. 고령교 공사 빚을 갚으려고 본사 건물과 동생들 집을 처분해 마련한 자금으로 더 크게 일을 벌이기로 작심한 것이다. 잡지사를 차려 독립해 있던 아우 정인영을 부사장이라는 직책으로 다시 불러들인 것도 이때였다.

공사에 필요한 중장비도 차근차근 갖춰 나가기로 했다. 대규모 공사일수록 장비가 우선이라는 사실을 절감했다. 인부들이 등짐을 지거나 손수레를 끌어서 해결할 수 있는 문제가 아니었다. 곡괭이와 삽을 쓰는 구닥다리 방법으로는 대규모 공사를 제대로 수행할 수 없었다. 중장비의 필요성을 깨달은 것 또한 고령교 공사 실패로 인한 중요한 교훈 중 하나였다.

다행스럽게도 미8군이 불하하는 건설 장비를 사들일 수 있었고, 그래도 구하지 못한 장비는 겉모습으로라도 만들어 냈다. 매제인 김영주의 손재주가 비상한 덕분이었다. 그는 처음 보는 장비라도 몇 번만 훑어보면 비슷하게 만들어 내는 재주를 지녔다. 장비창고 열쇠는 자재과장인 이기홍李基弘에게 맡겼다. 이기홍은 아우 정세영의 친구로서, 부산 피란시절부터 현대건설에 합류해 있었다.

이런 과정에서 현대건설의 기술력을 높이는 데는 미8군 발주 공사가 큰 도움이 되었다. 미8군의 발주 공사가 다시 쏟아졌고, 현대건설도 여기에 관심을 집중했다. 전후 복구작업과 함께 군사력 재배치 계획에 따른 새로운 시설확충 작업이 추진되고 있었다. 건설업계가 전반적으로 바쁘게 움직일 때였다.

특히 미군 공사는 그들이 제시하는 설계, 시공, 감리에 대한 시방서示方書에 따라 진행해야 했으므로 그 자체가 기술을 축적하는 과정이었다. 6·25 이후의 복구공사는 전란 도중의 주먹구구식 임기응변 공사들과는 차원이 또 달랐다. 정해진 기준과 방법에 따라 최소한의 오차범위 안에서 철저하게 이뤄져야 했다. 대충 처리하고 넘어갔던 그동안의 공사들과는 근본적인 차이가 있었던 것이다.

현대건설이 1958년 시행한 군산 공군기지 활주로 포장공사가 하나의 사례다. 활주로 포장공사는 도로 포장공사보다 세심한 기술이 필요했다. 콘크리트를 만들 때 배처 플랜트batcher plant 설비를 요구하는 규정부터가 달랐다. 콘크리트를 배합하는 과정에서 시멘트와 모래, 자갈 등의 재료를 계량 눈금에 따라 정확하게 섞어야 했기 때문이다. 눈대중으로는 아무래도 배합이 고르게 이뤄질 수 없었고, 결국 활주로가 금방 갈라지거나 하는 부실공사를 초래하기 마련이었다.

현대건설이 미군 극동공병단이 발주한 인천 제1도크 보수공사를 따낸 것은 1959년의 일이다. 국내 업체들끼리의 다툼이긴 했어도 명색이 엄연한 국제입찰이었다. 정주영 본인으로서도 과거 등짐을 지며 고생한 바로 그 인천부두에서 대규모 공사를 맡았으니 감개무량했다.

공사를 진행하면서 미군 관계자들이 수시로 현장검사를 나오고 까다로운 기준을 따르도록 요구함으로써 마찰도 적잖았으나 그 자체가 기술 축적에 큰 도움이 되었다는 사실만큼은 부인하기 어렵다. 다른 건설사들도 비슷한 경험이었겠지만, 현대건설은 경쟁업체들보다 더 일찍 미군 공사에 참여했기에 실질적인 도움을 많이 받았다.

미군 공사 전담팀으로는 정인영 밑으로 이연술과 이춘림이 배치되었다. 당시 현대건설의 주축 멤버들이다. 권기태權奇泰도 신입사원으로 갓 입사한 단계에서 현장을 돌아 가며 업무를 배웠다. 현대건설은 바로 그 무렵인 1959년부터 공채 제도를 도입함으로써 현장 돌격부대 진용을 키워 가고 있었다.

하지만 이들이 나름대로는 대학교에서 토목이나 건축을 전공한 기술자였음에도 보통학교 출신에 불과한 정주영의 눈높이를 맞추기란 여간 어렵지 않았다. 정주영의 주문은 까다롭고도 매서웠다. 수시로 불려가 호된 질책을 받을 수밖에 없었다. 현대건설이 그동안 눈부시게 성장한 비결이 바로 거기에 있음은 물론이다.

그 과정에서 1958년에는 현대건설 계열사로 '금강金剛스레트'가 새로 설립된다. 본래 서울 양평동에 있던 귀속재산이었는데, 다른 사업자가 운영하다 애로에 부딪쳐 내놓은 것을 정주영이 거둬들인 것이다. 국내 최초로 지붕재인 석면 슬레이트를 선보이면서 급속한 성장세를 이루게 되는 회사다.

이렇게 계열사가 하나둘씩 늘어 가기 시작했다. 이미 부산 피란시절 정부로부터 대행 받은 외자外資 창고보관 업무도 새로운 경영 체제로 갖춰지고 있었다. 그것이 '현대상운現代商運'의 출범이다. 이로써 현대건설

은 1950년대 후반기에 이르면서 초보적이나마 나름대로 경영 다각화
를 이루어 가고 있었다.

엉뚱하게 낙착된 한강 인도교 공사

그 무렵, 정주영에게 다시 중요한 기회가 찾아온다. 한강 인도교人道橋
공사가 바로 그것이다. 현대건설이 국내 건설업계에서 일약 선두주자
반열에 오르는 계기이기도 했다.

한강 인도교 공사란 6·25 전란 중 일부 구간이 공습으로 파괴된 한
강 인도교를 복구하는 작업이었다. 전란이 끝나면서 파손된 부분을 임
시 가교로 연결하여 사용하고는 있었지만 계속 미적지근한 상태로 방
치할 수는 없는 노릇이었다.

현대건설이 한강 인도교 공사 사업자로 낙착된 것은 1957년 9월. 정
부 공사로는 고령교 공사 이후 최대 규모였던 만큼 선두업체들 사이의
탐색전이 치열했다. 공사 발주와 관련된 내무부와 재무부 등 각 부처의
고위 관료들까지 공사 수주 싸움에 동원되고 있었다. 내무부 토목국이
정부 공사의 모든 발주 업무를 관할할 때였다. 아직 정부에 건설부 직
제가 마련되기 전이었다. 재무부는 예산 집행권을 행사하고 있었다. 공
사에 미치는 입김은 서로 대단할 수밖에 없었다.

그러나 건설업체들이 서로 수의계약으로 공사를 따내려는 경쟁이 팽
팽한 나머지 예산 집행이 자꾸 늦춰지고도 마땅한 방안을 찾지 못하는
바람에 결국 경쟁입찰에 부쳐졌다. 마지막까지 입찰에 남은 업체는 조

홍토건, 대동공업, 중앙산업, 홍화공작소, 현대건설 등 5개 회사였다.

그런데 홍화공작소가 단돈 1천 환의 낙찰가를 써냄으로써 혼선이 빚어졌다. 최저가격 낙찰제였으므로 1천 환으로 응찰한 홍화공작소가 낙찰 받는 것은 당연했으나, 이는 공짜로 다리를 복구해 주겠다는 것이나 마찬가지였다.

홍화공작소의 양춘선楊春先 사장은 "우리 회사가 애국심으로 국가에 무료 봉사하려는 것"이라며 기부 공사의 의사를 밝혔지만 함께 응찰한 경쟁사들로서는 쓴웃음을 지을 수밖에 없었다. 도저히 상식적으로 이해할 수 없는 일이었다.

그 배경에 정부가 비밀스런 특혜를 약속한 게 아니냐는 의혹이 제기될 수밖에 없었다. 문제가 끝내 예기치 못한 방향으로 흘러간 것이다. 마침내 내무부는 이러한 입찰이 유효한지에 대해 심계원審計院(감사원의 전신)에 공식 질의하기에 이르렀고, 이에 대해 심계원은 "홍화공작소가 인도교 공사에 진의가 없는 것으로 판단되므로 낙찰을 무효화해야 한다"는 유권해석을 내렸다.

사태는 일시에 반전되고 말았다. 현대건설의 공사 낙찰은 이러한 우여곡절을 거치고서야 이루어졌다. 홍화공작소를 제외하면 현대건설이 4,450만 환으로 가장 낮은 액수를 써냈기 때문이다. 5,900만 환을 써낸 조흥토건과도 상당한 차이가 났다. 당초 정부의 입찰 예정가는 1억 200만 환이었으므로 덤핑 수주라는 지적이 그렇게 틀렸다고만 말할 수는 없었다. 하지만 이때의 공사를 발판으로 제 2차, 3차 공사도 거의 자동적으로 맡게 되었고, 결과적으로 전체 계약금 2억 3천만 환 가운데 40% 가까이 이익을 남겼으므로 현대건설로서는 후회가 있을 수 없는

　　　　　　　　　　　　　　　시련은 있어도

선택이었다.

이렇게 시작한 한강 인도교 복구공사는 1958년 5월 준공되었다. 6·25로 파괴된 지 8년 만에 다시 제 모습을 찾은 것이다. 노량진까지 이어지는 전차 노선 운행도 재개되기에 이르렀다. 일본 출신 기술자들이 대부분이던 고령교 공사 때와는 달리 토종 기술자들의 노력으로 다리를 복원했다는 점에 의미가 있었다. 정주영이 그 주인공이었다.

이 공사를 계기로 현대건설은 건설업계에서 단연 선두그룹에 진입한다. 대동공업, 대림산업, 조흥토건, 극동건설, 삼부토건 등 5개 회사가 국내 건설업계에서 부동의 선두그룹을 형성하고 있을 때였다. 철옹성 같던 '5인조 시대'가 1950년대 후반기에 이르러 새로운 세력 구조로 개편된 것이다.

5인조 중에서도 대동공업이 주축을 이루고 있었다. 대동공업 사장인 이용범李龍範이 당시 자유당 국회의원으로서 이승만 정권과 건설업계의 유착관계를 이끌어가고 있었다. 이들 선두그룹 중심으로 이권 카르텔이 작동했고, 이에 따라 자기들끼리의 나눠 먹기 공사가 비일비재했다. 대동공업만 해도 인천과 부산, 진해항 준설공사에 이어 1958년에는 묵호항 준설공사를 재무부로부터 수의계약으로 따냈다.

다른 중견 건설업체들로부터 이들의 전횡에 대한 비난이 쏟아졌다. 그 뒤 4·19와 5·16이 연달아 일어나 정권이 바뀌면서 이들 선두업체들이 톡톡히 대가를 치르게 되는 배경이 거기에 있다. 그 선두그룹에 현대건설이 새로 끼어든 것이었다. 전국적으로 1천여 개의 건설업체가 난립할 때였다.

그러나 전반적으로 미군 군납공사와 정부 공사 외에는 이렇다 할 공

사가 없었다. 아직은 민간자본이 축적되지 않았고, 따라서 공장이나 주
택 건설 등 민간 분야의 공사가 이뤄질 여건이 갖춰지지 못했다. 하지
만 그런 가운데서도 민간 분야는 서서히 잠재력을 키워 가고 있었다.
정주영의 현대건설도 그중 하나였다.

"마치 쓰레기통에서 장미꽃이 피는 것을 기대하는 것과 같다."

유엔 한국재건위원단의 일원으로 서울에 파견된 인도 대표 크리슈나

한강 인도교 공사 현장

137

메논Krishna Menon은 이와 같이 한국 사회의 발전 가능성에 대해 부정적인 견해를 나타냈지만, 적어도 경제 분야에서만큼은 그런 전망이 틀렸음을 입증하는 사례들이 줄을 잇게 된다.

'한강의 기적'을 만들어 낼 싹들이 땅속에서 움트고 있었던 것이다.

시대 변혁의 와중에서

정주영이 현대건설 사업을 통해 세상에 본격적으로 이름을 알리기 시작한 것은 1960년대 들어서다. 정치적 변혁을 겪으면서도 국가경제의 기틀을 잡아야 한다는 사회적인 공감대가 서서히 싹텄고, 그런 근대화 노력을 앞서서 이끌어간 분야가 바로 건설업이었다.

일반 국민들의 생활 편의를 위해서는 도로, 다리, 항만 등 사회간접자본SOC 시설이 필요했다. 지역에 따라서는 농업용수 관개와 홍수 조절을 위한 댐이 세워져야 했다. 발전소도 물론이었다. 초창기의 경제개발계획이 무엇보다 건설업에 좌우될 수밖에 없었던 이유다. 시대적인 욕구에 부응하는 방법이었다. 그런 점에서, 자유당 시절 수행한 한강 인도교 공사는 하나의 시발점이었을 뿐이다.

하지만 뜻하지 않은 곤욕도 적잖이 따랐다.

그 가운데 하나가 정치적 격변기를 맞아 가해진 시련이었다. 더욱이 정경유착으로 부정축재를 했다는 누명까지 써야 했으니, 이는 당시 선두 기업인들이 공통적으로 당해야 했던 운명이다. 비난의 손가락질을 받아야 할 사람들이 분명 없지는 않았을 것이다. 그러나 함께 얼차려

대상에 포함되어 덤터기를 쓴 기업인 가운데는 억울한 사람도 포함됐다. 그 또한 사회적인 분위기였다.

정권 교체기마다 늘상 있을 법한 일이었다. 권력자들이 수사기관과 세무서를 동원하여 민심의 어긋난 보상심리를 충족시키는 하나의 방안이기도 했다. 기업인들로서는 공연히 표적이 될 수밖에 없었다. 자칫 수갑을 차거나 상습 탈세자라는 비난을 받아야 했다.

1960년의 4·19 혁명은 그동안 이어져 내려온 정치, 경제, 사회적인 모든 지형을 뒤바꾸는 계기였다. 이승만 대통령의 자유당 독재정권에 의해 좌지우지되던 사회질서가 하루아침에 뒤집혔다. 일단의 기업인들이 4·19 혁명으로 정권을 차지한 민주당 정부에 의해서 부정축재자로 몰리게 된 것이다. 독재정권과 결탁해서 부당하게 사업 이권을 누렸다는 것이 그 주된 이유였다.

당시 국내의 대표적인 기업인들 대부분이 부정축재자 명단에 올랐다. 삼성물산의 이병철李秉喆을 비롯해 삼호무역 정재호鄭載護, 대한양회 이정림李庭林, 대한산업 설경동薛卿東, 반도상사 구인회具仁會, 동양시멘트 이양구李洋球, 극동해운 남궁련南宮鍊, 한국유리 최태섭崔泰涉, 태창방직 백남일白南一 등이 그들이다. 앞으로 특별조사반의 정밀 조사를 통해 이들의 부정축재 여부를 가려낸다는 뜻이었지만, 이미 부정축재자라고 낙인찍은 것이나 다름없었다.

건설업계 인사들 가운데서는 앞서 대동공업의 이용범을 포함해서 중앙산업 조성철趙性喆, 삼부토건 조정구趙鼎九, 극동건설 김용산金用山 등이 그 대상에 올랐다. '건설업계의 5인조'로 꼽히던 회사들이었다. 정주영도 예외가 될 수는 없었다. 눈금이 촘촘한 그물망에서 빠져나가기에는 현대건설의 몸집이 이미 커질 대로 커진 상태였다.

더욱이 이승만 정권이 무너지고 허정許政 과도정부가 들어서면서 제일 먼저 내린 결정이 정부 관급공사의 전면적인 발주 중단이었다. 유착관계를 끊겠다는 뜻이었다. 이 하나의 결정만으로도 건설업체들은 단번에 침체의 늪에 빠졌다.

하지만 5·16 군사정변이 연이어 일어남으로써 부정축재 조사작업은 일단 중단되기에 이른다. 허정 과도정부를 이어받은 장면 총리의 민주당 정부가 재무부 사세국司稅局을 동원하여 부정축재 혐의자에 대한 조사를 진행하던 도중이었다. 부정축재특별처리법이 국회를 통과하고 그에 따른 시행령이 공표된 지 불과 1주일 사이에 일어난 정변이었다.

그렇다고 혐의를 벗은 것도 아니었다. 군사혁명 정권도 기업인들을 1차적인 표적으로 삼기는 마찬가지였다. 혁명 수뇌부로 구성된 국가재건최고회의도 다시 부정축재자 조사작업을 벌였다.

최고회의의 부정축재자 선별작업은 발 빠르게 진행되었다. 부정축재자 처리 기본요강이 발표되고, 국무총리를 지낸 백두진白斗鎭과 재무장관을 지낸 송인상宋仁相, 김영선金永善을 비롯하여 일단의 기업인 등 26명을 구속 처리한 것은 쿠데타가 성공하고 불과 열흘 남짓 지나서였다. 박찬일 경무대 비서관과 서정학徐廷學 전 치안국장, 곽영주郭永周 전 경무대 경무관도 함께 구속되었다.

건설업자도 두어 명 구속되기는 했으나 건설업계에는 심하게 손을 대지는 않았다. 혁명 지도부는 이미 거사 이틀 뒤 '포고 제12호'를 통해 전국적으로 추진하고 있는 국토건설 사업은 예정대로 추진한다고 발표함으로써 건설업계에 대해서는 유화 제스처를 보냈다. 국토건설 사업은 민족적 과업이므로 특정 세력에 지배돼서는 안 된다는 이유를 내세웠다. 처벌보다는 국가개발 시책에 최대한 협조를 얻어 내려는 방향에서 마련된 타협안이었다.

특히 현대건설의 경우 자유당 말기부터 단양시멘트 공장을 짓기 위해 차관을 신청했다가 연달아 퇴짜를 맞은 터였기에 정주영은 정경유착이나 부정축재 대상에서 제외될 수 있었다. 결국 5·16 이후인 1962년에서야 미국 국제개발처AID 차관 승인이 떨어짐으로써 그해 7월 단양시멘트 공장 건설에 착공할 수 있었다.

이처럼 정치 변혁기를 지나면서 정주영이 겪어야 했던 마음고생은 결코 작지 않았다. 그 뒤에 이어지는 정치 혼란기 때도 다르지 않았다. 발전 및 산업설비를 생산하던 현대양행現代洋行이 공기업 형태로 전환되면서 경영권을 정부에 빼앗기는 사태에까지 이르게 된다. 정주영은 정부 방침에 극구 반대하고 나섰으나 아무런 소용이 없었다. 1979년 10월 26일 박정희 대통령의 급서急逝로 인한 혼란의 와중에 신군부가 권력을 장악한 서슬 퍼렇던 시절의 얘기다.

그는 이러한 시대 상황에 대해 뒷날 다음과 같이 털어놓았다.

"기업을 이끌어오면서 가장 두려웠던 것은 정권이 바뀔 때마다 겪어야 했던 수난이다. 그런데도 국민들은 실상도 제대로 모르면서 권력이 기업을 때리기만 하면 무조건 좋아했다. 나는 이런 권력행위가 너무 안타깝고 싫었다."

회고록을 통해 고백한 심경이다. "일하는 사람 따로 있고, 놀면서 때리는 사람 따로 있었다"는 언급으로 불만을 드러내기도 했다. 권력자의 손톱과 발톱에 마구 할퀴어야 했던 참담한 심경을 보여 준다.

시련은 있어도

한편 5·16 직후 당국의 부정축재자 조사 과정에서 경제인들은 국가 경제 재건에 이바지하기 위해 대동단결한다는 취지로 '경제재건촉진회'를 결성했고, 이 모임이 다시 '한국경제인협회'라는 이름으로 바뀌게 된다. 최고회의의 압박으로 인한 궁지에서 벗어나기 위해 자의반 타의반 결성한 모임이었다. 지금의 '전국경제인연합회全國經濟人聯合會, 전경련'의 전신이다.

전경련의 초대 회장은 이병철 회장이 맡았다. 정주영과 쌍두마차를 이루며 한국 경제발전을 이끈 주인공이다. 이 모임에 발기인으로 참여한 정주영에게 회장 자리가 넘겨진 것은 1977년에 이르러서의 일이다.

해외시장으로 눈 돌리다

정주영이 해외시장으로 눈길을 돌린 것도 4·19와 5·16 등 정치 변혁기를 거치면서 부정축재 혐의로 손가락질을 받았던 서운한 감정이 하나의 원인이었다. 나름대로는 최선을 다해 노력했는데도 엉뚱하게 부정축재자로 몰린 데 대한 실망이 컸다.

해외에서 공사를 벌인다면 국내의 정치 변혁기에도 쓸데없이 정경유착이니 부정축재니 하는 비난을 사지 않을 것이었다. 또한 손상된 명예와 자존심의 보상을 위해서도 해외 실적을 쌓을 필요가 있었다. 정부의 압박에 대해 은근히 오기가 발동한 결과였다.

다른 한편으로는 현대건설의 새로운 활로를 찾기 위해서도 해외로 진출해야 했다. 아무리 궁리해도 뾰족한 대안은 없었다. 부존자원이 빈약한 형편에서 살아남을 수 있는 길은 오직 해외시장 개척뿐이었다. 그 무렵 정부의 기간산업 개발자금이 바닥을 드러냄으로써 당분간은 웬만한 토목공사를 벌일 수 있는 처지도 아니었다.

또한 해외공사를 추진한다면 선진국 건설사들의 앞선 기술을 곁눈질하는 기회가 될 수도 있을 터였다. 아직 국내 업체들의 기술력이 '우물 안 개구리'에 불과할 때였다. 어쩌다가 발전소나 비료공장 등 대규모 산업시설이 발주된다고 해도 대부분 외국 업체가 시공을 맡을 수밖에 없었던 상황이다.

1963년 정초 현대건설 시무식. 새해를 여는 이때의 연설에서 정주영의 해외진출 의사가 공식적으로 표면화된다. "올해는 해외에서 놀라운 일을 계획하고 있다"는 언급이 바로 그런 의미였다.

더구나 현대건설의 경우 그동안 미8군 공사를 수행한 실적이 적지 않았으므로 국제입찰에서도 유리했다. 국내 건설업계 도급순위에서도 1962년에 이르러 선두주자로 올라선 마당이었다.

그렇다고 해외진출이 만만할 리는 없었다. 아직 국내에서 누구도 해외시장을 넘본 전례가 없었던 까닭이다. 다른 건설사들은 엄두도 내지 못했다. 그러면서도 현대건설의 해외시장 개척 움직임에 대해 시큰둥한 눈초리로 바라보고 있었다.

그런 점에서, 현대건설의 첫 번째 도전이 실패로 끝난 것은 예견된 결과나 다름없었다. 그해 7월 베트남 수도 사이공(현 호치민)에서 추진되던 500만 달러 규모의 상수도 공사 국제입찰에 참가했으나 실패의 쓴맛을 보고 만 것이다. 해외무대의 장벽이 워낙 높은 탓이기도 했지만 아직 입찰서류 작성부터 서툴 때였다.

시련은 있어도

그래도 정주영은 개의치 않았다. 베트남뿐만 아니라 태국, 말레이시아 등 동남아 국가들을 중심으로 건설시장 동향에 관심을 기울이도록 회사 간부진을 독려했다. 기회가 주어지면 언제라도 뛰어들겠다는 의지의 표현이었다. 마치 기저귀를 찬 어린아이가 뒤뚱거리며 걸음마를 배우면서부터 동시에 뜀박질 대회에 출전하는 식이었다. 그의 타고난 성격이 번갯불에 콩을 구워 먹을 만큼 급한 편이었다.

이번에는 실패의 전철을 되밟지 않고자 태국 방콕에 지점을 설치하고는 넷째 아우인 정세영을 초대 지점장으로 발령을 냈다. 미국 유학을 마친 그가 학자로서의 꿈까지 접은 채 현대건설에 합류해 있었다. 옆에서 도와 달라는 맏형의 간곡한 부탁을 차마 뿌리칠 수 없었던 것이다.

이런 과정을 거쳐 드디어 첫 번째 해외공사를 따낸 것이 1965년 9월의 일이다. 파타니-나라티왓 고속도로 공사. 낙찰가는 522만 달러. 의욕을 갖고 매달린 결실이었다. 태국 남부의 두 도시를 연결하는 98킬로미터 구간의 고속도로 건설 입찰 수주에 성공함으로써 기어코 해외무대에 명함을 올린 것이다.

현대건설로서는 물론 국내 건설업계를 통틀어서도 사상 첫 번째로 기록되는 해외공사다. 태국에서도 푸켓 교량 공사와 하자이 비행장 공사의 응찰이 멋쩍게 끝나고 세 번째 시도에서 따낸 공사였다. 더구나 세계 16개국 30개에 가까운 경쟁업체들을 따돌리고 낙찰 받은 것이어서 그 의미를 더해 주었다. 당시 서독, 일본, 이탈리아, 덴마크 등의 건설업체들이 태국 건설시장을 틀어쥐고 있을 때였다.

파타니-나라티왓 고속도로 공사는 2차선 규모에 30개월 기간의 계획으로 추진되었다. 태국 정부가 세계은행IBRD 차관을 끌어들여 벌이는 공사였다. 하지만 국내 업계에서 대표적인 위치로 올라선 현대건설로서도 진작 경험해 보지 못한 대공사였다. 그때까지 국내 업체들이 맡은 공사 가운데 단연 최대 규모였다.

이렇게 현대건설이 고속도로 공사 입찰에 성공했다는 소식이 전해지자 정부도 들떠 반기는 분위기였다. 공사 대금 가운데 상당액이 국내에 들어오게 될 터였다. 우리의 경제 여건상 한 푼의 달러가 아쉬운 형편이었다.

정부 차원에서도 자립경제 확립이라는 목표를 내걸고 수출시장에 지대한 관심을 돌릴 무렵이었다. 하지만 수출품이라고 해야 값싼 노동력을 이용한 섬유제품, 봉제완구 따위에 지나지 않았다. 시골 부녀자들의 머리카락을 잘라 만든 생머리 가발도 빼놓을 수 없는 수출품목이었다. 그런 때 현대건설이 덜컥 해외건설 계약을 따냈으니, 눈길이 쏠릴 만도 했다.

"우리나라도 이제는 외화를 버는 위치로 도약하고 있다."

당시 박정희 대통령도 현대건설의 해외 수주 소식에 흥분을 감추지 못했다. 이듬해의 제3회 '수출의 날'에는 정주영이 대통령 산업포장을 수상하였다.

그때 공사를 위해 태국으로 파견되는 현대건설 기술자와 인부들이 비행기 트랩에 오르는 모습이 TV 방송으로 생중계되었을 정도다. 국가적인 관심을 받은 것이다. 우리 건설업에서 새 역사를 이루는 장면이었다. 정주영이 앞장서 그 역사를 써나가고 있었다.

파타니-나라티왓 고속도로 공사

정작 문제는 공사를 따낸 다음이었다. 고속도로를 제대로 구경조차 못 해본 사람들이 공사를 떠맡게 됐다는 사실부터가 문제라면 문제였다. 현대건설 간부들은 물론 정주영 자신도 고속도로가 어떤 식으로 설계되고 운영되는지에 대해 사전 지식이 있을 리 없었다. 태국 현지에 대한 정보에도 어두웠다. 반가워만 할 일은 아니었다.

정주영은 일단 이연술李鍊述 토목담당 부사장에게 현장 총책임을 맡겼다. 권기태 이사도 현장 지휘자로 상주토록 발령을 냈다. 방콕 지사장인 정세영은 서울과 현지의 중계 역할을 맡았다. 방콕에 임시 거처를 마련하고 현지로 부임하기 위해 도착하는 회사 직원들의 안내 역할을 도맡은 것이다.

그러나 공사에 대한 준비가 얼마나 허술했는지는 발파음과 함께 공사가 본격적으로 시작되면서 금방 드러나고 만다. 파타니-나라티왓 고속도로 공사는 그만큼 난관의 연속이었다. 의욕만 넘쳤지, 아무런 사전 경험도 없이 맨주먹으로 달려들었기 때문이다.

공사 장비부터가 수준 미달이었다. 그동안 국내에서 사용하던 미군 불하장비를 현장에 투입했으나 잦은 고장으로 오히려 애물단지가 되고 말았다. 현지에서는 부품 조달도 어려웠다. 미군이 폐품 처리한 GMC 트럭을 고속도로 공사장에 동원한 자체가 문제였다. "장비가 굴러갈 때보다 고장으로 멈춰선 시간이 더 길다"는 푸념까지 나돌 정도였다.

결국 태국 현지에서 최신 장비를 새로 도입하거나 빌려서 사용할 수밖에 없는 처지가 되었다. 땅바닥을 다지는 롤러도 서독에서 진동식 장비로 새로 구입했다.

날씨도 공사에는 훼방꾼이었다. 공사가 조금 진척되는가 싶으면 한낮에도 갑자기 소나기가 쏟아져 시멘트로 발라 놓은 부분을 헤쳐 놓기 일쑤였다. 열대지방에 스콜이라는 소나기 현상이 반복해서 발생한다는 사실을 그제야 심각하게 받아들이게 된 것도 웃지 못할 일이었다. 폭우도 결코 뜸하지 않았다. 퍼붓듯 쏟아지는 빗줄기로 산사태라도 일어나면 흙탕물이 온통 공사장 주변을 훑고 지나갔다.

현장에 쌓아 둔 골재가 빗물에 젖는 바람에 아스콘, 즉 아스팔트 콘크리트 생산이 어려워졌고, 그만큼 도로포장 작업이 늦어졌다. 물기를 말리려고 철판 위에서 골재를 구워 가며 아스콘 생산에 매달렸으나 어차피 역부족이었다. 그나마 철판 위에서 골재를 굽는다는 시도조차도 정주영의 아이디어에 의한 것이었다.

국제 기준을 공사에 적용하는 과정에서 미국인 감독관과의 마찰도 수시로 벌어졌다. 한국의 기술 수준을 얕본 감독관은 더욱 까다로운 조건을 제시하기 일쑤였다. 금방 합격점을 주고도 다시 헐어내고 공사하도록 요구하기도 했다. 공구 책임을 맡은 정태수鄭泰壽가 그때마다 항의하고 나서는 바람에 태국 당국에 의해 본국 송환 직전의 위기에 몰리기도 했다.

공사장 인부로 동원된 현지인들과의 갈등과 마찰도 잦았다. 의사소통이 어려워 통제가 제대로 되지 않는 탓에 빚어진 결과였다. 정주영이 수시로 현장을 독려 방문했는데도 이런 상황을 돌이킬 수는 없었다.

이처럼 불리한 상황이 이어지자 현장에서는 애초에 해외공사 참여가 섣불렀다는 비관적인 얘기가 쏟아져 나왔다. 도중에라도 손을 떼야 한

태국 파타니-나라티왓 고속도로 건설 현장

다는 소리를 들어야 했다. 대구 고령교 공사 때와 마찬가지였다. 처음부터 준비가 부족한 탓이었다. 현대건설이 국내에서는 나름대로 산전수전 경험을 쌓았다고 해도 태국의 여건은 판이했다. 한국에서 모집해 간 인부들의 난동이 벌어지기도 했다.

그러나 정주영의 판단은 달랐다. 도중에 손을 털고 그만둔다면 앞으로 현대건설은 고사하고 다른 한국 업체들의 해외진출에도 덩달아 불신의 딱지표가 붙을 터였다. 그것은 당장 감내해야 하는 이상의 막대한 손실이었다. 한국 건설업계를 대표하는 입장에서 그렇게 도매금으로 체면을 흐려 놓아서는 안 된다고 생각했다. 해외건설의 첫 테이프를 끊은 것이라는 점에서도 쉽사리 포기하거나 그만둘 성질이 아니었다. 이미 내친걸음이었다.

결국 열심히 공사를 진행하고도 오히려 상당한 적자를 보고야 말았다. 국제무대 첫 데뷔치고는 명백한 실패였다. 아무리 첫술에 배부를 수는 없다고 해도 엄청난 손실을 입으리라고는 미처 예상하지 못했다.

그는 시 한 수로 마음을 달랬다.

月落烏啼霜滿天 달은 지고 까마귀 우는 하늘엔 서리가 가득하다
江楓漁火對愁眠 강변 단풍에 고깃배 불빛으로 잠 못 이루는구나
姑蘇城外寒山寺 고소성 바깥의 쓸쓸한 절가에
夜半鐘聲到客船 한밤중 종소리가 뱃전에 들리는도다

어렸을 때 서당에서 배운 당나라 시인 장계張繼의 작품이다. '풍교야박楓橋夜泊'이라는 제목에서부터 담담한 분위기를 전해 준다. 그가 집안

에 액자로 걸어 놓고 심사가 처연해질 때마다 들여다보던 글귀다. 태국에서 고속도로 공사를 끝내고 대차대조표를 들여다봤을 때 그의 마음이 그러했다.

파타니-나라티왓 공사 현장에는 현재 빛바랜 기념비만이 위안으로 남아 있다. "6·25 전쟁이 벌어졌을 때 우리가 한국을 도왔는데, 이제는 한국이 우리를 도왔다"는 내용의 기념비다. 고속도로 공사가 끝나고 현지 지방정부에 의해 세워진 것이다.

현지에서는 아직도 이 고속도로를 '따온 까올리'라고 부른다. '한국도로'라는 뜻이다. 이 지역은 수도 방콕에서 800킬로미터나 떨어진 최남단의 변방이면서도 이 도로로 인해 말레이시아를 연결하는 교통의 요충지로 자리 잡고 있다. 파타니, 나라티왓은 물론 인접한 송클라, 알라 등의 지역이 세계적인 천연고무 생산지로 각광을 받게 된 것도 이 도로 덕분임은 물론이다.

이때의 실패는 정주영의 용기와 배짱이 아직 설익은 단계였음을 말해 준다. 일단 해외공사를 따내고 보자는 충동이 앞섰기에 치밀함이 부족했던 것이다. 앞만 보고 달려드는 추진력이 지닌 치명적 약점이다. 해외무대에 이름을 올리려는 시도치고는 큰 대가를 치른 셈이다.

현대건설이 우물 안을 벗어나 국제무대에서 다크호스로 떠오르는 과정에서의 시련이었다. 손해를 보기는 했어도 적잖은 경험을 쌓은 게 무형의 수확이었다. 실패를 겪으며 애송이 티를 벗어 내고 있었다. 올챙이가 꼬리를 잃어버리는 아픔을 견디며 어미 개구리로 변신하는 과정이었다고나 할까.

한편 당시 공사 현장에서 난동이 일어났을 때 마지막까지 남아 금고

151

현대건설 신입사원 시절 태국 현장에서 근무할 당시의 이명박 전 대통령

를 지킨 주인공이 바로 이명박李明博이다. 신입사원으로 공채된 직후 태국 공사장에 경리직원으로 파견됐던 신분이다. 정주영은 이러한 책임 정신을 높이 사 그를 5년 만에 이사로 승진시켰고, 이후 부사장과 사장으로도 쾌속 승진시킴으로써 전폭적인 신임을 표명한다.

"나보다 장기판 말 쓰는 솜씨가 한 수 높다."

이명박에 대한 정주영의 평가였다.

이명박이 현대건설에 입사할 당시 면접자도 바로 정주영이었다. 고려대 학생회장을 맡아 군사정권에 반대하는 6·3 시위를 주도한 전력으로 취직이 어려웠던 그를 선뜻 발탁한 것이다. 그가 국회의원과 서울시장을 거쳐 대통령까지 오르게 되는 배짱과 뚝심의 리더십이 현대건설에서 길러졌다고 해도 과언이 아니다. 본인도 출중했지만 정주영의 뒷받침이 없었다면 처음부터 어려웠을 것이다.

동토의 알래스카까지

정주영은 연이어 베트남 건설시장에 발길을 내딛었다. 캄란 만 준설공사를 시작한 것이 1966년 3월의 일이다. 그리고 두 달 뒤에는 반호이 주택건설 공사도 착공하게 된다. 태국에서 그 직전에 착공된 파타니-나라티왓 고속도로 공사가 곤경을 겪으면서도 이럭저럭 진행되던 무렵이었다.

전쟁의 한복판에 뛰어든 것이다. 과거 6·25 전란이 그에게 기회가 되었듯이 베트남전이 다시 기회로 다가오고 있었다. 한편으로는 실패를 무릅쓴 모험이었다. 자칫 목숨까지 걸어야 했다.

더구나 당시는 베트남전이 갈수록 깊은 구렁텅이로 빠져들 때였다. 사이공 항구에 정박한 미군 수송선이 월맹군에 의해 격침된 데 이어 통킹 만 사건이 일어난 것이 그보다 2년 전이다. 미국이 이에 대한 응징 차원에서 항공모함을 급파하여 월맹군의 기름탱크 저장소를 집중 공격함으로써 전투가 본격 확산되고 있었다.

전투 병력을 대거 파병한 것은 우리 정부도 마찬가지였다. 1965년 전투부대인 맹호부대 파병에 이어 이듬해에는 백마부대를 보냈다. 건설 지원단인 비둘기부대를 이미 보내고도 자유 우방국들을 향하여 베트남에 대한 군사적 지원을 호소한 미국 린든 존슨^{Lyndon B. Johnson} 대통령의 요청을 받아들인 것이었다.

　그때 미국 정부가 우리 정부에 제시한 것이 이른바 '브라운 각서'다. 당시 윈스롭 브라운Winthrop Brown 주한대사를 통해 공식 전달된 문서였기에 붙여진 이름이다. 우리 정부는 병력 증파에 앞서 한반도 안보와 경제발전 등의 문제 해결을 위한 방책을 요구했고, 미국이 이에 대한 응답으로 내놓은 답변이다. 한국 기업의 베트남 진출을 지원함으로써 양국의 경제협력을 추진토록 한다는 내용이 거기에 포함되어 있었다.

　현대건설의 베트남 진출은 이러한 협상 분위기에 힘입은 것이었다. 그렇게 본다면, 정주영의 해외진출 구상은 선견지명이 있었다. 하지만 역시 전쟁터였다. 베트콩이 곳곳에서 출몰했고 공사장에도 총탄이 날아들었다. 인부들의 안전을 장담할 수 없는 위험한 상황이 끊이지 않았다. 전방, 후방의 구분이 없다고 할 만큼 어디서나 싸움이 벌어진 것이 바로 베트남전이었다.

　현대건설로서는 캄란 만 준설작업에 이어 메콩 강 삼각주 공사를 맡았을 때가 고비였다. 미국 준설선 자메이카 호가 공사를 진행하다가 베트콩에 의해 침몰된 뒤 후속 작업을 위해 대신 투입된 것이다. 주변의 밀림 도처에 베트콩이 숨어 있었고, 밤중에는 이들의 출몰을 저지하기 위해 조명탄이 터지곤 했다. 그런 여건에서도 강바닥의 모래를 퍼 올리는 작업이 1년도 넘게 진행되었다.

　1968년 2월에 감행된 월맹군의 대공세는 더욱 위협적이었다. 퀴논과 나트랑, 다낭 등 연합군 장악 지역에 대해서까지 근접 공격이 이루어졌다. 당시 미국 대통령 선거를 앞두고 존슨 대통령을 궁지로 몰아넣으려는 것이 월맹군의 의도였다.

154

베트남 캄란 만 준설공사 현장

시련은 있어도

현대건설은 양상서梁尙書 준설소장의 지휘로 메콩 강 상류 빈롱 지역에서 항로 준설작업을 진행하던 참이었다. 양쪽 강안에서 월남군과 월맹군이 서로 포격을 퍼붓는 가운데서도 강 한복판에서는 준설작업이 진행됐다. 사나흘에 걸쳐 공세가 이뤄지는 동안 헬리콥터에 의해 비상 식량을 공급받아야 했을 정도다. 정주영은 "신의 가호가 없었다면 가히 몰살을 당하고도 남을 상황이었다"고 당시 상황에 대해 회고한 바 있다. 고래 뱃속에 먹혔다가도 하나님의 보살핌으로 살아 나왔다는 식의 모험담이다.

그때는 현대건설이 국내에서 소양강댐과 경부고속도로 건설에 매달리고 있을 무렵이었다. 해외 현장이 걱정된다고 해서 정주영이 베트남을 자주 방문할 수 있는 형편도 아니었다. 대신 정인영이 현지를 오가며 고생했다. 그래서 오히려 더 답답했을 것이다. 고비의 순간에 부딪쳐 판단을 내려야 할 때마다 피가 말랐다.

이처럼 위험을 무릅쓰고 진행한 태국과 베트남에서의 공사 경험은 그 뒤 다른 나라에서 공사를 추진할 때 적잖은 도움이 되었다. 호주에서는 항만 공사를 수행했으며, 괌에서는 미군 주택과 병영시설을 세웠다. 파푸아뉴기니와 인도네시아에서도 각각 지하 수력발전소와 고속도로를 건설했다.

하지만 어느 공사에서도 한두 번씩의 위기는 따르기 마련이었다. 1969년에 따낸 미국 알래스카 허리케인 협곡의 다리 공사가 특히 그러했다. 북미 대륙의 최고봉인 매킨리 산 기슭 고원지대의 협곡을 가로지르는 지점이어서 험난할 수밖에 없는 여건이었다. 그러나 현지 실정도 제대로 파악하지 못한 상태에서 공사에 달라붙은 탓이 더 컸다.

허리케인 다리 공사 현장

이 다리는 알래스카 자연자원 개발을 위해 앵커리지와 내륙의 중심 도시인 페어뱅크스를 잇는 고속도로의 연결 구간이었다. 지형이 험해서 접근하기가 어렵기도 했거니와 기온도 겨울철에는 영하 40도는 보통이었다.

현대건설이 미국 영토에서 처음으로 따낸 공사였지만 계약 조건도 불리했다. 미국산 원자재를 사용해야 하고 기술자와 노무자도 미국인을 채용해야 한다는 조건이었다. 그러나 찬밥 더운밥 가릴 처지가 아니었다. 철판 원자재를 미국에서 들여와 부산 대한조선공사 작업장에서 구조물을 만들었고, 이를 다시 한라해운 선박으로 앵커리지까지 실어 날랐다. 그리고도 현장까지 구조물을 운반하려면 200킬로미터나 더 달려야 했다.

시련은 있어도

미국 알래스카 허리케인 다리

정주영이 이러한 악조건을 무릅쓴 것은 계약 조건을 맞추면서도 제작비용을 최대한 국내에 떨어뜨리겠다는 뜻이었다. 결국 현대건설은 손해를 보고 말았다. 현지 위주로 공사를 진행했다면 손해가 없었겠으나 멀리 바닷길을 오가며 공사를 진행했기에 벌어진 결과였다.

하지만 공사 자체는 명백한 성공이었다. 1971년 10월 허리케인 다리 위에서 도로 개통식이 거행됐고, 당시 윌리엄 에건William Egan 알래스카 주지사는 칭찬을 아끼지 않는 연설을 했다.

"악조건을 무릅쓰고 멋진 교량을 우리에게 선사한 현대건설과 그 직원들에게 박수를 보낸다."

그로부터 40여 년이 지난 지금도 허리케인 다리는 알래스카 교통의 요충으로는 물론 관광명소로도 널리 알려져 있다. 현장을 지키는 171미터 길이의 아치형 다리가 현대건설의 역동적인 지난날을 증언한다.

이처럼 갖은 난관을 이겨 낸 것이 현대건설이었으며, 거기에 앞장선 주인공이 바로 정주영이었다. 그런 만큼 기술력도 빠르게 축적되었다. 그 뒤 1970년대 후반에 이르러 '중동 붐'을 일으킴으로써 결과적으로 세계적인 건설업체로 발돋움할 수 있었던 발판도 이러한 과정에서 차근차근 갖추어진 것이다.

그런 가운데서도 그의 마음속에는 늘 다짐이 있었다.

"이에 더하여 유머를 알게 하여 인생을 엄숙히 살아감과 동시에 삶을 즐길 수 있게 하시고, 자기 자신을 너무 중대히 여기지 말고 겸손한 마음을 갖게 하여 주시옵소서."

그가 평소 기도문처럼 간직한 교훈이다. 맥아더 장군의 기도문을 나름대로 약간 가필한 내용이었다. 이 기도문의 다짐은 다시 이어진다.

"그리하여 참으로 위대하다는 것은 소박하며, 참된 지혜는 개방적인 것이요, 참된 힘은 온유함이라는 것을 명심하도록 하여 주시옵소서"라고.

시련 속에서도 스스로 여유와 웃음을 잃어서는 안 된다는 다짐이었다. 성공을 거둔다고 해서 너무 흥분할 것도 아니었다. 그가 파란만장한 사업 활동 속에서 비교적 마음의 평정을 유지할 수 있었던 바탕이 바로 여기에 있다. 스스로의 마음 단련법이었다.

실패는 없다

4

정주영의 '경제 기적'은 거듭된 시련을 이겨 낸 결과였다.

그의 삶 자체가 한결같이 시련의 과정이었다. 기꺼이 시련에 부딪쳐 무모하달 만큼의 뚝심과 절묘한 통찰력으로 헤쳐 나갔다. 그의 핏줄에는 도전자로서의 끈질긴 승부사 기질이 흐르고 있었던 것이다. 시련이 없었다면 성공도 그다지 빛을 발하지 못했으리라.

경부고속도로 건설을 비롯하여 국토근대화 작업을 이끌었으며, 황량한 모래밭에 조선소를 세워 중공업 육성에 앞장섰다. 난관 끝에 국산 자동차 포니를 개발했고, 사우디아라비아 주베일 산업항 공사와 서해안의 간척지 개발사업도 보기 좋게 끝마쳤다. 주변에서는 실패를 장담하며 곁눈질로 바라보고 있었건만 거침없이 맞닥뜨려 개척해 낸 성과였다. 그런 점에서는 바덴바덴에서의 서울올림픽 유치도 동일선상에 위치한다.

1967년에 시작된 소양강 다목적댐 공사가 그 본격적인 시발점이었다. 현대건설의 시공 능력을 검증받는 중요한 계기였다. 그동안 국내에서 수행한 공사들은 물론 태국과 베트남에서 터득한 나름대로의 경험과 기술력을 마음껏 과시한 것이다. 정주영으로서는 또 하나의 새로운 도전이었다.

실패는 없다

당초 일본 기술진이 제시한 설계를 물리치고 사력식砂礫式, earth dam으로 공사를 추진했다는 점에서도 의미를 인정받은 공사다. 일본의 토목 엔지니어링 회사인 니혼고에이日本工営 기술진에 의해 콘크리트 중력식重力式, concrete gravity dam으로 설계된 것이 중간에 뛰어든 현대건설의 건의에 따라 완전히 바뀐 것이다. 정주영의 판단에 따른 결정이었음은 두말할 것도 없다.

소양강댐 건설에는 한일협정에 따른 대일청구권 자금이 투입되도록 되어 있었다. 니혼고에이에게 설계가 맡겨진 중요한 이유다. 그렇지 않아도 댐 공사 분야에서는 세계적으로 널리 권위를 인정받던 회사가 바로 니혼고에이다. 간부진은 대부분 도쿄대 출신 기술자들로 포진되어 있었으며, 당시 구보타 유타카久保田豊 회장 역시 도쿄대 토목과 출신으로, 일찍이 일제 말기에 완공된 압록강 하구의 수풍水豊댐을 설계한 주역이었다.

하지만 정주영이 판단하기에 콘크리트 중력식에는 문제가 있었다. 무엇보다 시멘트와 철근 등 자재난이 예견되는 상황에서 가격 상승에 따른 위험부담을 감안해야 했다. 시멘트가 감당할 수 없을 만큼 엄청나게 소요될뿐더러 자재 운반에 따른 비용도 만만찮을 것이었다. 트럭들이 공사 현장까지 비좁은 산길로 계속 자재를 실어 나르는 일도 쉽지 않을 것이었다.

또한 철근은 말할 것도 없고 시멘트도 국내 생산 물량으로는 충당하기 어려워 결국 일본에서 들여와야 할 판이었다. 현대건설이 단양에 시멘트 공장을 지어 운영하고 있었으므로 업계의 돌아가는 사정에 대해서는 누구보다도 빠삭했다. 일본으로서는 자재비에서까지 이득을 챙기자는 심산일 터였다. 정주영이 보기에는 바가지를 씌우려는 것으로밖에 비치지 않았다.

만약 그런 식으로 공사가 진행된다면 소양강댐은 전적으로 일본 기술진의 손바닥에서 벗어날 수 없었다. 니혼고에이가 기술용역에서부터 설계까지 맡은 데다 수문 작업은 사세보佐世保 공업사가 맡았다. 댐에 설치되는 수력발전소 플랜트도 마루베니이다丸紅飯田와 계약이 이루어진 터다. 당시 아시아에서 발전설비를 제작할 수 있는 나라가 일본뿐이었으므로 어쩔 수 없는 노릇이었다고 해도 시멘트까지 일본에서 실어 와야 한다면 한국 최대 규모라는 소양강댐의 상징성은 빈껍데기로 남을 뿐이었다.

더 나아가 니혼고에이는 4대강 개발사업 추진의 사전 단계로 이미 금강과 낙동강 유역의 조사용역도 받아 놓고 있었다. 당연히 청구권 자금에서 지출되는 비용이었다. 일본 정부가 한국에 청구권 자금을 제공한다지만 결국 이런 식으로 다시 빠져나가는 비용이 한두 푼이 아니었을 것이다. 한강과 영산강을 포함한 4대강 개발사업 계획이 세워지면서 그 첫 번째로 소양강댐을 건설하는 것이었다.

더구나 국내 업체에 대한 청부공사 계약이 최저가 입찰로 이뤄지므로 그렇게 퍼주기 공사를 했다가는 현대건설이 아니라 어느 업체라도 배겨날 수가 없지 않겠는가. 정주영은 일본 업체들의 뒤치다꺼리만 하다가는 손실을 뒤집어쓸 게 뻔하다고 판단했다. 6·25가 끝나 갈 무렵 고령교 공사를 맡았다가 곤경을 겪으면서 체득한 뼈저린 교훈이었다. 그 전철을 되밟을 수는 없었다.

사력댐 방식은 그래서 나온 대안이었다. 시멘트로 속을 채우는 대신

공사장 주변에 널린 흙과 모래로 댐을 쌓아 올리자는 아이디어였다. 쉽게 말해서, 흙댐을 쌓는 것이었다. 강바닥에서는 자갈도 얼마든지 채취할 수 있을 것이었다. 소양호 수면 아래에 잠길 언덕들도 아예 깎아서 자재로 이용하는 게 유리했다. 그런 식으로 자재를 조달한다면 훨씬 적은 비용으로도 충분히 댐을 완성할 수 있을 것이었다.

현대건설은 이미 1965년 완공한 춘천댐 건설과정에서 댐 공사와 관련한 기본 기술을 축적해 놓았다. 태국이 발주를 앞두고 있던 파솜댐 공사 입찰 준비도 서두를 때였다. 최소한 댐 건설의 여러 방식과 그 장단점 정도는 파악하고 있었다.

한 가지 문제는 그때까지만 해도 국내에서는 사력댐의 한계가 높이 30미터까지라는 인식이 깔려 있었다는 사실이다. 그것을 120미터 높이의 댐에 적용할 수 있는지가 과제였다. 그러나 권기태 상무와 전갑원田甲源 부장을 시켜 각국의 댐 자료를 수집해 살펴보니 문제가 없었다. 오히려 대형 댐에도 사력식이 세계적인 추세였다.

다만 사력댐은 제방 벽면에 겹겹이 차단막을 설치해 내부로 물이 스며들지 않도록 하는 것이 관건이었다. 만약 댐 안으로 물이 스며든다면 제방이 쉽게 무너질 수 있다는 취약점 때문이다. 홍수가 져서 댐 위로 물이 흘러넘치는 경우도 마찬가지일 터였다. 그 한 가지만 신경 쓴다면 다른 것은 별 문제가 아니었다.

그러나 일본 기술진에 의해 일찌감치 콘크리트 중력식으로 결정된 사안을 뒤늦게 사력식으로 바꾼다고 나선 것이 무모했다. 공사를 관할하는 건설부나 수자원공사도 그리 탐탁하게 여기지 않았다. 시공을 맡은 건설회사가 정부 발주 공사에 대해 이러쿵저러쿵 이의를 제기한 전례가 없었다. 그것은 '갑'인 관청의 권위에 대한 '을'의 도전이나 마찬가지였다. 계란으로 바위를 치는 자해행위에 지나지 않았다.

더욱이 세계적으로도 실력을 알아주는 일본 전문가들이 그려 놓은 설계안에 대해 한낱 청부업자가 반대쪽 대안을 제시한 것이었으니, 쏟아지는 눈총이 따가울 수밖에 없었다. 설계사인 니혼고에이의 책임자는 연석회의 석상에서 정주영에게 노골적인 비난을 쏟아 냈다. "당신, 어느 학교에서 그렇게 배웠느냐?"는 힐난까지 튀어나왔다. 정주영이 보통학교밖에 나오지 못한 데 대한 지적이었을 것이다. 인격적인 멸시였다.

그렇다고 그 정도에서 쉽사리 물러설 정주영이 아니었다. 하청업체의 입장에서나, 정부 예산 지출을 줄이기 위해서나 뜻을 굽힐 수 없었다. 사력댐 방식을 택한다면 20% 정도 비용을 줄이는 것은 아무것도 아니었다. 30%까지도 가능했다. 그만한 비용이라면 당시 곳곳에서 필요로 하는 다른 토목공사를 수행할 수 있을 터였다. 그것을 쓸데없이 일본 업자들에게 넘길 필요가 없지 않은가.

설계가 바뀐 소양강댐

결국 정주영의 손을 들어 준 사람은 박정희 대통령이었다. 건설부로부터 현대건설이 제시한 사력댐 보고를 받고는 금방 수긍한 것이다. 가뜩이나 예산이 쪼들려 대일청구권 자금을 쏟아 부어야 하는 판에 공사비를 대폭 절감할 수 있다는 얘기가 귀에 솔깃하게 들렸을 법하다. 댐이 완공된 이후라도 북한으로부터 포격을 받는다든가 하는 군사적 위협을 가정한다면 사력댐이 덜 치명적이었다. 벌써부터 두 사람 사이에는 말로 설명할 수 없는 교감이 흐르고 있었는지도 모른다.

현대건설이 소양강댐 제1차년도 공사를 도급받은 직후부터 벌어진 우여곡절의 과정이다. 제2차 5개년 계획에 따라 소양강댐 건설이 정식 추진되기에 이른 것이었다. 공사 현장의 암반이 물러 콘크리트댐보다는 무게를 덜 받는 사력댐이 낫다는 사실도 추가로 확인된 뒤였다.

사실은, 입찰 과정에서도 약간의 뒷말이 전해진다. 건설부가 공사 부실을 막는다는 이유를 들어 국내의 대표적인 7대 건설업체를 대상으로 지명경쟁 입찰을 붙였다. 그러나 대림, 동아건설, 경남기업 등은 들러리를 서기 싫다며 처음부터 입찰을 포기했고 삼부토건, 대한전척, 평화건설 등이 참가한 끝에 현대건설이 낙찰을 보게 되었다.

이렇게 도급 계약이 이뤄진 것이 1967년 2월. 그리고 불과 두 달 뒤에 역사적인 공사의 첫 삽을 떴다. 가배수로 터널공사의 발파음을 신호로 공사가 본격 시작되자 정주영이 작업복 차림으로 진두지휘에 나섰다. 머리에 안전모를 쓴 채 손에 잡은 메가폰을 통해서는 쉴 새 없이 불호령을 내렸다. 십장이 따로 없었다. 그는 명색만 사장이었다.

댐의 설계를 도중에 바꾸었다는 점에서도 뒷말을 듣지 않으려면 한 치의 실수조차 허용될 수 없었다. 더욱이 국내에서 진행하는 댐 공사로는 최대 규모였기에 건설업계의 눈길이 잔뜩 쏠려 있었다. 그야말로 북한강 유역 일대의 지형을 바꾸는 최대의 역사役事였다.

현장 근로자들은 아침 해가 뜨기 전부터 밤늦도록 작업에 매달렸다. 조명시설이 마땅치 않았기에 횃불이 동원되기도 했다. 진흙과 자갈을 다져 넣고는 기준 높이에 제대로 맞추었는지 횃불을 비춰 가며 측량했던 것이다. 아직 초라하던 우리의 실정이다.

공사가 한창 진행되면서는 변중석 여사도 현장에 가끔씩 모습을 드러냈다. 변 여사가 공사장에 들를 때는 작업부들이 영양 보충을 하는 날이었다. 변 여사는 "함바 식사만으로는 힘을 쓰지 못한다"며 쇠고기나 돼지고기를 잔뜩 준비해 와서 구워 주고는 했다. 작업부들의 별식이라면 물줄기를 돌리기 위한 배수로 그물에 송어가 잡히면 얼큰하게 매운탕을 끓여 먹는 정도가 전부였을 때다. 변 여사는 한때 회사 구내식당의 주방에 들어앉아 직원들의 식사 당번을 도맡기도 했다.

이렇게 공사가 진행된 끝에 드디어 1972년 11월 담수가 시작되었다. 댐을 쌓으려고 먼저 물을 비워야 했던 강바닥에 다시 물을 끌어들인 것이다. 박정희 대통령은 이때 현장에서 열린 담수식에서 극찬을 아끼지 않았다.

"우리는 인간이 엄청난 도전정신과 강한 의지로 대자연을 극복하며 개가를 올린 산 증거를 보았습니다."

현대건설과 정주영에 대한 칭송이나 다름없었다.

그 뒤에도 마무리 공사가 더 진행된 끝에 소양강댐은 이듬해 10월 준

171   실패는 없다

사력댐 방식으로 지어진 소양강댐

공된다. 착공 6년 6개월 만의 쾌거였다. 우리 건설사에서 새로운 이정표가 완성된 것이다. 공사비는 모두 318억 원이 들어갔다. 정주영의 당초 예상대로 크게 절감된 수준이었다. 콘크리트댐으로 추진했다면 자재비 상승으로 공사비가 훨씬 더 들어갔을 것이 틀림없다.

한편, 이때 콘크리트 중력식이 사력식으로 바뀐 데 대해서는 이견이 없지 않다. 당시 수자원공사 사장이던 안경모安京模는 다른 주장을 내놓고 있다. "한전 측이 일본 설계업자로부터 콘크리트 중력식으로 설계를 받으려는 과정에서 내가 직접 나서서 사력식으로 바꾸었다"는 언급이 전해진다. 자신이 그 설계 변경의 주역이라는 얘기다.

소양강댐이 당초 상공부에 의해 수력발전용으로 설계되던 도중 건설부와 수자원공사의 건의에 따라 다목적댐으로 설계가 변경된 데 대해서는 여러 증언이 일치한다. 전력 조달보다는 용수 확보가 더 시급한 상황이었음을 말해 준다. 그리고 이 과정에서 원래의 콘크리트 중력식이 사력식으로 바뀐 것으로 보인다.

현대건설과 수자원공사 양쪽에서 사력댐 건의가 올라갔을 가능성도 없지 않다. 이에 대한 진위 여부를 떠나 소양강댐이 우리 건설회사의 시공으로 지어졌다는 사실만큼은 의미 있게 받아들여야 할 것이다.

경부고속도로 타당성 논쟁

　건설업자로서 정주영의 진가가 유감없이 발휘된 것은 경부고속도로 공사를 통해서다. 박정희 대통령과 인간적인 교감을 주고받기 시작한 것도 이때의 공사에서였다. 나이로는 정주영(1915년생)이 박정희(1917년생)보다 두 살 위였지만, 둘 다 50대 초반의 한창 때였다. 나이를 떠나 국가 재건을 위해 의기투합한 두 주인공이다. 한 사람은 이끌었고, 다른 한 사람은 뒤에서 밀었다.

　경부고속도로 건설 방안이 공식 표면화된 것은 제6대 대선을 코앞에 두고 있던 1967년 4월. 박정희가 불과 한 달 앞으로 다가온 선거에서 막판 선거공약으로 꺼내 든 야심찬 카드였다. 경부고속도로 건설을 경제개발계획의 핵심 사업으로 내세워 연임에 도전한 것이다. 소양강댐 공사가 막 시작되던 무렵이다. 국토개발사업이 곳곳에서 동시다발적으로 진행되고 있었다.

　서울과 부산을 연결하는 경부 구간만은 아니었다. 서울을 중심으로 인천, 강릉, 목포 등을 잇는 각각의 구간을 고속도로로 건설하겠다는 거창한 계획을 박정희 대통령은 펼쳐 보이고 있었다. 그리고 그 첫 단계로 경인고속도로 기공식이 열린 것이 그 직후의 일이다. 그렇게 본다면, 경인고속도로는 경부고속도로 공사를 앞둔 시범사업이나 마찬가지였다.

　이때의 고속도로 건설 계획은 그해 초부터 시작된 제2차 5개년 계획에도 들어 있지 않다가 불쑥 튀어나온 것이었다. 고속도로 사업이라면 국토개발계획의 전체적인 밑그림이 그려진 상태에서 차례로 추진되는 것이 정상인데도 고속도로 계획이 먼저 서둘러 추진된 양상이다. 당시 주원朱源 건설부장관이 전국 고속도로망을 토대로 한 국토계획 기본구상을 확정 발표한 것이 이듬해 12월에 이르러서의 얘기였으니 말이다.

정책 입안과정을 제대로 밟아 추진한 것이 아니었기에 각계의 반발이 거셀 수밖에 없었다. 경제적인 타당성 여부는 논외로 친다 해도 지역별 고속도로 공사의 우선순위에서부터 예산조달 문제에 이르기까지 하나하나가 난제였다. 일단 경부고속도로 건설 공약을 제시해 놓은 박정희로서는 여간 곤혹스런 처지가 아니었다.

지도 위에 이렇게 저렇게 잠정적인 노선을 그려 가는 것도 예삿일이 아니었다. 더욱이 산과 계곡이 적지 않은 우리 국토의 지형적 특성상 단순히 아스팔트 도로만 놓아서 해결될 일은 아니었다. 터널을 뚫고, 다리도 놓아야 했다. 이러한 조건에서 서울부터 부산까지 고속도로를 놓는 작업이 계획 단계라고 쉬울 리는 없었다.

그때까지 서울과 부산을 오가는 가장 빠른 방법은 경부선 열차를 이용하는 것이었다. 그나마 밤을 새워 꼬박 14시간이나 걸렸다. 경부고속도로의 목적은 이 거리를 5시간 내로 달릴 수 있도록 하자는 것이었다. 서울과 부산을 '하루 생활권'으로 연결한다는 것이니, 교통과 수송 분야의 대혁명이라 부를 만했다. 그런 점에서는 '국토의 대동맥'이라는 표현 그대로다.

결국 박정희는 정주영을 불러 이에 대한 의견을 구하게 된다. 현대건설이 태국에서 고속도로를 건설한 경험이 있기에 그 얘기를 들으려 한 것이다. 그것이 정주영이 박 대통령과 마주앉은 첫 번째 독대獨對였다. 박정희 후보가 그해 5월 실시된 대선에서 당선되고, 이로써 경부고속도로 건설 계획을 본격 추진해 가던 과정에서의 일이다.

박정희로서는 무엇보다 건설 자금이 얼마나 들어갈지조차 감을 잡을 수 없다는 게 답답했다. 자금이 많이 소요되든 적게 소요되든, 그것을 마련하는 것은 오히려 다음 문제였다. 그만큼 막막한 처지였다. 이미 건설부와 서울시, 육군 공병감실 등에도 소요 자금을 산출해 보도록 지시를 내려 놓았건만 신뢰하기가 어려웠다.

각각 내놓은 액수부터가 달라도 너무 달랐다. 주무부처인 건설부는 650억 원을 제시했고, 서울시는 180억 원을 제시했다. 재무부는 330억 원, 육군 공병감실은 440억 원의 예상 공사비를 내놓았다. 편차가 너무나 컸다. 국가적으로 최대의 공사를 앞두고 나름대로 전문가들이 모였다는 각 기관마다 이처럼 예산 계획에서부터 현격한 차이를 드러냈다. 이 한 가지 사실만으로도 당시의 여건이 얼마나 취약했는지 잘 알 수 있다.

정주영의 맞장구

정주영에게도 경부고속도로 건설에 드는 비용이 얼마일지 알아보라는 지시가 떨어졌다. 두 사람이 고속도로로 인해 서로 동질감을 느끼기 시작했다는 점에서는 개인적인 부탁이나 마찬가지였다.

정주영은 지시를 받자마자 권기태, 전갑원, 김광명金光明 등 현대건설 핵심 간부들을 대동하고 현장 탐사에 나섰다. 5만분의 1 지도가 길잡이였다. 지도 위에 도로가 지나갈 만한 경로를 그리며 실제 공사과정에서 어떤 어려움이 있을까를 파악하려는 뜻이었다. 책상머리에 가만히 앉아서 계산할 수 있는 것이 아니었다.

그가 다시 청와대에 들어가 현대건설의 건설비 추산치에 대해 보고한 것은 두어 달쯤 지나서다. 공화당의 김성곤金成坤 재정위원장과 이후락李厚洛 비서실장이 배석한 자리였다. 경제담당 수석비서관인 김학렬金鶴烈도 함께 불려와 있었다.

그때 현대건설이 보고한 산출액이 280억 원이다. 정주영이 직접 곳곳의 현장을 답사하면서 태국 파타니-나라티왓 고속도로의 경험을 토대로 뽑아낸 견적이었다. 결국 각 기관들의 산출액을 비교 검토한 결과 현대건설과 재무부 안을 절충하여 300억 원 규모로 사업계획을 세웠고, 거기에 예비비를 더 얹어 330억 원으로 재조정하기에 이른다.

이 예산안은 당초 대구-대전 구간을 통행량이 적다는 이유로 2차선으로 추진한다는 전제하에 마련한 것이었다. 결국 대구-대전 구간이 4차선 공사로 변경되었고, 원래 계획됐던 노선이 부분적으로 바뀌면서 전체적으로 100억 원이 추가된다. 토지매수 대금이 늘어난 데다 물가 상승분을 반영해야 했기 때문이다. 결과적으로 428킬로미터 공사에 430억 원이 들어갔으니, 1킬로미터에 1억 원씩 소요된 셈이다.

박정희는 1964년 서독 순방을 통해 아우토반Autobahn을 직접 경험하면서 고속도로 건설의 필요성을 염두에 두고 있었다. '라인강의 기적'을 상징적으로 보여 준 것이 아우토반이다. 그러다가 세계은행IBRD의 건의에 따라 고속도로 건설 구상을 구체화한다.

경제개발계획이 추진되면서 수송 화물이 급증함에 따라 철도 수송만으로는 머지않아 한계에 부딪칠 것이라는 전망이 제기되고 있었다. 박 대통령 자신이 군인 출신이라는 점에서 후방 보급로를 어떻게 확보하느냐에 따라 유사시의 승패가 좌우된다는 전략적인 개념을 충분히 이해하고 있었을 법하다.

그러나 빗발치는 반대를 누그러뜨리기는 쉽지 않았다. 정부의 총예산이 1,700억 원 안팎이던 상황에서 그 가운데 25% 정도를 공사비로 써야 했으므로 엄청난 부담이었다. 당시 1천억 원을 약간 웃돌던 내국세의 절반 가까이를 쏟아 부어야 하는 실정이었다. '한국판 만리장성'이라는 성토聲討가 나올 만했다.

"고속도로는 자가용을 모는 부자들의 전용도로이다. 차라리 그 돈으로 옥수수를 심자."

일부 야당 의원들의 주장이었다. 한마디로 혈세 낭비라는 지적이었다. 극소수 부유층 외에는 자가용을 몬다는 것은 꿈도 꾸지 못할 때였으니 한편으로는 당연한 주장이기도 했다. 집에 흑백 TV 1대를 갖고 있어도 부자 소리를 들을 무렵이었다.

특히 세계은행의 보고서가 걸림돌이었다. 이 보고서는 고속도로의 필요성을 인정하면서도 강원도와 서울을 잇는 동서 고속도로가 더 시급하다는 의견을 내놓았다. 강원도에는 지하자원과 관광지가 많은데도 철도 연결망조차 매우 빈약했던 까닭이다. 서울-부산 간에는 기존 경부선 철도에 국도와 지방도로가 얼기설기나마 연결돼 있었으니 고속도로 건설은 차후로 미뤄도 좋겠다는 관점이었다.

고속도로 건설이 지역발전 불균등을 초래할 것이라는 우려도 제기되었다. 경부고속도로가 건설될 경우 영남지역으로 교통망이 집중됨으로써 강원 및 호남지역과의 불균형이 심화될 것이라는 견해였다. 우리 정치권에 벌써부터 지역감정이 싹트기 시작하던 때였다.

결국 박 대통령이 1967년 대선에서 재선에 성공한 직후 세부 조사에 착수하였고, 그 조사를 바탕으로 그해 11월 청와대에서 열린 정부 여당 연석회의에서 경부고속도로 건설 방침이 최종 확정되기에 이른다. 그리고 드디어 이듬해 2월 1일, 서울 원지동 허허벌판에서 다이너마이트 발파의 연기 기둥과 함께 기공식이 열렸다.

먼저 철저한 현지 조사와 설계를 마친 다음 공사를 시작하는 게 원칙이었으나 일부 구간에서는 노선이 채 확정되기도 전에 착공된 게 경부고속도로였다. 공사비 조달 방안이 확정된 것도 착공 이후의 일이다. 가히 번갯불에 콩 구워 먹는 식이었다. 공사가 끝난 뒤에 부실공사라느니 하는 문제점이 끊임없이 노출된 것도 그런 때문이었을 것이다.

그러나 정주영이 박 대통령의 주문에 맞장구를 치지 않았다면 그나마도 제대로 추진되지 못했을지도 모른다. 그때 경제기획원 장관이던 박충훈朴忠勳도 저간의 사정을 밝힌 바 있다.

"박 대통령은 다른 건설업체 대표들에게도 고속도로에 대한 현실적인 필요성을 역설했으나 각별한 이해와 동조를 나타낸 사람은 정 회장뿐이었다. 박 대통령이 어려운 여건에서 고속도로 건설을 결심한 이면에는 정 회장의 안목이 크게 도움이 되었다."

각계의 반발이 난무하는 판국에 정주영은 박정희의 확실한 우군이었다. 그는 박 대통령의 결단에 전폭적인 신뢰를 보냈다. 그가 아니면 시작도 못 할 사업이라 믿었으며, 자신은 그러한 의지를 뒷받침하겠노라 다짐했다. 단순히 감정적 지지가 아니라 앞날을 내다보는 사업가적인 판단이었다.

실패는 없다

야전침대의 현장소장

한겨울철의 얼어붙은 땅바닥을 파헤치며 고속도로 공사가 시작되자 정주영은 야전침대에서 지내며 현장을 감독하게 된다. 사소한 작업에 이르기까지 공사판 십장이 따로 없었다. 아니, 그보다는 전투를 지휘하는 야전군 지휘관이었다. 공사판은 전쟁터를 방불케 했다. 작업복 차림으로 갈아입고 헬멧을 갖춰 쓰면 영락없이 야전군 지휘관 모습으로 비칠 만도 했다. 신발도 군화로 갈아 신었다.

모두 16개 건설업체에 3개 건설공병단까지 투입된 가운데서도 현대건설이 맡은 공구가 가장 길었다. 현대건설의 구간은 서울-오산 105킬로미터와 대전-옥천 28킬로미터 등 모두 133킬로미터였다. 전체 길이 428킬로미터 가운데 30%가 넘는 구간이다. 현대건설이 경부고속도로 공사 성패의 열쇠를 쥐고 있었다 해도 과언이 아니다.

더구나 정상적인 범주의 공사라기보다는 일종의 긴급공사였다. 국정 최고 지도자인 대통령이 직접 사업을 일으킨 경우였으니 말이다. 건설사 입장에서는 일종의 도박을 무릅써야 하는 형국이었다. 공사 이윤을 남기느냐 여부를 떠나 과연 공사 자체가 성공할 수 있느냐가 관건이었다. 국가적으로 중차대한 갈림길에 놓인 공사였다. 그런 점에서도 경부고속도로 공사는 전쟁이나 마찬가지였다.

고속도로 공사가 시작되고도 박정희 대통령은 수시로 정주영을 가까이 불렀다. 헬리콥터를 타고 현장을 쫓아다닐 때도 그를 자주 대동했다. 건설 현장에서 서로 막걸리 잔을 부딪치며 갈증을 푸는 날도 있었다. 박정희가 전체 사업을 지휘하고 독려하는 건설본부장이라면, 정주영은 그의 지시를 받아 충실히 이행하는 현장감독이었던 셈이다.

특히 공사가 후반부로 접어들면서 이한림李翰林 장관의 성화와 독촉은 대단했다. 경부고속도로 건설을 전담하는 차원에서 주원 장관의 후임자로 임명됐기 때문이다. 그의 관심은 무엇보다 조기 완공이었다.

"공사가 늦어지면 각하를 모시고 하늘에서라도 헬기로 준공식을 할 것이니, 알아서들 하십시오."

박정희의 의중을 반영한 것이었겠지만, 그는 건설업체들을 몹시 다그쳤다. 현대건설에 대해서도 매한가지였다. 아니, 공구가 가장 길었던 만큼 현대건설에 대해서는 더욱 심했다.

결국 공기工期를 얼마나 단축하느냐에 사업의 성패가 달렸다는 것이 정주영의 판단이었다. 공사비가 빡빡하게 책정된 상황에서 이윤을 남기지는 못해도 손해를 크게 보지 않으려면 그 방법밖에는 없었다. 공기를 단축한다고 해서 부실공사를 초래해서도 안 될 일이었다. 그런 이유에서도 시간은 확실히 돈이었다. "나는 시간을 생명이라고 하고 싶다"고까지 시간의 중요성을 강조했다.

그의 입에서 욕설이 섞인 불호령이 떨어진 것은 그런 때문이다.

"등신 같은 놈들!"

"병아리 오줌 같은 놈들!"

"쥐새끼 같은 녀석들!"

공사 진행이 마음에 들지 않는다는 뜻이었다. 현장 책임자들에게 손바닥이 올라가는 것도 예사였다. 솥뚜껑 같은 손바닥이었다. 매제인 김영주에게도 예외는 아니었다. "내가 뭘 잘못했느냐"고 항의하는 그에게 주먹이 올라가기도 했다. 그 자신의 심사라고 편할 리는 없었으리라. 사운運이 걸린 건곤일척乾坤一擲의 싸움이었다. '현장의 폭군'이 될 수밖에 없었다.

"경부고속도로 공사가 시작되고부터 나는 거의 잠을 못 잤다. 잠이 오지도 않았고, 잘래야 잘 수도 없었다."

뒷날 정주영이 그때의 심경에 대해 회고한 얘기다. 상황이 상황이었던 만큼 잠이 올 리가 없었을 것이다. 공사 진행을 독려하려 수시로 돌아다니면서 지프차 안에서 잠깐씩 눈을 붙였을 뿐이다. 토막잠만으로 수면 부족을 견뎌냈다. 이처럼 차에 앉아 쭈그린 채 자는 습관이 뒤에 울산조선소를 건설할 때까지 이어진다. 한때 그가 목 디스크를 앓은 것이 그런 탓이었다.

공사 과정에도 골칫거리들이 수두룩했다. 현대건설이 맡은 구간 중에서는 당제터널 굴착공사가 최대의 고비였다. 옥천과 영동 사이를 가로막은 소백산맥 줄기의 4킬로미터 구간을 터널로 연결하는 작업이었다. 공사 도중 수맥을 잘못 건드려 갑자기 지하수가 터지는 바람에 인부들이 물살에 휩쓸리기도 했으며, 예기치 못한 낙반사고로 현장 작업부들이 한꺼번에 목숨을 잃는 안타까운 사고도 빚어졌다.

계속되는 사고에 인부들이 머뭇거리는 기색을 보이기라도 하면 그는 착암기를 뺏어 들고 직접 앞장서기도 했다. 보통 때도 여차하면 팔뚝을 걷어붙인 채 삽자루를 휘두르며 아스팔트를 섞고 콘크리트를 갰다. 젊은 시절 콘크리트 반죽을 삽으로 휘저어 가며 개는 솜씨에서는 그를 따를 사람이 거의 없었을 정도다. 그는 천생 '노가다'였다.

그런 피땀 어린 노력 덕분에 산허리를 뚫고 계곡과 평야를 지나 고속도로가 쭉쭉 뻗어 나갔다. 드디어 1970년 7월 7일, 착공 2년 5개월 만에

경부고속도로 공사 현장

428킬로미터 구간에 걸친 경부고속도로 공사가 마침표를 찍었다. 당초 예정됐던 3년 계획에서 7개월이나 앞당긴 것은 물론 세계 고속도로 공사 역사상 최단기간 완공의 기록이었다. 전국을 하루 생활권으로 연결하는 산업의 대동맥이 완공된 것이다.

"이 고속도로는 우리나라 자원과 우리나라 기술과 우리나라 사람들의 힘으로 세계 고속도로 건설사상 가장 짧은 시간에 이루어진, 조국근대화의 목표를 향해 가는 우리들의 영광스런 자랑이다."

경부고속도로 완공과 함께 추풍령에 세워진 기념비 글귀다. 그것이 우리 국민들의 가슴 뿌듯한 감회였다. 그 자체로 압축된 우리의 경제성장을 보여 주는 상징으로 충분했다. 직접적으로는 박정희의 영단을 찬양하면서도 다른 한편으로는 정주영의 노고를 칭찬하는 내용이었다. 공사 도중 77명의 숭고한 희생자를 낸 혈투血鬪의 금자탑이었다.

이와 함께 서울과 문산을 연결하는 통일로 공사에서도 숨은 일화가 전해진다. 경부고속도로가 완공되고 그 이듬해인 1971년 10월 착공하여 불과 40여 일 만에 40킬로미터 구간의 공사를 끝낸 작업이다.

박정희 대통령이 정주영에게 직접 권유함으로써 시작된 공사다. 어느 날, 박 대통령이 자신의 전용차에 그를 태우고 문산 쪽으로 차를 달리면서 운을 띄운다.

"서울에서 판문점까지 4차선 도로를 내려고 하는데, 임자라면 오는 12월 5일까지 끝마칠 수 있겠는가?"

그렇게 해달라는 주문이나 마찬가지였다. 그 주문을 하려고 함께 나선 드라이브 길이었다. 전용차에는 태완선太完善 건설부장관도 함께 타고 있었다.

184

박 대통령이 12월 5일로 기한을 못 박아야 할 만큼 급박한 상황이었다. 바로 그날 북한에서 박성철朴成哲 제2부수상을 단장으로 하는 남북조절위원회 방문단이 판문점을 통해 서울로 입성하도록 되어 있었다. 이를테면, 북한 대표단에게 꿀리지 않으려는 의도였을 것이다. 주어진 공사 기간이 짧았던 것이 그래서다.

이런 과정을 거쳐 삼부토건, 동아건설, 대림산업 등 다른 3개 업체를 참여시킨 가운데 공사가 전격 시작되었다. 현대건설은 고양군 곡릉천의 벽제교碧蹄橋 구간을 포함한 9.5킬로미터 구간을 맡았다. 전체 구간에서도 가장 난공사가 예상되는 구간이었다. 시일이 촉박했기에 전 구간을 왕복 4차선 고속화도로로 건설하면서도 중앙분리대는 만들지 않기로 낙착을 보았다.

워낙 사정이 다급했으므로 어느 구간에서나 인부들이 한꺼번에 달라붙다시피 공사를 진행했다. 불도저로 땅을 고르고, 바닥을 다지고, 아스콘을 까는 작업이 거의 연쇄적으로 진행되었다. 정주영은 날마다 새벽 5시쯤이면 현장에 도착해 작업을 지휘했다. 그러기 위해서도 통행금지가 해제되는 새벽 4시에는 어김없이 청운동 집에서 출발해야 했다.

공사가 마음먹은 대로 추진된 것도 아니었다. 작업이 막바지에 이르러 계절적으로 초겨울에 접어든 것부터가 애로 사항이었다. 밤중에는 기온이 더 떨어지기 마련이므로 콘크리트가 얼어 터질 우려가 있었다. 염화칼슘을 뿌려 가며 작업에 임한 것이 그런 때문이었다.

이런 식으로 작업을 진행하고도 막상 북한 대표단 일행이 판문점을 통과하여 서울로 들어오는 바로 그날 아침까지도 공사가 채 마무리되지 못한 것이 문제였다. 북한 대표단이 벽제교를 통과하도록 예정된 시

40여 일 만에 완공된 통일로 공사 현장

각은 오전 10시 전후. 그 직전 겨우 포장을 깔아 미처 굳지도 않은 아스팔트에서는 김이 솔솔 피어오르고 있었으니 이를 바라보는 정주영의 애간장은 바짝 탈 수밖에 없었다. 벽제교에서도 교각 밑에 임시 받침판을 받쳐 놓은 채로 승용차 행렬을 통과시켜야 했다.

드디어 북한 방문단 행렬이 저 멀리 도로 어귀에 모습을 드러내자 작업에 매달려 있던 인부들은 서둘러 길가 뒤쪽으로 숨기에 바빴다. 공사장비들도 눈에 띄어서 이로울 일은 없었다. 승용차들이 벽제교를 지날 때는 모두들 숨은 채 바라보며 행여 다리가 무너지지 않을까 조바심을 내야 했다.

실패는 없다

정주영도 함께 숨어서 방문단이 지나가는 모습을 지켜보고 있었다. 다행스럽게도 별다른 사고는 일어나지 않았고, 겨우 안도의 한숨을 몰아쉴 수 있었다. 지난 시대 흑백사진의 기억으로나 만날 수 있는 에피소드의 한 장면이다.

현대자동차의 출범

정주영이 자동차산업 진출을 공개 선언한 것은 1967년 12월의 일이다. 자동차산업에 뛰어든다는 방침을 선언하면서 동시에 '현대자동차 주식회사' 설립 계획을 발표한 것이다. 회사 자본금 1억 원 규모. 넷째 아우 정세영을 대리인으로 내세운 새로운 도전이었다. 젊은 시절 자동차 정비업소를 운영한 경험이 있었기에 전혀 생소한 분야는 아니었다.

그러나 국내 경제계로서는 생뚱맞다는 눈길로 쳐다보고 있었다. 자동차산업은 국민들의 소득수준이 받쳐 주는 미국과 유럽의 몇몇 나라에서나 가능했을 뿐, 아직 먹고살기에도 벅찬 우리 여건에서 감히 넘볼 수 있는 영역은 아니었다. 정확히 얘기하자면, 그가 과거 운영했던 정비업소와는 차원이 근본적으로 다른 얘기였다.

자동차가 원활히 작동하려면 무려 2만 개 이상의 부품이 유기적으로 결합돼야 하는데, 그 각각의 부품을 생산하기 위해서도 연관 산업의 고른 발전이 전제되어야 하기 때문이다. 자동차산업을 선진국 상징 지표의 하나로 간주하는 이유가 거기에 있다. 미국의 경영학자 피터 드러커 Peter F. Drucker의 지적이 아니라도 자동차산업이 '산업 중의 산업 industry of industries'임에는 틀림없다.

하지만 아직 국내에는 자동차가 마음 놓고 달릴 만한 고속도로조차 없던 시절이었다. 경인고속도로가 겨우 서둘러 착공됐을 뿐이고, 경부고속도로는 서류상으로 건설 계획이 마무리 단계에 접어들고 있을 때였다. 더구나 고속도로를 건설하는 데 있어서조차 시기상조라는 반발이 난무할 때가 아니던가.

회사 내부의 측근들도 자동차산업 참여에 반대하고 나섰지만 정주영은 이미 멀찌감치 앞을 내다보고 있었다. 새로운 분야를 찾아 끊임없이 움직이는 면모를 그대로 보여 준 것이다. 그에게는 제자리걸음조차 후퇴일 뿐이었다.

한편으로는, 박정희 대통령도 정주영에게 자동차산업 참여를 슬며시 권유하던 중이었다. 경부고속도로 계획을 사전 논의하기 위해 몇 차례 만나면서 운을 뗀 것이다.

"우리도 이제 자동차가 필요하니, 임자가 그 길을 열어야겠소."

막대한 비용을 들여 고속도로를 만들어 놓고도 다닐 자동차가 없어 한적하게 비워 둔다면 그것처럼 웃음거리도 없을 것이었다. 그런 경우를 우려한 부탁이었다. 자동차산업은 고속도로 연결망과 함께 발전해 가는 것이 정상일 터였다.

그렇지 않아도 국내 자동차산업 분야에 막 깃털이 돋아나던 참이었다. 신진자동차가 미국 지프차의 부속품을 이용해 엉성하나마 세단을 조립하다가 다시 일본 토요타豊田와의 기술 제휴로 코로나를 생산할 때였다. 기아자동차도 마쓰다松田의 전신인 토요東洋공업과 제휴하여 '딸딸이'라는 별명의 삼륜 화물차를 만들고 있었다. 그에 앞서 새나라자동차도 닛산日產의 블루버드 부품을 들여와 조립 방식으로 승용차를 생산하기도 했다.

이러한 추세는 이미 5·16 직후부터 가속화되고 있었다. 국가재건최고회의 당시 발표된 자동차운수사업법도 하나의 자극제라면 자극제였다. 이로써 6·25 전란 중 망가진 미군 자동차 부품을 이용해 자동차를 일일이 손으로 조립하던 단계에서 국산화의 초기 단계로 접어들게 된다. 자동차산업에 있어서도 박정희의 관심이 남달랐음을 보여 준다. 정주영에게 자동차산업 참여를 권유한 것도 그런 맥락이었다.

그러나 정주영이 막상 자동차산업에 뛰어들기 위해 미국 포드 사와 접촉하려 했으나 접촉 자체가 어려웠다. 포드 사 책임자들이 시장 조사차 서울을 방문했을 때도 현대는 접촉 대상에 끼지 못했다. 결국 정주영은 정인영을 긴급 투입해 포드 사와의 교섭에 나섰고, 정인영은 디트로이트 본사를 오가면서 기술제휴 계약을 성사시킨다. 정주영이 자동차산업 참여 발표와 함께 현대자동차 설립 등기를 마치기까지의 과정이다.

자동차산업에 뛰어들면서 정주영의 신념은 확고했다. 성공에 대한 신념이었다. 갓 출범하는 현대자동차 직원들을 한자리에 모아놓고 장담한 데서도 알 수 있는 일이다.

"여러분들 모두 머지않아 냉장고와 텔레비전을 한 대씩 집안에 들여놓게 될 것입니다."

웬만한 부잣집이 아니라면 냉장고나 텔레비전을 갖기 어려운 시절의 얘기다.

이처럼 남다른 신념과 관심은 회사 이름 작명에까지 영향을 미치게 된다. 당초 상호를 '현대모터주식회사'라는 영어 이름으로 결정하고 등기까지 마쳤으나, 정주영은 다시 바꾸도록 지시를 내렸다. 그것도 등기를 하고 불과 하루 만의 결정이다. 마음에 들거나 안 들거나 미루는 법이 없었다. 쇠뿔도 단김에 빼야 했다.

지금의 '현대자동차'라는 상호가 그렇게 정해진 이름이다. 국내 고객들의 관심을 끌려면 회사 명칭부터 한글로 정하는 게 좋겠다는 판단에 따른 것이었다. 고객에 대한 배려였다.

이렇게 출범한 현대자동차는 곧바로 승용차 조립생산을 위한 공장 건설작업에 들어간다. 지금의 울산광역시 북구 양정동 700번지 일대의 드넓은 공장이 바로 그때부터 넓혀진 결과다. 당연히 정주영이 자동차 공장 공사를 진두지휘해야 했건만 경부고속도로 공사 때문에 울산에 내려갈 처지가 못 되었다. 고생한 사람은 정세영이었다. 정주영의 회고담이다.

"아우가 공장을 지으면서 기계설비 작업을 동시에 진행하느라 머리털이 다 빠질 정도였다."

승용차 이름은 미리 '코티나'라고 붙여 놓았다. 이로써 신진자동차와 기아가 양분하던 시장 구조에 경쟁마로 뛰어든 것이다. 세계 최대 자동차업체인 포드 사와 제휴했다는 점에서도 그의 야심이 엿보였다.

191

포드 사와의 결별

　드디어 1968년 11월 제1호 코티나가 만들어졌고, 정세영이 직접 운전해 경부고속도로 건설 현장에 나타났을 때 정주영은 내심 흐뭇할 수밖에 없었다. 하지만 예기치 못한 문제에 직면하게 된다. 시판에 들어간 것까지는 좋았으나 할부금이 잘 걷히지 않아 부실채권이 발생하기 시작한 데다 자동차 성능이 떨어진다는 소문까지 나돌았다.

　실제로 문제도 없지 않았다. 국내 도로보다는 미국 도로 사정에 적합한 차였다. 항간에서는 '코티나'가 아니라 '코피나'로 불리기도 했다. 초창기였기에 어차피 애프터서비스도 미흡할 수밖에 없었다. 줄줄이 반납 소동이 일어난 것이 그러한 결과다.

　애초의 장담과는 달리 현대자동차의 경영은 악화일로로 치달았다. 이쪽 자금을 겨우 막으면 저쪽 자금의 상환기한이 돌아왔다. 기한을 지키지 못하면 그날로 부도 처리될 수밖에 없었다. 직원들의 월급 날짜를 제대로 지킬 수 없었던 것은 물론이다. 세금을 내지 못해 체납자 신세로 몰리기도 했다. 하루하루가 곤경의 연속이었다.

　막내인 정상영까지 현대자동차로 불러들인 것이 이때의 일이다. 부사장으로 발령을 내서 할부금 수금 업무를 전담시켰다. 그는 금강스레트 경영을 맡고 있으면서도 자기 일을 잠시 접고 형님들 일을 도와주었다. 형제들 가운데서도 성격이 야무진 편이었기에 수금 업무에서 큰 진전을 보았다. 끈끈한 형제애로 어려울 때마다 위기를 극복해 나간 것이다.

　더 심각한 문제는 포드 사와의 관계가 더 이상 진전되지 않고 있었다는 점이다. 엔진 개발 합작회사 설립 계약서에 도장을 찍고도 실제로는 이뤄진 것이 없었다. 포드 사에게는 애초부터 한국 시장에서 위험을 감당하겠다는 의지가 없었던 것이다.

현대자동차와의 조립기술 계약은 그대로 유지하면서 자동차만 팔면 된다는 속셈이었다. 합작사로서 자금조달 약속 이행을 요구하는 현대자동차에 대해 도리어 할부판매를 뒷받침할 자금 여력이 있느냐며 트집을 잡은 것도 그런 때문이었을 터다. 그들의 요구대로 자동차 판매대금 지급보증서를 만들어 내놓았는데도 딴소리로 일관했다.

결국은 결별이었다. 포드 사 책임자들을 회사로 불러들여 마지막 담판을 지으면서 정주영의 목소리는 단호했다. 일방적인 통보였다.

"당신네들이 정 협조할 수 없다면 우리도 우리 길을 가겠다."

그 자리에서 통역하던 정세영은 이 말을 이렇게 통역했다.

"We will go it alone."

현대자동차가 한국적 모델 개발에 착수한 것은 이러한 우여곡절의 뒤끝에서다. 합작회사를 꾸려 가면서 외국 자동차회사들의 뒤치다꺼리만 할 수는 없었다. 수소문한 끝에 영국 레이랜드 자동차 회사BLMC에서 부사장을 지낸 조지 턴불George Turnbull을 기술 책임자로 영입했다. "한국이란 나라가 어디에 붙어 있는지도 모르면서 어떻게 가느냐?"며 탐탁지 않게 여기던 그의 부인을 먼저 구슬려야 했다.

디자인에서도 이탈리아로 눈길을 돌린 끝에 조르제토 주지아로 Giorgetto Giugiaro와 손을 잡는다. 지형적으로 반도半島라는 측면에서도 그렇고, 사람들의 기질에서도 서로 비슷하다는 평가를 받는 두 나라다. 포드 사와 합작에 의한 코티나의 실패를 교훈으로 삼아 우리 도로 형편에 맞는 소형차를 개발하자는 뜻이었다.

이러한 노력에 힘입어 1974년 11월 이탈리아 토리노 모터쇼에서 포니PONY가 처음 공개된 데 이어 1976년 1월에는 마침내 정식 생산에 성공한다. 드디어 우리도 고유의 자동차 모델을 뽐내게 된 것이다. 엔진은 당시 기술제휴 파트너였던 미쓰비시자동차의 1,238cc 새턴 엔진을 얹었는데, 그래도 정주영의 가슴은 뿌듯했다. 토리노 모터쇼에서 함께 공개된 '포니 쿠페'가 실제 생산으로 연결되지 못한 것이 못내 아쉬웠을 뿐이다.

현대자동차를 출범시킨 지 7년 만에 이뤄 낸 쾌거였다. 세계에서는 16번째, 아시아에서는 일본에 이은 2번째였다. 우리 자동차산업 역사에 새로운 지평이 열리고 있었다.

"마치 꽁지 빠진 닭 같은 느낌인걸."

정주영 자신은 포니 디자인에 대해 내키지 않는 눈치였지만, 벌써부터 세계 각국에서 주문이 쏟아져 들어오고 있었다. 울산공장을 연산 5만 6천 대 규모로 확대한 것도 그 즈음의 일이다.

아우 정세영이 전적으로 현대자동차 경영을 맡아 노력한 결과였지만 정주영 자신의 노력도 결코 적지는 않았다. "자동차는 산업기술의 척도로서, 자동차를 완벽하게 만든다면 항공기도 생산할 수 있을 것"이라는 게 그의 평소 생각이었다. 갖가지 부품을 조립하여 만드는 자동차야말로 연관 산업을 집대성하는 상징일 것이었다. 국가적으로도 꼭 필요한 미래 산업이었다.

그러나 독자모델 개발에 성공했다고 해서 모든 문제가 풀린 것은 아니다. 미국 정부로부터의 압력이 그 하나다. 당시 주한 대사였던 리처드

스나이더Richard Sneider로부터 직접 포기 압력을 받아야 했다. 미국 정부
가 1974년 통상법을 발효시켜 자유무역 체제를 옹호하던 무렵이었건
만, 그 속내는 어디까지나 미국 수출시장의 확대에 있었다. 외국 정부에
의한 불공정 관행의 시정과 보복조치 등을 할 수 있도록 규정한 '301조'
가 그 증거다.

스나이더 대사는 정주영을 만난 자리에서 "현대가 자동차 독자 개발
을 포기하는 게 좋겠다"며 노골적으로 그를 압박했다. 그는 한국의 국
민소득 수준상 내수시장 여건이 어둡다는 점을 지적하고, 수출시장에
대해서도 비관적인 전망을 제시했다. 금융, 무역, 건설 등 국제무대의
거의 모든 분야에서 막강한 영향력을 휘두르는 미국 정부의 요청을 받
아들이지 않을 경우 그 대가가 작지 않으리라는 것을 암시하고 있었다.

그의 마지막 결론은 상대방을 위하는 척하면서도 위압적이었다. "미
국 자동차회사 중에서 마음대로 선택해 조립생산을 하도록 주선하겠으
니, 포니 생산은 당장 중단하라"는 것이었다. 한국을 포드, GM, 크라이
슬러 등의 하청생산 기지로 묶어 두겠다는 뜻이었음은 물론이다.

그러나 정주영도 호락호락하지는 않았다. "생각해 주시는 것은 고맙
지만 사양하겠다"는 답변으로 즉석에서 스나이더의 제의를 거절하고
말았다. 이미 포드 사와의 합작계약 과정에서 그들의 횡포를 진저리칠
정도로 겪었기 때문이다. 더구나 우리 경제가 성장의 가속도를 내기 시
작한 단계에서 선진 공업국 대열에 진입하려면 자동차산업의 뒷받침이
반드시 필요한 시기였다.

판매시장 개척이 쉽지는 않겠지만 열심히 노력해서 차근차근 뚫어
가면 될 것이었다. 어떤 경우에도 부딪치다 보면 길이 열리기 마련이라

1985년 포니 엑셀 신차발표회 현장

는 사실을 경험적으로 깨닫지 않았는가.

"설령 일이 제대로 풀리지 않아 사업에 실패하고 만다고 해도, 우리 자동차산업의 초석을 깔았다는 사실만으로도 만족하겠다"는 것이 그의 결연한 답변이었다. 당시 두 사람의 면담을 지켜보며 통역을 담당한 박정웅이《이봐, 해봤어?》에서 소개한 뒷얘기다.

스나이더와의 담판이 아니라도 자동차산업을 바라보는 그의 소신은 분명했다. "자동차는 도로를 굴러다니는 깃발"이라는 평소 언급부터가 그러했다. 자동차를 만들어 각국에 수출하면 저마다 굴러다니면서 우리의 뛰어난 기술 수준을 과시하게 된다는 논리였다.

이러한 소신은 1986년 〈비즈니스위크Business Week〉가 현대의 엑셀Excel 자동차 사진을 표지에 싣고 "한국인이 달려오고 있다"는 헤드라인을 붙인 것만으로도 충분히 입증되었다. 이처럼 정주영은 미국뿐만 아니라 세계 도시마다 자태를 뽐내며 주행하는 현대자동차의 미래를 일찌감치 그리고 있었던 것이다.

거기에 비한다면 해외에서 부품을 들여다 조립 생산하는 것은 하청업에 지나지 않았다. 아무리 합작회사라는 형식을 갖추더라도 그게 그거였다. 도장을 찍는 순간부터 엄연한 '갑'과 '을'의 관계로 규정되는 것이다. 생산장비 도입에서부터 조립차종 선정에까지 휘둘리고, 기술제휴 비용의 인상 요구에도 울며 겨자 먹기 식으로 응해야 한다. 재주는 곰이 부리고 돈은 왕서방 주머니로 들어가는 꼴이다. 그런 조건을 정주영이 받아들일 리가 없었다.

이에 대한 정주영의 얘기를 귀담아 들어 보자.

"패배주의란 무엇인가. 우리가 뒤떨어진 분야여서 쫓아가기 어렵다

197   실패는 없다

며 망설인다든지, 생소한 분야라고 겁을 낸다든지 하는 것이다. 힘이 든다고 미리부터 회피하는 것도 마찬가지다. 부딪치다 보면 길은 열리기 마련이다."

현대자동차가 본격 발돋움하면서 현대 계열사들도 비로소 그룹의 형태로 집결하게 된다. 현대건설, 현대자동차, 현대시멘트 등이 하나의 그룹으로 묶인 것이 1971년 2월이었다. 정주영이 대표이사 회장에 취임했다. 이미 그 전해에 기존 단양시멘트 공장을 확장하여 '현대시멘트'의 출범을 보았다. 더 나아가 1973년 12월에는 조선소 사업에도 진출함으로써 '현대중공업'이 계열사 대열에 합류한다.

런던으로 날아간 '정 선달'

이번에는 '현대조선소' 설립 얘기로 돌아가 보자. 말 한마디로 대동강 물을 팔아먹었다는 '봉이 김 선달'의 얘기에서나 볼 수 있는 유쾌한 무용담武勇談이다. 아니, 그가 직접 '정 선달' 배역을 맡게 된다. 정주영이 아니었다면 누가 감히 비슷한 흉내라도 냈을까.

먼저 거북선이 그려진 500원짜리 지폐 얘기다.

그가 영국 런던으로 날아가 선박 엔지니어링 회사인 A&P 애플도어A&P Appledore의 롱바톰Charles Longbottom 회장과 마주앉은 것이 1971년 9월. 한국에 조선소를 세워야 하는데 자금을 빌려줄 은행을 소개해 달라며 협조를 요청하는 자리였다. 그 직전 현대건설이 A&P 애플도어와 조선소 설립 기술협약을 맺은 것이 유일한 끄나풀이었다.

정주영의 요청에 롱바톰 회장은 간단히 "안 된다"며 거절했다. 보수당 의원을 지내며 영국 정계에서도 신망 받던 정치인 출신이어서 직설적인 거절 대신에 외교적인 답변을 할 만도 했으나, 눈앞에 앉은 동양인 사업가의 설명에 대해서는 도무지 믿음이 가지 않았다. 믿고 싶어도 보증할 방법이 없었다.

아무리 협력사 관계라고 해도 조선소가 세워지지도 않았고 선주도 나타나지 않은 마당에 자금 문제까지 거들 수는 없었다. 조선소 건설에 들어가는 자금이 한두 푼으로 끝날 일도 아니었다. 누구라도 돈을 빌려주었다간 떼이기 십상인 요건이었다. 더구나 텅 빈 모래밭에 조선소를 짓겠다는 청사진이었으니, 아직은 그 계획조차 신뢰하기가 어려웠을지 모른다.

정주영이 조선소를 짓겠다고 그에게 계획서를 내민 울산 미포만 해변은 썰렁한 백사장에 지나지 않았다. 바람이 불면 파도가 철썩거리고 백사장 안쪽으로는 소나무 숲이 드문드문 이어진 바닷가였을 뿐이다. 그것이 정주영이 내민 자료의 전부였다.

현대건설 내부에서도 무리한 계획이라며 반대가 없지 않았으니, 첫 대면하는 롱바톰 회장이 이를 긍정적으로 받아들이기는 어려운 일이었다. 더구나 그의 장인이 그리스 해운재벌인 바실 마브롤레온Basil Mavroleon이었다. 세계 조선업계의 돌아가는 속사정에 대해서는 누구보다 밝다고 자부하는 편이었다.

그때 정주영이 바지 주머니에서 꺼내 보인 것이 500원짜리 지폐였다. 거기에는 명량대첩의 주인공 이순신李舜臣 장군이 만들었다는 거북선이 그려져 있었다. 세계 해군사에서 영국의 넬슨 제독에 비견되는 영

실패는 없다

조선소 부지인 전하만의 위성 사진

조선소 공사 초기 해변가의 모습

웅이 이순신이지 않은가. 그는 지폐에 그려진 거북선 그림을 가리키며 진지한 표정으로 설명을 이어 갔다.

"한국은 이미 1590년대에 철갑선을 만들었으나 여러 사정으로 산업화가 늦어졌을 뿐이오."

영국의 조선소 역사가 1800년대 들어 시작된 만큼 한국이 적어도 200년 이상 앞섰으니 기술력에 있어서는 걱정할 게 없다는 뜻이었다.

이처럼 재치 있는 임기응변에 롱바톰 회장도 끝내 웃음을 터뜨리고 말았다. 설득당한 것이다. 그리고는 바클레이즈Barclays은행에 대출을 부탁하는 소개서를 기꺼이 써주게 된다. 지폐에 그려진 거북선보다도 그의 열정에 움직인 결과였다. 열정이 없었다면 거북선이 그려진 500원짜리 지폐를 꺼내는 순발력도 발휘하기 어려웠을 것이다.

그만큼 정주영은 자신 있었다. 현대건설의 기본 잠재력을 믿었던 것이다. 건축 기술자는 물론 기계, 전기 분야의 기술자도 모두 확보하고 있었으므로 조선소 시설을 구축하는 것은 약과라고 보았다. 호랑이를 잡을 수 있는 여건은 이미 갖춰져 있었다. 롱바톰 회장과의 면담으로 이제 호랑이굴 입구까지 바싹 다가선 셈이다.

그는 배를 짓는 데 있어서도 마치 건물을 올리듯 철판으로 집을 짓는 것과 마찬가지라 간주했다. 장소가 바다 위로 옮겨졌을 뿐 아닌가. 자동차산업에 진출하면서 자동차에 대해 "양철통에 엔진을 얹고 바퀴를 단 것이 아니겠느냐?"라고 생각한 것과 별반 다르지 않았다.

이처럼 사고思考체계가 단순명료했기에 조선소 사업에 가볍게 뛰어들 수 있었다. 남들은 그에 대해 "무식해서 용감하다"고 입방아를 찧었지만 그는 개의치 않았다.

　　　　　　　　　　　　　　　　　　　　실패는 없다

"이봐, 해보기나 했어?"

새로운 사업을 벌일 때마다 부하 직원들이 어려워서 못 할 것 같다며 지레 나자빠지는 경우에도 그는 되묻곤 했다. 일종의 질책이자 격려였다. 시도하다 보면 길이 뚫리기 마련이라는 믿음을 가졌던 것이다.

그것이 바로 청개구리의 교훈이지 않은가. 어렵더라도 세 번이고 네 번이고 반복 시도하면서 가능한 길을 찾아야 했다. 현대의 사업과정에서 밑바닥에 깔려 있던 '일단 시작하고 보자'는 도전정신이었다.

정부 차원에서도 중화학공업 육성정책을 펼쳐 나갈 때였다. 1970년 대 들어 세계 경제가 침체의 늪으로 빠져들면서 선진국들의 보호무역 장벽이 드리우고 있었다. 따라서 국제경쟁력을 키우기 위해서도 산업 구조를 중화학공업 중심으로 바꿔 나가야 했다. 포항제철이 1970년 4월 착공된 것도 그런 정책의 일환이었다.

박정희 대통령도 김학렬 부총리를 통해 정주영에게 조선소 사업 참여를 권유하고 있었다. 앞으로 포항제철이 생산하는 철을 대량 소비할 수 있도록 하기 위해서도 조선소가 제격이었다.

"김학렬 부총리의 권유는 권유라기보다 성화에 가까웠다."

정주영의 회고담이다. 그것은 동시에 박정희의 관심이었다.

그러나 이러한 권유를 받기에 앞서 정주영은 이미 나름대로 조선업 진출을 꿈꿔 오던 터였다. 일찍이 1966년 일본 요코하마橫濱조선소와 가와사키川崎중공업을 시찰한 것이 그런 뜻에서였다.

미쓰비시중공업으로부터 차관을 끌어들이는 방법으로 조선소 합작 건설 계획을 추진했으나 중공 정부의 이른바 '저우언라이周恩來 4원칙' 에 묶여 미쓰비시가 발을 빼는 바람에 무산된 것도 비슷한 무렵의 일이었다.

정주영은 다시 유럽으로 눈길을 돌려 노르웨이 아커야즈Aker Yards와의 합작투자 가능성을 타진하기도 했다. 유대인 사업가도 도중에 끼어들었으나 그가 무리한 조건을 내미는 바람에 협상이 결렬되고 말았다. 유조선 30척을 팔아 주는 대신에 기자재 구매권을 요구한 것까지는 괜찮았으나 약속을 지키지 못할 경우의 담보가 없었던 게 문제다. 하마터면 국제 사기꾼에게 크게 당할 뻔했던 경우다.

결국 외국사와의 합작투자 방침을 포기하고 독자적으로 차관 도입에 의한 조선소 건설을 추진한 것은 이러한 일련의 협상 과정을 겪고 나서의 얘기다. 런던의 A&P 애플도어 사무실에서 롱바톰 회장과 마주앉기까지의 과정이기도 했다.

여기에는 현대건설 런던본부장이던 정희영鄭熙永의 역할이 컸다. 서울대 상대를 나와 현대 직원으로 들어온 그는 입사 초기부터 이름이 정주영 형제들과 엇비슷해서 주목을 끈 청년이었다. 정주영 회장의 눈에 일찌감치 사윗감으로 찍힌 그는 런던에서 '대니 보이Danny Boy'라는 별명으로 더 알려져 있었다.

런던 브롬턴 거리Brompton Road의 짐머하우스 178번지. 광화문 현대사옥과 번지수가 똑같았기에 영국을 거쳐 간 직원들은 아직도 기억하고 있는 런던 지사의 번지수다. 서울과 이곳 사무실을 오가며 정주영의 조선소 사업계획이 익어갔다.

그러나 난관은 끊이지 않았다. 한때는 조선업을 아예 포기할까 고민할 정도였다.

"조선소 설립을 위해 여기저기 쫓아다녀 봤으나 힘이 부쳐서 어렵습니다."

오죽하면 정주영이 박정희 대통령에게까지 짐짓 푸념을 늘어놓았을
까. 애초부터 추진이 쉽지 않았던 사업이다.

"앞으로 정 회장이 어떤 사업을 하겠다고 나서더라도 절대 도와주지
마시오."

정주영의 푸념에 대해 박 대통령이 배석한 김학렬 부총리에게 이와
같이 지시하며 발끈했다는 일화가 전해진다. 그러나 박 대통령이 다시
흥분을 가라앉히고 그에게 담배를 권하면서 "쉬운 일이라면 임자에게
맡기지도 않았을 것이니 힘내시오"라며 다독여 주었다니 두 사람의 교
감 정도를 능히 짐작할 수 있다.

정주영은 박정희와의 관계에 대해 이렇게 말했다.

"피차 가난한 농사꾼의 아들로 태어나 우리 후손들에게는 절대로 가
난을 물려주지 말자는 염원과, 무슨 일이든 '하면 된다'는 소신에서 공
통점이 있었다. 그분과 나 사이에는 말로 표현하지 않으면서도 서로 인
정하고 신뢰하는 부분이 많았다."

두 사람의 인간적인 교감을 말해 주는 또 하나의 일화가 전해진다.
박정희 대통령이 불러서 마련한 술자리에서의 얘기다.

정주영 말고도 박용학朴龍學 대농그룹 회장과 서정귀徐廷貴 호남정유
사장이 함께한 자리였다. 취흥이 돌면서 정주영과 박용학이 서로 비속
어를 섞어 농담을 주고받은 것이 발단이었다. 두 사람은 1915년생 동갑
에 고향도 강원도 통천으로 동향이어서 평소에도 서로 허물없이 지내
던 사이였다.

그 모습이 재미있었는지, 박정희가 이를 지켜보다가 동석한 서정귀

에게 갑자기 먼저 말을 내려 놓았다는 것이다.

"서 사장, 우리도 학창시절로 돌아가 얘기하세나."

이쪽 두 사람은 대구사범 동창 관계였다. 동향인 두 사람과 동창인 두 사람이 함께 어울린 술자리였다. 그 술자리가 어떻게 화기애애하게 진행됐을지는 쉽게 연상되고도 남는다.

개인적으로 그렇게 친밀한 관계였던 만큼 정주영이 사업을 진행하는 과정에서 박정희가 질책하고 격려한 사정을 이해할 수 있다. 조선소 사업에서도 박정희의 관심은 결코 작지 않았던 것이다.

"이집트의 아스완댐처럼"

그러나 롱바톰 회장의 추천서를 받았다고 해서 모든 문제가 해결된 것은 아니었다. 첫 관문을 넘어선 데 지나지 않았다. 오히려 더욱 까다로운 문제들이 기다리고 있었다.

다음은 영국 수출신용보증국ECGD의 관문을 통과하는 절차였다. 정주영이 추천서를 받아 들고 바클레이즈은행 책임자를 만났으나 은행 측에서는 수출신용보증국의 보증서를 요구했다. 금융기관으로서 만일의 경우에 대비하는 보증 수단이었다. 수출신용보증국의 승인 없이 대출을 해주었다가 돈을 떼이게 된다면 전적으로 은행 책임으로 귀착되기 마련이었다.

수출신용보증국은 조선소를 지어 선박을 건조할 경우 그것을 팔 수 있을 것이라는 증거를 요구했다. 결국 바클레이즈은행으로부터 차관을

조선소 모형 앞에 영국 애플도어 사 기술진들과 함께 선 정주영

얻으려면 누군가로부터 먼저 선박 주문을 받아야 했다. 하지만 조선소도 아직 세우지 않은 단계에서 주문을 받는다는 것이 있을 법하겠는가. 마치 예식장만 덜렁 잡아 놓은 상태에서 미래 자녀들의 출생신고를 하는 것이나 다름없었다.

그래도 그는 낙담하지 않고 선주를 찾아 나섰다.

그의 출장 가방에는 소나무 숲을 배경으로 조개껍질 같은 초가집들이 드문드문 서 있는 한적한 모래밭 사진 몇 장과 미포만의 지도 한 장이 전부였다. 아직은 '불모不毛의 땅'이었다. 스코트 리스고우 조선소가 그려 준 조선소 설계도면이라고 해야 아직은 어설플 뿐이었다. 그보다는 그가 마음속으로 그리는 미래의 그림이 더 컸다. 만나는 사람마다에

206

게 종이 지도 위에 자신의 그림을 펼쳐 보였다.

그리스 해운업계의 거물이던 리바노스George Livanos 선엔터프라이즈 해운회사 회장을 만난 것이 그에게는 행운이었다. 리바노스는 선박왕으로 불리던 오나시스Aristotle Onassis의 처남이었다. A&P 애플도어의 롱바톰 회장이 자기 장인의 연줄을 이용해 정주영과 리바노스와의 면담을 주선한 것이다.

1971년 2월, 스위스 남동부의 휴양도시 생모리츠. 유럽의 고성을 연상시키는 이곳의 별장에서 정주영은 리바노스와 마주앉았다. 별장 주인과 손님으로서가 아니라 서로의 예비 고객으로서였다. 정주영으로는 현대조선소 계획이 과연 물거품으로 끝나느냐, 아니면 살아서 계속 발진하느냐를 판가름하는 마지막 '면접시험'이기도 했다.

리바노스도 괴짜였다. 정주영의 설명을 듣고는 선뜻 26만 톤짜리 유조선 2척을 주문했다. 마침 그가 아버지로부터 가업을 물려받아 선단을 확장하던 중이었다. 이로써 조선소를 건립하기도 전에 선박을 주문받는, 세계 조선사造船史에서 유례가 드문 기록이 탄생하게 된다. 성공적인 면접시험이었다.

리바노스 가문이 100년 가까이 해운업에 종사해 온 명문가라는 점에서도 허튼 계약은 아니었다. 정주영의 조선소 사업 추진에도 권위를 실어 주었다. 다만, 선박 가격을 국제 가격보다 10% 정도 낮추었다는 게 전부였다. 일찍이 미쓰비시조선소가 출범할 당시의 첫 주문도 세계적인 선주가 사준다는 프리미엄의 대가로 시가보다 훨씬 싸게 발주한 전례가 있었다. 다름 아닌 리바노스의 아버지 스타브러스의 얘기다. 리바노스가 아버지의 사례를 정주영에게 다시 써먹은 셈이다.

실패는 없다

1971년 영국 바클레이즈은행과 조선소 건설 차관 도입을 위한 서명을 마친 정주영

"한국 여건상 최대 선박건조 능력은 5만 톤에 불과하다"고 장담한 일본 통산성 아카사와赤澤璋一 중공업국장의 보고서 내용을 뒤엎는 것이어서 리바노스와의 계약은 더욱 의미가 있었다. 그때까지만 해도 한국에서 지은 선박이라고 해야 조선공사가 건조한 1만 7천 톤급이 최대 규모였다. 따라서 26만 톤급 선박을, 그것도 두 척이나 한꺼번에 수주한 것은 일본의 콧대를 여지없이 꺾어 버린 쾌거였다. 그에게 '불도저'라는 별명에 '정 선달'이라는 별명이 추가되는 계기였다.

드디어 1972년 3월 현대조선소 기공식이 미포만 모래밭에서 열렸다. 태완선 부총리를 대동하고 기공식에 참석한 박정희 대통령은 자신감을 드러냈다.

"우리나라 경제는 이제 중화학공업의 기반과 여건이 조성되어 바야흐로 중공업시대로 들어가고 있습니다."

그동안 의욕적으로 추진해 가던 경제개발계획이 비로소 본궤도에 진입하고 있음을 실감했을 것이다. 박정희가 이렇듯 민간회사 공장 기공식에 참석한 것은 매우 드문 일이었다. 전례가 있었다면 단양시멘트 공장 기공식 때 참석한 정도였을까. 그때 박 대통령이 정주영, 변중석 부부와 나란히 찍은 사진이 증거로 남아 있다.

하지만 박정희의 열정에 비한다면 태완선 부총리는 조선소 사업에 대해 오히려 비관적이었다. 박 대통령을 비롯한 여러 사람들이 식사하는 자리에서 현대조선소에 대해 "전망이 어둡지 않느냐?"는 의견을 밝혔다가 호되게 질책을 당했다는 얘기가 전해진다.

정주영도 "당시 가장 존경받는 경제학자이며 경제를 담당한 부총리가 나를 불러 '현대조선소가 성공하면 내 열 손가락에 불을 붙이고 하

단양시멘트 공장 기공식에 참석한 박정희 대통령과 정주영 내외

늘로 올라가겠다'며 절대로 불가능하다고 장담했다"고 회고한 바 있다.

조선소 사업에 대해서는 변중석 여사도 뒷날 한마디를 보탠다.

"서울에 처음 올라와 낙산에 신혼살림을 차렸을 때 하루는 남들처럼 한강에 뱃놀이를 갔습니다. 그런데 남편의 노질이 너무 서툴렀지요. 보트를 타다가 강물에 빠져서 하마터면 큰일이 날 뻔했거든요. 조그마한 보트도 제대로 젓지 못하는 남편이 엄청난 조선소를 짓게 되다니 너무 감동적이었습니다."

기공식이 열린 뒤 도크를 파고 리바노스로부터 주문받은 2척의 배를 만들면서 동시에 14만 평 규모의 조선소 건립공사를 진행했다. 방파제를 쌓고 바다를 준설하는 작업도 병행했다. 리바노스가 있었기에 가능한 일이었지만 정주영이 조선소 건설에 미쳐 있지 않았다면 처음부터 불가능한 일이었다.

1974년 6월, 드디어 조선소 공사가 마무리되고 준공식이 열렸다. 리바노스에게 넘겨질 유조선의 명명식을 겸한 준공식이었다. 현대중공업 임직원들과 선주인 리바노스는 물론 정부 요인들, 주한 외교사절, 그리고 울산시민 등 5만 명이 참석한 자리였다. 방송국의 TV 중계 카메라가 총동원됐음은 물론이다.

"오늘 현대조선소 준공식은 우리 중화학공업 발전의 새로운 기틀이며 전진하는 국력의 상징이 될 것입니다."

박 대통령의 치사가 끝나자, 영부인 육영수陸英修 여사가 1호선에 '애틀랜틱 배런Atlantic Baron'이라 이름 붙였음을 선언했다. 2호선도 짝을 이

유조선 건조와 조선소 건설이 동시에 이루어진 현대조선소의 초기 건설 현장

실패는 없다

1974년 6월 열린 현대조선소 준공식.
애틀랜틱 배런 호와 애틀랜틱 배러니스 호의 명명식이 함께 거행되었다.

뤄 '애틀랜틱 배러니스Atlantic Baroness'라 명명되었다. 이름 그대로 '대서
양의 남작男爵' 부부가 탄생한 것이다.

육영수 여사가 진수식 테이프를 끊는 것과 동시에 비둘기떼가 날아
올랐고, 오색 풍선이 하늘 가득 떠올랐다. 새로 이름을 부여받은 유조선
의 장도를 축하하듯 뱃고동 소리도 힘차게 울려 퍼졌다.

박 대통령은 이날 정주영의 안내로 애틀랜틱 배런 호에 시승해 선실
안을 둘러보고 '조선입국造船立國'이라는 휘호를 남겼다. 이날 명명식에
는 영애 박근혜朴槿惠도 함께 참석해 눈길을 끌었다.

중요한 것은 선주 리바노스의 평가였다.

"지금껏 내가 구경한 선박 가운데 가장 훌륭한 작품이다."

그는 찬사를 아끼지 않았다. 단순한 공치사만은 아니었다. 배가 최종 완성되기까지 네댓 번이나 요구 조건을 바꿈으로써 작업에 어려움을 안겨준 그였다. 그만큼 배를 감정하는 데 있어 까다롭기로 소문난 고객이었다. 리바노스의 만족스런 얼굴 표정만으로도 현대조선의 실력은 합격점 이상이라 평가할 만했다. 개척정신과 적극적인 추진력이 그 비결이었음은 두말할 것도 없다.

"우물쭈물하며 남의 꽁무니만 쫓아서는 겨우 부스러기나 주워 먹게 될 뿐이다."

애틀랜틱 배런 호과 애틀랜틱 배러니스 호의 명명식 모습

실패는 없다

어느 분야에서든지 성공하려면 모험적인 용기와 불굴의 노력이 필수적임을 정주영은 강조했다. 사업의 성패는 어떠한 사고방식과 자세로 달려드느냐에 따라 시작 단계에서부터 절반은 결정되기 때문이다.

"강인해지려면 혹독한 시련을 뛰어넘는 산 공부가 필요하다."

남들은 어떻게 생각할지 몰라도 스스로 '봉이 김 선달'의 기개를 갖추도록 요구했던 것이다.

이렇게 완공된 현대조선소는 한동안 한국 경제성장의 상징으로 여겨지게 된다. 외국에서 경제 사절단이 방한하면 빠지지 않고 다녀가는 코스였다.

이에 대해서는 스웨덴의 〈다겐스 인두스트리Dagens Industri〉 아시아 특파원으로 한국에도 종종 취재차 왔던 하칸 헤드버그Hakan Hedberg 기자의 증언을 귀담아들을 필요가 있다. 1978년 출간한《한국의 도전The New Challenge-South Korea》이라는 저서에 적힌 내용이다.

> 1970년 현대가 세계에서 가장 큰 단일 조선소와 100만 톤급 초대형 유조선을 만들겠다고 결정했을 때 이 회사 안에는 모터보트라도 만들어 본 사람이 단 한 명도 없었다. 그런데 1977년 한국은 세계 2위의 선박 수출국이 되었다. 1990년에 이르러서는 일본을 앞지를 것이라고 믿어도 좋다. 이순신 장군이 철갑선으로 일본을 무찔렀다는 사실을 한국인들은 누구나 알고 있다. 일본의 조선공업도 넘어설 수 있다는 점 또한 그들은 의심치 않는다.

헤드버그 기자는 현대조선소에 대해 영국의 전성기를 이룬 빅토리아 여왕 시대의 상황과 비교하기도 했다. "당시 영국인들은 시뻘건 용광로를 다루면서 희생을 각오했는데, 한국의 현대조선소 또한 마찬가지"라고 했다. 정주영에 대해서는 '광적狂的인 기업인'으로 평가했다.

이미 미국의 미래학자인 허만 칸Herman Kahn 박사가 미포조선소에 대해 전망한 얘기가 있다. "이집트에서 아스완댐이 차지하는 비중처럼, 한국에서는 울산조선소가 중요한 상징이 될 것"이라는 것이 그의 전망이었다. 1973년 미포조선소 현장을 구경하면서 한창 건조 중인 1호기 선박을 보고는 '움직이는 피라미드'라며 감탄을 아끼지 않은 것이다.

이에 대해서는 정주영 자신의 설명도 명쾌하다.

"당시 우리나라 여건에서 조선소 건설이 가능하다고 판단했다면 다른 경쟁업자들이 일찌감치 뛰어들지 않았겠느냐."

결코 쉽지 않은 일이었기에 빈 공간으로 남겨져 있었고, 그래서 자기에게까지 기회가 주어졌다는 뜻이다. 다른 사람들이 손대기 어려운 일일수록 그는 굽히지 않는 추진력으로 뛰어들었다. 시련은 많아도 끝내 이뤄 내는 쾌감을 그는 온몸으로 받아들였다.

실패는 없다

'알라딘의 궁전'을 찾아

정주영의 빼놓을 수 없는 업적 가운데 하나가 '중동中東 신화'다. 오일쇼크의 와중에 우리 경제가 갈 길을 찾지 못하고 헤매고 있을 때 중동 건설시장에 진출함으로써 새로운 돌파구를 열었다. "사막의 신기루를 좇는다"는 주변의 우려를 물리치고 '달러 박스'의 오아시스를 개척한 것이다.

1973년에 일어난 제1차 오일쇼크로 지구촌 경제는 극도로 위축되고 있었다. 그해 10월 발발한 제4차 중동전쟁의 파장이었다. 국제 원유시장 변동에 취약한 우리 경제는 말할 것도 없이 직격탄을 맞았다. 기름 값이 한꺼번에 5~6배나 치솟으면서 공장들이 차례로 문을 닫았고, 그 여파로 실직자들이 길거리로 쏟아질 때였다. 정부의 외환 보유액도 3천만 달러 정도로 거의 바닥을 드러내고 있었다. 자칫 국가 파산에 직면할 상황이었다.

현대그룹도 자금 사정이 어렵기는 마찬가지였다. 울산조선소를 지으면서 막대한 자금이 투입되었기에 자금 압박이 불가피한 형편이었다. 뭔가 특단의 타개책을 강구해야 했다. 이때 정주영의 머리에 불현듯 떠오른 것이 중동의 오일 달러다. 기름 값이 폭등하면서 산유국에 막대한 달러 뭉치가 몰려들고 있었다. 돈을 벌려면 돈이 몰리는 곳으로 가는 것이 당연한 이치가 아닌가.

그러나 중동 진출에 앞서 현대건설 내부의 반대 목소리를 가라앉히는 게 급선무였다. 안타깝게도 아우 정인영이 소신을 내세워 반대했다. 태국 파타니-나라티왓 고속도로 건설의 악몽을 떠올렸을 것이다.

더구나 중동이라는 지역이 우리에게는 매우 생소하던 때였다. 이슬람이라는 종교를 포함하여 그들의 문화, 언어, 법률, 경제에 대하여 아는 전문가가 거의 없었다. 태국의 경우보다 여건이 낫다고는 할 수 없었다.

특히 건설시장의 경우 진입 장벽이 만만치 않았다. 미국을 포함하여 과거 중동 국가들을 식민지로 거느렸던 영국이나 프랑스 등 일부 국가들만이 뿌리 깊은 연줄에 기대어 기득권을 누리고 있었다. 중동 각국에서 토목건설 물량이 줄줄이 쏟아지고 있었지만 이들 몇몇 선진국의 대표 기업들이 선점한 독무대나 다름없었다.

국내 건설업체 가운데 그때까지 중동에 진출한 회사는 단 한 곳에 지나지 않았다. 삼환기업이 1973년 사우디아라비아에서 고속도로 공사를 수주함으로써 처음으로 중동 시장에 진출한 것이다. 홍해 연안에 위치한 북쪽 지역, 지금의 카이바와 알훌라를 연결하는 고속도로가 바로 삼환기업의 작품이다. 한국 회사로는 그 하나뿐이었다.

이런 상황에서 정인영이 극구 반대한 것은 어쩌면 당연한 일이었다. 정주영이 "위기를 기회로 바꾸려면 중동에 가서 오일 달러를 끌어와야 한다"고 강조하는데도 맞장구를 치기는커녕 냉담한 눈길만을 보내고 있었다. 더구나 정인영은 해외건설 담당 부회장이었으니 해외시장 사정에 대해서는 누구보다 정통한 입장이었다.

정인영은 오히려 "섣불리 중동에 진출했다간 회사를 몽땅 들어먹을 수도 있다"며 앞장서서 반대하고 나섰다. 들러리 신세를 면할 수 없다는 게 그의 판단이었다. 자기 혼자서만 반대하는 것이 아니었다. 다른 임원들에게도 형의 주장에 솔깃해하지 말도록 단단히 일러두었다. 회

실패는 없다

사 내에서 몇 차례 예비회의를 했지만 전체적인 분위기가 찬반으로 나뉜 채 움직일 줄을 몰랐다.

정주영이 중동 진출의 예비단계로 회사 내에 아랍어 강좌를 열도록 했으나 정인영은 이에 대해서도 가로막았다. "누구든지 중동시장 진출에 찬성하는 사람은 즉시 파면하겠다"며 윽박지르듯이 목소리를 높이고 있었다.

그에게는 중동 진출이 그만큼 무모한 시도로 비쳤다. 불확실성과 위험요소가 넘치는 '금단禁斷의 땅'이었다.

현대건설의 중동 진출 움직임에 대해 회사 바깥에서 쏟아지는 시선도 곱지는 않았다. "박정희 대통령이 밀어준 덕분에 경부고속도로 사업에서 재미를 보더니만 간덩이가 커졌나 보다"는 비아냥도 들려 왔다. 물론 정주영이라고 해서 마음속으로 성공만 내다볼 수 있었던 것은 아닐 것이다. 만약 실패한다면 홀라당 까먹고 거리로 나앉을 수도 있을 것이었다.

하지만 그의 생각은 확고했다. 도리어 중동이 공사 진행에 유리한 조건이라는 생각이 들었다. 열대의 사막이 아무리 뜨겁다고는 해도 밤에는 서늘하다고 하니 근로자들을 낮에는 재우고 밤에 일을 시키면 될 것이었다. 비가 내리지 않으므로 날씨 때문에 공사를 방해받을 염려가 없었고, 사방이 모래인 만큼 골재 걱정을 하지 않아도 될 터였다.

정주영 특유의 도전정신이 발동하고 있었다.

모험이 없으면 발전도 기약할 수 없는 법. 따라서 실패의 위험을 무릅쓰고라도 일단 중동으로 가야만 했다. 기회를 놓치면 두고두고 후회할 것만 같았다. 설사 사방에 모래바람이 몰아치더라도 뜻을 이루려면 사막의 벌판을 넘어야 한다고 그는 생각했다. 그 너머 어딘가에는 '알라딘의 궁전'이 기다리고 있으렸다.

결국 반대파의 구심점인 정인영을 회사에서 내모는 방법으로 내부 반발부터 다스리기로 작정했다.

그렇다고 무턱대고 쫓아낼 수는 없었다. 그에게 경기도 군포의 '현대양행'을 선뜻 떼어 주었다. 그때까지만 해도 건설 중장비와 발전설비를 제작하는 튼튼한 업체였다. 6·25 전란통에도 생사고락을 함께한 아우와 결별한다는 자체가 가슴 아픈 결단이었다. 사업의 동반자를 축출하면서까지 중동 진출의 출사표를 던진 것이다.

"언젠가는 독립해야 했다. 형과 내가 끝까지 한 울타리 안에서 사업을 같이할 수 있으리라고는 생각하지 않았다."

이에 대해 정인영도 자신의 회고록에서 간략하게 소감을 밝혀 놓았다. 두 사람이 서로 개성이 강했기에 자주 불협화음을 겪었다는 얘기다. 그 마찰이 현대건설의 중동 진출을 계기로 결정적으로 표출된 셈이다.

박정희 대통령도 우리 기업들에 대해 중동 진출을 독려하고 있었다. "오일쇼크로 인한 외환위기는 오일쇼크로 부자가 된 중동에서 그 처방을 찾아야 한다"는 논리였다.

다만 부실공사가 나와서는 안 되며, 우리 업체들끼리 과도한 경쟁을 벌이지 않도록 유도하는 것이 관건이었다. 1960년대 서독에 광부와 간호사들을 파견해 외화를 벌어들였다면, 이번에는 중동에서 해결책을 찾아야 했다.

이처럼 심각한 갈등과 마찰을 겪어 가며 현대건설이 중동에 처음 진출한 것이 1975년의 일이다. 이란의 반다르압바스 동원훈련조선소 공

실패는 없다

사를 따낸 것이다. 그 직후에는 다시 바레인의 아랍 수리조선소 공사와 사우디 해군기지 해상공사를 수주함으로써 본격적으로 대형 공사에 참여하기 시작한다. 그러나 아직은 시작 단계에 불과했다.

본격적인 '중동 특수特需'가 기다리고 있었다.

주베일 산업항 공사

사우디아라비아 걸프 만에 위치한 공업도시 주베일.

원래 한적한 어촌이던 이 일대 지역이 1970년대 들면서 새로운 면모를 갖춰 가고 있었다. 석유경기 활황에 따라 이곳을 석유화학산업의 중추로 키운다는 사우디 왕실의 야심찬 계획에 의한 것이었다. 이곳에 항만시설을 건설한다면 근처에 흩어져 있는 여러 유전들의 수출항으로도 손색이 없을 터였다. 지리적으로 아라비아 반도 내륙으로 통하는 길목에 자리 잡았기 때문이다.

현대건설이 이곳의 산업항 공사를 따낸 것은 1976년 2월의 일이다. 수심 30미터에 이르는 연안을 부분적으로 매립하여 길이 8킬로미터, 폭 2킬로미터 규모의 항만을 건설하고 그에 필요한 기반시설을 만드는 공사였다. 그중에서도 50만 톤급 유조선 4척을 동시에 접안시킬 수 있는 해상海上 터미널 공사가 관건이었다. 바닷속에 대형 파일을 얼마나 박아 넣어야 하는지조차 장담하기 어려운 상황이었다.

특히 사우디 왕실의 개발 의욕은 대단했다. 석유 자금의 위용을 과시라도 하는 듯했다. 공사 대금에서부터 그것을 말해 주었다. 낙찰가 9억

3천만 달러 규모. 당시 우리 정부 예산의 30%에 이르는 규모였고, 계약 선수금으로 받게 되는 2억 달러만 해도 당시 국내 외환보유액의 10배에 가까운 액수였다. 공사 금액만으로도 '20세기 최대의 공사'라 불리기에 부족함이 없었다. 현대건설이 앞장선 '중동 신화'의 출발점이었다.

하지만 공사를 따내기까지의 과정이 쉬울 리가 없었다. 고비를 넘을 때마다 손에 땀을 쥐어야 했다. 애당초 입찰 참가도 보장되지 않았던 상황이다. 사우디 건설시장이 선진국의 독무대였던 만큼 공사 정보를 입수한 시점 자체가 늦었던 것이다. 단지 10개 업체만을 대상으로 이뤄지는 제한경쟁 입찰이었다. 그런 가운데서도 한 편의 역전 드라마가 만들어지고 있었다.

현대건설은 사우디 국방성이 발주한 주베일 해군기지 시설공사를 진행하던 도중 이 산업항 공사 정보를 처음 접하게 된다. 입찰을 7개월밖에 남겨 놓지 않았을 때였다. 초청 대상 10개 업체 가운데 이미 9개 업체가 결정돼 있던 터였다. 미국, 영국, 서독, 프랑스, 네덜란드 회사들이었고, 동양에서는 일본조차 끼어들지 못하고 있었다. 입찰 참가업체를 선정하는 과정 자체가 비밀리에 진행됐던 때문이다.

비어 있던 마지막 한 자리를 현대건설이 파고든 것만도 요행이었다. 런던 지사의 음용기陰龍基 이사가 사우디 정부로부터 입찰 용역을 의뢰받은 영국의 헬크로 컨설턴트 회사Halcrow Group Ltd.를 움직인 성과였다. 울산조선소 설립을 거들었던 A&P 애플도어 엔지니어링의 응원도 한몫을 했다.

그러나 입찰 보증금을 마련하는 것부터가 문제였다. 사우디 체신청은 공사 대금의 2%에 해당하는 입찰 보증금을 요구했다. 대략 10억 달

실패는 없다

러 안팎에서 입찰에 응하게 될 것이었으므로 최소한 2천만 달러의 보증금이 필요했다. 정주영은 다급한 나머지 바레인 국립은행에 손을 벌린다. 아랍 수리조선소 공사로 인해 거래하던 관계였다.

우여곡절을 거쳐 바레인 국립은행으로부터 지급보증서를 발급해 주겠다는 최종 통보를 받은 것이 입찰을 불과 나흘 앞둔 시점에서다. 2,600만 달러 범위 안에서 조건 없이 지급을 보증한다는 것이었으니, 은행 측으로서는 대단한 선심이었다. 조른다고 될 일이 아니었으나 또 다시 한 고비를 넘은 셈이었다.

사방이 꽉 틀어 막힌 찜통 같은 사막의 열기 속에서도 한 줄기 시원한 바람이 불어오고 있었다. 지끈지끈하던 정주영의 뇌리에 상쾌한 예감이 스쳐 갔다. 리야드의 오말카얌 여행자 호텔에서 며칠 밤을 새며 견적 작업을 이끌던 중이었다. 핵심 측근인 전갑원 상무를 중심으로 실무팀이 밤낮없이 입찰서류를 준비할 때였다.

이처럼 현대건설이 새로운 입찰 경쟁자로 등장했다는 소식이 전해지면서 다른 업체들의 견제공작도 만만치는 않았다. 프랑스의 스피베타놀 사는 대한항공 조중훈趙重勳 회장을 통해 자기의 컨소시엄 멤버로 참여해 주도록 요청하기도 했다. 서로가 물고 물리는 경쟁자였다. 결국은 얼마의 입찰가를 써넣을지가 초미의 관심사였다. 그만큼 눈치작전이 가열되고 있었다.

처음에는 15억 달러면 무난할 것이라고 정주영은 생각했다. 그러나 너무 높은 것 같았다. 이 액수가 도중에 12억 달러로 변경됐다가 다시 9억 달러로 낮춰진 것이 그런 까닭이다. 그만하면 파격적인 조건이었다. 결국 내부 논의를 거쳐 최종 입찰가를 8억 7천만 달러로 결정하게 된다. 9억 달러에서도 3천만 달러를 낮춘 것이었다.

반드시 공사를 따내야 한다는 절박한 의지 때문이었다. 입찰경쟁에서 2등은 아무런 소용이 없다는 것을 경험으로 깨닫고 있었다. 존재가치가 없기는 꼴찌와 마찬가지다. 패배자 신세일 뿐이다. "올림픽에서는 3등까지 메달을 받지만, 기업의 현실은 그것과 같지 않다"는 게 그의 생각이었다.

그가 공사 때마다 입찰가에서부터 승부를 건 것이 그런 생각 때문이었다. 약간의 무리를 무릅쓰고서라도 일단 공사를 따내고 볼 일이었다. 남들이 '덤핑 수주'라고 수군거려도 하등 겁낼 이유가 없었다. 그냥 웃으면서 들어 넘기면 될 것이었다. 상대방을 헐뜯는 험담이 늘 패배자들의 몫이라면, 웃음은 승리자의 여유가 아니던가.

정주영에게는 나름대로의 비결이 있었다. 공기 단축이 바로 그것이다. 공사 기간을 단축시킬 수만 있다면 낙찰가가 낮더라도 충분히 이익을 남길 수 있는 것이다.

"경쟁사들과 똑같이 해서는 결코 앞설 수가 없다. 공사 기간에서도 마찬가지다. 남들이 열흘 걸릴 것이라면 사나흘 만에 해치우고, 두 달 걸릴 일이라면 한 달 안에 끝내야 한다. 그렇지 않고는 경쟁사를 앞서기가 어렵다."

물론 날림공사를 해서도 안 되었다. 그것이 정주영이 내세우는 돌관突貫공법이었다. 건설공사에서만이 아니었다. 젊은 시절 '아도서비스' 정비소를 차렸을 때도 경쟁사들은 질질 끄는 작업을 그는 후다닥 해치움으로써 고객들에게 더 인정을 받지 않았는가. 주베일 산업항 공사에서도 이런 작전을 쓰기로 결정한 것이다.

실패는 없다

그러나 공기를 단축한다는 여부를 떠나 입찰 실무를 책임진 전갑원의 속마음은 그게 아니었다. 9억 달러도 충분히 낮춘 수준인데 거기서 또 깎는다는 것은 밑지고 들어가는 공사였다. 유례없는 헐값 응찰이었다. 공사를 따내야만 한다는 절박감의 다른 한편으로는 억울함이 절실했다. 결국 현대건설을 대표하여 입찰장에 들어간 그는 망설인 끝에 금액을 높여 쓰고 말았다. 9억 3,114만 달러. 명백한 항명抗命이었다.

그래도 그것이 최저 금액이었다. 하늘은 현대건설의 편이었다. 유력한 라이벌이던 서독 필립홀츠만 사를 포함한 영국, 네덜란드 등 5개 사 컨소시엄의 응찰가는 15억 달러로 비교할 상대가 아니었다. 정주영의 신중한 고집에도 불구하고 전갑원의 마지막 돌출적 기지로 6천만 달러나 공사비를 더 받아낼 수 있게 되었다. 또 하나의 신화를 이루는 순간이었다.

그때의 낙찰에 따라 2억 달러의 착수금이 국내 계좌로 입금되었을 때 리야드 현지에 있던 정주영에게 서울에서 곧바로 국제전화가 걸려왔다. 김봉은金奉殷 외환은행장이었다. 수화기 저쪽에서 한껏 들뜬 목소리가 들려왔다.

"정 회장님과 현대건설 덕분에 대한민국 건국 이후 최고의 외환 보유고를 기록하게 되었습니다. 축하드립니다."

그만큼 현대건설의 낙찰 소식은 국가적인 경사였다. 이 하나의 공사로 최악의 외환위기에 몰려 있던 우리 경제가 국가 부도를 모면할 수 있었다. 드디어 '경제 영웅'이 등장하고 있었다. 정주영의 시대가 한 발짝씩 다가오고 있었던 것이다.

신드바드의 모험

정주영의 진가는 오히려 그 다음이었다.

주베일 산업항 공사에 들어가는 건설 기자재를 모두 한국에서 조달하기로 결정했다. 콘크리트만 해도 5톤 트럭으로 20만 대, 철강재는 1만 톤짜리 선박 12척 분량으로 추산됐다. 그것을 전량 울산에서부터 실어 나른다는 계획이었다.

못할 것은 없었지만 작업 현장이 한국에서 너무 멀었다. 뱃길로 1만 2천 킬로미터. 경부고속도로를 무려 15차례나 왕복하는 거리로, 한 번 출항에 한 달 남짓 소요될 것이었다. 그것도 태풍 경로 한가운데인 필리핀 바닷길을 거쳐 인도양과 걸프 만을 통과하게 된다는 점에서 위험천만한 도전이었다. 시대를 거슬러 올라간 현대판 '신드바드의 모험'이라 불러야 했을까.

더욱이 사우디 정부가 당초 요구했던 44개월의 공기를 8개월이나 앞당기겠다고 입찰 서류에서 약속한 마당이었다. 따라서 필요한 기자재를 가급적 현장과 가까운 지역에서 조달하는 것이 순리였다. 유럽도 한국보다는 가까웠다. 하지만 그것은 현지 업체들의 배만 불리는 일이었다. 오히려 처음부터 울산에서 일사불란하게 작업하고 그것을 무사히 옮겨 갈 수만 있다면 작업 기일을 앞당기는 데도 훨씬 도움이 될 것이었다.

그중에서도 가장 큰 문제는 대형 철골 구조물이었다. 구조물 하나가 대략 12층 건물과 비슷한 크기로 만들어져야 했다. 가로 18미터, 세로 20미터에 높이 36미터. 무게도 무려 550톤으로 추산되었다. 이런 구조

225

물이 무려 89개가 들어가도록 설계가 이루어지고 있었다. 구조물 하나만 문제가 생겨도 5억 원의 제작비가 그냥 날아갈 판이었다.

이처럼 거대한 철골 구조물을 울산조선소에서 만들어 바지선으로 끌고 간다는 것은 20세기의 기준으로는 분명 상식을 초월한 발상이었다. 망망대해를 뗏목으로 헤쳐 가자는 것이나 마찬가지였다. 누가 보아도 무모했다. 89개의 구조물을 바지선으로 운반하려면 적어도 19차례나 실어 날라야 했다. 경쟁에서 탈락한 다른 업체들은 냉소를 보내기에 바빴다.

"정주영이 괜한 객기를 부리다 결국 끝장을 볼 것이다."

회사 내부에서도 반대 목소리밖에 없었으나 그는 부딪쳐 보기로 했다. 경험도 없지 않았다. 지난날 알래스카 허리케인 교량 공사 때가 그런 식이었다. 미국산 철판 원자재를 들여와 부산에서 구조물을 만들었고, 이를 다시 선박에 실어 앵커리지까지 운반했다. 수송비가 많이 들어갔지만 제작비만큼은 국내에 떨어뜨리겠다는 의도였다. 아니, 이번에는 공기를 단축함으로써 공사 이익을 남기기 위해서도 그 방법밖에는 없었다.

정주영의 지시에 따라 1만 마력짜리 터그보트 3척과 대형 바지선 6척이 투입되었다. 드디어 성공을 장담할 수 없는 바닷길 수송작전이 시작됐다.

보험을 들어야 한다는 임원들의 제안마저 뿌리친 채였다. 만약 사고라도 나서 구조물이 바닷속에 빠져 버리기라도 한다면 보험회사에서 대신 만들어 주지도 않을 것이고, 보험금도 시간을 질질 끌다가 지급되기 마련이어서 공사 진행에는 도움이 되지 않을 것이라 판단했다. 수송

주베일 산업항 공사 현장으로 떠나는 100항차 자재선의 출발 모습

실패는 없다

도중 사고가 날 경우에 대비해 바지선이 구조물을 단단히 붙들어 맨 채 바다 위에 떠 있도록 하는 방안을 강구한 것이 전부다.

수송작전은 성공이었다. 바지선이 싱가포르의 말라카 해협을 지나던 도중 다른 화물선과 스치는 바람에 하나의 구조물에서 파이프가 구부러지는 가벼운 사고가 일어났을 뿐이다. 대만 앞바다를 지나다가 태풍을 만나는 바람에 바지선 한 척의 연결고리가 끊어지기도 했으나 근처 해변에 떠밀려 간 것을 찾아오기도 했다.

수송작전 자체가 기상천외였지만 공사도 완벽하게 진행되었다. 울산 조선소에서 자체 제작한 해상 크레인이 제 실력을 발휘했다. 계속 파도가 들이치는 가운데서도 이 거대한 구조물들을 20미터 간격에 맞추어 정확한 지점에 설치했다. 허용 오차는 불과 5센티미터. 마치 코끼리를

주베일 산업항 건설현장에서 공사를 지휘하는 정주영

주베일 산업항 공사 현장

실패는 없다

바늘구멍에 집어넣는 것이나 마찬가지였다. 파도에 흔들리면 손바닥만큼 밀려나는 것이 순식간이었을 텐데도 차질 없이 공사를 마무리했다.

주베일 산업항 공사가 성공리에 끝나자 세계 주요 언론들은 '20세기 최대의 역사'라는 극찬을 쏟아 냈다. 이번에는 진심 어린 칭찬이었다. "이집트에는 피라미드가 있고, 사우디에는 주베일 산업항이 있다"고도 했다.

일본 미쓰비시중공업의 코가 시게카즈古賀繁一 회장이 현장을 방문하고 "내 여든 나이에 이르도록 이러한 대규모의 공사는 아직 본 일이 없다"며 감탄을 아끼지 않았다는 얘기도 전해진다.

이에 대한 정주영의 반응도 보통은 아니었다.

"조물주께서 미처 다 못 끝내고 내버려 두신 나머지 부분을 현대건설이 맡아 정리한 것일 뿐이다."

가볍게 받아넘긴 것이었지만 그의 수준 높은 아포리즘 능력을 확인하게 된다. 사막의 뜨거운 햇볕을 가리려 밀집 벙거지를 쓰고 자주 현장을 방문했던 그다. 무엇보다 현장 근로자들의 땀과 눈물로 이뤄 낸 결과였다. 공사도 공사였거니와 기후에 적응하는 과정 자체가 싸움이었다. 심지어 마실 물이 부족해 양치질을 할 때도 물보다는 콜라를 사용해야 했을 정도다. 이미 바레인 수리조선소 공사 때부터 널리 알려진 일화다. 현대건설의 지난 발자취를 보여 주는 하나의 사례일 것이다.

공사가 진행되는 도중에 현대건설 창립 30주년 기념식도 열렸다. 뜨거운 사막 모래밭에서는 운동 경기도 펼쳐졌다. 축구시합과 배구시합이 열렸고, 줄다리기도 벌어졌다. 한편으로는 눈물겨웠고, 다른 한편으로는 감회가 어린 30주년 행사였다.

주베일 산업항 공사 현장에 세워진
'담담한 마음' 탑

　공사 현장에 '담담한 마음' 탑을 세운 것도 하나의 추억거리다. 정주
영 개인의 생활 좌우명을 근로자들에게도 간직토록 이끈 것이다. 거기
에는 이렇게 씌어 있었다.

　"담담淡淡한 마음을 가집시다. 담담한 마음은 당신을 굳세고 바르고
총명하게 만들 것입니다."

　정주영 스스로의 수련법이 이 '담담한 마음'이었다. 넘치지도 않고 모
자라지도 않는 경지를 추구하는 것이다. '맑을 담淡'이라는 글자의 해석

　　　　　　　　　　　　　　　　　　　실패는 없다

부터 살펴볼 필요가 있다. '불 화火'가 두 개에, '물 수水'가 하나 들어 있는 뜻 자체가 오묘하다. 불처럼 마구 타오르는 성깔을 물로 가라앉히려는 과정에서의 극기력을 말해 주는 듯하다. 그가 한때 집무실에 액자로 걸어 두었던 '달관達觀'이라는 표현과도 일맥상통한다. 이 '담담한 마음'에 대해서는 뒷부분에서 다시 언급하기로 하자.

'담담한 마음' 탑에는 새마을운동을 독려하는 글귀도 나란히 씌어 있었다. 당시 국내에서 새마을운동이 활발하게 추진된 것에 발 맞춰 멀리 사우디아라비아의 사막 한가운데까지 새마을운동을 수출한 셈이다. 근로자들은 새마을노래 가사처럼 날마다 새벽 종소리와 함께 건설 작업에 매달렸다.

이런 노력에 힘입어 1976년 현대건설은 10억 달러 건설 수출탑을 받았고, 현대그룹 전체로는 미국 경제전문지 〈포춘Fortune〉이 뽑은 세계 500대 기업에 처음 이름을 올릴 수 있었다. 정주영의 개인 등급이나 마찬가지였다. 이 등급이 1978년에는 98위로, 다시 이듬해에는 78위로 오른다. 중동 건설사업 덕분에 승승장구하고 있었다.

지금에 와서 다시 그때의 상황을 돌이켜 볼 필요가 있다. 만약 정주영이 중동 시장에 진출하겠다는 각오를 다지지 않았다면 우리 경제는 과연 어떻게 되었을까 하는 궁금증 때문이다. 국가경제는 진작 부도 처리되었을지 모른다. 그 뒤에 이어진 눈부신 경제발전도 아마 우리의 몫은 아니었으리라.

"시대가 영웅을 낳는다"고 하지만 정주영이 있었기에 가능했던 신화神話다.

"소학교밖에 나오지 않아 무모하다"며 손가락질 받던 정주영이 나라

경제를 구했다. 그러나 손가락질을 받을 때도 그는 담담했고, 사업이 성공했을 때도 크게 내색하지 않았다. 거듭된 시련을 겪으면서도 흔들리지 않던 마음가짐 거의 그대로였다.

이른바 '정주영 공법'

서해안 간척지 사업은 해안선 굴곡이 심한 충청남도 안면도의 천수만淺水灣을 가로막아 바다 경계를 일직선으로 바꿔 놓는 작업이었다. 농토를 확장하겠다는 정주영의 의지였다. 민간기업 최초의 간척공사이기도 했다.

중동 건설사업 이후의 탈출구로 마련됐다는 점에서도 그의 통찰력이 돋보인다. 중동 시장이라고 마냥 좋을 수만은 없었기 때문이다.

1979년에 들이닥친 제2차 오일쇼크가 직격탄이었다. 주요 산유국인 이란에 회교혁명이 일어나 석유 수출이 급감함으로써 국제유가가 폭등하고 있었다. 그동안 미국의 지원을 받던 팔레비 왕조가 무너지고 호메이니를 앞세운 회교 원리주의자들이 정권을 장악함으로써 중동 전역에 심상치 않은 기류가 흐르게 된 것이다.

한국 경제에 대한 타격은 KO펀치나 다름없었다. 1977년 대망의 '수출 100억 달러' 돌파가 중동 경기에 힘입은 것이었고, 그 추세가 계속 이어지리라 기대하던 터에 마른하늘에 날벼락이나 마찬가지였다. 신흥 재벌을 상징하던 율산그룹에 이어 원진레이온이 도산한 것이 그때다. 건설업계에서도 부실 징후가 속속 나타나기 시작했다.

서해안 간척지 공사 현장의 정주영

정주영의 현대건설에도 여파가 밀어닥쳤다. 주베일 산업항 공사 이후 사우디에서 라스알가르 항만공사를 수행했고, 쿠웨이트 슈아이바 항만, 두바이 발전소, 바스라 하수처리공사 등에 이르기까지 대형 공사를 연달아 수주하던 기세가 급격히 꺾일 수밖에 없었다.

건설 호황기를 거치며 중동 현장에 투입한 수많은 중장비들이 모래바람에 그대로 녹이 슬 운명이었다. 근로자들을 달리 돌릴 만한 방법도 마땅찮았다.

더욱이 1979년 10월 26일 박정희 대통령의 급서急逝로 정국이 뿌연 안개에 가려짐으로써 모든 분야가 위축되고 있었다. 제2차 오일쇼크 후유증으로, 중화학공업에 대한 과잉투자 여파로 한국 경제는 곤두박질쳤다.

서해안 간척지 공사는 이러한 곤경에서 벗어나려는 자구책으로 시작되었다. 놀고 있는 장비를 동원하는 한편, 근로자들에게는 일자리를 주자는 뜻이었다. 기업가로서 시대를 앞서서 이끈 정주영의 뛰어난 선견지명先見之明을 확인할 수 있는 대목이다.

1982년 4월, B지구 방조제 연결공사가 착공된 데 이어 이듬해 7월에는 A지구의 사업도 시작되었다. A지구 6,458미터, B지구 1,228미터 등 전체 7,686미터의 방조제를 쌓는 공사였다.

문제는 이 간척지 사업에 공사비가 얼마나 들어갈지 짐작조차 할 수 없었다는 사실이다. 채산성 보장도 없었다. 하지만 오래 전부터 꿈꾸던 숙제였다. 어린 시절 화전을 일구고 개천가 돌밭을 개간하면서까지 토지에 대해 애착을 보여 준 아버지의 강인한 정신력을 구현하고 싶었다.

공사는 비교적 순조롭게 진행되었지만 물살의 흐름이 가장 큰 장애 요인이었다. 아침저녁으로 간만干滿의 차가 심했고, 썰물 때는 특히 물살이 거셌다. A지구의 최종 물막이 공사를 앞두고는 더욱 난감할 수밖에 없었다. 방조제 공사 구간이 점차 좁혀질수록 물살의 흐름도 그만큼 거세졌기 때문이다.

이제 A지구 전체 구간 중에서도 마지막으로 270미터 남짓한 구간만을 남겨 놓고 있었다. B지구에서는 4~5톤짜리 바위에 구멍을 뚫어 두어 개씩 묶어 집중 투하하는 방법으로 해결할 수 있었으나, A지구에서는 그런 방식으론 어림도 없었다. 그만큼 유속이 빨랐다. 초속 8미터의 급류는 모든 방해물을 거뜬히 빨아들일 기세였다. 철사로 엮은 돌망태기를 쏟아 부었으나 속수무책이었고 바위 덩어리도 투하되자마자 쓸려 나갔다.

그때 정주영의 머릿속에 문득 떠오른 것이 대형 유조선으로 물살을 막는 것은 어떨까 하는 방안이었다. 마침 울산에 정박해 놓은 '워터베이 호'가 떠오른 것이다. 해체해서 고철로 쓰려고 스웨덴에서 사들여온 폐선박이었다. 그것을 끌어다 막으면 될 것 같았다. 실행 가능성을 검토한 현대 기술진도 성공 가능성이 높다고 결론을 내렸다.

이에 따라 정주영이 직접 유조선에 올라 최종 물막이 공사를 진두지휘하게 된다. 두어 차례의 시도 끝에 거대한 유조선이 비어 있는 방조제 구간을 막아서자 바다로 쏟아지듯 흘러가던 물줄기의 흐름이 순식간에 잠잠해졌다. 그 틈을 타서 바윗돌이 투하되고 흙이 퍼부어졌다. 마침내 서산방조제 물막이 공사가 완공되는 순간이었다.

1984년 2월, 고철 유조선을 이용한 정주영식 물막이 공사는 이렇게 마무리되었다. 고정관념을 깬 성과였다. 이 공법은 그 뒤 미국 〈뉴욕타임스The New York Times〉와 〈뉴스위크Newsweek〉에 자세히 소개되는 등 세계적으로도 커다란 관심을 불러일으켰다. 한때 런던 템즈 강 하류의 방조제 공사를 진행하면서 이 공법이 유력하게 검토되기도 했다. 공사를 수행한 렌들 팔머 & 트라이튼Rendel Palmer & Tritton 사가 타당성을 따져 보는 과정에서 현대건설에 직접 문의해 온 것이다.

이 공법은 간척사업이 빈번한 네덜란드에서 이용하는 방법과도 비교가 된다. 제방공사를 시작하기에 앞서 최종 물막이 위치에 미리 대형 콘크리트 구조물을 설치해 놓는 게 네덜란드 기술진들이 즐겨 쓰는 방법이다. 수문을 뚫어 놓은 거대한 구조물을 설치하고 그 구멍으로 물이 빠져나가도록 유도하며 공사를 진행하다가 방조제가 좁혀지면 마지막으로 구조물 안에 흙을 채워 수문을 막는 식이다.

여기서 정주영이 곧잘 인용하는 '치지격물致知格物'의 참뜻을 이해할 필요가 있다. 제대로 된 지식은 직접 몸으로 부딪쳐 체험으로 얻어지는

이른바 '정주영 공법'이라 불린 폐유조선을 이용한 최종 물막이 공사 모습

실패는 없다

서해안 간척지 공사 현장에서 지휘 중인 정주영

것이며, 그렇게 해야만 지식의 값어치를 제대로 알게 된다는 뜻이다.

"매미는 눈을 알지 못한다苦蟬之不知雪."

이 교훈도 마찬가지다. 여름철에만 살다 가는 매미가 겨울에 내리는 눈에 대해 알 리가 없는 것이다. 사람도 경험하지 않으면 그만큼 지혜가 부족하기 마련이다. 경험에서 직관적인 지혜를 얻는다는 얘기다. 정주영의 식견은 대체로 오랜 체험에서 우러나온 것이었다. 서해안 간척지 물막이 공사가 그것을 말해 준다.

물막이 공사가 끝나고도 공사는 계속 이어졌다. 방조제 내부를 간척하여 농경지로 만드는 작업이었다. 1985년부터 간척사업에 들어가

1995년 준공을 보았다. 방조제 공사의 첫 삽을 뜨기 시작하여 13년이나 걸린 사업이다. 그 결과 4,700만 평의 농토가 새로 생겨났다. 여의도 면적의 48배 넓이라는 점에서도 그 규모를 짐작하게 된다.

그는 1987년 전경련 회장에서 물러나면서도 이 간척사업에 대한 의지를 밝힌 바 있다. 간척사업을 통해 농업을 일구겠다는 뜻이었다. 출입기자들에게 기업가로서 자신의 역할과 앞으로의 계획에 대한 소회를 밝히는 자리였다.

"나는 그동안 현대그룹의 발전을 위해 전력으로 노력해 왔습니다. 이제는 우리 사회나 국가의 발전에 역점을 두겠습니다. 채산이 맞지 않아 다른 분들이 손대지 못하는 일을 채산이 맞게끔 해보겠다는 것입니다. 서산 간척지 사업을 완성해 우리 농업을 완전히 미국식으로 해볼 생각도 갖고 있습니다."

그는 그동안 이룩한 모든 사업적 성과보다 이 간척사업에 대해 더 큰 애착을 보였다. "사회적인 기여도를 따진다면 울산조선소를 첫손에 꼽아야 하겠으나 개인적으로는 서산농장이 가장 마음에 든다"고 말하곤 했다. 농사에 대한 관심이었다. "도시에서 택시를 모는 것보다 농촌에서 트랙터 모는 것이 더 소득이 많은 시대를 열어가겠다"는 것이 그의 다짐이기도 했다.

무엇보다 농토를 가꾸시던 아버지에 대한 기억 때문이었을 것이다. "서산 간척지를 만들어 광활한 농토를 일구면서는 아버님의 넋이 내 몸에 실린 듯한 느낌이었다"고 회고한 것이 그런 뜻이었다.

정주영이 타계한 뒤 미국 〈뉴스위크〉의 평가는 적절했다.

"정주영은 기업가이면서 정치가였고, 외교관이었고, 무엇보다 농부

서산농장의 기계화 추수 작업

였다."

  마음이 착잡하여 답답할 때면 서산농장을 찾아 논두렁길을 걸었던
그의 생각을 꿰뚫어 본 평가였다. 해 질 녘 농촌 마을에서 피어오르는
굴뚝 연기에 위안을 받았던 그다. 마음으로는 다시 어린 시절의 농사꾼
으로 돌아가 있었다. 서산농장은 그에게 포근한 안식처였다.

'현대 제국'을 완성하다

정주영의 기업 영토는 그 뒤에도 계속 늘어난다. 1998년 기아자동차
를 전격 인수함으로써 정점을 이루기까지 이어진 영역확대 작업이다.
이로써 한때 60개가 넘는 계열사를 거느렸으며, 근로자만 해도 무려 20
만 명 이상에 이르렀다. 자신의 생애에 있어서는 모두 80개가 넘는 기
업을 일궈 냈다. 개별 기업마다 현대그룹 울타리 안에서는 물론 국내
산업계에서도 커다란 지각변동을 일으킨 경우가 대부분이다.

건설과 자동차, 중공업을 중심으로 하는 중후장대형重厚長大型 사업

실패는 없다

구조에서 첨단산업을 포함하는 형태로 구조조정을 단행한 것이 이미 1980년대 중반부터다. 금융, 석유화학, 해양유조장비, 반도체 분야까지 영역이 넓혀졌다. 더 나아가 평생의 꿈이었던 대북사업도 시작하게 된다. 가난한 농촌의 가출소년이 이룬 '기업 제국'의 모습이었다. 맨주먹으로 공사판에서 등짐 노동을 하며 이뤄 낸 성과였다.

일찍이 슘페터가 "기업가에 있어 가장 큰 동기 부여는 '개인 제국 private empire'을 건설하려는 꿈과 의지"라고 갈파했듯이 정주영도 자신만의 영토를 개척한 것이다. 〈이코노미스트〉가 그를 나폴레옹과 견준 것이 마찬가지 이유에서였다.

하지만 동기가 부여된다고 해서 누구나 기업활동에서 성공할 수 있는 것은 아니다. 현대 경영학의 창시자인 피터 드러커는 이에 대해 "경영은 머리로 하는 게 아니다. 정 회장은 직관력과 실행력을 갖추고 있다"며 칭찬을 아끼지 않았다. 정주영이 전경련 회장을 맡고 있던 1977년 전경련 초청으로 강연차 서울을 방문해서 직접 평가한 얘기다. 그는 "나도 자신이 있었다면 교수보다는 곧바로 사업에 뛰어들었을 것"이라고 농담 삼아 말하기도 했다. 당시 통역을 맡았던 박정웅이 전하는 내용이다. 정주영이 이미 세계적인 기업인으로 떠오르고 있을 무렵이었으므로 그냥 지나가는 찬사만은 아니었다.

그러나 정주영 스스로의 평가는 인색한 편이다.

"나는 결코 특별한 사람이 아니다. 확고한 신념과 불굴의 노력으로 열심히 살아가는 사람일 뿐이다."

그래도 자신의 업적에 대한 자부심만큼은 숨기지 않았다.

"나는 기업이 할 수 있는 모든 일을 다 해냈다. 경부고속도로가 그러했고, 부산항을 비롯한 항만들이 그러했고, 발전소들이 그러했으며, 오늘날 우리나라 전력의 50%를 공급하면서도 사고 없이 높은 가동률을 내는 원자력발전소도 현대건설의 업적이다. 만약 우리 현대가 그 역할을 하지 않았다면 우리 경제는 최소한 10년에서 20년은 뒤떨어져 있을 것이라고 나는 생각한다."

현대그룹에 대한 자부심, 그중에서도 현대건설에 대한 자부심이었다. "우리 현대는 장사꾼 모임이 아니라 이 나라 발전의 진취적인 선도 역할과 경제 건설의 중추 역할을 사명으로 하는 유능한 인재들의 집단이다"고도 강조했다.

폐허의 잿더미에서도 이러한 결실을 이룬 원동력이 불굴의 개척정신과 온몸을 기꺼이 내던진 열정적인 노력에 있었음은 물론이다. 정주영이 "외국 학자들은 한국의 경제성장을 '한강의 기적'이라고 표현하지만, 나는 경제에는 기적이 있을 수 없다고 생각한다"고 강조한 것이 그런 이유에서였다. 경제성장이 그냥 이뤄진 것이 아니라 바로 진취적인 기상에 비결이 있었다는 뜻이다.

그러면서도 국내보다는 해외시장을 겨냥해 사업을 확대해 나갔던 점을 평가할 필요가 있다. 밖에서 돈을 벌어들여 안에서 풀겠다는 뜻이었다. 국내 건설업체 최초로 해외에 진출한 것을 비롯해 자동차, 조선업이 해외시장 개척에 뜻을 두고 시작되었으며, 낯설기만 하던 중동 건설시장에 뛰어들어서도 막대한 외화를 벌어 들였다. 그때마다 위험을 무릅쓴 도전이었다.

기업 실적을 놓고 자존심을 겨루던 삼성그룹과의 관계에서도 잘못 알려진 측면이 적지 않다. 삼성그룹이 주로 소비재 분야로 사업을 키웠기에 정주영이 서로의 차이점을 부각시키려 했다는 얘기가 있지만, 그렇지는 않다. 오히려 삼성을 높이 평가했다는 얘기가 전해진다.

"삼성이 주로 소비재를 다루긴 했지만 정부의 도움을 거의 받지 않으면서도 국제경쟁력을 지키면서 상품을 국내외에 팔았다. 이병철 회장은 우리나라에서 다시 태어나기 어려운 기업인이다."

그가 사업을 확장해 나가는 과정에서 이병철李秉喆 회장과의 경쟁심이 작용했던 것만은 숨길 수 없는 사실이다. 어느 한때는 마찰과 갈등으로 표출되기도 했지만 기본적으로는 선의의 경쟁이었다. 나라 경제를 앞서서 이끌어간다는 서로의 우월감이 작용했을 것이다. 1980년대 초반의 어느 해인가는 이 회장을 재계 원로들과 함께 청운동 자택으로 초대해 국악을 들으며 설날 맞이 저녁을 즐기기도 했다.

그러나 그 자신도 생애를 통해 이루지 못한 사업이 적지 않았다. 일관제철소 사업이 대표적으로 꼽힌다. 자동차와 중공업이 계열을 이룬 상황에서 일관제철소를 허가받는다면 경쟁력을 극대화할 수 있다는 판단에서 제철소 사업을 추진했건만 끝내 뜻을 이루지 못했다.

그룹 내에 인천제철이 있었지만 고철을 사다가 녹이는 정도였다. 고로高爐를 갖춘 일관제철소가 아니었기에 기본적으로 한계가 있었다. 정주영은 박정희 대통령 말기 정부가 국책사업으로 추진하던 제2제철소(현 광양제철소) 사업에 의욕적으로 뛰어들고도 분루憤淚를 삼켜야만 했다. 맏아들 정몽구 회장에 이르러서야 그 미련이 해소되었다.

신군부에 의한 발전설비 일원화 과정에서 창원중공업을 강제로 빼앗긴 것도 두고두고 쓰라린 기억으로 남았다. 권력에 대한 불신감이 더욱 높아질 수밖에 없었다.

1983년 미술전시회장에서 고 이병철 삼성그룹 회장(좌), 고 박태준 포항제철 회장(우)과 함께

실패는 없다

무엇보다 생전에 금강산 개발사업을 정상궤도에 올려놓지 못한 것이 개인적으로는 가장 큰 회한이었을 것이다. 하지만 남북 교류가 정지되었던 당시 여건에서 대북사업에 진출했다는 자체만으로도 커다란 업적이었다. 거듭된 시련 속에서도 우리 경제계가 뻗어가야 할 방향을 제시하면서 스스로 미래를 향한 선구자 역할을 수행한 점은 높이 평가 받아야 마땅하다.

그리운
금강산

5

1989년 1월 23일, 평양 순안국제공항.

중국 베이징에서 이륙한 조선민항 소속 일류신 62M 기가 활주로에 사뿐히 내려앉은 데 이어 승객들이 차례로 트랩을 내려섰다. 승객이라야 기껏 20명 남짓. 그러나 그 가운데서도 눈에 띄는 일행이 있었다. 차림새부터 어딘지 달랐다. 말투도 달랐다. 베이징을 경유해 평양을 방문하는 남한 사람들이었다.

정주영 현대그룹 명예회장 일행이었다. 박재면朴載冕 현대건설 부사장과 김윤규 플랜트 담당 상무, 그리고 이병규李丙圭 비서실장 등 3명의 핵심 간부가 수행하고 있었다. 정주영이나 수행원들이나 얼굴에 긴장한 빛이 역력했다. 공기가 낯설었기 때문만은 아니었을 것이다.

북한 조국평화통일위원회 위원장 허담許錟의 초청으로 이뤄진 방북 일정이었다. 입국 비자는 사전 조치에 따라 베이징 주재 북한대사관에서 발급됐다.

조평통위 위원장 허담. 이미 1985년 남북정상회담이 물밑에서 논의되는 과정에서 김일성 주석의 특사로 비밀리에 서울을 방문했던 협상의 베테랑이 아니던가. 전두환 대통령을 직접 만나 김일성의 메시지를 전달한 당사자였으니 말이다. 일찍이 외무상으로 활동하던 1972년

그리운 금강산

7·4 공동성명이 성사될 무렵 조평통위 조직이 새로 만들어지면서부터 위원장을 겸임하고 있었다. 북한 노동당 서열로도 네 번째 실력자였다.

이미 그 무렵에는 노태우 정부가 세계무대에서 공개적으로 북방정책을 추진하고 있었다. 88서울올림픽을 성공적으로 치른 자신감이었다. 북한과의 관계에서도 남북 국회회담 예비접촉이 진행되고 있었으며, 그 불과 며칠 전에도 삼성물산, 쌍용, 효성물산 등 3개 업체에 대해 각각 2만 톤씩 모두 6만 톤의 북한 무연탄 반입이 승인됐던 터다.

남북 교류의 역사가 새롭게 열리려던 참이었다.

이러한 시대상에 맞물려 성사된 정주영의 북한 방문이었으니만큼 뭔가 새로운 돌파구가 열릴 것이라는 기대를 주기에 충분했다.

"남북 경제인들의 교류와 금강산 개발 문제를 논의하자."

허담 위원장도 미리 전달한 초청장을 통해 운을 띄워 놓았다. 금강산이 개발된다면 해외 자본을 끌어들여 호텔을 짓고 골프장과 스키장을 건설하는 사안도 논의할 수 있을 터였다.

더욱이 정주영은 6·25 전란으로 국토가 분단된 이래 처음으로 평양을 방문하는 남한 기업인이었다. 경제적 측면에서는 물론 정치적으로도 그의 행보가 지대한 관심을 끌 수밖에 없었다. 그 자신 출국 기자회견에서 "이번 방문은 남북 간 경제협력을 중재하기 위한 목적"이라고 밝히지 않았던가.

가능하다면 서로 협력방안을 논의하는 기구라도 만들었으면 좋겠다는 생각이었다. 굳이 이름을 붙이자면 남북경제협력위원회라고나 할 것인가.

이미 그의 마음속으로는 결심이 서 있었다. 생애 마지막 사업으로 모든 여력을 북한 개발에 쏟으리라는 다짐이었다. 일찍이 토건업에서 시작하여 자동차와 조선, 석유화학, 반도체 등의 분야에 이르기까지 굵직한 업적을 이루었으면서도 북한과의 교류 분야에서는 여전히 미련이 남아 있었다. 자신이 북녘에 고향을 두고 내려온 실향민 처지였기에 미련은 더했다.

북한은 아직 폐쇄사회였고, 따라서 미지의 땅이었다. 탐험가의 도전을 기다리고 있었다. 정주영 스스로 그 역사적 소명召命을 떠맡기로 작정한 것이다. 북한 시장에 진출한다면 경제적으로 막대한 부가가치를 만들어 낼 수 있을 터였다. 또한 굶주리는 북한 주민들에게도 어떤 식으로든 도움이 될 것이라고 생각했다. 장차 남북통일의 지렛대 역할을 할 것이라는 거창한 기대는 오히려 그 다음이었다. 다만, 남보다 빨라야 했다. 그것이 사업가로서 그의 본능적인 직관이었다.

북한과의 사업을 본격 추진한다면 소련 진출도 그리 어렵지 않을 것이었다. 시베리아 지하자원 개발에 대한 남북한의 공동 참여가 하나의 방법으로 떠오르고 있었다. 그 드넓은 벌판 곳곳에 천연가스를 비롯한 각종 지하자원이 널려 있다고 하지 않은가. 그런 점에서는 시베리아도 당연히 미개척지였다.

그때의 북한 방문 직전에 소련을 찾은 것이 바로 그런 뜻에서였다. 베이징을 출발해 비행기를 타고 오면서도 내내 소련 체류 일정이 머리에서 지워지지 않았다. 새해를 맞아 여기저기 인사를 주고받고는 서둘러 모스크바행 비행기에 올랐다. 그렇게 1주일 동안 머물면서 주로 논의한 것이 시베리아 개발사업 문제가 아니던가. 그리고 귀국하자마자 다시 서둘러 방북길에 오른 것이었다.

251

그러나 이러한 생각도 잠시, 트랩을 내려서자 공항청사 옥상의 빨간색 글자판이 선명하게 눈에 들어왔다. '평양'. 그 하나의 표시만으로도 북한 땅에 도착했음을 실감할 수 있었다. 옥상 한가운데에는 김일성 주석의 초상화가 걸려 있었고, 다시 그 오른쪽으로는 'PYONGYANG'이라는 영어 글자판이 서 있었다.

계절적으로 한겨울이었지만 저녁 날씨치고는 그런 대로 포근했다. 손목시계 바늘로는 저녁 7시가 지나가고 있었다. 이미 저녁 어둠이 짙어지기 시작하면서 공항청사에는 조명이 밝혀지고 있었다.

얼마나 기다렸던 북한 방문이던가. 미뤄 둔 부친의 환갑잔치를 하기 위해 고향을 방문했다가 소련군의 눈을 피해 허겁지겁 빠져나와 한탄강을 넘은 것이 벌써 40년도 넘게 흘러간 것이다. 그것이 해방을 맞은 직후인 1945년 9월의 일이다. 그리고 어느덧 자신도 일흔넷의 나이가 되어 있었다.

베이징을 떠난 비행기가 순안공항에 내리기까지 걸린 시간은 불과 1시간 남짓. 그 비행시간이 마치 40년이나 지난 것처럼 느껴진 게 그런 때문이었으리라. 오랜 기억 속의 감회感懷가 슬며시 복받쳤다. 살아생전에 다시는 찾을 수 없을 것이라 여겼던 북녘 땅을 드디어 밟은 것이었다. 눈망울에 물기가 감돌았다. 눈물이 맺힌 것일까. 마침 가느다란 눈발이 허공에 떠돌고 있었다.

공항에는 조평통위 부위원장인 전금철全今哲이 영접차 마중 나와 있었다. 북한적십자회 부위원장인 오문한吳文漢도 함께였다. 1972년의 남북대화 당시 조절위원회 북측 대변인을 지낸 인물이 전금철이다. 그리고 바로 앞서 1988년부터 시작된 남북 국회회담 예비접촉에서 북측 대표단장을 맡은 신분이었다. 정주영 일행을 맞으려고 쟁쟁한 대남^{對南} 전문가들이 총동원된 셈이다.

공항에는 친척들도 마중 나와 있었다. 10년이면 강산도 변한다고 했던가. 하물며 사람들이라고 모습이 그대로일 리는 없었다. 이마에 주름살이 깊이 패여 쪼글쪼글한 모습들이 누가 누구인지 아물아물했다. 하지만 가까이 다가오면서부터 눈물로 범벅을 이루는 얼굴에서 애틋한 마음만은 그대로 전해졌다. 그리고는 인사를 나눌 틈도 없이 서로 부둥켜안고 말았다. '혈육이 정'이란 바로 그런 것일 터였다.

북한 측의 관심도 각별했다. 다음 날 노동당 기관지인 〈로동신문〉과 〈평양신문〉은 정주영 일행의 방문 소식을 공항 도착 사진과 함께 큼지막하게 실었다. 그를 '남조선 동포 기업가'라고 소개하면서 환영의 뜻을 표시했다.

"해외동포들의 조국 방문이 늘어 가는 이때에 정주영 씨가 찾아온 것은 동포애와 인도주의적 입장에서 반가운 일이 아닐 수 없다."

평양에 주재하는 공산 진영의 외국 언론들도 그의 방문을 관심 있게 전했다. 소련의 〈타스통신〉은 "정 명예회장의 방문에 이어 앞으로 다른 남한 기업인들의 평양 방문이 이어질 것"이라는 전망을 내보냈다. 이미 대우그룹 김우중^{金宇中} 회장을 비롯해 몇몇 기업인들이 직간접적으로 방북 의사를 밝히고 있을 때였다. 정주영이 그 테이프를 끊은 것이다.

눈물의 고향 방문

고향은 어릴 적 모습 거의 그대로였다.

강원도 통천군 송전면. 오랜 세월이 흘렀건만 뒷산의 우뚝한 봉우리를 배경으로 하는 아산마을의 산천은 의구했다. 주택개량 사업으로 초가집 지붕마다 기와를 올리기는 했어도 마을의 전체적인 구조는 옛 모습을 고스란히 간직하고 있었다. 마을을 감싼 소나무, 감나무, 뽕나무 숲도 여전했다.

어린 시절, 봄이면 골짜기마다 송홧가루 날리고 여름이면 산꽃들이 피어났다. 개울물을 따라서는 피라미들이 꼬물꼬물 헤엄쳐 다녔다. 겨울에는 한 키도 넘게 수북이 쌓인 눈으로 온 세상이 적막처럼 고요해지는 곳이었다. 가을은 유달리 짧았고, 겨울은 길었다. 그 시절을 떠올리기만 해도 저절로 눈물이 흘러나오지 않았던가.

꿈에도 잊지 못하던 고향이었다. 엎드려 그 흙냄새를 한번 맡을 수만 있다면 원도 한도 없을 거라고 여기던 옛집을 찾아온 것이다. 야트막한 돌담 사이로 달구지나 지나다니던 좁은 길이 자동차가 드나들 수 있도록 제법 넓혀진 정도가 바뀐 모습이었다.

8·15 해방을 맞기에 앞서 그의 형제들은 모두 서울 생활에 합류해 있었다. 학업 문제가 꼬인 탓에 정세영과 정신영이 약간 늦게 올라왔을 뿐이다. 처음에는 현저동에 살다가 다시 돈암동으로 옮겨 한집에서 거주하고 있을 때였다. 그에게는 벌써 몽필, 몽구, 몽근, 경희, 몽우 등 5남매가 태어난 데다 정인영, 정순영 등 결혼한 동생들도 한 지붕 밑에서 살림을 꾸리고 있었다. 굶주리지는 않았어도 아직은 고달픈 도회지 생

254

활이었다.

그 시절, 부친의 진갑잔치를 치른다며 식구들이 다 함께 통천에 내려간 것이 마지막 고향 방문이었다. 1944년 부친이 환갑을 맞았으나 건강이 좋지 않아 미뤄 두었다가 기왕이면 고향에서 친척들과 다 함께 잔치를 치르자고 벼른 집안 행사였다. 그것이 해방을 맞은 직후의 일이다.

그런데 잔치를 끝내고 서울로 올라오는 바로 그때 소련군의 일제 검문이 시작되었다. 일본의 패망과 함께 북한에 진주進駐해 있던 소련군이 본격적으로 지역을 장악하기 시작한 것이다. 38선을 경계로 긴장감이 감돌게 된 것이 불과 사나흘 사이의 변화였다.

그때를 돌이켜 볼 때마다 그는 늘 아찔한 기분이었다. 식구들이 서로 부축하며 한탄강을 허겁지겁 건너지 않았다면 그 자신의 운명도 어떻게 되었을지 장담하기 어려웠을 테니 말이다.

어쨌든, 친척들 사이에 다시 벌어진 잔치는 흥겨웠다.

고향 땅을 밟은 정주영을 환영하는 40년 만의 즉석 잔치였다. 잔치라고 했지만 북엇국 안주를 곁들인 조촐한 술상이 전부였다. 그래도 좌중에는 웃음과 대화가 흘러 넘쳤다. 세상의 어느 잔치보다 풍성했고, 위안이 넘치는 자리였다. 서로 소주잔을 들다가도 왈칵 감회의 눈물이 쏟아지곤 했다. 긴 세월 동안 헤어져 지냈을망정 피붙이의 정은 감출 수가 없었다. 아니, 그래서 오히려 분위기가 더 애틋했을지 모른다.

정주영은 고향 친척들 앞에 서울 가족들의 사진을 펼쳐 보이기도 했다. 그해 새해를 맞아 청운동 집에 며느리, 손주들이 다 같이 모였을 때 찍어 둔 사진이다. 사진을 서로 돌려 보면서도 웃음이 터져 나왔고, 그가 준비해 간 선물 보따리를 풀어놓았을 때도 웃음이 가득 퍼졌다. 손

그리운 금강산

1989년 1월 생가에서 숙모, 조카와 함께한 정주영

목시계를 전달했고, 털 스웨터에 신발과 양말, 스타킹도 나누어 주었다. 이웃들에게도 꽃 그림이 그려진 양산을 고루 선물했다.

정주영은 고향에서 이틀을 보내며 회포를 풀고는 수행원들과 함께 금강산 구경에 나섰다. 북한 방문의 목적이 원래 금강산 사업을 위한 것이었다. 이미 평양에서 조평통위 위원장 허담, 대성은행 이사장 최수길崔壽吉과 만나 금강산 개발 의정서에 도장을 찍은 마당이었다. 북한으로서도 정주영을 초청한 이유가 바로 거기에 있었다.

금강산, 40년 전의 기억

눈부신 설경雪景을 이룬 금강산은 봉우리마다 천하의 절경이었다. 북한 당국이 헬리콥터를 내준 덕분에 구석구석 살펴볼 수 있었다. 외금강에서부터 비로봉과 세존봉, 관음봉, 신계천 계곡, 구룡폭포, 그리고 만물상에 이르기까지 금강산의 모습은 그대로였다. 위에서 내려다보이는 봉우리마다 모두 아기자기하면서도 푸근했다.

"금강산을 마지막으로 구경한 것이 40여 년 전의 일이던가."

눈 덮인 경치를 내려다보며 지나간 기억이 문득 떠올랐다. 해방 직후 현대자동차공업사를 차렸던 시절, 직원들과 함께 금강산 놀이에 나선 적이 있었다. 그때 구룡폭포와 구룡연 주변의 봄 경치를 만끽하지 않았던가. 다른 금강산 관광객들을 위해 길 안내까지 맡았던 것이 유쾌한 기억으로 남아 있었다.

그보다 몇 해 전 경일상회 쌀가게가 문을 닫게 되자 고향에 내려가면

金剛山探勝紀念
九龍淵

현대자동차공업사 시절 직원들과 함께 금강산 구룡연에 오른 정주영(뒷줄 가운데).

서도 금강산을 거쳐 갔다. 가게 간판을 내린 처지에서는 큰맘 먹고 들른 구경길이었다. 아직 일제강점기 말기, 태평양전쟁 와중의 얘기다. 밤 기차를 타고 철원을 거쳐 내금강역에 내린 기억이 마치 엊그제 일처럼 또렷했다. 그렇게 이틀을 묵으면서 만물상 주변을 둘러보았었지….

그때만 해도 정말이지 젊은 시절이었다. 아내 변중석의 들뜬 표정도 기억에 새록새록했다. 정주영은 옆자리에 앉은 이병규 비서실장에게 옛 얘기를 전하면서 스스로도 목소리가 떨리고 있음을 느꼈다.

그 전에도 금강산을 구경한 적이 있었다. 보통학교를 마친 뒤 가출을 감행했을 때다. 원래 목표가 금강산이 아니었는데, 도중에 마주친 엉뚱한 길손의 꼬임에 빠져 방향이 틀어진 것이다. 일자리를 얻어 볼까 해서 따라갔다가 몇 푼의 노잣돈마저 모두 날리고는 끝내 여관방에서도 쫓겨나는 처지가 되지 않았던가. 그때의 기억을 떠올리면서 다시 입가로 웃음이 피식 새나왔다.

그러는 사이 헬기는 어느덧 삼일포 쪽을 향하고 있었다. 예로부터 신선이 내려와 노닐었다는 설화가 전해지는 곳이다. 시중호 위를 지나면서는 푸르게 빛나는 동해 바다가 저만치 눈에 들어왔다. 바다를 끼고 길게 이어진 모래밭과 소나무 숲이 운치를 더해 주는 광경이다. 그 위로 수많은 새떼가 날아들고 있었다. 어린 시절의 환상만은 아니었다.

이곳에 호텔을 짓고 경관만 제대로 꾸민다면 세계적인 휴양 관광지로 만드는 것은 일도 아닐 것이었다. 일찍이 이중환이 《택리지》에서 양양 낙산사와 강릉 경포대, 삼척 죽서루, 울진 망양정, 간성 청간정 등을 포함해 이 일대의 시중대와 삼일포를 묶어 관동팔경이라 이름 붙이지 않았던가. 그중에서도 총석정의 운치가 으뜸일 터다. 수십 개의 육각 돌

259   그리운 금강산

기둥이 깎아지른 듯 바다 한가운데 떨어져 있는 모습부터가 장관이다.

최수길 대성은행 이사장과 교환한 의정서에도 금강산 일대를 관광지로 공동 개발하자는 내용이 명시되어 있었다. 원산 명사십리로부터 총석정, 만물상 주변이 두루 포함되었다. 그가 아시아무역촉진회 고문을 겸하여 북한 대외경제를 관장하는 최고 책임자였기에 앞으로 남은 절차도 술술 풀리리라 생각했다.

"오는 4월께 다시 찾아온다면 해당화가 흐드러지게 피어 있겠지."

서로 의정서를 교환한 만큼 조만간 다시 이곳을 찾는 것은 문제도 아닐 것이었다. 북한 당국은 더욱 적극적이었다. 드디어 북한 개발사업의 물꼬가 열리려는 참이었다. 그렇지 않아도 북한이 재미교포 기업인들과 합작으로 금강산 부근에 관광호텔을 세우기로 약속했다는 얘기가 들려오면서 선수를 빼앗길까 내심 조마조마하던 터였다.

정주영 일행은 이때의 북한 방문을 통해 남포 기계공장과 순천 화학공장, 상원 시멘트공장 등 산업시설도 두루 둘러보았다. 평양에서는 가극단과 서커스 공연도 관람했다. 이렇게 환대를 받는 동안 열엿새로 잡힌 방문 일정이 어느새 모두 지나가고 말았다. 북한의 최고 권력자인 김일성 주석을 만나지 못했다는 점만이 아쉬움으로 남았다. 그는 휴가 중이라고 했다.

그러나 조만간 다시 찾아올 것이므로 그를 만나는 것도 어려운 일은 아닐 것이었다. 앞으로 다시 온다면 베이징을 경유할 것이 아니라 아예 군사분계선을 넘어 바로 오는 것이 더욱 의미가 있을 것이라는 생각도 들었다. 금강산 개발사업이므로 판문점 쪽보다는 동부지구의 군사분계선을 넘는 것이 제격이리라. 평양을 방문하는 경우에도 서해안 항로를 이용한다면 김포공항에서 기껏 30분 남짓이지 않은가. 그는 다시 상념에 빠져들었다.

하지만 서너 달 뒤에 다시 찾겠노라던 평양 방문은 성사되지 못했다. 아니, 결국 성사되기는 했지만 무려 9년의 세월이 흐른 뒤였다. 그만한 기간이 흐르고서야 두 번째 방북이 어렵게 이뤄지리라는 사실을 그때로서는 전혀 내다보지 못했을 뿐이다. 북한 교류를 놓고 서로 주도권을 겨루던 국내의 미묘한 정치 역학 때문이었다. 아직 세월은 그의 편이 아니었다.

바덴바덴에서의 실마리

정주영이 북한 진출을 염두에 두기 시작한 것은 전경련 회장으로서 서울올림픽유치위원장으로 활동할 때부터다. 1981년 당시 유치 설명회를 위해 서독 바덴바덴에 머무르던 기간 중 북한 대표인 김유순金有順 IOC 위원과 마주친 것이 하나의 계기라면 계기였다.

그는 그때 김유순에게 "남한이 올림픽 유치에 성공하면 판문점 주변에 경기장을 건설해서 남북한 선수들이 함께 이용하며 통일운동을 할 수 있도록 하자"고 제의했다. 개인 돈을 들여서라도 대규모 경기장 시설을 만들겠다는 뜻이었다. 호의의 손길을 내밀어 북한의 올림픽 방해 공작을 미연에 막으려는 의도였지만 실제로도 그런 뜻이 없지는 않았다. 이러한 몇 마디만으로도 김유순과 서로 우호적인 감정을 나눠 갖게 되었음은 두말할 것도 없다.

정주영이 자신의 고향이 강원도 통천임을 밝히면서 방북 의사를 넌지시 건넨 것도 바로 그때의 대화에서다.

"생전에 고향에 한번 가보고 싶습니다."

"꼭 그러실 날이 있을 것입니다."

김유순도 맞장구를 쳤으며, 그것이 결국 뒤늦게나마 현실로 이뤄지게 된 셈이다.

이렇게 대화가 이어지던 도중 낌새를 눈치 챈 북한 보안요원이 중간에 끼어들면서 이야기가 중단되고 말았지만, 김유순이 평양에 돌아가서 그의 얘기를 상부에 보고했을 가능성은 충분하다.

어쨌거나, 그가 조평통위 명의로 첫 번째 초청장을 받은 것은 1987년 들어와서의 일이다. 하지만 남북 간에 정치적 계산이 복잡한 상황이어서 방북은 쉽사리 허락되지 않았다. 이듬해 두 번째 초청장을 받았을 때도 마찬가지였다. 1989년의 방북은 세 번째 초청이 비로소 성사된 것이었다.

시기적으로도 노태우 대통령의 '민족자존과 통일번영을 위한 특별선언'이 발표된 직후였다. "남과 북은 분단의 벽을 헐고 모든 부문에 걸쳐 교류를 실현한다"는 것이 그 주요 내용이었다. 서울올림픽이 열리기 직전 화해 제스처로 취해진 7·7 선언이 바로 그것이다.

북한도 이에 상응하여 남북 고위급 정치군사회담을 열자고까지 제의한 상태였다. 그동안의 주장대로 주한미군과 핵무기의 단계적인 철수를 외치고는 있었지만 분위기만큼은 달라진 게 분명했다. 이와 더불어 남북 국회회담 예비접촉이 이뤄지고 있었으며, 1990년 개최되는 베이징 아시안게임에서의 단일팀 구성을 위한 체육회담 논의도 진행되고 있었다.

국제적으로도 동서 진영 화해를 촉구하는 변화의 움직임이 뚜렷할 때였다. 그해 12월에만 해도 예두아르트 셰바르드나제Eduardo Shevardnadze 소련 외무장관이 평양을 방문한 자리에서 북한 지도부에 대해 개방적인 정책을 주문했다는 얘기가 외신 보도를 통해 전해졌다. 1980년대 후반에 접어들면서 동서 냉전체제의 붕괴 움직임이 가속화하고 있을 무렵이었다.

그렇다고 정주영의 방북 협상이 쉽지는 않았다.

요시다 다케시吉田猛. 일본 기업인으로서 정주영의 첫 방북에 북한 측과 다리를 놓은 배후 인물이다. '신닛폰新日本산업'이라는 회사의 대표 직함으로 북한을 오가며 무역 중개업을 하는 사람이었다. 북한에서 수산물을 받다 일본에 파는 대신 잡화류를 북한에 조달한다는 정도만 알려졌을 뿐이다.

그는 원래 한국계로서 일본에 귀화하여 북한과 조총련계 기업의 연락책으로 활동하던 인물이다. 그의 아버지 김봉룡金奉龍으로부터 북한 고위층과의 연결망을 물려받은 것으로 알려진다. 그의 아버지가 젊어서부터 조총련으로 내려가는 김일성의 심부름을 도맡을 만큼 신임을 받았다는 것이다. 하지만 그것도 소문뿐이지 공개적으로 확인된 사실은 아니다.

어쨌든, 요시다가 북한 정권과 밀접히 통하는 사이였던 것만은 확실하다. 그가 일본 정치인들의 방북 교섭은 물론 남북한 정권의 비밀접촉 창구로 이용되곤 했으니 말이다. 정주영의 방북 협상과정이 여전히 그늘에 가려져 정치적으로 논란을 빚는 이유도 바로 거기에 있다.

그러나 북한 방문을 마치고 돌아온 이후 후속작업이 제대로 진행되지 못했다는 것이 정주영으로서는 더 답답한 일이었다. 그것도 북한 측 사정보다는 우리 내부의 문제 때문이었다.

그때 정주영을 수행해 평양을 방문했던 이병규 비서실장(현 〈문화일보〉 회장)의 증언이다.

"북측과는 그해 4월 말쯤 다시 금강산과 평양을 방문하기로 약속이 되어 있었다. 그것도 중국을 거쳐서가 아니라 직접 동해안의 고성 쪽 분계선을 육로로 넘어간다는 데까지 합의를 보았다. 정 명예회장께서는 금강산을 개발한다는 기대로 부풀어 있었다."

이렇게 4월 말로 방북 시기를 잡은 것은 김일성의 생일인 태양절(4월 15일)을 일단 넘기고 보자는 뜻이었다. 그 전에는 북한 당국이 생일 준비로 무척 분주할 것이라 여겼기 때문이다. 더구나 군사분계선을 통과한다는 약속까지 이뤄짐으로써 우리 민족이 하나로 나아가는 출발의 상징으로 삼기에도 충분했다.

하지만 북한과의 이러한 약속도 소용이 없었다. 다시 방북 신청을 했으나 우리 정부의 승인이 떨어지질 않았다. 정주영의 북한 교섭 결과를 접한 정부가 속도 조절의 필요성을 느낀 것이다. 좀더 정확히 말하자면, 그에게 쏠리는 관심을 억제하려는 의도였다. 이른바 '북방정책'을 시작하면서 처음부터 정주영에게 모든 공로가 넘겨지는 상황만큼은 피하려 했다는 얘기다.

더구나 그 직전에 열린 '5공 청문회' 장면을 되돌아본다면 그런 배경을 약간은 이해할 수 있다. 청문회가 열린 것이 1988년 11월. 다른 것은 제쳐 놓더라도 정주영이 증인으로 출석해 전임 대통령인 전두환을 조목조목 비난한 것은 노태우 대통령으로서도 마음이 쓰일 수밖에 없었을 듯하다. 대북사업을 크게 열어 줌으로써 공연히 호랑이를 키울 필요가 없다고 생각했음직하다.

정주영이 북한을 다시 방문하겠다는 4월은 그렇게 지나가고 말았다. 그리고 그해 6월, 남북 교류를 실질적으로 지원한다는 취지에서 정부의 '남북 교류협력에 관한 지침'이 발표되었건만, 이미 정주영의 대북사업과는 상관 없는 일이었다. 그 혼자 속만 태우고 있었을 뿐이다.

우회로였던 모스크바

정주영이 그때의 북한 방문 직전에 소련 땅을 밟았던 자체가 경제계를 흥분시키는 뉴스였다. 1989년 새해 들어서의 일이다. 모스크바 상공회의소 초청으로 이뤄진 방문이었다. 아직 한국과 소련의 외교관계가 수립되지 않았을 때였기에 더욱 눈길을 끌었다.

이때 정주영의 모스크바 방문을 계기로 민간 기업계 사이에 한·소 경제협력위원회가 발족되어 기업인들의 상호 방문길이 열리게 되었다. 이로써 한국과 소련의 경제접촉이 표면화되었고, 결과적으로 양국 수교가 앞당겨진 측면이 있다.

한국의 최호중崔浩中 외무장관과 소련의 셰바르드나제 외무장관이 뉴욕 유엔본부에서 회담을 갖고 양국 간 국교정상화에 합의한 것이 이듬해 9월의 일이다.

"한국과 소련의 정치·경제 관계를 여는 데는 정주영 회장이 누구보다 많은 역할을 했다."

당시 〈LA타임스Los Angeles Times〉를 비롯한 외신들의 평가였다. 양국의 수교 방침이 발표된 직후의 정주영의 모스크바 방문은 더욱 주목의 대상이었다.

정주영이 고르바초프 대통령과 직접 만나 양국 경제협력 방안에 대해 논의를 주고받은 것이 1990년 11월. 한국 기업인으로는 처음으로 성사된 크렘린 대통령궁 방문이었다. 이때 40여 분 동안 진행된 면담을 통해 정주영은 시베리아와 연해주 개발계획을 제의했고, 고르바초프는 나홋카 경제특구 운영에 대한 현대그룹의 지원을 요청했다. 이명박 현대건설 사장이 배석한 자리였다. 이러한 협상 내용은 소련의 〈타스통신〉을 통해서도 자세하게 보도되었다.

정주영으로서는 소련 자체도 중요했지만 그것이 또한 북한 우회로를 뚫는 방법이었다. 시베리아 천연가스를 개발해 북한을 거쳐 파이프라인으로 남한에 공급하겠다는 구상을 갖고 있었던 것이다.

"머지않아 남북한과 소련이 한솥밥을 지어 먹게 될 것이다."

고르바초프가 이때의 면담에서 이렇게 언급한 것도 그런 의미였다. 그 뒤 실제로 진행된 사업을 보면 단순히 지나가는 덕담치레만은 아니었다.

현대그룹은 극동지역에서 석탄채굴 사업을 진행했고, 칼미크 남부지역에서는 석유탐사 작업을 벌였다. 진작부터 이뤄진 해외 자원개발 사업이었다. 그러나 소련의 경제 사정으로 인해 블라디보스토크에 현대호텔을 완공하는 정도로 소련 사업은 매듭지어진다. 시베리아 스베틀라야 지역에서의 벌목사업도 일대 삼림에 서식하는 흑룡강 호랑이의

266

멸종위기 논란이 주민들의 반대로 이어져 도중에 중단되고 말았다.

출장길에 추위를 달래려고 보드카로 목을 축이며 의욕을 보였던 것치고 만족스러운 결과는 아니었다. 경제적 요인을 떠나서도 공산당과 비밀경찰인 KGB의 눈치를 살펴야 하는 체제의 한계를 극복하기 어려웠던 것이다.

그렇지만 고르바초프 대통령과의 인간적인 교류는 그 뒤로도 상당 기간 이어졌다. 정주영은 그를 초청해 함께 식사를 하기도 했다. 고르바초프는 세계 사회주의권을 대표하는 입장이면서도 자본주의를 앞서서 실행하는 현대에 대한 찬사와 함께 술잔을 부딪치면서 러시아 민요가락을 읊어대곤 했다.

"노동자를 위해 일자리를 마련하고, 노동자를 위해 집을 짓고, 노동자를 위해 물품을 생산하는 현대에 찬사를 보낸다."

노동자를 위한다는 명목을 붙이긴 했지만 정주영 개인에 대한 칭송이었다. 고르바초프가 서울에 올 때마다 통역을 맡았던 당시 이인호 서울대 교수가 전하는 내용이다. 이 교수는 그 뒤 러시아 대사를 거쳐 현재 KBS 이사장을 맡고 있다.

하지만 그 뒤로도 정주영의 머릿속에는 소련과 북한을 연계한 계획들이 맴돌고 있었다. 시베리아와 사할린에 북한과 공동 진출하는 방식으로 천연가스와 소금, 코크스를 개발하는 것은 물론, 북한에서 합작투자로 생산한 상품을 소련에 내다판다는 식이었다. 소련이 생필품을 포함한 일반 소비재 부족으로 어려움에 처해 있을 때였다.

시베리아 횡단철도의 연결 방안도 계획에 포함되어 있었다. 시베리아 철도를 곧바로 남한까지 연결한다는 원대한 꿈을 품었던 것이다. 서울을 출발해 평양을 거쳐 유럽 대륙까지 이어지는 거대한 철도망을 갖춘다는 구상이었다. 그렇게 된다면 동남아 말라카 해협과 인도양, 수에즈 운하와 지중해를 거쳐 바닷길로 한 달 가까이 걸리는 운송시간을 열흘 안팎으로 줄일 수 있을 터였다. 이러한 철도망은 아래쪽으로는 부산을 통해 일본까지 이어지게 된다.

"블라디보스토크에서 만주, 북한과 남한, 그리고 일본 열도를 잇는 번영의 고리가 완성되면 21세기의 경제문제를 해결하는 길이 크게 열릴 것으로 확신한다."

그가 그 무렵 일본 〈닛케이산교日經産業〉와의 인터뷰에서 밝힌 것도 그런 구상을 염두에 두었다는 증거다.

이와는 별도로, 정주영은 평양에서 신의주까지 고속도로를 뚫겠다는 복안도 갖고 있었다. 기존 2차선 도로로는 아무래도 통행에 지장이 많았다. 이를 10차선 규모로 확장하겠다는 것이었으니 북한의 교통 및 물류 시스템의 대변혁을 예고하는 계획이었다. 평양에서 원산까지도 마찬가지였다. 결국 서울에서 북한 전역을 탄탄대로로 연결한다는 뜻이었다.

정주영에게는 몇 대의 불도저만으로도 충분한 작업이었다. 아예 처음부터 산허리를 뚫어 다리를 놓고 고속도로를 건설하는 방식으로 대륙으로 진출하자는 의도였다. 중장비를 앞세운 현대판 영웅의 돌관 방식이었다. 그 스스로 '생각하는 불도저'라고 말하고 있었다.

늦어진 소떼몰이 방북

소떼몰이 방북이 실현되기까지 그의 북한 방문 시도는 끈질겼다. 한 편으로는 애처로울 정도였다. 더구나 1992년의 대통령 선거 출마로 미 운털이 박힌 뒤끝이었다.

대기업 총수로는 처음으로 북한 돕기 성금을 대한적십자사에 기탁한 것이 하나의 사례다. 1997년 6월, 북한 동포들에게 식량을 보내 달라며 강영훈姜英勳 적십자사 총재에게 5억 원을 전달했다. 현대그룹 창립 50 돌 기념행사 비용을 절감함으로써 마련한 기탁금이었다. 그에 앞서서 는 추석 기간을 틈타 고향을 방문하겠다며 통일원에 방북 신청서를 제 출하기도 했다.

이미 통일국민당 후보로 대선에 출마했을 때부터 북한 접촉 카드를 내세우고 있었다. 자기 자신 고향을 북한에 두고 떠나 온 처지에서 나 름대로의 득표 전략이었다. 그 가운데서도 환갑을 넘긴 실향민 노인들 에게 조속히 고향 방문을 성사시켜 주겠다는 공약이 대표적으로 꼽힌 다. 그러나 본의와는 관계없이 설익은 공약이 되고 말았다. 자신의 방북 만 해도 1998년에 이르러서야 겨우 성사되었으니 말이다.

더욱이 김일성 주석의 사망도 불확실한 장애 요인으로 작용한다. 1994년 7월, 김일성이 82세에 심근경색으로 타계함으로써 당시 김영 삼 대통령과의 사이에 추진되던 정상회담 움직임이 졸지에 무산된 것 은 물론 남북관계도 순식간에 얼어붙게 되었다. 여기에 홍수와 가뭄이 반복되는 바람에 북한의 식량난은 극심한 상황에 이르렀고, 권력을 이 어받은 김정일 정권의 순항 여부조차 장담하기 어려운 사정이었다.

그리운 금강산

이런 가운데서도 북한 진출에 대한 그의 의지에는 흔들림이 없었다. 그는 금강산 사업을 통해 북한의 문호 개방을 유도함으로써 서로 자유롭게 오가는 시대를 꿈꾸고 있었다. 그중에서도 경제가 먼저였다. 그렇게 마련된 통로를 따라 다른 분야가 뒤따라가다 보면 결국 정치적인 통일도 저절로 이뤄질 수 있을 것으로 내다보고 있었던 것이다. 북한이 빗장을 닫아걸고 철옹성 같이 버티던 시절이었으므로 당장 통일을 이룰 수는 없다 하더라도 적어도 그 바탕만큼은 마련할 수 있을 터였다.

그것이 소박하나마 정주영의 머릿속에 자리 잡고 있던 '통일 경제론'이다. 그런 구상이 김대중 정부의 햇볕정책과 결합하면서 비로소 본격적인 대북사업으로 구체화된 것이었다. 대선 패배로 인한 자숙기를 거친 터라 대북사업은 더욱 공격적으로 전개될 수밖에 없었다.

그가 소떼몰이 방북을 실현하고 나서 이듬해 현대그룹 사장단 신년 하례회에서 언급한 얘기에도 그런 긍지가 물씬 느껴졌다. 자랑스럽고도 뿌듯했을 것이다.

"금강산 관광사업을 실현하여 국민들에게 통일에 대한 희망과 함께 남북이 처한 경제난을 극복할 수 있는 길을 제시한 것은 오직 우리 현대만이 할 수 있는 일입니다."

그렇다면 어째서 북한 개발의 첫 과제가 금강산 사업으로 정해졌을까. 거기에도 전략적인 이유가 있었다. 무엇보다 평양과 멀리 떨어져 있으므로 설사 금강산 주변이 개방된다고 해도 북한 정권은 그다지 위협으로 여기지 않을 것이었기 때문이다. 달러 벌이에도 도움이 될 터이므로 북한 지도부로서는 하등 반대할 이유가 없다는 게 정주영의 판단이었다. 더 나아가 자신의 고향이었으므로 추진 명분으로도 그럴 듯했다.

결국 이렇게 밀어붙인 끝에 정주영은 소떼몰이 방북을 성사시킨 데 이어 김정일 위원장으로부터 금강산 사업권을 따내는 데 성공한다. "금강산 사업은 다른 기업과 나누지 말고 정주영 회장께서 모두 추진하시기 바란다"는 허락을 얻어 낸 것이다. 소떼몰이 2차 방북 때인 1998년 10월의 얘기다.

금강산 개발 외에도 서해안 유전 공동탐사, 평양 화력발전소 건설 등의 협력방안이 논의되었다. 북한 노동력을 활용해 제3국 건설시장에 공동 진출하는 방안과 평양 실내종합체육관 건설에 대해 합의가 이뤄진 것도 이때다.

그렇다고 금강산 개발사업이 단순히 구상과 의지만으로 추진할 성질의 것은 아니었다. 구체적인 실행 방안이 필요했다. 군사분계선을 중심으로 군인들이 서로 대치한 육로로는 통행이 어림도 없었다. 활주로도 갖춰지지 않은 상태에서 비행기로는 더더욱 어려운 일이었다. 결국 속초나 동해에서 바닷길로 가는 방법뿐이었다. 현대상선 회장이던 정몽헌이 제시한 방안이다. 금강산 관광사업은 일찌감치 그의 관할로 정리되어 있었던 것이다.

정주영은 맏아들인 정몽구에게도 마땅한 사업을 찾아 주려고 했다. 북한에서 자동차 조립이나 철도차량 사업을 벌이는 것도 괜찮을 것 같다는 생각이 들었다. 원산 철도차량 공장에 기술을 제공하고 북한 노동력을 이용해 제품을 생산하는 방안이었다. 그러나 이러한 계획들이 단계적으로 추진되는 과정에서 아직 북한 여건이 제대로 갖춰지지 않았다는 최종 판단에 이르게 된다. 결국 금강산 관광으로 초점이 모이기까지의 과정이다.

그리운 금강산

소떼몰이 당시의 방북 교섭도 쉽지만은 않았다. 한때는 '옥수수 박사'로 널리 알려진 김순권金順權을 통해 북한과의 접촉을 시도하기도 했다. 북한의 식량난 해결을 위해 옥수수 종자를 보급한다는 취지로 김순권이 북한을 자주 드나들던 때였다. 그를 통해 현대그룹이 금강산 관광사업과 서해 석유 시추사업을 맡고 싶다며 북한 지도부의 의사를 타진한 것이다.

정주영은 자신의 고향인 통천에 살던 고모의 안부도 알아봐 달라며 김순권에게 부탁했다. 고모는 아버지의 6남 1녀 자매 가운데 막내로 그와는 네 살밖에 차이가 나지 않았다. 고모와 조카이면서도 마치 오누이처럼 가깝게 지낸 사이였다. 자녀가 많은 다산多産 집안에서는 흔한 광경이었다.

정주영은 김순권을 통해 북한 당국이 자신의 의사를 받아들일 경우 전적으로 개발사업에 매달리겠다고 약속했다. 하지만 신통한 답변이 돌아오지를 않았다. 그의 진정성이 제대로 전달되지 않은 탓이었으리라. 이미 1989년 방북 당시 그와 협상을 주고받던 북한 지도부 인사들은 거의 바뀌어 있었다.

결국 〈아사히신문朝日新聞〉 서울지국장을 지낸 고바야시 게이지小林慶二와 조총련계 인물인 요시다 다케시 접촉선이 다시 동원되었다. 고바야시는 현역 기자 시절 김용순 조선아태평화위원회 위원장과 대화 통로를 갖고 있었다. 하지만 이미 몇 년의 세월이 지났고, 그 자신도 언론계를 떠나 큐슈국제대학 교수로 재직할 때여서 과거의 친분관계가 거의 퇴색한 뒤였다.

그에 비해서 요시다 다케시는 아직 건재해 있었다. 1989년에 이뤄진 정주영의 첫 방북 주선에 관여했던 배후 인물이다. 북한을 드나들며 무역 중개업을 하던 그가 한국계 핏줄로서 아버지 때부터 김일성과 연결고리를 유지하는 관계였음은 앞에서 설명한 바와 같다.

하지만 이때의 막후 접촉에 있어서는 아직도 상당 부분이 베일에 가려 있다. 비사秘史로 남아 있다는 얘기다. 요시다가 그때 정주영의 대북 사업을 성사시키는 동시에 김대중 대통령과 김정일 위원장 사이의 정상회담 실현에도 밀접히 관여한 것으로 알려져 있기 때문이다. 무엇보다 거액의 성금이 북측에 전달됐다는 게 문제다.

요시다의 북한 중개 역할에 대해서는 일본 내에서도 논란을 빚은 바 있다. 그가 일본 정치인들의 방북 교섭에 다리를 놓은 바 있으면서도 실제로는 북한 공작원이 아니냐는 의혹이 제기된 것이다. 요시다는 이러한 의혹 제기에 대해 2005년 명예훼손을 이유로 소송을 제기함으로써 도쿄지방재판소에까지 오르게 된다. 현재 일본 언론에서 요시다의 과거 행적에 대한 흔적을 거의 찾아볼 수 없게 된 것도 그때의 소송이 요시다의 승소로 마무리된 결과일 것이다. 이에 대한 내막을 밝히는 작업은 차후의 과제로 남겨 놓기로 하자.

정주영이 금강산 관광사업을 시작한 사연을 두고도 뒷말이 이어진다. 고향에 두고 온 첫사랑을 못 잊어 늘그막에나마 그녀를 찾으려고 금강산 사업을 벌이게 됐다는 '로맨스 그레이' 스토리가 그것이다. 풋풋했던 애송이 시절 신문을 읽으려고 틈틈이 드나들던 송전면 이장집 딸이 그 주인공이라는 얘기다. 금강산 사업이 한창 진행되던 도중 조평통위를 통해 슬며시 그녀의 행방을 찾아 나섰으나 바로 몇 년 전에 세상을 등졌기에 안타까움만 남기고 말았다고도 한다. 정주영의 북한 방문에 수행했던 이익치가 〈시사저널〉과의 인터뷰를 통해 밝힌 뒷얘기다.

하지만 더 근본적인 문제는 금강산 사업이 중대 기로에 부딪칠 만큼 예기치 못한 돌발사태가 연이어 기다리고 있었다는 점이다. 남북관계가 순탄치 못했기 때문이다. 그러한 상황까지 미처 내다보지 못했다는 것이 정주영의 실책이라면 실책이다. 아니, 그의 순수한 동기에 비해 남북의 정치 현실은 또 다른 이해관계를 반영할 수밖에 없었던 탓이다.

그런 가운데서도 이미 금강산 관광은 눈앞에 시작되고 있었다.

금강호의 첫 출항

1998년 11월 18일, 동해항.

현대 금강호金剛號가 뱃고동을 울리며 서서히 항구를 벗어나고 있었다. 오후 5시가 지난 저녁 무렵이었건만 겨울의 바닷바람은 쌀쌀하면서도 시원했다. 드디어 유람선이 금강산 관광 첫 출항에 나선 것이다. 2만 8천 톤급. 그쯤이면 유람선으로는 결코 작지 않은 규모였다.

파도를 헤치면서 바다로 나아가는 여객선의 장도를 기원하며 하늘에는 색색의 축하 풍선이 떠워졌다. 풍선처럼 마음이 부푼 것은 승선한 관광객들 모두 마찬가지였을 것이다. 삼천리강산에 태어난 백성이라면 누구라도 한 번쯤 금강산 구경을 꿈꾸기 마련이 아닌가. '겨레의 영산靈山'으로 간주되는 금강산이다. 더욱이 분단 50여 년 만에 처음으로 실현된 북한 관광이었다.

그중에서도 특히 실향민 승객은 누구라도 가슴 아픈 사연을 간직하

1998년 11월 18일, 금강산을 향해 첫 출항하는 현대 금강호

그리운 금강산

고 있었을 터다. 한반도에서 그때나 지금이나 똑같이 현재진행형인 것이 분단의 비극이다. 38선 이북에 살다가 어려서 가족들과 헤어진 사람들, 홀로 떠나와 북녘을 그리다가 돌아가신 부모님…. 서로 사연은 다를지언정 생각만으로도 눈물을 글썽이기 마련이다. 그 회한을 씻으려고 떠나는 유람길이었다.

항구를 벗어난 금강호가 공해상으로 나가기도 전에 선내의 공연무대는 벌써 여흥으로 들뜬 분위기였다. 전속 러시아 무용단의 공연에 이어 인기가수들이 차례로 등장함으로써 분위기를 한껏 고조시키고 있었다. 현대가家의 일원으로 관광단에 합류한 정몽구 회장도 기꺼이 마이크를 잡았다.

"한많은 대동강아/ 변함없이 잘 있느냐/ 모란봉아 을밀대야/ 네 모양이 그립구나."

그의 애창곡에 승객들은 박수를 치면서도 또다시 손수건으로 눈가를 훔쳐야 했다.

정주영도 앞자리에 앉아 공연을 지켜보며 지난 저녁의 전야제 장면을 떠올리고 있었다. 동해항 터미널 앞에서 열린 축하공연 도중 폭죽 불꽃이 밤하늘을 화려하게 수놓는 모습으로 금강산 관광이 실현됐음을 비로소 실감할 수 있었다. 소떼를 몰고 판문점 군사분계선을 넘은 이래 불과 다섯 달 만에 이뤄 낸 결실이었다. 감회가 새로웠다.

앞으로는 정말이지 남은 모든 힘을 북한 개발에 쏟으리라 했다. 태국과 베트남, 중동의 사막과 알래스카 빙판까지 돌아다니며 사업을 키워 왔지만, 정작 눈앞의 북한에 대해서는 손을 댈 수가 없었다. 그러다가 이제 겨우 첫 관문이 열린 것이다. 금강호 말고도 봉래호蓬萊號가 투입되

276

어 이틀 간격으로 번갈아 금강산 관광객을 실어 나르도록 되어 있었다.

그러나 돌아보면 우여곡절의 연속이었다.

유람선의 기항 항구가 장전항으로 정해지는 과정부터가 그러했다. 원산항은 너무 떨어져 있었고, 금강산에서 가장 가까운 고저항은 조그 만 어항이어서 대형 선박의 접안이 어려웠다. 대형 크루즈 선박을 대려 면 어차피 장전항밖에는 선택의 여지가 없었다. 하지만 북한 해군의 잠 수함 기지였기에 군부가 호락호락 응할 리 없었다.

결국 김정일 위원장이 나선 끝에 군부의 반대를 물리치면서 문제가 해결되긴 했어도 접안시설 공사기간이 너무 촉박했다. 현대건설 기술 진이 특유의 돌관공사로 매달리지 않았다면 금강호의 첫 출항도 미뤄 졌을 공산이 크다. 이처럼 금강산 관광은 첫 출발부터가 진통이었다.

한 가지 더 마음이 쓰이는 게 있었다. 그해 6월, 소떼몰이 방북으로 평양을 방문하고 판문점을 넘어 귀환했으나 공교롭게도 그 하루 전날 북한 잠수정의 동해안 침투사건이 벌어지지 않았는가. 잠수정이 꽁치 잡이 그물에 걸려 표류하고 있었다는 자체가 웃지 못할 코미디였지만 9명의 탑승원들이 집단 자살한 채 발견됐다는 사실이 마음에 걸렸다. 금강산 관광이 실현되고 있는데도 분단 현실의 비극은 엄연히 이어지 고 있던 것이다.

그러나 이제는 모든 것이 해결되지 않았는가. 일단 테이프를 끊었으 니만큼 최대한 차질 없이 이끌어가면 될 터였다. 정주영은 잠수정 침투 사건의 기억을 지우기 위해서도 옥류봉 능선을 올라가는 자신의 모습 을 애써 떠올렸다. 여동생 정희영도 같은 테이블에 앉아 관광증 목걸이 에 넣어 둔 어머니 한성실 여사의 사진을 매만지며 오빠의 사업 성공을 기원하고 있었다.

밤바다는 벌써 칠흑같이 어두워진 뒤였다. 그 어둠 속에 축하 공연의 노랫소리를 여운으로 남기며 금강호는 자꾸 넓은 바다로 나아가고 있었다. 유람선 꼬리 쪽으로는 포말이 하얗게 부서지고 있었다. 그러나 동해상에 폭풍주의보가 내려진 때문이었을까. 맞바람으로 부딪쳐 오는 풍랑은 거세기만 했다.

평양의 '정주영 체육관'

1999년 9월, 평양 목란관.

외국 원수급을 대접하는 북한의 국빈용 연회장인 이곳에서 정주영 명예회장 일행을 위한 만찬이 열리고 있었다. 북한의 나라꽃이 목란木蘭이라 했던가. 이름에서부터 연회장의 품격을 말해 주는 듯했다. 목란의 꽃 색깔을 따라 벽과 천장, 바닥이 모두 흰색으로 꾸며진 것부터가 특징적이다.

이날 만찬은 김용순 조선아태평화위원회 위원장 주재로 열리는 것이었다. 평양 실내체육관 착공식을 겸해 열린 남북통일 농구대회에 참석한 현대 선수단 인솔대표들을 환영하는 자리였다. 남측에서는 정주영 외에도 정몽헌 회장과 김윤규 현대아산 사장, 이종완李鍾完 대한농구협회 회장, 신선우辛善宇 감독 등이 참석하였다.

"김정일 장군님께서 여러분을 잘 배려하라고 했습니다."

김용순 위원장의 만찬 환영사부터가 달랐다. 주어진 체류 일정이 빡

빡하니 하루 이틀 더 묵으면서 단군릉과 묘향산도 구경하도록 하라고 직접 지시를 받았다는 것이다. 북한으로서는 최대의 배려였다. 만찬 음식도 융숭했다. 북한 최고의 악단으로 꼽히는 왕재산 경음악단까지 공연에 등장한 터다.

이러한 분위기는 금강산 관광으로 무르익어 가는 남북 협력의 기류를 그대로 반영하고 있었다. 이날도 현대 남녀농구팀과 북한 팀과의 한바탕 교환경기가 이뤄진 마당이다. 만찬 분위기는 금방 흥겨워졌다.

정주영도 만찬이 진행되는 도중 악단의 반주에 맞춰 '고향의 봄'을 불렀다. 북한의 신세대 공훈배우 렴청이 한 곡조 선사한 데 대한 답례이기도 했다.

"나의 살던 고향은 꽃피는 산골/ 복숭아꽃 살구꽃 아기 진달래/
울긋불긋 꽃대궐 차리인 동네/ 그 속에서 놀던 때가 그립습니다."

그가 노래를 부르는 동안 다른 참석자들도 일어나서 따라 불렀다. 김용순은 어깨동무를 청하기도 했다. 노래를 부르는 동안만큼은 모두가 한마음이었다.

사실, 정주영 일행이 북한을 방문하는 기간에 이렇게 여흥이 마련된다 해도 마음 놓고 부를 수 있는 노래가 별로 없었다. 이날 저녁처럼 '고향이 봄' 아니면 '아리랑'이었다. 남한에서 유행하는 다른 흥겨운 노래를 불렀다가는 공연히 북한 지도부의 비위를 거스르기 십상이었다. 아니, '고향의 봄'이나 '아리랑'만으로도 서로의 마음이 통하는 최고의 노래였다.

농구선수단에 대한 대접도 각별했다. 선수단 숙소로 제공된 고려호텔 자체가 북한에서는 최상의 특급호텔로 꼽히는 곳이었다. 평양 학생

남북화해에 이바지한 정주영의 공로를 기리고자 명명된 평양 '정주영 체육관'

소년궁전에서 선수단을 위한 특별공연이 열렸으며, 체육관 착공식에 이어서는 북한 국립민족예술단의 민요 공연도 선보였다.

평양 실내체육관. 보통강변의 류경호텔 옆에 위치해 있으며, 뒤에 '정주영 체육관'으로 정식 명명되는 체육관이다. 남북화해 노력에 이바지한 그의 공로를 기린다는 뜻이었다. 이 체육관이 착공된 것이 바로 그때였다.

이처럼 금강산 관광사업을 시작으로 여러 분야에 걸쳐 현대의 북한 투자사업이 진행되고 있었다. 평양지역의 통신사업이 계획되고 있었으며, 강원도 고성군에 비닐하우스 농장을 만들어 금강산 사업소에 식자재를 납품한다는 공동영농 계획도 추진되고 있었다. 서해안공단 계획도 점차 구체화되던 무렵이었다. 평양 교예단의 서울 초청공연도 이루어졌다.

그중에서도 정주영의 가장 큰 관심은 역시 금강산 관광에 있었다. 그해 여름 현대건설의 신입사원 수련대회가 금강산에서 열린 것이 그의 관심을 말해 준다. 수련대회 장소가 강릉 경포대 해수욕장에서 서산농장을 거쳐 해금강 말머리 해수욕장으로 바뀐 것이었다. 정주영도 이 수련대회에 직접 참가해 신입사원들을 격려했다.

그리운 금강산

휴전선으로 가로막혀 있을지언정 금강산이 그렇게 멀리 떨어져 있는 곳은 아니다. 지도로만 보아도 지척이다. 금강산에서 관광객을 태우고 다니는 관광버스에서는 강릉방송국의 프로그램이 안테나에 잡힐 정도다. 관광객들이 지나가는 논둑길 저쪽 먼발치에서는 북한 어린이들이 고사리 손을 흔들며 반갑다는 뜻을 표시하기도 했다. 하등 어려울 게 없어 보이는 남북 교류였다.

하지만 그게 아니었다. 금강산 관광은 그 무렵에도 이미 여러 차례의 힘겨운 고비를 넘고 있었다. 어깨동무를 하듯이 순조롭게 진행되는 듯하면서도 느닷없이 암초에 걸리곤 했으며, 암초에서 겨우 벗어났다 싶으면 거친 풍랑이 기다리는 식이었다.

북한 환경감시원에게 귀순공작을 했다는 이유로 남한 관광객이 억류됨으로써 관광 일정이 한동안 중단됐는가 하면, 현대상선 소속 컨테이너선이 멀리 인도양에서 북한 화물선과 충돌해 화물선이 침몰하는 얄궂은 사고까지 겹치게 된다. 북한 당국이 이에 대한 보상 문제를 거론하며 금강산 관광선의 입항을 거부하는 사태로 확대되기도 했으니, 저마다 악재였다.

특히 1999년 6월 서해에서 남북 해군 간에 벌어진 교전사태가 가장 심각했다. 북방한계선NLL을 침범해 들어온 북한 경비정이 먼저 우리 해군 함정에 포격을 가함으로써 일어난 돌발사태였다. 정주영의 소떼몰이 방북 1주년을 앞두고 대대적인 기념행사를 준비하던 현대 측으로서는 더욱 난감한 일이었다.

더 나아가 새벽 산책에 나선 관광객이 북한 초소병의 총격을 받아 목숨을 잃는 사태까지 꼬리를 물고 이어지게 된다. 결국 금강산 관광이 발목을 잡힐 수밖에 없었던 일련의 배경이다. 그러나 안개가 걷히고 순식간에 항로가 열리듯 금강산 관광이 재개되어 남북 교류의 중요한 초석을 다지게 될 날이 조만간 다가올 것으로 기대한다.

개성공단을 따내다

정주영은 금강산 관광에 이어 개성공단 사업까지 따내게 된다.

원래 해주에 2천만 평 규모로 개발키로 했던 서해안 공단이 막판에 개성으로 위치가 변경된 것이었다. 북측의 토지와 인력에 남측이 자본과 기술을 제공함으로써 남북 교류협력의 새로운 장을 열게 된 역사적인 사업이다. 금강산 관광이 중단된 상태에서도 개성공단 사업은 여전히 진행되고 있다는 점에서도 의미가 작지 않다.

남측 기업들은 값싼 노동력을 이용하는 게 장점이고, 북측에서는 빈 땅을 제공하는 대가로 달러를 벌어들일 수 있다는 이점이 서로 맞아떨어진 결과다. 그나마 명맥을 유지하던 북한 의류산업이 소련 붕괴의 여파로 심각한 타격을 받은 처지였기에 북한 당국으로서도 외화벌이가 절실할 때였다.

서해안 공단의 협상 과정에서도 우여곡절이 따랐다.

북한 측은 원래 신의주 공단의 개발을 현대에 맡기려고 했다. 신의주가 중국과 국경을 접하고 있어 인력을 구하기 쉽고 물품 반출도 쉬울 것이라는 판단 때문이었다. 그것이 김정일 위원장의 구상이었다. 조선 아태평화위원회를 통해 이런 뜻이 벌써 정주영에게 전달되어 있었다.

그리운 금강산

그러나 정주영의 생각은 그게 아니었다. 신의주가 아니라 해주나 개성이었다. 남쪽에서 원자재를 들여다 공단에서 완제품을 만드는 것으로 끝나는 게 아니었기 때문이다. 다시 인천이나 부산 항구를 통해 제3국으로 수출하는 게 정답이었다. 공단에서 만드는 제품이 어차피 중국산과 겹치는 품목이 많을 것이라는 점에서 중국과 지리적으로 가깝다는 사실이 장점이 될 수는 없었다. 오히려 장애 요인이었다.

원자재와 완제품의 원활한 운반을 위해서도 지리적으로 남쪽과 가까울수록 유리할 것이었다. 공단 가동에 전력이 적잖이 소요될 것이라는 점에서도 마찬가지였다. 북한의 전력 사정이 순조롭지 않았으므로 어차피 남쪽에서 전력을 끌어다 써야 했다. 그런 점에서는 같은 인접지이면서도 해주보다는 개성이 훨씬 더 유리했다. 막판에 공단 후보지가 개성으로 낙착되기까지의 논의 과정이다.

그것이 정주영이 2000년 6월의 방북에서 김정일 국방위원장으로부터 받은 마지막 선물이었다. 김대중 대통령과 김정일 사이의 남북정상회담이 이루어진 직후의 일이다. 정주영으로서도 그것이 생애 마지막이 되고 만 평양 방문이었다.

마침 그 다음 달 블라디미르 푸틴 러시아 대통령이 북한을 방문할 것으로 예정된 터여서 남북관계가 더욱 관심을 끌던 때였다. 북한과 러시아와의 경제협력 관계도 중요한 관심사였다. 정주영과의 면담 자리에서 이에 대한 김정일의 언급이 전해진다.

"제가 처녀입니다. 정 회장과 푸틴 대통령 사이에서 고민하다가 정 회장 선생에게 드리기로 작정했습니다."

러시아보다는 현대 쪽에 더 경제 교류의 무게를 두고 싶다는 의사 표시렸을 것이다.

이처럼 김정일은 정주영에게 스스럼이 없었다. 연장자로서 깍듯한 예의를 보이면서도 자신의 속마음을 털어놓는 데 망설이지를 않았다. 원래 권력자의 과시성향이라는 게 그런 것이기도 했거니와 특히 정주영에 대해서는 인간적인 신뢰감을 느꼈던 것이 아닌가 여겨진다.

김정일이 정주영에게 "북한 주민들이 나를 좋아하지 않는 것 같다"며 고심을 드러냈다는 얘기에서도 그것을 알 수 있다. "미국 사람과 남한 사람이 돌팔매 하는 옆에서 북한 주민들도 나에게 돌을 던지는 꿈을 꾸기도 한다"는 얘기도 꺼냈다.

정주영의 아들로서 한나라당 대표까지 지낸 정몽준이 언젠가 자신의 트위터에 올린 글을 통해 밝힌 내용이다. 김정일이 "내가 가는 데마다 주민들이 나와서 환영해 주지만 사실 주민들이 나를 좋아하지 않는다는 것을 잘 알고 있다"고 정주영에게 말했다는 것이다.

하지만 두 사람 사이의 인간적인 호불호를 떠나 남북 경제협력 사업이 정치적 돌발변수에 크게 좌우될 수밖에 없다는 것이 처음부터 주어진 한계였다. 그러한 거래관계에서 문제점이 터질 때마다 어차피 현대가 손해를 볼 수밖에 없는 구조이기도 했다.

더구나 정주영의 진정성보다는 그것을 이용하려는 김정일의 속셈이 한 수 높았다. 정주영이 진작 그런 사실을 꿰뚫어 보지 못했을 뿐이다. 당시 김대중 정부도 정주영의 대북사업 의지에 편승해 햇볕정책의 단기적 성과를 높이려 했다는 지적을 비켜갈 수는 없을 것이다.

한편 정주영은 생전에 여덟 번이나 북한을 방문했으며, 그중 세 차례에 걸쳐 김정일과 만났다.

'통일 경제'를 위하여

금강산 개발을 통한 남북관계 개선에 깊은 관심을 가졌다는 점에서는 정주영을 '통일 운동가'라고 불러도 좋을 것 같다. "남북통일을 이루면 한국은 세계 속에서도 빛나는 별이 될 수 있을 것"이라는 게 정주영의 평소 지론이었다.

그만큼 현대의 남북 교류사업은 분단 이래 역대 정부에서 간헐적으로 추진한 어느 교류사업보다 양적으로, 질적으로 압도적이라 할 만했다. 특히 금강산 관광은 분단 반세기 만에 남한 국민들이 상시적으로 북한 땅을 밟을 수 있도록 허가를 받았다는 점에서 각별한 의미를 지닌다. 남북 교류의 분수령을 이루는 역사적인 쾌거였다.

그렇다고 그가 거창한 의미의 통일론까지 거론하려 한 것은 아니다. 정주영이 얘기하려 했던 남북 교류의 모습은 단순하다. 피붙이 간에 죽었는지 살았는지만이라도 확인할 수 있어야 한다는 것이다. 살아 있다면 서로 왕래를 터야 할 것이고, 그것이 어렵다면 편지라도 교환하도록 허용해야 하지 않느냐는 것이다.

"북한 사람들도 모두 김씨, 이씨, 박씨인데 서로 만나지 못할 이유가 어디 있느냐?"

그는 되묻곤 했다. 실향민의 입장으로서도 당연한 질문이었다. 그동안 정치인들에게만 남북 문제를 맡겨 놓았기에 교류가 잘 이뤄지지 못했다는 게 그의 진단이었다. "정치인들이 '통일비용'을 먼저 계산하느라 교류에 소극적이고 오히려 부정적이기까지 하다"는 내심의 불만이었다. 통일 비용을 떠나서도 정치적인 이해타산을 앞세운 측면이 다분했다.

그런 점에서도 민간 교류가 먼저 확대돼야 한다고 그는 생각했다. 받아들이는 북한의 입장에서도 큰 부담을 느끼지 않을 터였다. 경우에 따라 명분과 구실을 붙이기 쉬운 게 민간 분야이기 때문이다. 스포츠나 문화, 관광 분야가 거기에 해당된다. 경제 교류도 한몫을 차지함은 물론일 것이다. 북한이 추진하는 수출자유지역이나 국제관광시설 개발에 참여하는 것도 하나의 방법이라고 그는 생각했다.

그중에서도 개성공단 사업이 본보기다. 북한 근로자들에게도 도움이 되지만 남측 기업들에게도 도움이 되는 사업이다.

물론 개성공단 사업이 빛을 본 것은 그의 사후 일이다. 1단계 착공식이 열린 것이 그가 타계하고 2년이 지난 2003년 6월의 일이며, 또 그 이듬해 12월에 이르러서야 개성공단의 첫 제품이 선보인 것이다. 그의 생전에 김정일 위원장을 만나 설득한 노력이 결실을 보고 있는 셈이다.

정주영이 2000년 6월 방북을 준비하면서 다시 소떼몰이 방북을 계획했다는 사실도 되돌아볼 필요가 있다. 첫 번째 때 그대로 500마리를 몰고 간다는 생각이었다. '20세기 최후의 전위예술'이라던 소떼몰이를 재현함으로써 김대중 대통령과 김정일 위원장 사이의 남북정상회담을 축하하고 남북 교류사업의 새로운 전기로 삼으려던 뜻이었다.

하지만 사정이 안팎으로 여의치 않았다. 건강도 자꾸 쇠잔해지고 있었다. 소떼몰이는 일단 다음 기회로 미루기로 했고, 수행원들만으로 방북팀이 짜여졌다. 결국 그때의 방북이 마지막이 될 것이라고는 본인도 미처 내다보지 못한 것이다.

정주영은 그때의 방북에서 돌아와 시름시름 앓다가 이듬해인 2001

년 3월 21일 봄바람을 타고 하늘로 날아갔다. 그의 영혼은 군사분계선을 넘어 북한의 아산마을로 날아갔을까. 남북 교류의 업적을 기려 그에게 만해평화상과 DMZ평화상이 수여된 것은 그 뒤의 일이다. 금강산 관광을 열었다는 사실만으로도 역사에 남을 만하다. 그의 업적은 앞으로도 길이 기억될 것이다.

국가를 위해,
사회를 위해

6

정주영은 기업가로서의 활동 외에 사회적으로도 여러 공적을 남겼다. 앞서 살펴본 남북 교류뿐만 아니라 체육 분야와 언론, 교육 분야에도 기여했다. 국가와 사회를 위한 봉사의 궤적이 그의 생애를 통해 두루 나타난다.

그중에서도 전경련 회장으로서의 업적을 빼놓을 수 없다. 지금껏 대한상공회의소, 한국무역협회, 경영자총협회, 중소기업중앙회 등과 함께 우리 경제계를 움직여 온 5대 단체 중 하나가 전경련이다. 정주영은 경제 도약기에 그 회장을 맡아 선진국들과의 치열한 각축전 속에서 우리 경제가 나아갈 방향을 제시하는 구심점 역할을 수행했다. 회장 자리에 앉은 기간도 무려 10년에 이른다.

1977년 2월, 남산 타워호텔.

전경련 정기총회를 겸해 신임 정주영 회장의 취임식이 열리고 있었다. 역대 제13대 회장. 경방 회장으로서 그동안 전경련을 이끌었던 김용완金容完 전임 회장이 건강상 문제로 사의를 표명한 데 따른 후속 조치였다. 일찌감치 1966년부터 회장직을 맡아 온 입장에서 나이도 벌써 일흔 중반에 이르고 있었기에 스스로 사의를 표명한 것이다.

"우리 경제계는 경제구조의 개방체제 이행에 대비해 국제경쟁력 강

국가를 위해, 사회를 위해

화를 위한 산업체질 개선에 역점을 두어야 하겠습니다. 정부 시책에 따라 산업과 국방 등 모든 분야에서 맡은 역할을 성실히 수행함으로써 1980년대의 200억 달러 수출 목표를 달성하는 데도 총력을 기울여야 할 것입니다."

정주영은 여러 선후배 기업인들 앞에서 결연한 목소리로 취임사를 읽어 나갔다.

세계적인 경제개방 추세에 맞춰 민간경제가 자율성을 강화하는 방향으로 나아가야 한다는 필요성을 강조하였다. 그 자체가 국제경쟁력을 높이는 방법이었다. 그래야만 산업체질도 강화될 수 있고, 갈수록 치열해지는 기업경쟁 환경에서 살아남을 수 있다는 인식에서였다. 재계를 대표하는 전경련의 새 수장으로서 당연한 언급이기도 했다.

그해 정부가 설정한 100억 달러 수출 목표를 위해 경제계가 한층 활발하게 움직이던 때였다. 박정희 대통령의 주도 이래 경제개발계획이 집중 추진됨으로써 1인당 국민총생산GNP 1천 달러 달성을 목전에 두고 있었다. 지금 기준으로 따진다면 초라한 목표였지만 그나마도 혼신의 노력을 기울이지 않는다면 쉽게 이룰 수 있는 성과가 아니었다. 전경련의 역할이 어느 때보다 중요하게 간주되던 시기였다.

이날 정기총회에서 정주영이 신임 회장으로 뽑힌 것은 사전 논의에 따른 것이었다. 정부가 제4차 5개년 개발계획을 통해 기술혁신으로 자력성장 구조를 확립해 나가려는 시점에서 그가 후임자로서 가장 적격이라는 내부 중론이 모아졌다. 그동안 추진해 온 기간산업 확충과 중화학공업 분야에서 가장 확실한 선두주자였다.

현대그룹이 이미 소양강댐과 경부고속도로 건설, 국산 포니자동차

개발, 중동 건설시장 진출로 재계에서 든든한 위치에 올라 있을 때였다. 전임 회장들에 비해서도 경제계에서의 비중을 인정받을 만했다. 그의 전임으로는 이병철 초대 회장을 비롯해, 이정림李庭林(2~3대), 김용완(4~5대), 홍재선洪在善(6~8대)에 이어 다시 김용완(9~12대)이 자리를 거쳐 갔다.

이날 정기총회가 열리기에 앞서 소집된 회장단 모임에서 정주영을 적극 천거한 사람은 김용주金龍周 전방 회장이었다. 일찍이 참의원으로 민주당 원내총무까지 지낸 그는 전경련 부설 경영자총협회의 초대 회장과 생산성본부 회장을 겸하고 있었다. 지금 새누리당 대표인 김무성金武星 의원의 부친이다.

회장 교체에 따라 부회장단도 일부 개편됐다. 주요한朱耀翰 능률협회장을 비롯해 조우동趙又同 제일모직 사장, 조중훈趙重勳 한진그룹 회장, 구자경具滋暻 럭키금성그룹 회장, 김종희金鍾喜 한국화약그룹 회장, 김한수金翰壽 한일합섬 사장, 원용석元容奭 혜인중기 사장 등 7명이 부회장으로 선임되었다. 전임 김용완 회장은 명예회장으로 추대되었다.

이로써 전경련의 '정주영 시대'가 열린 것이다.

전경련은 5·16 직후 '경제재건촉진회'라는 이름으로 발족하여 지금처럼 명칭을 바꾼 민간단체이지만, 정부가 정책을 입안하는 과정에서 역할이 적지 않았다. 출범 직후 군정 당국이 시멘트, 제철, 비료 등 10개 기간산업 분야의 육성계획안을 작성하는 과정에서 기본 구상을 제시했으며, 울산공업단지와 구로공단 계획을 건의해 실현을 보기도 했다. 1972년의 8·3 사채동결 조치도 전경련의 건의가 그 단초였다. 그 역할에서도 가히 재계의 총본산이라 부를 만했다.

국가를 위해, 사회를 위해

당시 문제라면 정치적 불안정으로 인해 사회적으로도 동요가 일고 있었다는 점이다. 박정희 대통령의 장기집권에 따른 부작용이었다. 대학과 언론계, 종교계 곳곳에서 불만이 터져 나올수록 정권 차원에서 엄중한 단속이 가해졌다. 미국 등과의 국제관계도 껄끄러운 상황이었다.

그럴수록 경제계만이라도 중심을 잡아야 한다는 게 전경련 지도부를 중심으로 하는 재계의 일치된 분위기였다. 정주영 체제의 전경련에 맡겨진 임무였다. 그에게 새로운 도전 과제가 기다리고 있었다.

전경련의 '정주영 시대'

경제계로서는 우리 경제의 역동성을 국제무대에서 어떻게 발휘하느냐 하는 것이 가장 중요한 현안이었다. 경제가 발전하려면 좋든 싫든 해외로 뻗어 나가야만 했다. 현대건설이 태국과 베트남에서 시작해 호주, 말레이시아를 거쳐 중동까지 진출해 있던 상황에서 특히 정주영에게는 피부로 느껴질 수밖에 없는 과제였다. '수출 입국'을 이루기 위해서는 정부와 기업이 따로 있을 수가 없었다.

따라서 일단 대외접촉을 늘리는 방향에서 전경련의 영역 확대를 꾀해야 한다는 게 정주영을 포함한 전경련 지도부의 판단이었다. 세계 각국을 상대로 하는 경제 교류에서 한국에 대한 투자를 유도하고 무역과 기술 교류를 증진하려면 각국 경제단체와의 접촉을 활성화하는 것이 급선무였다.

민간 주도의 경제활동을 펼쳐나가기 위해서도 경제인들이 적극 나서

1980년 전경련 회의를 주재 중인 정주영

서 한국을 널리 알릴 필요가 있었다. 기업인들이 외국에 나가 유력자들을 다방면으로 만나야 할 뿐 아니라 그들을 불러들여서도 우리 경제의 발전상을 보여줘야 한다고 그는 생각했다. 그런 분위기에서 한국 경제에 대한 신뢰가 정착되고 경제협력도 자연스럽게 이뤄질 수 있을 것이었다.

정주영이 전경련 회장 취임 직후부터 덴마크와의 민간경협위원회 합동회의를 개최한 데 이어 핀란드, 노르웨이, 스웨덴과도 모임을 확대하기에 이른 것이 그런 뜻이었다. 이미 전임 김용완 회장 때부터 추진한 계획이었지만 더욱 적극적으로 진행했다.

그때마다 전경련의 중진 회원사 대표들로 구성된 사절단이 동원되었다. 한·덴마크 경협위원회의 경우 조석래趙錫來 효성물산 사장이 한국

국가를 위해, 사회를 위해

측 회장을 맡았으며, 한·노르웨이 경협위원회와 한·핀란드 위원회는 남궁련南宮鍊이 회장을 맡았다. 전경련으로서 북유럽 국가들과는 모두 처음 시도하는 경제협력 모임이었다. 이들 국가들과의 연계를 통해 동구권 진출 방안을 모색한다는 포석이 깔려 있었지만, 그 자체만으로도 의미는 충분했다.

정주영 자신이 1974년 한·영 경제협력위원회가 처음 발족하면서 한국 측 위원장을 맡고 있었다. 현대조선소를 설립하는 과정에서 A&P 애플도어를 비롯해 스코트 리스고우 조선소, 바클레이즈은행 등 영국 경제계와 밀접한 관계를 맺었다는 점에서 적임자로 꼽힌 것이다. 영국 측에서는 로타프린트 그룹의 제프리 니콜스Geoffrey Nichols 회장이 상대역을 맡았다.

그 자신 한·영 경제협력위원회 위원장을 맡아 영국과의 경제 교류에 상당한 노력을 기울였다. 사위인 정희영을 런던본부장으로 오랫동안 근무케 한 것만 봐도 그런 의중이 확인된다. 정주영이 1977년 대영제국 훈장Honorary CBE을 받게 된 것도 이러한 경제협력의 공로를 인정받았기 때문이다.

그는 더 나아가 1976년 사우디 주베일 산업항 공사를 맡은 인연으로 한·아랍 친선협회 회장을 맡았으며, 전경련 회장에 오른 이후인 1979년에도 한·아프리카 친선협회 회장으로서의 직함을 추가한다. 그해 직접 사절단을 이끌고 인도를 거쳐 나이지리아 방문에 나서기도 했다. 경제협력도 협력이지만 정부를 대신하여 비동맹국들과의 관계 개선을 꾀하자는 의미도 작지 않았다.

경제계가 외교사절단으로서의 역할까지 겸하고 있었다. 민간 경제외교 활동으로 한국 경제발전의 일익을 담당한 것이다. 한·불 경제협력 위원회는 조중훈 한진그룹 회장이, 한·독 협력위원회는 구자경 럭키금 성그룹 회장이 이끌고 있었다. 이러한 교류관계가 몇 년 뒤 서울올림픽 유치활동 과정에서 적잖은 도움이 될 줄은 그때는 미처 깨닫지 못하고 있었을 따름이다.

전경련은 일본과의 경협 관계에서도 활발하게 움직였다.

1979년 들어 제1회 한·일 최고경영자 세미나를 개최했으며, 일본 재계를 대표하는 게이단렌經團連과의 경제협력회의를 정례화하기에 이른다. 도시바東芝전기의 도코 도시오土光敏夫 회장이 일본 측 회장직에 있을 때였다. 양국 사이의 구조적인 무역 불균형 문제가 중요한 논의 사항으로 제기되곤 했다.

정주영은 도코 회장을 무척이나 좋아했다. 기껏 10평 남짓한 주택에서 검소하게 생활하면서 강직한 성품을 잃지 않았기 때문이다. 그는 일본 정계의 케케묵은 '요정 정치'의 폐단을 지적하며 정치권 인사들과의 저녁 회식자리를 극구 사양한 주인공이었다. 언젠가 영국 엘리자베스 여왕이 일본을 방문했을 때 히로히토 일왕 주재로 열린 환영 만찬에도 참석을 거부했을 정도다.

그 뒤로도 게이단렌 회장단과의 교류는 밀접하게 이어졌다. 정주영은 도코 회장의 후임자인 이나야마 요시히로稻山嘉寬 회장과도 가까이 지냈다. 세계 최대의 제철회사인 신닛테츠新日鐵를 탄생시킨 주역인 그는 "전후 일본을 일으킨 것은 경제인 100명의 힘이었다"며 기업가 정신을 강조한 인물이었다. 정주영은 서울올림픽 당시 게이단렌 부회장이던 히라이와 가이시平岩外西를 초청해서 직접 경기장을 안내하기도 했다.

　　　　　　　　　　　　　　　　국가를 위해, 사회를 위해

이러한 노력에 힘입어 전경련이 주도하는 민간 경제협력위원회는 기존의 미국과 영국, 프랑스, 독일, 이탈리아 등에 덧붙여 10여 개국으로 확대되기에 이른다. 스위스, 호주 기업계와의 대화 통로가 개설된 것도 이즈음의 일이다.

전경련회관의 방공포대

그러나 국가적으로 가장 중점을 두어야 하는 미국과의 외교관계가 자꾸 악화된다는 사실이 경제계로서도 크나큰 부담이었다. 1977년 미국 대통령에 취임한 지미 카터가 인권외교와 주한미군 철수를 내세워 박정희 정부와 대립각을 세우고 있었다.

여기에 '박동선朴東宣 게이트'가 확대된 데다 중앙정보부장을 지낸 김형욱金炯旭이 미국 의회에 나가 박정희 정권의 폐부를 쑤셔 대는 사태까지 벌어지고 있었다. 미국 정보당국이 청와대를 도청했다는 소문도 그냥 넘길 일은 아니었다. 이에 대해 박정희도 미국의 압력에 맞서 우리 나름대로 독자적인 중장거리 유도탄 개발과 핵개발 추진 움직임까지 보여 주던 터였다.

이렇듯 양국의 외교관계가 최악으로 치달으면서 경제 분야도 덩달아 타격을 받을 수밖에 없는 상황이었다. 투자 유치 분위기는 얼어붙었고, 수출 실적도 악화되는 등 양국 관계가 갈수록 수렁으로 빠져들었다. 한반도 정세의 위기는 경제활동에 치명적이었다.

전경련으로서는 미국의 석학들을 초청해서 강연회를 개최하는 것이 그나마의 성의 표시였다. 1977년 10월 살아 있는 '경영학의 전설' 피터 드러커 박사를 초청했으며, 이듬해 9월에는 자유주의 경제학의 태두泰斗인 하이에크Friedrich Hayek 박사를 초청했다. 초청 교섭을 통해 미국 여론을 움직이는 요로와의 관계를 유지하자는 뜻이었다. 그런 목적을 떠나서 강연회 자체만으로도 평가할 만했다.

양국 관계는 YH 사건과 관련하여 김영삼金泳三 신민당 총재에 대한 의원직 박탈사태를 계기로 중대 고비를 맞았다. 워싱턴 당국은 이에 대한 항의 표시로 글라이스틴William Gleysteen Jr. 대사를 본국으로 소환하는 단계까지 이른다. 한·미 관계에서 앞날을 예측할 수 없는 격동기였다.

정주영으로서도 안팎으로 바쁠 수밖에 없었던 시기다. 현대그룹 사업이 중요했지만 전경련 업무도 소홀히 할 수는 없었다. 국가경제가 갈림길에 놓여 있을 때였다. 출입기자들과 매주 한 번씩 간담회를 갖고 두루 의견을 청취하는 것도 중요한 업무였다. 전경련회관의 지하 식당이 오찬간담회 단골 장소였다.

그 무렵, 박정희 대통령에 대해서도 그의 인간적인 신뢰감은 여전했지만, 한편으로는 애증이 교차하고 있었다. 정주영이라고 돌아가는 정치 상황에 대한 개인적 판단이 없지 않았을 것이다. 그의 아들 정몽준도 당시 정주영의 심사를 소개한 바 있다. 그가 쓴 《나의 도전, 나의 열정》에서 밝힌 얘기다.

"아버님께서는 '국민들은 열심히 일하고 있는데 나는 독재의 도구가 된 게 아니냐'며 고민하셨다."

정주영이 뒷날 대통령 선거에 나서 역대 대통령을 평가했을 때의 얘기도 비슷하다. 박정희 대통령에 대해 찬사를 아끼지 않으면서도 비판적 평가를 공개적으로 내린 것이다.

"오늘날 우리 경제를 이 정도까지 끌어올린 것은 누가 무슨 말을 하든 그분의 업적이며 그 업적에 경의를 표하지 않을 수 없다. 그러나 3선 개헌과 10월 유신으로 흠집을 남긴 데 대해서는 유감스럽다."

한편, 전경련 회장 직책을 맡은 그에게 주어진 가장 긴급한 임무 가운데 하나가 전경련회관 건립 문제였다. 전경련이 재계의 총본산이라고 자부하면서도 독자적인 건물도 없이 종로 삼일빌딩에서 더부살이로 살림을 꾸려갈 때였다. 회장실은 28층에 자리 잡고 있었다. 1977년 10월 정일권丁一權 국회의장을 비롯한 각계 인사들이 참석한 가운데 여의도에서 전경련회관 기공식이 개최된 것이 그러한 필요성을 받아들인 결과였다.

전경련회관을 짓는 과정에서도 기억할 만한 얘기가 전해진다.

현대건설 주도로 작업에 들어가 설계를 끝마친 것까지는 좋았으나 20층 높이로 설계되었다는 게 뒤늦게 문제가 된다. 회관이 완공될 경우 당시 국회 옥상에 배치된 수도경비사령부 방공포대의 시야를 가리게 됨으로써 유사시에 적절한 대응이 어렵다는 사실이 걸림돌로 지적된 것이다. 따라서 최대 12층까지만 허락하겠다는 것이 군 당국의 방침이었다. 방공포대가 배치된 국회 옥상 높이가 그 기준이었다.

이렇게 되자 전경련 사무국 내부에서는 오히려 은근히 반기는 듯한 분위기도 없지 않았다. 비록 층수는 낮아지더라도 그만큼 건설비를 덜 들이고도 회관을 마련할 수 있을 것이었기 때문이다. 미리 건설비가 확보된 것도 아니고 어차피 회원사들을 대상으로 거둬들여야 하는 사정이었다. 그만큼 아쉬운 소리를 덜 해도 될 터였다.

"그동안 안 되는 쪽으로 궁리들 많이 했구먼."

사무국으로부터 보고를 받은 정주영이 퉁명스럽게 내뱉은 한마디였다. 가능한 방향으로 추진하는 대신 군 당국의 입장만을 반영해서 안 된다는 쪽으로 보고를 받았으니 내심 마땅치 않았을 것이다.

결국 정주영이 밀어붙인 끝에 전경련회관은 원래 계획에 따라 20층 높이로 지어진다. 해법은 간단했다. 국회 옥상에 있던 수도경비사령부 방공포대를 전경련회관 옥상으로 옮기도록 한다는 조건이었다. 방공포대로서도 더 넓은 시야가 확보됨으로써 불만이 있을 리가 없었다. 고정관념을 벗어나려는 정주영 특유의 긍정적인 사고방식이 빛을 발한 또 하나의 사례로 꼽힌다.

날짜가 바뀐 휘호석

1979년, 대한민국으로서는 위기의 시기였다. 박정희 대통령 시해사건과 그에 이어진 12·12 사태 등으로 한치 앞을 내다볼 수 없는 정치적 혼란이 계속됐다. 정주영으로서는 그해 초 전경련 회장으로서 첫 임기를 마치고 연임을 이룬 때였다.

가뜩이나 중동에서 불어 온 제2차 오일쇼크의 여파로 우리 경제가 깊은 진흙탕 속으로 빠져들고 있었다. 경제개발계획 초기의 역동적인 분위기가 주춤거리는 모습이었다. 그렇지 않아도 이미 급속한 경제성장에 따른 부작용으로 물가상승과 부동산 투기 등의 문제가 국가적인 애로 요인으로 등장하던 무렵이었다.

국가를 위해, 사회를 위해

정치 불안정으로 인한 여파는 그보다 더 심각했다. 전두환, 노태우를 중심으로 하는 신군부 세력이 권력을 장악한 가운데 민주화를 요구하는 전국적인 시위사태로 사회는 격동의 상태에 처해 있었다. 그 과정에서 광주민주화운동이 벌어졌고, 이를 강제 진압한 신군부는 국보위國保委 비상대책위원회를 주축으로 국정 전반에 걸쳐 철저한 통제를 가하게 된다. '사회정화'라는 슬로건이 다른 사회적 가치들을 압도했다.

격동의 흐름은 전경련에도 위기로 닥쳐온다. 다시 말해서, 정주영 체제의 시련이었다. 자율적으로 움직이는 민간 경제단체로서 전경련의 정체성을 뿌리에서부터 흔들려는 압력이 가해진 것이다. 국제경쟁력 강화의 필요성과 자율체제 논리를 앞세운 재계의 주장은 무시되는 분위기였다.

이미 전경련회관 준공식에서부터 예고된 조짐이었다. 회관 공사가 마무리되면서 1979년 11월로 준공식이 예정되어 있었고, 박정희 대통령에게도 '創造창조, 協同협동, 繁榮번영'이라는 친필 휘호를 미리 받아 놓은 터였다. 하지만 그가 10·26 사태로 급서함으로써 정작 준공식에는 참석하지 못하는 운명이 되고 말았다. 결국 최규하崔圭夏 대통령권한대행이 대신 참석하는 결과가 빚어졌으며, 박정희의 글씨가 새겨진 전경련회관의 휘호석 날짜도 당초의 '11월 16일'에서 '10월 16일'로 바뀌어야 했다.

이는 결과적으로 신군부와의 마찰을 예고하는 신호탄이었다. 정권이 돌발적으로 교체됨으로써 빚어진 부작용이었던 셈이다. 새로 정권을 틀어쥔 신군부가 경제계도 입맛대로 좌지우지하려는 과정에서 마찰은 불가피했다.

그 이듬해 발표된 중공업 분야 투자조정 조치에서의 마찰이 대표적인 사례다. 각사가 추진하던 자동차 사업은 자동차 사업대로, 발전설비는 발전설비대로 통폐합하겠다는 것이었다. 사업의 효율성을 높인다는 명분은 그럴 듯했지만, 당사자들의 의지와는 전혀 관계없이 추진된다는 게 문제였다. 경제계의 견해로는 명백한 무리수였다.

정주영이 전경련 회장으로서 그냥 넘어갈 수는 없었다. 기회가 주어질 때마다 이러한 조치를 앞서서 비판하곤 했다. "대한민국이 사회주의 체제도 아닌데 정부가 나서서 강제로 민간기업을 통폐합하려는 것은 잘못"이라는 취지의 언급이었다.

더욱이 현대자동차와 현대양행도 통폐합 대상에 포함되어 있었다. 둘 중 하나를 포기해야 하는 입장이었고, 결국 창원기계공단에 거대한 공장을 구축해 놓은 현대양행을 넘겨줄 수밖에 없었다.

그는 이때의 상황에 대해 "국보위 시대에 아우 인영이가 옥고까지 치르면서 일전 한 푼 못 건지고 창원중공업 공장을 강탈당한 사건은 내 머릿속에서 지워지지 않는다"고 회고한 바 있다. 5공 시절 내내 어려웠던 가운데서도 창원중공업 통폐합 사건을 가장 암울하게 받아들였다는 실토다. 권력의 강압적인 분위기가 서슬 퍼렇던 무렵이었다.

이러한 반발에 대해 신군부 세력이 그냥 넘어갈 리 없었다. 그가 전경련 회장 임기를 한 차례 연임하긴 했으나 1981년 들어 두 번째 임기가 끝나 가면서 다른 인물로 교체하려 한 이유가 바로 그래서다. 자율적으로 움직이는 민간단체라고 해도 신군부의 의중은 노골적이었다. 이미 다른 경제단체들에서도 회장단이 대부분 바뀐 상황이었다. 심지어 항간에서는 전경련 무용론無用論까지 전해지고 있었다. 여차하면 다

국가를 위해, 사회를 위해

른 경제단체와 통폐합하겠다는 태세였다.

신군부의 퇴진 압력

1981년 2월에 열린 제20차 전경련 정기총회가 고비였다.

정주영의 두 번째 임기가 끝남에 따라 세 번째 연임이냐, 아니면 새로운 인물을 추대하느냐 하는 문제가 제기되고 있었다. 신군부 세력이 후임으로 다른 사람을 점찍어 놓았다는 소문도 나돌았다. 아니, 후임이 누가 되든지 간에 일단 정주영만큼은 교체해야 한다는 게 신군부의 의지였다. 그가 아무래도 껄끄럽다는 판단이었을 것이다.

이러한 의중이 서석준徐錫俊 상공부장관을 거쳐 미리 현대 측에 전달되었다. 이때의 상황을 가까이서 지켜본 이명박 당시 현대건설 사장은 회고록에 다음과 같이 기록했다.

"서 장관이 대통령 특명이라며 '정 회장이 사흘 안에 자연스럽게 사표를 제출하는 것이 좋겠다'는 뜻을 밝혀 왔다. 서 장관이 직접적으로 거론하지는 않았지만 포철 회장 박태준朴泰俊 씨를 재계의 리더로 내세우려는 각본을 짜놓았다는 느낌을 받았다."

사실상 최후통첩이었다. 이러한 통보에 따라 정주영 자신도 나름대로 고심하지 않을 수 없었을 것이다. 자리를 지키느냐, 아니면 미련 없이 물러나느냐 하는 기로였다.

문제는 자신이 계속 자리를 지키려 든다면 정부와의 관계에 있어 전경련의 위상을 유지하는 데 도움이 되지 않을 것이라는 점이었다. 오히려 불편해질지도 모르는 상황이었다. 전경련 활동이 직간접적으로 정부를 상대로 하는 것이었기에 더욱 그러했다. 전경련의 숙원이던 회관 건물 신축만으로도 자기 역할은 충분히 다했다고 생각했다.

그래도 사퇴하지 않는다면 어떤 결과가 나타날 것인가. 아마 먼지를 털듯이 이런저런 이유를 들어 개인적으로 망신을 줄 수도 있을 터였다. 민간기업의 강제 통폐합을 밀어붙인 신군부에게 있어 그런 정도는 약과일 것이라 생각했다.

하지만 전경련의 자율성을 살려야 한다는 명분에서는 당연히 버텨야 했다. 그것이 회장으로서 자신에게 주어진 임무일 것이었다. 이것도 지나가는 하나의 시련이리라. 그동안에도 숱한 시련을 헤쳐 오지 않았는가. 처음엔 사퇴를 고려했다가 부딪쳐 볼 때까지 부딪치겠다는 각오로 바뀌게 되는 과정이다. 오직 담담한 마음 하나였다.

이명박은 이 부분에 대해서도 "정 회장은 자기가 사퇴하지 않을 경우 당국이 다른 구실을 붙여서라도 자신을 구속할 것이라고 생각했던 것 같다"고 밝혔다. 자신이 보는 앞에서 메모지를 없애고 서랍도 정리했다고 소개했다. 꼬투리가 될 만한 흔적을 가급적 없애 버리려 했다는 얘기다. "감옥에 들어가면 책을 가지고 가서 영어 공부 좀 해야겠다"고 말했다는 것이 이명박의 증언이다.

결국 이처럼 결연한 의사가 당국에 전달되었고, 신군부도 이쯤에서 작전상 후퇴를 결정하지 않을 수 없었다. 후임 회장 문제를 놓고 자꾸 압박하려다간 심각한 후유증만 남길 것이라는 결론에 이른 것이다. 전경련의 위상을 감안할 때 해외 언론의 눈길도 부담이 아닐 수 없었다. 전경련 정기총회를 목전에 두고 일단 정주영의 유임으로 가닥이 잡히

　　　　　　　　　　　　국가를 위해, 사회를 위해

는 과정이다. 이런 상황에서도 얘기는 더 이어진다.

드디어 정기총회가 열리던 날, 최종 의견 조율을 위해 마련된 중진연석회의 자리에서다. 중진회의에서 일단 뜻을 모은 다음 정기총회에서 전체 회원의 박수로 통과시키는 것이 그동안의 관례였다. 이 자리에서 정주영은 고사의 뜻을 밝히면서 김용주金龍周 전방 회장을 후임으로 천거한다. 박태준과 함께 차기 회장으로 거론되던 후보였다.

정주영으로서는 사전에 자신의 유임으로 분위기가 잡히긴 했어도 아직 확신하기는 이른 상태였다. 늘 막판 변수가 따르기 마련이었다. 누구라도 추대에 동의하고 박수소리가 터져 나오기라도 하면 그대로 굳어질 수도 있는 상황이었다. 그런 경우에도 굳이 자리에 연연할 필요는 없을 것이었다.

전경련 사무국도 후임 회장에 대한 보도자료용으로 정주영과 김용주 두 사람의 이력서를 모두 준비하고 있었다. 그만큼 결과를 미리 예측하기에는 돌아가는 변수가 미묘했던 것이다.

그러나 김용주도 사양의 뜻을 밝히고 나섰다. "나는 적임자가 아니다. 정주영 회장이 유임하는 게 좋겠다"고 했다.

그 역시 전경련에 가해지는 외부 압력에 대해서는 내심 마땅치 않게 여기고 있었다. 후임 물망으로 거론됐다고 해서 무조건 신군부 세력을 추종할 만큼 호락호락하지 않았다. 더구나 4년 전 정주영의 회장 추대 당시 막후 역할을 맡았던 당사자가 아니던가.

이때 긴급 의사진행 발언에 나선 사람이 롯데제과 유창순劉彰順 회장이다. 평소 강직한 소신파로 널리 알려졌던 주인공이다. 한국은행 총재와 상공부장관, 경제기획원 장관 등을 두루 지낸 경력에서부터 신망을 인정받고 있었다.

"최근 우리 경제가 안팎으로 눈길을 끌고 있는 점을 감안해 실력과 인망을 겸비한 인물을 뽑아야 하지 않겠습니까. 특히 지금 시기에 민간 자율경제단체로서 전경련의 정체성을 되돌아볼 필요가 있다고 생각합니다."

바깥에서 나도는 회장 교체설이 전경련의 위상을 해치고 있으며, 따라서 누가 차기 회장을 맡느냐보다 그 과정에서 회장단의 의사가 흔들려서는 안 된다는 주문이었다. 어디까지나 원칙적인 얘기였다. 그러나 당시 서슬 시퍼렇게 돌아가던 정국 분위기를 감안한다면 괘씸죄를 무릅쓴 일종의 선동이나 다름없었다.

이에 다시 조중훈 한진그룹 회장이 말꼬리를 이었다.

"여러 말 할 것 없이 정주영 회장에게 그대로 뒤집어씌웁시다."

그 한마디에 다른 참석자들도 더 이상 머뭇거릴 필요가 없었다. 중진회의는 결국 만장일치로 마무리되었고, 곧바로 진행된 정기총회에서도 그대로 받아들여지기에 이른다. 이처럼 일사천리로 진행된 마당에 신군부로서도 분위기를 되돌리지는 못했다. 정주영이 전경련 회장 세 번째 임기를 시작하게 되는 과정이다.

"새 술은 새 부대에 담아야 하는데 뭔가 잘못된 것 같다."

그는 어색해하는 표정이면서도 마음속으로 새로운 책임감을 느끼고 있었다.

결국 이렇게 어정쩡한 분위기에서 정주영은 1987년까지 6년 동안 더 전경련 회장직을 수행하게 된다. 전체적으로는 10년에 이르는 기간이다. 신군부를 대표하는 전두환 정부와 수시로 갈등과 안도의 한숨이 교차하는 시기를 지낸 것이다. 정부가 칼자루를 쥔 각종 규제정책 완화와 인허가 업무를 비롯한 기업경영 환경 개선, 금융관계법 개정, 세제 개편 등을 건의하고 추진하는 과정에서 적잖은 마찰을 겪어야 했다.

정주영이 우여곡절 끝에 다시 회장에 추대된 직후 전경련 산하로 '한국경제연구원'을 출범시킨 것이 그런 뜻에서다. 기존 경제기술조사센터를 확대 개편한 조직으로, 경제계가 풀어 가야 할 당면 과제와 이에 대한 기업계의 논리를 뒷받침하는 데 그 목적이 있었다. 경제학자로서 서울대 총장을 지낸 신태환申泰煥 박사가 초대 원장으로 위촉되었다.

그는 이 밖에도 전경련 회장 재임 기간 중 '한국기술개발주식회사'를 발족시켰는가 하면, '한국정보산업협의회'를 설립하기도 했다. 현 KTB 네트워크의 전신이 된 한국기술개발주식회사는 기술기업을 지원함으로써 국내 벤처캐피털 시대를 여는 데 중요한 역할을 했다. 정주영은 1982년 전경련 부설로 '유전공학연구조합'을 설립하고 직접 그 이사장을 맡기도 했다. 일찌감치 생명공학의 중요성을 내다본 사업이었음은 두말할 필요도 없다.

서울올림픽유치위원장을 맡아

정주영이 전경련 회장으로서 이뤄 낸 빛나는 업적 가운데 하나가 88 서울올림픽의 성공적인 유치활동이다. 한국의 위상을 전 세계에 드높인 계기로서 '코리아 브랜드' 가치를 단번에 끌어올린 위대한 쾌거였다. '한강의 기적'이라 일컫는 경제성장과 반만년 역사의 숨은 역량을 세계에 각인시키는 축제를 마련한 것이었다.

1988년으로 예정된 제24회 하계올림픽. 그 올림픽 경기를 서울로 유치하자는 제의가 처음 나온 것은 1979년의 일이다. 그해 9월, 신현확申鉉碻 경제기획원 장관을 위원장으로 하는 국민체육심의위원회 7인 소위원회에서 유치 결의가 이뤄졌다. 박찬현朴瓚鉉 문교부장관, 박동진朴東鎮 외무부장관, 윤일균尹鎰均 중앙정보부 차장 등이 멤버로 참석한 회의에서다. 대통령 경호실장 출신인 박종규朴鐘圭 대한체육회장이 물밑에서 밀어붙인 결과였다.

국민총화를 이루고 국제무대에서 북한과의 경쟁우위를 확보하자는 것이 올림픽을 유치하려는 중요한 배경이었다. 무엇보다 올림픽을 성공적으로 치를 경우 세계 속에서 '1등 국가', '1등 국민'의 긍지를 갖게 될 것이라는 기대가 주효했다.

이러한 결정에 따라 정상천鄭相千 서울시장이 세종문화회관에서 기자회견을 갖고 올림픽 유치 방침을 공식 발표하기에 이른다. 그것이 1979년 10월 8일의 일이다. 그렇게 본다면 올림픽 유치도 원래는 박정희 대통령의 뜻이었다. 예기치 못한 10·26 사태로 그가 서거함으로써 유치계획이 도중에 흐지부지될 뻔했던 것이 하나의 고비였다.

그러나 이듬해인 1980년 3월 문교부 주재로 열린 관계기관 연석회의를 계기로 다시 올림픽의 불씨가 지펴진다. 더 나아가 그해 12월에는 서울시가 올림픽 유치 후보도시로서 국제올림픽위원회IOC에 정식으로 신청서를 접수함으로써 본격적인 관심을 끌게 되었다. 문교부에 올림픽유치대책협의회가 설치된 것도 바로 이 무렵의 일이다. 문교부가 체육행정을 관할하던 때였다.

정주영에게 올림픽유치민간위원장 직책이 떠맡겨진 것이 바로 이런 상황에서다. 올림픽 유치를 주관하던 문교부장관의 제안으로 전두환 대통령의 재가를 받은 것이다. 그때가 1981년 4월. 그로서는 전경련 회장 세 번째 임기를 시작한 직후였고, 올림픽 개최지를 결정하는 서독 바덴바덴 총회도 그해 9월로 임박했던 무렵이다.

올림픽 개최지 결정을 불과 다섯 달밖에 남겨 두지 않은 시점에서 벼락감투를 쓴 셈이다. 그 자신으로서도 전혀 예상할 수 없었던 일이 벌어진 것이다. 시기적으로 너무 촉박하다는 사실이 아니라도 서울에서 올림픽을 연다는 것은 상식적으로도 무리였다. 주어진 여건이 그러했다. 더구나 일본이 나고야名古屋를 후보지로 내세워 올림픽 유치를 강력하게 밀어붙이고 있었다.

경쟁국이 일본이 아니었더라도 대한민국의 위상은 아직 국제사회에서 명함을 내밀 형편이 못 됐다는 게 솔직한 얘기일 것이다. 올림픽을 개최할 만한 기본 인프라가 열악했고, 국제적인 대규모 체육행사를 치른 경험도 부족했다. 경제가 어느 정도 발전했다고는 하지만 아직은 보릿고개에서 겨우 벗어나 한숨을 돌리는 수준에 지나지 않았다.

더욱이 1970년 아시안게임을 유치했다가 미처 준비가 안 됐다는 이유로 그대로 반납한 과거의 오점이 치명적이었다. 결국 태국 방콕에서 연속 두 차례나 아시안게임이 열린 것이 그런 때문이다. 올림픽에 비한다면 지역 행사에 불과한 아시안게임조차 벅차다고 포기해 놓고는 다시 올림픽을 열겠다고 도전하는 자체가 염치가 없는 일이었다. 아시안게임을 부도낸 불명예스런 딱지를 지닌 채 국제 스포츠계를 향해 올림픽 유치권을 달라며 손을 내미는 우리 스스로도 어정쩡할 수밖에 없는 노릇이었다.

더군다나 북한이라는 요소가 복병이었다. 북한이 올림픽 기간에 모종의 방해공작을 저지를 가능성을 무시할 수 없었다. 1972년 서독 뮌헨 올림픽 당시 아랍의 무장 게릴라인 '검은 9월단'이 선수촌에 난입해 이스라엘 선수들을 집단 사살한 악몽 때문에 이후 올림픽 개최지 결정 과정에서 안전이 중요한 변수로 작용해 왔다. 테러 위협의 가능성은 그만큼 감점 요인이었다.

올림픽 유치 문제를 떠나서도 북한이 비동맹국들을 중심으로 적극적인 외교전을 펼치던 무렵이었다. 상대적으로 10·26 사태 이후 신군부 세력이 무자비한 폭력으로 집권함에 따라 한국은 국제사회에서 따가운 눈총을 받고 있었다. 야당 지도자인 김대중에게는 사형선고가 내려져 있었다. 올림픽 유치는 고사하고 지지표가 과연 얼마나 나올지가 의심스러운 상황이었다.

IOC 위원 설득작전

부정적인 시각은 국내에서도 마찬가지였다.

"만에 하나 유치작업이 성공한다고 치더라도 부족한 재원과 경기장 건설에 따른 과다한 재정 부담은 어떻게 하겠느냐?"

그동안 올림픽을 열었다가 막대한 적자로 곤경을 치른 다른 나라들의 실패 사례들이 우려스러운 목소리로 거론되었다. 사실은 정부도 소극적인 분위기였다.

올림픽 유치활동의 선봉에 서야 하는 대한체육회부터가 그러했다. 협상 대표를 도쿄에 파견하여 "우리는 포기하고 나고야를 밀어줄 테니, 86아시안게임이나 유치할 수 있도록 지원해 달라"고 요청했다는 얘기가 들려왔을 정도다. 누가 보더라도 일본은 도쿄올림픽 개최 경험에 자금력과 기반시설까지 갖추고 있었다. 국제 스포츠 무대에서의 막강한 인맥과 로비력도 자랑할 만했다. 한국은 처음부터 경쟁상대가 못 되었다. 일본은 벌써부터 나고야 유치를 기정사실화하고 성대한 기념축제를 준비하고 있었다.

그러나 일단 말을 꺼낸 이상 누군가는 나서야 했다. 국가 체면상 처음부터 드러내 놓고 포기할 수는 없지 않은가. 최소한의 체면치레를 할 수만 있다면 그런 대로 만족할 수 있지 않겠느냐는 정도였다. 당시 모두 82명이던 IOC 위원 가운데 우리와 미국이나 대만을 포함해 기껏 3~4표로 끝날 것이라는 게 대체적인 전망이었다.

올림픽을 치른 나라는 IOC 위원이 2명씩이며, 아직 치르지 못한 나라는 1명씩이었다. 따라서 일본은 2명인 반면 한국은 김택수金澤壽 위원

1명뿐이었다. 시작 전부터 지고 들어가는 싸움이었다. 어떻게 보면, 정주영에게 '망신 대역'으로서 유치위원장 직책이 맡겨졌다 해도 과언이 아니다. 전혀 달가운 일이 아니었다.

이에 대해서는 정주영의 증언도 대체로 비슷한 맥락이다.

"문교부 담당 국장이 '7인 위원회'라는 서류를 누런 종이에 프린트해서 나한테 갖고 왔어요. 문교부장관이 대통령 결재까지 맡았다고 합디다. 정부 체면이 서도록 해주면 좋겠다고 말이지요."

그가 1987년 전경련 회장직에서 물러나면서 당시의 사정에 대해 털어놓은 뒷얘기다. 전경련 출입기자들과의 간담회 자리에서였다. '7인 위원회'라면 앞서 박정희 대통령 당시 신현확 경제기획원 장관을 중심으로 하는 위원회였을 터다. 권력이 신군부로 넘겨지고 있었건만 올림픽 유치계획은 그때의 결정을 토대로 추진되고 있었던 것이다. 올림픽 유치 주관부처인 문교부만 해도 장관이 박찬현에서 이규호李奎浩로 바뀐 뒤였다.

정주영의 얘기는 계속 이어진다. 난감한 상황에 대해서다.

"그런데 올림픽을 어떻게 유치하는지, IOC 위원이 누군지 알기나 합니까. 그래서 한번 회의를 갖자고 했지요. 올림픽은 대한민국 정부가 유치하는 게 아니라 서울시가 유치하는 것이므로 서울시장, 문교부장관, 대한체육회, 한국올림픽위원회 위원들 다 나오라고 했어요."

대책회의가 롯데호텔에서 열렸다. 하지만 서울시는 명색이 올림픽 유치 주최도시인데도 시장은 얼굴을 내비치지 않았다. 담당 국장이 대신 참석했을 뿐이다. 처음부터 기대를 걸지 않았다는 것이나 다름없다. 그 사이에 서울시장도 바뀌어 박영수朴英秀가 시장을 맡고 있을 때였다.

국가를 위해, 사회를 위해

당장 예산에서부터 걸림돌이었다. 집행 예산이 거의 확보되지 않은 상태였다. 올림픽을 치를 준비가 돼 있다는 내용으로 30분짜리 홍보영화를 찍어야 하는데, 그 비용조차 없었다. 정부 예비비에서 지원을 받으면 될 텐데도 관련부처들은 거의 무관심이었다.

"일단 현대그룹에서 제작비를 댈 테니 다음에 지급해 달라고 했는데도 확실한 답변을 듣지 못했다."

그의 생전 증언이다. 그렇게 들어간 1억 7천만 원의 홍보영화 제작비는 결국 기부체납으로 처리되고 만다.

그러나 이처럼 열악한 상황에서도 정주영의 생각은 달랐다. 마음속으로 가능성을 키워 가고 있었다. 올림픽으로 가는 길을 모른다면 지도에 새로 길을 내면 될 터였다. 올림픽도 기존의 여느 사업이나 다를 바가 없었다.

처음에는 멋도 모르고 올림픽 유치 경쟁에 뛰어들기는 했지만 뛰어다니다 보니 어느 정도 자신이 생긴 것이다. 남들은 얼굴을 찡그리며 손사래 치는데도 충분히 부딪쳐 볼 만하다는 희망을 갖게 되었다. 털끝만큼이라도 그런 낙관론을 가진 사람이 국내에서 과연 몇 명이나 되었을까. 오직 정주영 한 사람이었다고 말한다면 무리한 단정일까.

그는 현대그룹 조직을 총동원하기로 했다. 그중에서도 각국 IOC 위원들에 대한 신상파악이 먼저였다. 경쟁국인 일본의 유치활동도 면밀하게 분석해야 했다. 현대그룹 해외지사가 결정적인 역할을 했음은 물론이다.

전경련 조직도 전방위 활동에 나섰다. 특히 각국별 경제협력위원장의 노력이 컸다. 프랑스와 불어권 국가 쪽은 한·불 경협위원장이던 조중훈 회장이 책임을 맡는 식이었다. 그는 특히 아프리카 IOC 위원들 부부를 왕복 비행기표로 한국에 초청하기도 했다. 외교관 출신으로 페루 대사를 지낸 전상진全相振 KOC 부위원장은 남미 쪽을 맡았다. 한·영 경제협력위원장을 겸임하던 정주영 자신은 벨기에와 룩셈부르크까지 덤으로 맡게 되었다.

이 밖에 우리 건설업체가 해외에서 계약을 체결하면 그것을 통로 삼아 해당국의 IOC 위원과 접촉하기도 했다. 국제적 감각이 풍부한 유창순 회장과 하와이 교포로서 KOC 위원이던 월터 정Walter Chung도 분주하게 돌아다녔다. 유학성兪學聖 안기부장에게 부탁해 사업에 바쁘다며 슬그머니 꽁무니를 빼려는 경제인들을 끌어들이기도 했다. 안기부로서도 올림픽 유치는 국가적인 과제였다.

그렇지만 정부 차원의 지원은 여전히 겉돌고 있었다. 누군가라도 각국을 직접 돌며 IOC 위원들을 방문하려면 선물꾸러미를 준비해야 하고 호텔 식사비도 내야 하는 상황에서 그 비용조차 만만치는 않았다.

정주영은 이렇게 각국 IOC 위원들을 만나면서 특유의 논리를 내세웠다. 한국이 올림픽을 개최한다면 역사적인 가치와 의미를 더하게 될 것이라는 설득이 그것이다. 한반도가 동서 이데올로기가 대립하는 분단 지역이라는 사실에 주목한 논리였다. 한국의 약점인 분단 상황을 오히려 역이용하는 창의적인 발상이었다.

이미 그 전해인 1980년의 모스크바올림픽이 미국을 비롯한 서방진영 국가들의 불참으로 반쪽으로 끝난 마당이었다. 1984년으로 예정된 로스앤젤레스올림픽도 소련과 동구권 국가들의 보복 방침으로 역시 비슷한 처지에 놓일 운명이 분명했다. 소련의 아프가니스탄 무력 개입이

국가를 위해, 사회를 위해

마찰의 도화선이었다.

그러나 이러한 대립 현상은 올림픽의 본래 취지에서 명백히 벗어난 것이었다. 정치적 이념은 물론 인종과 종교, 언어를 초월하여 지구촌의 평화와 화합을 추구하자는 게 올림픽의 정신이 아니던가. 정주영이 강조한 것이 바로 그 점이다. 서울올림픽을 통해 동서 진영의 분열을 끝내고 올림픽의 새로운 위상을 갖춰 나가자는 것이었다.

북한도 막상 테러를 저지르기는 어려울 것으로 그는 확신하고 있었다. 세계인의 평화 축제를 훼방 놓는다면 각국으로부터 지탄이 쏟아질 것인데, 북한이라고 섣불리 그러한 비난을 감수하려 들지는 않을 터였다. 오히려 정주영은 북한에 대해서도 먼저 손을 뻗어 놓고 있었다. "서울올림픽이 성사될 경우 북한이 올림픽에 참가할 수 있도록 모든 노력을 아끼지 않겠다"는 약속이 그것이다.

하지만 이러한 노력 모두가 아직은 예고편에 불과했다. 바덴바덴에서의 마지막 대회전이 기다리고 있었다.

"쎄울, 꼬레아"의 쾌거

드디어 그해 9월, 바덴바덴 총회를 불과 열흘 앞두고 정주영을 위시한 한국 올림픽유치단이 서독 현지에 도착했다. 그러나 현지 분위기는 오리무중이었다. 온천 휴양지로서 기대했던 포근한 느낌과는 달리 오히려 썰렁한 편이었다고나 할까.

"한국 유치단이 바덴바덴에 도착했지만 올림픽 개최지는 사실상 나

고야로 결정된 상태다. 한국이 과연 몇 표를 얻겠느냐 하는 것이 관심
사일 뿐이다."

심지어 일부 서독 언론들은 이런 내용의 기사를 내보내 한국을 깎아
내리고 있었다. 호주가 멜버른을 후보지로 내세워 유치작전을 벌이다
가 이미 제풀에 꺾여 포기한 마당이었다.

이제 서울과 나고야의 싸움이었다.

정주영은 마지막 고삐를 틀어쥐기로 했다. 유치단 숙박을 위한 임대
주택을 얻어 날마다 아침 7시부터 대책회의를 주재했다. 밤 10시에는
다시 모여 문제점을 집중 점검했다. 낮 동안 서로 맡은 대로 각국 IOC
위원들과 접촉하고는 그 결과를 논의하는 자리였다. 유치단이 현지에
도착하고 이틀 뒤에는 서울올림픽 유치전시관 개관식도 열렸다. 하루
하루가 피가 마르는 기간이었다.

그렇다고 회사 업무를 소홀히 한 것도 아니다. 아침마다 올림픽 대책
회의를 갖기에 앞서 새벽 일찍감치 서울 돌아가는 사정에 대해 전화로
보고를 받았다. 현지에 통역 겸 수행비서로 쫓아간 아들 정몽준도 심부
름을 하느라 분주하게 움직여야 했다.

덩달아 바빠진 것은 현대 프랑크푸르트 지사였다. 정주영이 총동원
령을 내린 것이다. 채수삼蔡洙三 지사장을 비롯한 직원들이 모두 동원되
었다. 그 부인들도 유치단의 식사 준비와 지원활동을 위해 자발적으로
발 벗고 나섰다. 정주영의 제수弟嫂인 장정자張貞子도 취사 당번을 자처했
다. 다섯째 아우로 일찍이 서독 유학 중 타계한 정신영의 미망인이다.
이처럼 안팎으로 매달린 유치활동이었다.

그중에서도 가장 주효했던 것이 꽃바구니 선물이다. 각국 IOC 위원

들의 호텔 방에 소담한 꽃바구니가 배달되었다. 현지에 지원 나온 프랑크푸르트 직원 부인들이 정성스럽게 만든 것이었다.

"예쁜 꽃바구니를 보내 줘 너무 고맙다."

IOC 위원들은 로비에서 한국 유치단과 마주치기라도 하면 고개 숙여 인사하곤 했다. 단순한 인사치레가 아니었다. 꽃바구니가 은근히 효과를 발휘하기 시작한 것이다.

그러나 김택수 위원은 처음부터 꽃바구니 계획에 완강히 반대했다. 정주영이 "각국 IOC 위원들에게 김 위원 명의로 꽃바구니를 보내고 싶다"고 운을 뗐으나 그는 고개를 내저었다. 그런 시시껄렁한 공세는 품격에 맞지 않는다는 뜻이었다. 결국 꽃바구니 카드의 문안인사에서 IOC 위원인 그의 이름은 빠지고 말았다. 조상호曺相鎬 한국올림픽위원장과 정주영 서울올림픽유치위원장 명의만이었다.

이처럼 정주영을 포함한 한국 유치단의 눈물겨운 노력이 이어지는 동안에도 정작 일본 유치단의 분위기는 느긋하기만 했다. 유치위원장인 나카야 요시이카仲谷義明 아이치 현 지사와 모토야마 마사오本山正夫 나고야 시장은 자기들끼리 콧방귀만 끼고 있었다. 나고야가 올림픽 개최도시로 선정되는 건 그들에게 기정사실로 받아들여졌다. 공연히 부산을 떨 필요가 없다고 생각했을 것이다.

개최지 결정투표를 하루 앞두고 유치도시 설명회가 열렸을 때도 일본 유치단은 승리에 도취한 분위기였다.

"일본은 어느 거리에서나 안전하게 걸어 다닐 수 있고 위생시설도 잘되어 있다."

이 정도로 발표가 마무리되었다. 한국은 안전하지도 않고 길거리도 더럽다는 뉘앙스를 풍기려 했을 것이다. 이에 편승해 현지 신문들도 "한국 유치단이 내일이면 울면서 돌아가야 하는데도 아직 웃으면서 표를 얻으러 다닌다"고 비아냥댈 정도였다.

그러나 올림픽이 언제까지나 부자 나라들만의 잔치일 수는 없었다. 동남아시아와 아프리카, 남미 국가들을 중심으로 엿보이던 역전의 조짐을 그들은 미처 알아채지 못하고 있었다. 선진국들 가운데서도 일본에 대한 견제의식이 뒤늦게 퍼져 가고 있었다. 일본이 1964년 도쿄올림픽에 이어 한 차례 더 올림픽을 치른다면 자기들보다 위상이 앞서게 될지도 모른다는 경계심이었다.

1981년 9월 30일. 드디어 운명의 날이 다가왔고, 사마란치 IOC 위원장의 입에서 흘러나온 한마디 발표는 한국 스포츠 역사의 거대한 획을 긋는 사건이 되었다. '바덴바덴의 신화'로 기억되는 쾌거다.

"쎄울, 꼬레아!"

대한민국 전체를 축제의 물결로 출렁거리게 만든 한마디였다. 광화문 광장에서도, 서울역 대합실에서도 환호가 터졌다. 회사 사무실은 물론 집집마다 박수소리가 터져 나왔다. 정주영으로서는 올림픽유치위원장을 맡은 다섯 달 동안 혼신의 노력으로 써낸 감동의 드라마였다.

전체 IOC 위원들의 표결 결과 서울은 52표를 얻었고, 나고야는 27표에 그쳤다. 열흘에 걸친 대역전극의 대미를 장식하는 순간이었다. 에도江戸 시대부터의 유서 깊은 역사에 자동차 공업도시로서 발돋움하던 나고야의 위상을 높이려던 일본의 계획은 여지없이 무너지고 말았다.

"서울올림픽 결정을 내린 IOC에 노벨 평화상을 주라."

프랑스의 유력지 〈리베라시옹Libération〉은 최상의 의미를 부여했다.

국가를 위해, 사회를 위해

1981년 9월 30일, 바덴바덴 총회에서 사마란치 회장의 발표에 환호하는 정주영과 올림픽유치단

전경련이 본연의 영역을 넘어 올림픽 유치에 주도적 역할을 맡음으로써 우리 현대사에 빛나는 기록을 남겼다는 점에서도 각별한 의미를 지닌다. 정주영이 앞장선 결과였다.

여기서도 한 가지 질문을 던져 보자. 만약 신군부가 추진한 대로 정주영이 전경련 회장에서 도중에 물러났다고 해도 과연 서울올림픽 유치가 가능했을까? 이에 대해서는 사마란치 위원장의 얘기를 귀담아 들을 필요가 있다.

"한국인의 열정이 신화를 창조했다. 일본에는 그것이 없었다."

정주영 개인에 대한 찬사나 다름없었다.

떠맡겨진 대한체육회장 자리

1982년 7월, 정주영은 대한체육회 회장직을 맡게 된다. 서울올림픽 유치에 이어 아예 직접 올림픽 개최준비 업무까지 떠안은 것이다. 그때까지 대한체육회 회장 가운데 순수 기업인 출신으로는 정주영이 처음이었다. 조상호 전임 대한체육회장은 서울올림픽조직위원회 사무총장 자리로 옮겨 갔다.

눈길을 끈 것은 이미 그해 초 단행된 개각에서도 유창순이 남덕우南悳祐에 이어 국무총리 자리에 앉았다는 사실이다. 꼭 올림픽 유치의 공로 때문만은 아니었겠지만 그 자체를 무시할 수는 없었다. 더욱이 그해 3월에는 정부조직법 개정으로 체육부가 발족됨으로써 문교부의 체육 업무를 승계하고 있었다. 정부가 올림픽 준비에 발동을 걸었음을 보여 준다. 물론 정주영이 대한체육회장을 맡게 됐을 무렵에는 다시 개각이 이뤄져 유창순이 물러나고 고려대 총장이던 김상협金相浹이 총리를 맡고 있었다.

그러나 정주영 개인적으로는 대한체육회장 자리를 맡는다는 자체가 탐탁지 않았다. 체육회장 직책을 맡게 됐다는 통보를 받는 자리부터가 어색했다. 이원경李源京 체육부장관과 저녁식사를 하면서 통보받은 것이다. 노태우 무임소장관과 이영호李永鎬 체육부차관도 함께한 자리였다.

정주영이 체육회장 직책을 맡도록 결정된 것은 올림픽 유치를 위해 노력한 만큼 대회 개최를 위해서도 노력해 달라는 뜻이었을 것이다. 하지만 그로서는 자기들끼리만 요란하게 생색을 내는 분위기가 싫었다. 올림픽 유치 공로만 해도 장관들에게는 단체로 국민훈장 무궁화장을 주면서 기업인들은 거의 제외되고 말았다. 기업인들 가운데서는 정주영에게만 훈장이 수여됐다. 훈장을 받으면서도 마땅할 리가 없었다.

결국 이원경 장관으로부터 통보를 받아 밤늦게까지 실랑이를 벌이면서도 끝내 자리를 거절하고 말았던 이유다. 그런 식의 분위기라면 자기가 나설 이유도, 명분도 없다고 생각했다. 구차스런 자리였다.

청와대로 호출된 것은 바로 그 다음 날이었다. 주무 장관으로부터 직접 통보를 받고도 거절했다는 보고가 곧바로 올라갔을 것이다. 전두환 대통령은 그에게 "자리가 너무 낮아서 안 하겠다는 것이냐?"라는 힐난으로 답변을 재촉했다. 내키지는 않아도 어쩔 수 없이 체육회장 자리를 맡아야 했던 사정이다.

그때의 여건상 누군가는 채육회장이라는 책임을 맡아야만 했다. 서울올림픽도 올림픽이었지만 86아시안게임 준비도 발등의 불이었다. 올림픽 개최가 확정된 직후 북한과 이라크를 물리치고 아시안게임 유치도 결정된 뒤였다. 그보다 앞서서는 로스앤젤레스올림픽 출전 준비도 서둘러야 했다.

그렇게 본다면 정주영이 체육회장으로는 가장 적격이었다. 이미 현대그룹 차원에서도 여자배구단과 남자농구단을 창단한 데 이어 축구단, 씨름단을 만들었을 무렵이다. 운영 자금이 뒷받침되지 않으면 어려운 일이었다. 정주영의 통 큰 지원 덕분이었음은 말할 것도 없다. 결국 올림픽 무대에서도 만족할 만한 성적을 거두려면 투자가 필요한 시점이었다. 금메달이 그냥 만들어지는 것은 아니었다.

대한체육회장이라는 자리 여부를 떠나 그 스스로 스포츠 애호가였다. 현대그룹 경영을 꾸려 가는 바쁜 가운데서도 틈틈이 테니스를 쳤고, 탁구와 야구, 골프를 즐겼다. 수영에도 소질이 있었다. 특히 폐활량이 커서 한번 물에 잠수하면 3~4분은 견뎠다. 신입사원들과 직접 씨름이나 팔씨름을 겨루기도 했다. 스스로 체력에 대해 자신이 있고 또 운동에 소질이 있었기에 가능한 일이었다.

하지만 그의 생각은 명확했다. 무조건 돈만 퍼붓는다고 해결될 일이 아니었다.

"체육회장 직책을 맡았다고 해서 '봉'이 되지는 않겠다."

그가 당시 언론 인터뷰를 통해 언급한 것이 그런 뜻이었다. 체육계에도 경영기법을 도입할 필요가 있었다. 그래야만 체육계가 한 단계 발전을 이루고 올림픽도 성공적으로 치를 수 있을 것이었다.

올림픽경기장과 주변 시설도 최대한 경제적으로 운영할 필요가 있었다. 그가 올림픽아파트 분양 방안을 내놓은 것이 그런 일환이다. 외국

국가를 위해, 사회를 위해

선수들의 숙소를 처음부터 시민아파트로 지어 사용하고, 대회를 치른 다음 일반 분양하자는 방안이었다. 올림픽 개최에 따르는 재정 적자 부담을 완화하기 위한 아이디어였다. 그러면서도 올림픽 복권을 발행하자는 견해에 대해서는 반대했다. 요행심만 조장하지 않을까 걱정했던 것이다.

청와대와의 마찰

정주영의 대한체육회장 직책은 1984년 10월 노태우 서울올림픽조직위원장에게 자리를 물려줄 때까지 이어진다. 한국 스포츠 발전을 위해 노력한 2년 3개월의 기간이다. 86아시안게임과 88서울올림픽까지 이르지는 못했어도 그 준비의 바닥을 까는 데 최고의 공로자였다. 현대그룹과 전경련을 이끌어 가면서 동시에 체육회 발전을 위해서까지 이바지한 것이다.

그러나 체육회장을 그만두기까지 정부와 여러 갈등이 빚어졌다. 로스앤젤레스올림픽 선수단장 선임과정에서의 불협화음이 그 하나다. 청와대의 사전 제안을 뿌리친 것이다. 역도선수 출신으로 대한체육회 훈련단장이던 김성집金晟集을 선수단장으로 선임하고는 언론에 그대로 발표해 버렸다. '복수 추천'을 하라는 제안까지 무시한 결정이었다. "올림픽 선수단장을 선정하는 것은 체육회장의 고유 권한으로서 '핫바지 저고리'가 되고 싶지 않았다"는 것이다.

IOC 위원 추천권에서도 마찰을 빚었다. 청와대는 박정희 대통령 시

324

절 경호실장을 지낸 박종규를 의중에 두었으나 정주영의 생각은 달랐다. 서울올림픽을 앞둔 만큼 체육계와 관련 있는 인물 가운데서도 외교 감각을 갖춘 인사를 IOC 위원으로 추천해야 한다는 의견을 제시했다. 그러나 이번에는 청와대가 그의 의견을 묵살하고 일방적으로 박종규의 추천을 밀어붙였다.

그 정도만으로도 청와대와의 껄끄러운 관계가 이미 한계선을 넘고 있었다. 거기에 아들 정몽준이 울산에서 무소속으로 국회의원 출마를 강행함으로써 청와대의 눈에서 더욱 벗어날 수밖에 없었다. 정몽준은 출마 선언 후 청와대 장세동張世東 경호실장에게 불려가 출마 포기 압력을 받기도 했다.

이때 정주영이 체육회장에서 물러나는 모양새부터가 어색했다. 알아서 물러나라는 권유도 아니었다. 일방적인 해임 통보가 날아왔다. "당시 체육부차관이 전화를 걸어와 '오늘 대한체육회장 해임입니다'라는 통고를 받았다"고 그는 회고록에서 밝히고 있다. 차라리 홀가분한 기분이었다.

"짧은 재임 기간 동안 그다지 유쾌하지 않은 구설과 시시비비 속에서도 타고난 성격대로 열과 성을 다했으나, 줄곧 몸에 맞지 않는 옷을 입고 있는 것 같은 기분이었다."

그래도 올림픽조직위 부위원장 자리는 유지되었다. 그렇지 않더라도 로스앤젤레스올림픽과 86아시안게임, 88서울올림픽의 성공적인 개최를 위해 나름대로의 노력을 포기할 입장은 아니었다. 대한민국을 위해서였다. 자신이 태어나 살아왔고, 우리 후손들이 살아갈 영원한 터전이지 않은가.

국가를 위해, 사회를 위해

하지만 정주영은 이처럼 경제계와 체육계를 오가며 분주히 활동하면서도 신군부의 핵심 세력에 대해서는 경계심을 버리지 못했다. 신군부가 몇 마디만으로 경제계를 움켜쥘 수 있을 것이라는 생각 때문이었다. 체육회장으로 선임하고 해임하는 과정에서도 겪지 않았는가.

특히 1983년 미얀마 아웅산 사태로 일해재단을 설립하는 과정에서 경제인들에 대한 권부權府의 강제성은 도를 넘어선 것이었다. 전두환 대통령의 해외순방에 수행한 서석준 부총리를 포함하여 17명의 수행원들이 순직하는 참사로 인해 희생자들의 유지를 기린다는 뜻에서 경제계가 십시일반 기금을 출연하여 일해재단을 설립한 것까지는 충분히 이해할 수 있는 일이다. 그러나 기금 출연이 갈수록 강제성을 띤 것이 문제였다. 정주영으로서는 현대전자 연구소 부지로 잡아 놓았던 땅까지 내놓아야 했다.

"정부는 여전히 전경련 회장이라는 자리가 청와대 결재를 받아야 하는 것으로 생각하는 모양입니다. 전경련은 앞으로도 외부 압력에 굴복해서는 안 됩니다."

그가 전경련 회장으로서 사무국 직원들에게 마지막으로 강조한 얘기다. 자신의 다섯 번째 임기를 마치면서 차기 회장을 선출하는 정기총회를 앞두고 소집된 사무국 임원회의에서다.

1987년 2월. 이렇게 하여 10년간에 걸친 그의 '경제 대통령' 활동은 막을 내리고 말았다. 현대그룹 내부적으로도 그해가 시작되면서 그룹 회장에서 명예회장으로 한 발짝 물러난 상황이었다. 사실상 경영 일선에서 비켜난 것이다. 전경련 후임 회장에는 구자경 럭키금성그룹 회장이 추대되었다.

그가 전경련 회장 자리에서 물러난 이듬해 서울올림픽이 성대하게 개최되었다. 한국인들에게 무한한 긍지를 심어 주었을 뿐만 아니라 세계적으로도 이념의 벽을 넘어선 스포츠 제전이었다. 지구촌 사람들 모두가 '손에 손 잡고' 치른 흥겨운 화합의 잔치였다. 서울올림픽 개최에 대한 공로를 인정받아 그에게 IOC로부터 올림픽훈장이 수여된 것은 1998년의 일이다.

아산사회복지재단의 설립

정주영이 '아산峨山사회복지재단'을 설립해 우리 사회에서 소외된 사람들을 보듬는 복지사업에 나선 것이 벌써 1970년대부터다. 아직 '사회복지社會福祉'라는 용어조차 일반인에게는 생소할 때였다. 낙후지역에 병원을 세우고 가정형편이 어려운 학생들에게는 장학금을 지원했다. 기업이윤의 사회환원이었다.

1977년 7월 출범한 아산사회복지재단의 기금은 현대건설 주식 지분 50%를 출연하는 방법으로 마련되었다. 기금 규모는 500억 원. 현대건설 창립 30주년 기념사업의 일환으로 사재를 기꺼이 내놓은 것이었다. 그가 전경련 회장을 맡은 직후였다는 점에서도 의미를 둘 만했다. 이미 1969년 '한국지역사회학교 후원회장'을 맡아 지역사회학교 돕기 운동에 참여해 온 입장에서 시야를 크게 넓힌 것이었다.

"인류에게 가장 큰 두 가지 고뇌는 질병과 빈곤이며, 이는 악순환의 연속으로 이어진다."

그가 당시 아산사회복지재단 창립사를 통해 언급한 내용은 지금에 와서도 정확히 들어맞는 말이다. 질병으로 인해 빈곤해지고, 또 빈곤하기 때문에 질병의 고통에서 쉽게 벗어나지 못한다. 돈이 없으면 자식이 똑똑하더라도 제대로 가르치지 못하게 됨으로써 빈곤의 대물림으로 이어지기 마련이다.

빈곤이 빈곤층의 문제로만 끝나지 않는다는 게 더욱 심각하다. 가난이 그대로 방치된다면 사회 전체가 구석구석 병들게 됨으로써 끝내 주변 사람들도 함께 파멸로 치닫게 된다. 그는 "형편이 어려운 이웃을 그대로 내버려 두는 것은 같은 시대를 사는 우리 모두의 책임"이라고 강조하였다.

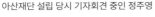
아산재단 설립 당시 기자회견 중인 정주영

젊은 시절부터 구두쇠 소리를 들어 가며 근검절약 정신을 몸소 실천해 온 정주영으로서 재산의 사회환원은 대단한 결단이었다. 신발이 닳으면 자동차 타이어를 덧대 신었으며, 와이셔츠도 소매와 목 부분을 고쳐서 입을 정도로 자신을 위해선 한 푼을 아껴 썼던 사람이다. '함께 잘 사는 공동체'를 만드는 것이 그의 뜻이었다.

부자들이 사회를 위해 재산을 기부하는 것은 선진국에서는 이미 보편화된 움직임이다. 미국만 해도 철강왕 카네기가 1911년 교육시설 지원을 위한 목적에서 카네기재단을 설립했으며, 그 뒤를 이어 1913년에는 석유왕 록펠러가 자선단체인 록펠러재단을 설립했다. 자동차 재벌인 포드 가문이 공익재단인 포드재단을 설립한 것은 1936년의 일이다. 한국에서 그 대열에 정주영이 합류한 것이었다.

당시 현대건설의 지분을 출연하는 과정에서도 논란이 따랐다. 사회적으로는 기업공개를 요구하는 여론이 높았으나 정주영은 이에 대해 부정적인 입장이었다. 기업을 공개한다고 해도 결국은 어느 정도 자금 여유가 있는 중산층에게 혜택이 돌아갈 뿐이어서 진정한 뜻에서의 사회환원이라는 취지를 살리기 어렵다는 판단 때문이었다. 그 자신 등짐 노동자로 사회생활을 시작했고, 성공한 뒤에도 '부유한 노동자'라는 인식을 버리지 못했기에 엉뚱한 사람들에게 기업공개의 혜택이 돌아간다는 것은 참을 수 없는 일이었다.

아산사회복지재단의 설립 취지 가운데서도 가장 중요한 것은 불우이웃에 대한 의료사업이다. 당시 경제개발 정책을 통해 국민들이 헐벗고 굶주린 상태에서 벗어나고 있었지만, 농어촌 지역에는 여전히 '의료 사각지대'가 적지 않았다. 치료비도 치료비였거니와 병원이 없다는 것 자

국가를 위해, 사회를 위해

체가 문제였다. 급속한 경제성장 과정에서 계층 및 도농 간 빈부격차가 심화되던 단계에서의 부작용이었다.

아산사회복지재단이 우선적으로 지방의 중소 지역인 정읍, 보성, 보령, 영덕에 종합병원을 세운 것은 그런 배경 때문이었다. 홍천과 강릉에도 병원이 세워졌다. 1989년에는 이들 지방병원들을 총괄하고 지원하기 위한 목적에서 '서울중앙병원'이 설립되었다. 풍납동에 위치한 현재 '서울아산병원'의 출범 당시 이름이다. 지금에 이르러서는 울산의대와 아산생명과학연구소도 추가되었다.

그렇다고 정주영 집안의 사회봉사활동 영역이 의료사업과 사회복지 분야에만 국한되는 것은 아니다. 장학 및 연구개발 지원사업도 활발하게 펼치고 있다. 일찍이 1969년 설립된 울산공업학원을 기반으로 이듬해 개교한 '울산공과대학'을 첫손에 꼽을 수 있다. 현 '울산대학교'의 전신이다. 더 나아가 1973년에는 울산공업전문학교(현 울산과학대학교)를 세웠다.

이후에도 학교법인 현대학원을 모태로 현대중학교가 1978년 설립되었으며, 1985년에는 현대고등학교가 문을 열었다. 울산에서도 현대청운중학교, 현대청운고등학교, 현대정보과학고등학교 등이 연달아 문을 열었다. 소학교 졸업이 정규 학력의 전부였으며, 따라서 배움에 목말랐던 정주영에게 장학사업은 필생의 염원이었다.

다음의 글귀를 천천히 음미할 필요가 있다.

"무슨 일이든 할 수 있다고 생각하는 사람이 해내는 법이다. 젊은 시절 학교 공사장에서 돌을 지고 나르면서 바라본 대학생들은 학교 교육을 제대로 받지 못한 나에게는 한없는 부러움과 동경의 대상이었다. 그때 이루지 못한 배움에 대한 갈망이 여기에 배움의 주춧돌을 놓게 하였으니 젊은이들이여, 이 배움의 터전에서 열심히 학문을 익혀 드높은 이상으로 꾸준히 정진하기를 바란다."

울산대학교 본관에 세워진 정주영의 흉상 글귀의 내용이다. 학생들에게 면학정신을 간곡하게 강조하고 있다. 그의 동상이 다른 현대 계열사에 앞서 대학 캠퍼스 구내에 먼저 세워졌다는 사실을 상징적으로 받아들일 만하다. 지금은 서울아산병원과 광화문 사옥, 계동 사옥, 그리고 서산농장에도 그의 흉상이 세워져 있다.

현대가의 사회기여활동은 지금도 활발하게 이어지고 있다. 계열사들의 사업활동과 더불어 중요한 축을 이룬다. 창업자 정주영이 현대그룹을 이끌면서 아산사회복지재단을 세워 추진해 온 기업이윤의 사회환원 활동의 연장임은 물론이다.

2011년 출범한 '아산나눔재단'이 그 하나다. 현대중공업 대주주인 정몽준 등 현대가 식구들이 재산을 기부해 만든 재단이다. 무엇보다 정주영 타계 10주기를 맞아 그의 생전의 사회공헌 정신을 이어받는다는 취지로 출범했다는 점에서 의미를 지닌다.

이와는 별도로 현대차그룹도 '현대차 정몽구재단'을 세워 소외계층에 대한 의료지원과 다문화가정 지원, 북한이탈주민 정착지원 등의 사업을 펼치고 있다. 특히 우리 사회에서 소외된 계층과 저소득층이 문화혜택을 골고루 받을 수 있도록 문화예술의 보급 확산과 교육 지원에 중점을 두고 있다. 창업자인 정주영을 그 기본 모델로 삼고 있다는 점에서는 아산나눔재단과 마찬가지다.

관훈클럽 신영기금

정주영이 생전에 언론 창달을 위해 관훈클럽을 지원했다는 사실도 널리 알려진 얘기다. 1977년 9월, 아산사회복지재단을 설립하던 무렵 거액을 출연해 '관훈클럽 신영기금'을 만든 것이 바로 그것이다. 언론인들의 저술 및 해외연수 활동을 지원하는 것이 주요 목적이었다.

당시 신영기금에 첫 출연된 금액은 1억 원. 그것을 기금으로 삼아 이자를 관훈클럽 활동에 사용토록 한다는 뜻이었다. 그때로서는 거금巨金이었다. 요즘은 웬만한 대기업들마다 언론문화재단을 설립해서 현역 기자들의 취재활동을 지원하는 경우가 적지 않지만 그때는 아직 기업들이 언론 지원에 눈길을 돌리기 전이었다.

신영기금은 그의 아우 정신영을 추모하기 위해 설립됐다는 점에서 특히 관심을 끈다. 서울 법대를 졸업하고 1956년 〈동아일보〉에 입사한 정신영은 주로 정치부 기자로 활약했다. 성격이 쾌활하고 유머 감각도 뛰어났던 것으로 전해진다. 그러나 서독으로 유학을 떠나 함부르크대학원에서 박사학위 논문을 작성하던 중 1962년 4월 세상을 떠남으로써 아쉬움을 남긴 주인공이다.

정주영이 관훈클럽을 지원한 것은 아우 정신영이 현역 신문기자 시절 관훈클럽의 초창기 회원으로 활동했던 까닭이다. 그가 박권상朴權相과 조세형趙世衡의 추천을 받아 관훈클럽 30번째 회원으로 가입한 것이 1957년의 일이다. 신문사에 입사하고 1년 뒤, 정치부 기자로서 국회를 출입하고 있을 때다. 당시 관훈클럽 멤버로는 박권상과 조세형 외에도 최병우崔秉宇, 정인량鄭仁亮, 지갑종池甲鍾, 진철수秦哲洙, 이정석李貞錫, 황경춘

등이 활약하고 있었다.

정주영은 아우가 서울대를 나와 신문기자로 활동한다는 점에 뿌듯함을 느끼곤 했다. 바로 밑의 정인영도 일본 유학을 마치고 돌아와 신문기자로 활동했으므로 언론계 돌아가는 사정에 대해 관심을 기울일 수밖에 없었을 것이다. 그 자신 어려서 신문을 읽으며 세상 돌아가는 지식을 습득했던 입장이다. 그에게 신문은 학교나 다름없었다.

하지만 정신영의 언론계 활동은 그리 길게 이어지지는 못했다. 신문기자를 병행하면서 서울대 대학원을 다닌 끝에 "국제법과 국내법과의 관계"라는 논문으로 석사학위를 받았고, 곧바로 서독 유학을 위해 신문기자를 그만두었기 때문이다. 하지만 짧은 기간이나마 관훈클럽 활동에 적극 참여했다. 〈독립신문〉 창간 61주년 기념행사 특별준비위원회 총무위원을 맡은 것이 하나의 사례다.

정신영은 관훈클럽 활동을 하는 동안 회원들이 단합대회를 갖거나 야유회라도 가면 꼬박꼬박 양주를 한 병씩 들고 왔다. 양주가 시중에서는 꿈도 꾸지 못할 물건일 때였다. 기껏 짜장면에 배갈로 취기의 욕구를 달래던 시절이었다. 형이 사업을 하고 있었기에 집안에 가끔씩 선물로 오가던 양주를 들고 나왔을 것이다.

유학을 떠난 뒤에도 정신영과 언론계의 관계는 끈끈하게 유지되었다. 그는 함부르크대학원 경제정책 과정에 들어가 연구를 계속하는 과정에서 〈한국일보〉 통신원으로 활동했는가 하면, 1961년에는 다시 〈동아일보〉 유럽 특파원으로 발령받았다. 한국 기자로는 처음으로 폐쇄된 동베를린에 잠입해 르포 기사를 송고한 것이 그즈음의 활동상이다.

그러나 학위논문을 작성하던 중 급성 장 폐색증으로 타계한 것이 이

국가를 위해, 사회를 위해

든해의 비보悲報다. 그의 나이 불과 32세 때의 일이다. 한창 시절 떠나간 아우를 생각하는 정주영의 마음이 더욱 애틋할 수밖에 없었을 것이다.

정주영이 당시 신영기금을 출연하는 과정에서 전해지는 일화가 있다. 그가 기금출연 약속을 하기 위해 〈한국일보〉 논설위원으로 재직 중이던 조세형과 만났을 때의 얘기다.

찻집에서 서로 마주앉아 얘기를 나누며 차를 마시다가 그의 입에서 잣알 하나가 튀어나와 탁자에 떨어졌다. 홍차 잔에 띄워져 있던 것이다. 그냥 내버려둬도 될 법했지만 그가 기겁이나 한 듯이 그 잣알을 얼른 집어먹더라는 것이 당시 조세형의 입을 통해 언론계에 퍼진 에피소드다. 잣알 하나조차 아까워하면서도 1억 원을 선뜻 언론기금으로 내놓았다는 사실이 더욱 대비가 되는 광경이다. 검소하기 이를 데 없는 '부자 구두쇠'이면서도 언론활동을 위해 통 크게 베푸는 면모를 보여준 것이다.

더욱이 정주영은 거금을 내놓으면서도 그 돈의 사용 목적이나 방법에 대해서는 일체의 조건과 제한을 두지 않았다. 자신은 물론 집안의 다른 가족이나 회사 차원에서도 전혀 관여할 뜻이 없다며, 어디까지나 관훈클럽 자율적으로 사용하라며 내놓은 기금이다.

실제로 그는 신영기금 사용에 대해 관여하지도 않았고, 손톱만 한 관심조차 내비치지 않았다. 관심이야 없지 않았겠으나 관심을 보인다면 관훈클럽이 그만큼 눈치를 보게 되고 자율성을 침해받는다는 스스로의 우려에서였을 것이다. 다만 현대 측과의 사무적인 연락을 위해 이병규李丙圭 〈문화일보〉 회장과 권오갑權五甲 현대중공업 사장이 중견간부 시절부터 간헐적으로 왕래한 정도였다.

이 기금은 그 뒤에도 정세영과 정몽준 등의 추가 출연으로 계속 늘어난다. 관훈클럽 초창기 멤버들이 처음 모임을 가졌던 관훈동에 신영기금회관이 세워진 것이 그 덕분이었다. 이 회관은 언론인들의 집필실, 세미나실 등의 용도로 이용되고 있다. 정신영 기자의 영원한 반려자인 장정자 여사가 출연자 측을 대표하여 신영기금 이사로 참여하고 있으며, 그의 아들 정몽혁鄭夢爀 회장도 기금 행사 때마다 얼굴을 내비친다.

한편, 관훈클럽 신영기금이 주축이 되어 1993년 《기자 정신영》이란 책을 발간하게 되자 정주영은 "나의 아우 신영을 그리며"라는 제목으로 책머리에 이렇게 적었다.

> 그는 생전에 많은 꿈을 지녔으며, 그의 꿈은 진실이 내재하였습니다. 서울 법대와 대학원을 마친 그는 〈동아일보〉 기자로서 국회를 출입하면서 더욱 새롭게 그의 꿈을 키워 나갔습니다. 그는 새로운 꿈을 좇아 경제학 공부를 위해 서독에 유학하였습니다. 그러나 박사 과정을 성공적으로 마친 후에 연구소 동료들과 이탈리아 세르비니아Cervinia에서 열린 세미나에 다녀와서 장 폐색증이라는 급병을 얻고 말았습니다. 그는 수술 후 객지에서 외로운 투병생활 끝에 요양 부주의로 꿈 많던 짧은 생애를 마쳤습니다.
>
> ㅡ1993년 4월 큰형 정주영

짧은 글이지만 먼저 간 아우를 그리워하는 절절한 심경이 엿보인다.

현재 관훈동 신영기금 회관에는 2007년 기금 창립 30주년을 기념해 만든 정주영, 정신영 형제의 모습이 알루미늄 부조浮彫 작품으로 나란히

국가를 위해, 사회를 위해

자리 잡고 있다. 정주영은 이 밖에도 다른 대기업들과 함께 출자하여 〈한국경제신문〉을 창간했으며, 1991년에는 〈문화일보〉를 창간했다. 기업활동을 하면서도 언론계와 밀접한 관계를 유지한 것이다.

한편, 경기도 하남시 창우리 선영에 안장된 정신영의 묘비에는 '哭 鄭信永兄 百日齋 날, 관훈클럽'(곡 정신영 형 백일재 날, 관훈클럽)이라고 적혀 있다. 정인영, 정순영, 정세영 등 다른 형제들은 모두 별도로 묘지를 썼으나, 일찍 타계한 정신영만큼은 맏형과 함께 선영에 잠들어 있다.

기업가 정신

7

정주영을 성공으로 이끈 비결은 무엇일까. 부둣가에서 등짐을 지며 밑바닥에서 시작해 세계적인 기업가 반열에 올라서기까지의 과정이 그냥 이뤄진 것은 분명 아닐 것이다. 이에 대한 해답을 구하기 전에 그가 지난날 거쳐 온 사업 과정을 먼저 되돌아볼 필요가 있다.

다른 사람들은 어렵다고 고개를 내젓는 상황에서 경부고속도로 사업을 앞서서 떠맡은 사람이 그다. 포드 사와의 결별을 감행하면서까지 국산 자동차 포니를 개발했으며, 조선소가 들어설 모래밭 사진만을 달랑 내밀고는 선박 주문을 받기도 했다. 텃세를 내세운 선진국 업체들 틈바구니에 끼어들어 주베일 산업항 공사를 따낸 것도 예상을 뒤엎은 결과였다. 서해안 간척지 사업에서 보여 준 '유조선 공법' 물막이 공사는 또 어떠한가.

그에게 성공한 비결이 있었다면 무엇보다 지치지 않는 도전정신挑戰精神을 꼽아야 할 것이다. 한 번 해서 안 되면 두 번 시도했고, 그래도 안 되면 또 다시 도전했다. 그 과정에서 자기만의 독창성이 유감없이 발휘되었다. 길이 없는 경우에도 터널을 뚫고 다리를 놓으면서 앞으로 의연하게 나아갔다.

남들이 망설이거나 꺼려할 때도 그는 기꺼이 도전장을 내밀었다. 어

기업가 정신

려운 일일수록 성취의 기쁨을 느끼고자 했다. 뒤늦게 출발한 입장에서 남들과 똑같은 길을 걸어서는 결코 앞설 수 없다는 사실을 깨달았던 것이다. 우물쭈물하다가는 남의 꽁무니만 쫓아가는 꼴이 되고 말 것이고, 그러다간 겨우 바닥에 떨어진 부스러기나 주워 먹게 된다는 사실을 깨닫고 있었다. 그에게 있어서는 제자리걸음조차 후퇴나 마찬가지였다.

사업을 키워 가던 초창기 시절부터의 경영 방식이었다. 자동차 수리 공장을 차렸다가 어느 날 갑자기 토건업에 뛰어든 과정, 한겨울철에 맡은 부산 유엔군 묘지 단장공사, 베트남전이 한창이던 무렵 위험을 무릅쓰고 참여한 캄란 만 준설공사 등 모두 경험도 없이 시작한 일이었다. 남들은 무모하다고 수군댔지만 그는 일을 벌이고 배우면서 꾸려 나갔다. '불도저'라는 별명은 괜히 붙여진 게 아니었다.

일찍이 젊은 시절 노동자 합숙소에서 겪은 빈대와 청개구리의 교훈이 바로 그런 의미를 담고 있다. 어려서부터 네 차례에 걸친 가출 시도가 나름대로는 세상 질서에 도전하며 생존 방식을 터득하는 과정이었다. 그 스스로는 이렇게 얘기한다.

"다른 사람들이 인간 능력의 한계라고 말하는 장벽에 부딪쳐 도전하는 것이 나에게는 커다란 기쁨이고 보람이다."

처음부터 모든 것을 파악하고 뛰어들 수는 없었다. 그로서는 일단 일을 벌이는 게 먼저였다. 일을 해나가면서 배우면 될 터였다. 그가 "성공하기 위해서는 누구라도 기회를 살려야 하는 법이다. 너무 신중히 득실을 따지다가 기회를 잃는 경우가 적지 않다"고 말한 이유다. 그가 자주 인용한 갈브레이드 John K. Galbraith 교수의 "지금은 거대 이론의 시대가 아니라 실용주의적인 사고와 행동의 시기이다"라는 주장도 비슷한 의미를 지닌다.

현실에 안주하지 않고 끊임없이 부딪쳐 가는 과정의 중요성을 일깨우는 것이다. 목표에 대한 신념이 뚜렷하고 그것을 뒷받침하는 노력을 쏟아부을 수만 있다면 어떠한 난관이든지 넘어설 수 있다는 믿음이자 자신감이었다. 작은 경험을 밑천 삼아 커다란 결실을 일궈 낼 수 있었던 비결이 바로 거기에 있었다.

그가 부딪친 분야가 대부분 성공을 장담할 수 없는 위험한 분야였다는 사실도 되돌아봐야 한다. 오히려 남들이 기피할 만큼 어려운 분야만을 쫓아다녔다. 그리고 시련을 이겨 내고는 '블루 오션'으로 만들었다. 그의 핏속에는 뜨거운 승부사의 기질이 흐르고 있었다. 한번 시작하면 반드시 끝장을 봐야 하는 성미였다.

전경련 활동을 통해 오랜 친분을 나누었던 구자경 회장이 그를 "스스로 땅을 찾아 말뚝을 박은 사람"이라고 표현한 것이 그런 까닭이다. 자기만의 영토를 개척했음을 평가한 것이다.

물론 늘 성공이 보장된 것은 아니었다. 실패한 경우도 적지 않았다. 6·25 전란이 끝나 갈 무렵 맡았던 대구 고령교 공사나 태국 파타니-나라티왓 고속도로 공사, 그리고 알래스카 허리케인 다리 공사에서 쓰라린 시련을 맛봐야 했다. 이러한 실패도 한 번쯤은 건너뛰어야 할 시련이었다. 시련을 딛고 일어서려는 의지가 중요했다.

오일쇼크 당시 중동 건설시장에 진출할 때도 "무식쟁이이기 때문에 멋도 모르고 설친다"는 비아냥거림을 감수해야 했다. 중동은 아직은 한국인들에게 생소한 이방인의 땅이었다. 더구나 첩첩 난관을 넘어 주베일 산업항 공사를 따내고도 자재들은 물론 아파트 크기의 거대한 철제

기업가 정신

구조물들까지 아예 국내에서 제작해 바지선으로 실어 나른다는 결정은 상식을 뛰어넘는 선택이었다.

그러나 결과적으로 정주영은 보란 듯이 성공했고, 그 덕분에 대한민국 경제는 소용돌이치는 세계 경제의 고비마다 위기를 넘길 수 있었다. 서울올림픽 유치작전에 뒤늦게 뛰어들고도 일본과의 경쟁에서 기어코 결말을 보고 만 끈질긴 집념도 마찬가지다. 오히려 비웃던 눈초리들을 무색하게 만들어 버렸다.

그런 점에서는 우리 국민 모두가 그에게 일정 부분씩 신세를 진 것이나 다름없다. 그의 도전정신으로 인한 성과의 혜택을 약간씩일망정 나눠 가진 셈이다.

"이봐, 해봤어"라는 질책

정주영의 도전정신에는 긍정적 사고방식이 바탕에 깔려 있었다. "할 수 있다"는 마음가짐이 출발점이었다. 죽이 되든 밥이 되든 부딪쳐 봐야 했다. 아니, 어떠한 경우에도 훌륭한 밥상을 차려 내야만 했다.

그는 늘 진취적인 자세로 모험에 나섰으며 불굴의 의지로 시련을 넘어섰다. 좌절의 장벽에 맞닥뜨려도 기어이 뚫고 나가겠다는 특유의 용기와 배포를 잃지 않았던 것이다. 자신감이 없었다면 처음부터 어려운 일이었다. 마음을 어떻게 추스르느냐에 따라 얼마든지 무에서 유를 창조할 수 있다는 것을 굳게 믿고 있었던 결과다. 그것이 바로 정주영의 기업가 정신이기도 하다.

그 스스로 일부러라도 가능한 쪽으로 마음을 먹는 습관을 들였다. 가급적 웃음과 여유를 잃지 않으려 애썼다. "겨울은 밤이 길어서 좋고, 여름은 해가 길어 좋다"고 말하는 사람이었다. 매사를 나쁜 쪽으로 생각하기보다는 좋은 쪽으로 받아들이려는 편이었다. 낙천가 기질이었다.

온통 시커먼 구름으로 뒤덮인 하늘 한 귀퉁이에 희미한 한 줄기 가능성의 빛을 보고 집념의 불씨를 지펴 나갔다. 그에게 "장애물이란 뛰어넘으라고 있는 것"에 지나지 않았다. 한낱 극복의 대상일 뿐이었다. "찾지 않았기에 길이 보이지 않았을 뿐"이라고 그는 강조한다.

이처럼 적극적이고도 긍정적인 태도야말로 그를 성공의 땅으로 이끈 열쇠였다. 설혹 실패하는 경우에도 담담한 마음을 지켰다.

일단 확신이 들면 곧장 밀어붙이곤 했던 것이 이런 생각 때문에 가능했을 것이다. 망설이는 법이 없었다. 그의 앞에서는 누구라도 어렵다느니, 불가능하다느니 하는 부정적인 대답을 할 수 없었다. 안 된다는 생각은 패배를 인정한 것이나 마찬가지로 받아들였다.

"이봐, 해보기나 했어?"

전망이 어둡다고 슬그머니 꽁무니를 빼려는 부하 직원들에게 그는 호통을 섞어 다그치곤 했다. 불같이 몰아세우는 질책 앞에서는 누구라도 오금이 저릴 수밖에 없었다. 젊은 시절 현장에서 '호랑이', '저승사자' 등의 별명으로 불렸을 만큼 직원들을 혹독하게 단련시킨 그다.

그는 긍정적인 자세에 대해 이렇게 얘기한다.

"실패한 사람, 불행한 사람들을 눈여겨보기 바란다. 그들은 모든 일이 언제나 못마땅하고 그 자신이 처한 상황이 다 남의 탓이라고 투덜거리며 화를 낸다. 된다는 일은 없고 다 안 된다는 일뿐이며, 세상에 대해

의심이 가득한 얼굴로 사는 사람들이다."

그렇다면 때때로 무모하게 여겨진 정주영의 경영 방식은 과연 어떻게 설명해야 할 것인가. 단순히 막연한 가능성만을 내다보고 불도저를 앞세워 밀고 나가려는 추진력의 발로로만 간주할 수는 없다. 치열한 경쟁의 무대에서 용기만 내세운다고 성공이 보장되는 것은 아니기 때문이다.

그가 손대는 사업마다 기어코 성공을 거둘 수 있었던 배경에는 나름대로 철저한 사전 계획이 마련되어 있었다고 보는 것이 온당하다. 그것도 암초처럼 도사린 장애물들을 극복하며 거둔 성공이었다. 남들보다 행동이 빨랐지만 그에 못지않게 생각도 깊은 것이 바로 정주영이었다. 스스로의 표현대로 '생각하는 불도저'였다.

다른 사람들이 한국의 경제발전을 '한강의 기적'이라고 평가하는 데 대해 그가 마땅치 않게 여긴 것이 그런 때문이다. 어느 날 갑자기 하늘에서 넝쿨째 굴러 떨어진 선물이 아니라 우리 기업인들이 진취적인 노력으로 사업을 추진했기에 발전이 이뤄졌다는 인식이다. "종교에는 기적이 일어날 수 있지만, 정치나 경제에는 기적이 있을 수 없다"는 그의 생각은 타당하다.

그가 생전에 추구한 사업 영역과 추진방식은 '창조創造'라든가 '혁신革新'이라는 용어를 사용해도 모자람이 없다. 하지만 그는 이러한 용어들을 그다지 즐겨 사용하지 않았다. 말보다는 먼저 행동으로 옮기는 편이었다. 정주영이야말로 평생을 스스로 단련시키며 '창조 경제'에 앞장선 선구자였다.

'근면, 검소, 친애'의 좌우명

'근면, 검소, 친애'.

정주영의 생활 원칙은 그가 생전에 내걸었던 현대건설 사훈(社訓)에서 그대로 나타난다. 시골 학교의 교훈처럼 소박하다고나 할까. 가난한 농촌 집안에서 태어나 철도 공사판과 부둣가에서 등짐 노동을 하며 어렵게 기업을 키웠기에 무엇보다 근면하고 검소한 생활 태도를 강조한 것이다. 부지런하고 절약하면서 서로 아껴 주는 분위기를 가꾸어 나간다면 가정이나 회사나 전체적으로 발전을 이룰 수 있다는 믿음이 그 바탕을 이룬다.

그 자신이 이러한 마음가짐으로 평생을 살았다. 그가 좌우명으로 삼았던 '일근천하무난사(一勤天下無難事)'라는 글귀의 뜻이 바로 이것이다. "부지런하면 어떤 일을 만나든지 어려울 것이 없다"고 생각했다. 누구나 세상을 살아가면서 이리저리 고난에 부딪칠 수밖에 없지만 근면하고 성실한 사람은 결국 이를 극복할 수 있다고 굳게 믿은 것이다.

비록 타고난 재주나 집안 형편상 학력이 모자라더라도 부지런한 사람 앞에는 난관이 비켜갈 수밖에 없는 법이다. 오히려 "열 가지 재주를 부리는 사람이 끼니를 걱정한다"는 속담도 있지 않은가. 그가 "오늘 못 하면 내일 하면 되지 않느냐"는 답변을 싫어했던 이유다. 오늘 할 일은 오늘 끝마쳐야 했다. 내일은 또 다른 일이 기다리고 있기 때문이다.

그는 평소 "새벽마다 일어나면 그날의 할 일을 생각하면서 가슴이 뛰곤 했다"는 말로 이러한 생각을 드러내 보였다. 날마다 아침에 일어나면서의 기분이 마치 소학교 때 소풍 가는 날을 맞아 설레던 것과 같았

기업가 정신

다니 말이다. 주변으로부터 "어떻게 하면 돈을 많이 벌 수 있는가"라는 엉뚱한 질문을 받고도 "돈은 길바닥에 떼굴떼굴 굴러다니므로 누구보다 일찍 일어나서 자루에 주워 담기만 하면 된다"고 스스럼없이 말하던 그였다.

그는 실제로 누구보다 바쁘게 뛰어다녔다. 쉴 틈 없이 현장을 돌아다니면서 문제점을 검토하고, 사람들을 만났다. 차를 타고 가거나, 밥을 먹거나, 골프를 치거나, 심지어 자는 시간까지도 사업의 연장이었다. 해외출장 때도 외국 기업인들과 밤늦도록 사업 방향에 대해 마라톤 회의를 갖고도 새벽이면 어김없이 일찍 일어나 테니스를 쳤을 정도다.

하루 24시간이 그에게는 너무 짧았다. 미국 언론인 도널드 커크Donald Kirk가 《한국의 왕조Korean Dynasty》라는 저서에서 그를 "보통 사람보다 10배, 100배의 인생을 살아 간 사람"이라고 표현한 것은 적절했다. 활동 범위도 누구보다 넓었다. 부지런한 천성으로 태어나지 않았다면 어려웠을 얘기다.

그는 부지런한 성품을 아버지로부터 물려받았다. 어려서 새벽이면 아버지를 따라 논두렁으로 일하러 나가면서부터 몸에 밴 습관이었다. 가난에서 벗어나려면 달리 방법이 없었다. 이부자리에서 일어나기 싫다고 꼼지락대기라도 하면 아버지는 어김없이 불호령이었다. 어떤 때는 담뱃대나 볏짚단으로 두들기며 철부지 아들을 따끔하게 야단치기도 했다.

어머니로부터는 궂은일을 가리지 않는 적극적인 성격과 큼지막한 손발을 물려받았다. 그것이 바로 일복이었다. 그의 발이 얼마나 컸는지는 유품으로 남겨진 그의 구두가 말해 준다. 다른 사람들의 구두와 함께 나란히 놓여 있으면 가히 항공모함 수준이었다. 그 큰 발로 하루 종일 부지런히 뛰어다녔다.

손도 쉴 틈이 없었다. 일벌레나 다름없었다. 손바닥도 솥뚜껑만큼이나 큼직했다. 열심히 일하느라 손발이 부르트고 굳은살이 박였다.

"빈대만도 못한 것들!"

이처럼 스스로 열심히 일했기에 게으름을 피우는 사람에 대해서는 사정없이 깎아내리곤 했다. 멸시에 가까운 눈총이었다. 그는 한때 농담조로 이런 얘기를 하기도 했다.

"헌법에는 '자유'라는 말과 '평등'이라는 말이 나오는데, 왜 '모든 국민은 부지런해야 한다'는 조항은 없는지 모르겠다."

하지만 단순한 농담만은 아니었다. 그에게는 그것이 진심이었다.

유품으로 남은 구두 세 켤레

여기서 정주영이 신었던 구두에 대해 다시 자세히 소개할 필요가 있다. 부지런했을 뿐만 아니라 최대한 아껴 쓰려고 했던 그의 면모를 떠올릴 수 있기 때문이다.

지금도 유품으로 남겨진 세 켤레의 구두짝이 거의 너덜너덜해진 채 울산 현대중공업 안에 만들어진 '정주영 기념관'의 유리 진열관 안에 전시되어 있다. 발바닥 크기가 29.5센티미터. 운동화나 고무신으로는 12문 반 사이즈다. 유별나게 크다는 점만으로도 지난날의 임자가 누구였는지 충분히 짐작하게 한다. 발이 컸기에 보통 기성품 구두에는 잘

기업가 정신

들어가지 않아 별도로 맞춰 신어야 했다.

구두가 큼직하다는 사실 외에도 가죽 껍질이 군데군데 허옇게 벗겨지고 틈새가 드러난 모습부터가 인상적이다. 앞부분은 닳거나 삭아서 거의 구멍이 뚫리기 직전 상태다. 바닥과 뒷굽을 갈아 가며 신는 동안 저절로 낡아 버렸을 것이다. 적어도 10년씩은 신은 것들이다. 그러나 아무리 가죽이 벗겨져도 신을 수 있는 한에는 함부로 버리는 법이 없었다. 뒷축이 심하게 찌그러진 것은 구두를 구겨 신는 나름의 습성 때문이었을 터다.

젊은 시절에는 아예 구두 밑창에 쇠징을 박아서 신었다는 얘기가 전해질 정도다. 자동차 타이어 조각을 덧대가며 신기도 했다. 구두짝이 닳지 않도록 하려는 의도였으니, 영락없는 구두쇠였다. 쌀가게 배달원을 하면서 전찻삯을 아끼려고 한 시간도 넘는 거리를 날마다 걸어 다녔을 때부터의 얘기다.

현대중공업 기념관에는 해질 대로 해진 골프장갑도 전시되어 있다. 생전에 물건을 아껴 쓴 흔적이다. 골프를 매우 즐겼으면서도 변변한 골프웨어 한 벌이 따로 없어 평상시에 입는 양복바지나 작업복을 입은 채 필드에 나가는 때가 많았다. 세계적인 재벌 위치에 올랐으면서도 그의 평소 생활은 이처럼 누구보다 검소한 편이었다. 아산병원이나 서산농장 기념관에 보관되어 있는 유품들도 마찬가지다.

젊은 시절의 아껴 쓰려는 생활 태도가 사업에 성공하고 난 다음에도 그대로 유지됐던 것이다. 주택 내부를 꾸미는 데 있어서도 다르지 않았다. 그는 마지막 타계할 때까지 거주한 청운동 자택 응접실에 푹신한 카펫을 깔고 지낸 일이 없었다. 깔고 지내기는 했지만 그냥 싸구려 카펫이었다. 마룻바닥 밟는 소리를 줄이고 먼지만 날리지 않으면 그것으로 만족했다.

집 자체가 건설 현장에서 쓰다가 남은 자투리 자재로 지은 것이었다. 이를테면, '자투리 주택'이다. 집 부분에 따라 석재의 색깔이 다른 것부터가 눈길을 끈다. 블록으로 일단 속벽을 쌓은 다음 나중에 다시 남는 돌들을 모아 벽에 붙였기 때문이다.

슬래브 구조의 2층 양옥집. 일찍이 인왕산 밑에 땅을 사두었다가 불과 50일 만에 뚝딱뚝딱 지은 집이다. 대지 300평에 건평 100평으로 건물 면적보다는 마당이 훨씬 크다. 한강 인도교 복구공사를 수행함으로써 건설업계에서 이름을 굳히고 있던 1958년 무렵의 일이다.

재벌가의 회장, 그것도 건설업계에서 최고 명성을 날리던 '정 아무개'라는 이름값에는 전혀 어울리지 않는 집이었다. 전경련 회장 당시에도 집 대문의 파란 페인트칠이 벗겨졌는데도 크게 신경 쓰지 않았다. 비슷한 색깔의 테이프로 붙여서 처리했을 뿐이다. 그러고도 이병철 회장을 비롯한 재계 원로들을 가끔씩 초청해서 식사를 대접하기도 했다. 외국 손님들도 자주 드나들었다.

집이 초라하다는 얘기에도 그는 웃으면서 흘려듣기만 했다.

"내가 집을 새로 짓게 되면 아방궁을 짓는다고 다들 떠들어 대지 않겠느냐?"

오히려 그는 농담으로 대꾸하곤 했다. 남들이 뭐라고 수군대는 소리를 듣기 싫어서도 집을 새로 짓지 않겠다는 것이었지만, 그것은 지나가는 핑계에 불과했다. 새 집을 지으려면 얼마든지 지을 수 있었겠으나 그럴 필요를 느끼지 못한 것이다.

기업가 정신

응접실에도 변변한 동양화나 장식조차 놓여 있지 않았다. 오히려 썰렁한 느낌을 줄 정도였다. 빛바랜 어머니의 흑백사진과 기껏 '일근천하무난사一勤天下無難事', '청렴근淸廉勤' 등 몇 개의 글귀만이 액자에 덜렁 걸려 있었을 뿐이다. 이 가운데 '청렴근' 글씨는 박정희 대통령이 생전에 직접 써준 것이었다. 장식으로 걸려 있는 글귀조차도 부지런함을 강조하는 내용이었다는 점에서 그의 평소 생각을 짐작하게 된다.

이 글귀처럼 그는 새벽 다섯 시면 어김없이 일어나 하루 일과를 시작했다. 그 바람에 다른 식구들도 늦잠을 잘 수 없었다. 자신이 어려서 아버지로부터 일찍 일어나는 훈련을 받았듯이 자식들에게도 똑같이 부지런한 천성을 길러 준 것이다.

벽지가 군데군데 떨어져 나갔어도 그는 별로 마음을 쓰지 않았다. 소문난 잔칫집에 먹을 것 없다고 했던가. 〈서울신문〉 사장을 지낸 김종규金鍾圭가 언젠가 청운동 자택에 초대받아 집안을 둘러보고는 농담을 건넸다는 얘기가 전해질 정도다.

"대장장이 집 부엌에 쓸 만한 식칼이 없다더니 바로 그런 꼴입니다."

"쓸 만한 것은 팔아서 돈으로 바꿔야지요."

이에 대해 정주영이 이렇게 답변했다던가.

그 자신이 사용하던 침대와 소파도 낡기는 거의 마찬가지였고, 그밖에는 방에 텔레비전 한 대가 전부였다. 그것도 20년을 넘게 쓴 구닥다리 '금성GoldStar' 텔레비전이었다니 더 말할 게 없다. 그가 타계할 때까지도 이런 가재도구들은 거의 변하지 않았다. "내가 돈이 많다고 해도 생활은 결코 중산층의 범위를 벗어나지 않는 수준이다"는 본인의 얘기 그대로였다.

옷차림도 젊었을 때처럼 대체로 수수한 편이었다. 옷맵시에 신경을 쓰는 경우가 별로 없었다. 양복보다도 점퍼나 작업복 차림일 때가 더 많았고, 그것이 훨씬 더 어울렸다. "음식은 배고픔을 면하면 족하고, 옷은 몸을 가릴 정도면 족하다"는 게 그의 평소 생각이었다. 한때는 해외 출장 때도 두 벌 옷을 챙기는 법이 거의 없었다. 외국 귀빈들과의 행사를 위해 턱시도나 연미복 입는 것을 귀찮아 한 것이 당연하다.

그는 해마다 겨울철이면 초록색 털실 조끼를 즐겨 입곤 했다. 10년도 넘게 입는 동안 털 보푸라기가 거의 빠져 낡은 티가 역력했는데도 대수롭지 않은 듯 입고 다녔다. 그렇다고 그 조끼가 특별히 세련미를 풍긴 것도 아니다. 굵은 털실 올이 그대로 투박하게 드러나 있었다. 변중석 여사가 손수 대바늘 뜨개질로 떠준 것이었기에 애착심을 보인 것이다.

이러한 의미를 제외한다면 겉치장은 그에게 실속 없는 허영이나 마찬가지였다. 형편이 어려운데도 과도하게 차려입는 태도를 나무랄 수밖에 없었다. 설날을 맞아 세배를 나갈 때도 집안에 아이들 두루마기가 한 벌뿐이어서 동생들과 순서대로 갈아입고 한 사람씩 세배를 다녀야 했던 어린 시절의 기억이 오랫동안 남아 있었을 것이다.

그뿐만이 아니다. 사무실에서도 종이 한 장 함부로 버리지 않았고, 복사하고 뒷면에 여백이 있으면 반드시 이면지로 활용했다. 전경련 회장 시절 집무실에서도 직원들이 이면지를 버리면 곧바로 질책이 떨어졌다. 공사장 시찰을 나갔다가 주변에 시멘트 블록 한 조각이 버려져 있어도 자재 관리가 엉망이라며 당장 불호령이 떨어지기 일쑤였다.

남들 보기에 일종의 강박관념으로 비쳤을지 몰라도 일생을 그런 자세로 살아온 그로서는 오히려 당연한 생각이었을 것이다. 현대건설의

기업가 정신

사훈을 '근면, 검소, 친애'로 정한 것이 바로 그런 뜻이었다.

정주영은 기본적으로 사치와는 담을 쌓은 사람이었다. 커피 한 잔을 마다하는 처지에 부유층의 호사품으로 간주되는 고급 위스키나 와인 종류에 대해서 관심이 있었을 리가 없다. 현대그룹 회장으로서, 또는 전경련 회장으로서 리셉션이나 만찬을 주재하는 자리에서도 웨이터가 와인 리스트를 놓고 가면 옆에 앉은 사람에게 대신 주문하도록 미루는 것이 보통이었다. 신입사원들도 익히 알 만한 위스키 이름조차 제대로 댄 적이 없었다. 리셉션 자체를 싫어했다. "내가 리셉션 때문에 늙는다"는 얘기가 농담만은 아니었다.

입맛도 소탈한 편이었다. 사업상 여기저기 돌아다니며 온갖 요리를 맛보았을 테지만 그가 평소 가장 먹고 싶어 한 것은 '고향의 맛'이었다. 그중에서도 감자를 푹 쪄서 고추장으로 비벼 먹던 어렸을 때의 식성을 떠올리곤 했다. 설렁탕이나 곰탕을 좋아했고, 술이 과한 다음 날에는 순두부로 속을 푸는 것이 고작이었다. 손님 접대가 아니라면 일반 직원들과 큰 차이 없이 하루 세 끼를 먹었다. 담백하고 단순한 음식이 그의 취향이었다.

젊어서 서울로 올라와 사업을 일으킬 때부터 시래깃국과 막김치 한 가지면 반찬으로 그만이었다. 그가 대한체육회장을 맡았을 당시 마산과 진주, 진해, 창원에서 전국체육대회가 분산 개최됐을 때도 경기를 구경하다가 점심시간이 되자 수행원도 없이 혼자 근처 음식점에서 설렁탕을 먹었다는 얘기는 체육계에 유명한 일화로 남아 있다. 이러한 촌스런 음식 취향 때문에도 구두쇠로 소문날 수밖에 없었다.

본인도 스스로 구두쇠임을 솔직하게 인정했다. "내가 구두쇠라는 말은 틀린 얘기가 아니다"라고 한 것이다. 전경련 회장 시절 어느 대학교 초청강연에서 "재벌그룹 회장님으로서 구두쇠라는 항간의 소문에 대해 어떻게 생각하시느냐?"라는 학생들의 질문에 대한 답변이었다. 구두와 양복은 물론 와이셔츠도 수선해 가며 입는 데다 시계도 오래된 국산 시계를 고집한다는 젊은 시절의 얘기가 이미 널리 퍼져 있을 때였다.

물지게를 지어 나른 신혼 시절

정주영은 언젠가 자신의 결점에 대해 털어놓은 적이 있다.

첫째, 욕심이 너무 많다.

둘째, 상대방 얘기를 끝까지 듣지 않는다.

셋째, 큰일은 침착하게 대응하면서 작은 일에 참을성이 부족하다.

넷째, 게으른 사람을 매우 싫어한다.

다섯째, 돈에 너무 짜다.

결점이기도 하지만 바꿔 생각하면 오히려 장점이랄 수도 있는 덕목들이다. 그중에서도 재벌 회장으로서 스스로 '돈에 짜다'고 실토한 것이 눈길을 끌 수밖에 없었다. 구두쇠라는 고백이기도 했다. 자기만 돈을 쓰는 데 인색한 게 아니라 남들이 펑펑 규모 없이 쓰는 데 대해서도 눈살을 찌푸리곤 했다. 쪼들리면서도 흥청망청 써대는 사람들을 그는 또한 경멸한 것이다.

"버는 대로 모두 써버려 언제나 빚을 지고 사는 사람들을 나는 신용할 수가 없다. 내일은 오늘을 어떻게 사느냐에 달려 있고, 10년 뒤의 생

기업가 정신

활은 지난 10년을 어떻게 살았는가에 따라 달라지기 마련이다. 가난 구
제는 나라도 못 하는 법이다."

평소 돈을 아껴 쓰고 물건을 절약하는 그의 습성도 가난에서 비롯된
생활의 지혜였다. 스스로 가난에서 벗어나려는 노력이었다.

식구들 몰래 서울로 혼자 떠나와 막노동을 하며 지내던 시절은 더했
다. 저녁에 아궁이에 장작을 지펴 구들장을 덥히면서 한꺼번에 밥을 지
었다. 땔감을 아껴야 했던 것이다. 다음 날 아침밥과 점심 도시락까지
미리 그릇에 떠서는 식지 않도록 아랫목 이불 속에 넣어두곤 했다. 산
언덕배기 동네에 한 칸 방을 얻어 자취하던 시절의 얘기다.

돈이 생기면 저축이 먼저였다. 쌀가게 배달원 시절 월급으로 쌀 한
가마니 값을 받으면 일단 절반을 떼어 저축부터 했다. 추석이나 설 명
절 때마다 떡값으로 받는 돈은 더 말할 것도 없었다.

허리띠를 졸라매면서 한 푼 두 푼 모은 끝에 자취방에서 전셋방으로
옮겼고, 다시 허름하나마 겨우 내 집을 마련할 수 있었다. 돈암동에 내
집을 마련했을 때는 열댓 명에 이르는 식구들이 비좁은 집에서 엉켜 지
내느라 하루 종일 북적거려야 했다. 고향에서 모셔 온 부모님에 아내
변중석과 아이들만 해도 직계 식구들이 벌써 일곱 명일 때였다.

갓 결혼하여 신부를 맞아들인 셋째 아우 정순영도 아직 한집 살림이
었으며, 일본으로 유학을 떠난 둘째 정인영의 새댁도 같이 기거하고 있
었다. 김영주와 결혼한 여동생 정희영 부부도 아직 한집 살림 신세였
다. 따로 세간을 낼 여유가 없었던 것이다. 여동생 부부의 경우 그나마
'출가외인出嫁外人'이라는 이유로 다락방에 별도의 살림방을 꾸며 준 게
최대의 배려였다. 그 밑으로도 아우들이 줄줄이 달려 있었다.

그래서 다시 장충동 큰 집으로 옮겨 갈 수 있었던 것도 아끼고 절약한 덕분이었다. 허투루 썼다면 집 장만은 고사하고 그 많은 식솔들이 끼니조차 잇기 어려웠을지 모른다. 누구나 집 장만이 쉬웠던 것이 아니며, 전셋집을 떠돌아야 하는 경우도 적지 않을 때였다. 누구에게는 빚이 불어나고 있을 때, 그에게는 절약을 통한 살림 밑천이 야금야금 늘어나고 있었다. 이처럼 정주영에게는 근면이 생활의 방도였고, 사업의 출발점이었다.

살림을 꾸려가기에 한 푼이 아쉬운 마당에 담배와 커피에도 손을 대지 않았다. 장국밥이든 국수 한 사발이든 허기를 달래기에도 어려운 형편에 담배나 커피로 주머니를 축내고 시간을 노닥거리는 것은 공연한 사치였다. 쉬지 않고 움직여야 하는 그의 성미에도 맞지 않았다. 아마 커피 사업으로 떼돈을 번다고 했을지언정 그는 거들떠보지도 않았을 것이다.

이런 식으로 일제강점기를 보내고 해방의 혼돈기와 6·25 전란기를 보냈다. 굽이굽이 좌절과 시련도 넘겨야 했다. 그것은 비단 정주영에게만 국한된 얘기는 아니다. 헐벗고 굶주렸던 시대 우리 모두의 남루한 자화상이었다.

사회적으로 살림살이 자체가 빈한했다. 동네 공중수도 하나에 식수를 의존하느라 주민들이 날마다 물지게를 져 날라야 했는가 하면, 아침마다 배변의 생리를 해결하느라 판자때기 공중변소에 줄을 서던 시절을 겪었다. 그래도 식구들을 먹여 살리느라 콩나물시루 같은 버스에 올라타고 기꺼이 일터에 나가곤 하지 않는가.

정주영이 다른 사람들보다 더 일찍 돈을 벌었고, 또 많이 벌기는 했지만, 그 또한 처음에는 비슷한 시절을 보내야 했다. 일찍이 낙산 산동네에서 볼품없는 신혼살림을 차렸을 당시 물지게로 물을 퍼 나르고서야 쌀가게에 출근하던 처지가 그러했다. 새댁인 변중석도 부엌간도 없는 집에서 살림을 꾸려가는 신세에 눈물짓기 일쑤였다. 구멍 난 양말은 물론 무릎이 해진 바지를 헝겊으로 덧대 꿰매 입어야 하는 처지도 비슷했다.

그렇지만 그로부터 30여 년 만에 정주영은 세계적인 기업인으로 우뚝 서고 말았다. 다른 사람들과의 차이점이라면 바로 성실誠實과 근면勤勉이었다.

그는 재벌 반열에 오르고도 평소 주머니에 큰돈을 넣고 다니지 않았다. 기껏 몇만 원 정도였다. 그러나 한 푼의 돈을 아끼면서도 남을 돕는 데는 더없는 큰손이었다. 써야 할 용도에는 아끼지를 않았다. 값어치가 있다고 여기면 흔쾌히 큰돈을 내놓았다. 점심 대접은 비록 곰탕이나 설렁탕에 그쳤을지라도 후원금만큼은 후했다.

각종 행사 지원을 요청하며 회사로 찾아오는 문화계, 예술계 사람들에 대해서도 빈손으로 보내지 않았다. 그 자신 문화 분야에 관심이 적지 않았기에 후원 요청 방문객이 끊이지 않았다. 드러내 놓고 지원한 경우보다는 숨어서 지원한 경우가 훨씬 많았다. 개인적으로는 구두쇠였을망정 남에게 인색한 '좁쌀영감'은 아니었다.

검소했던 '청운동 사모님'

평생 검소하고 근면한 생활 태도를 보여 준 것은 현대가의 '안방마님' 변중석 여사도 마찬가지였다. 남편 정주영이 현대그룹을 일으킨 뒤에도 안주인으로서 조용히 내조에만 충실하며 일생을 보냈다. 회사 근처에는 얼씬대지를 않았다.

변 여사는 일찍이 언론과의 인터뷰를 통해 "남편이 저녁 느지막하게 휘파람을 불며 집에 돌아오면 '회사 일이 잘되나 보다'라고 생각했고, 목소리가 신경질적으로 높아지면 '돈줄이 딸리나 보다'라고 생각했을 뿐"이라고 밝힌 바 있다. 〈여성중앙〉 1985년 2월호에 게재된 내용이다. 아예 회사 일에는 관심을 갖지 않았다. 형식적으로나마 현대그룹 계열사의 주식 지분을 소유한 적도 없다.

'청운동 사모님'으로 불리던 변 여사의 생전 근검절약한 생활 모습은 널리 알려져 있다. 얼굴에 화장기를 거의 비치지 않았으며 평상시의 외출 옷차림도 여느 시골 아낙네들과 비슷한 보통 치마저고리였다. 집에서는 통바지 차림이었고, 목걸이나 귀고리, 팔찌 같은 노리개 패물과도 거리가 멀었다. 도무지 재벌가의 안주인이라는 티를 낸 적이 없다.

오죽하면 단골로 다니던 동대문시장 포목점 주인이나 용산 청과물시장 상인들도 변 여사가 재벌가의 안방마님이라는 사실을 거의 눈치채지 못할 정도였을까. 집안 살림을 위해 승용차가 한 대 배정되어 있어도 시장을 볼 때면 그냥 용달차에 장바구니를 가득 싣고 돌아오는 것이 가장 편하다고 여기곤 했다.

어느 핻가 정초에 복조리 장수가 청운동 집에 들렀다가 변 여사의 차

357

변중석 여사와 함께 자리한 정주영

림을 보고 "사모님은 안 계시느냐?"고 물었다는 일화까지 전해진다.

변 여사가 자신의 개인 재산이라고 여긴 것은 장독대의 옹기 항아리들과 남편이 젊어서 사준 재봉틀 하나가 전부였다. 특히 재봉틀은 6·25 피란 때도 부산까지 가지고 갔을 만큼 아꼈다. 취미가 재봉틀질 말고는 별로 없었던 때문이기도 할 것이다. 명절 때마다 자기 손으로 손주들 옷을 만들어 입힌 것이 바로 그 낡아빠진 재봉틀 덕분이었다.

자식들에 대한 생각도 극진했다. 청운동 집 마당의 커다란 바위에 물을 떠놓고 치성을 드리곤 했다. 변 여사의 생전에 바위에는 늘 촛불을 켠 자국이 남아 있었다.

변 여사는 집안에 새 며느리가 들어오면 저금통장을 선물로 주곤 했다. 평소 생활비를 아껴 마련한 통장이어서 액수야 얼마 안 되는 것이었지만 알뜰살뜰 살라는 뜻으로는 충분했다. 가끔씩은 며느리들에게 부산 피란시절 시장 길거리에 좌판을 깔고 과일을 팔던 경험담을 들려주기도 했다. 과일을 팔다가 자꾸 덤으로 얹어 주는 바람에 결국 헛장사를 하고 말았다는 대목에 이르러선 스스로 피식 웃음을 터뜨리던 변 여사였다. 타고난 면모가 그러했다.

회사 초창기 시절 직원들의 식사를 책임진 사람도 변 여사였다. 정주영이 신설동에 자동차 수리공장을 차리자 시어머니와 함께 밤늦도록 일하는 직원들의 밤참을 해다 먹였고, 나중에 현대건설의 규모가 커지면서는 주방장을 자처하며 구내식당을 도맡기도 했다. 회사를 드나들었다면 그냥 그 정도다. 현대건설 사옥이 아직 무교동에 자리 잡고 있던 시절의 얘기다.

한때는 해마다 메주를 쑤어 사원들에게 나눠 주었다. 직원들이 차츰 늘어나면서 아예 경기도 덕소에 메주 띄우는 공장을 차리기도 했다. 회사가 커감에 따라 나눠 주는 메주가 덩달아 늘어나는 것을 커다란 기쁨으로 받아들였다.

남편에게는 순두부가 최고의 메뉴였다. 정주영이 밤늦게 들어와 아침 식사가 내키지 않을까 싶으면 여지없이 순두부였다. 정주영이 생전에 순두부를 즐겨 찾은 것은 널리 알려진 사실이다. 변 여사는 두부의 맛을 제대로 살리기 위해 강릉에서 바닷물을 길어 와 간수로 쓰곤 했다. 남편을 끔찍이 생각하지 않았다면 엄두도 내지 못했을 일이다.

남편에 대한 호칭도 "여보", "당신"이 아니라 늘 "회장님"이었다. 남편이 자신의 생일이나 결혼기념일을 챙겨 주지 않아도 평생 불평 한마

기업가 정신

디 없이 지냈다. 남편에 대해 "그분은 옛날부터 손님 같았어요. 아침 식사 때만 만나니까요"라고 말했을 정도다. 그러면서도 종갓집 큰며느리로서의 역할을 톡톡히 해냈다.

정주영도 "살림이 어려웠으면서도 군말 없이 집안을 챙겨 준 내자 덕분에 바깥일에 전념할 수 있었다"며 고마운 마음을 표시하곤 했다. 회사 초창기 시절 어쩌다가 회사 간부들을 부부동반으로 불러 식사를 하며 어울릴 때는 직원들에게 변 여사에게 큰절을 하도록 은근히 권유하기도 했다. 그리고는 자기도 같이 허리를 굽혀 절을 했다고 하니 평소 투박하기 이를 데 없던 그의 성격으로서는 최대의 애정 표현이었던 셈이다.

변 여사는 정주영과의 슬하에 8남 1녀를 두었다. 그러나 맏아들 몽필씨가 1982년 교통사고로 세상을 떠나면서 그 충격으로 갑자기 건강을 잃고 말았다. 정주영이 변 여사를 '몽구 어멈'이라고 부르며 건강에 대해 신경 쓰기 시작한 것도 큰아들을 잃고 나서부터다. 그때부터 정몽구 회장이 집안에서 장남 역할을 떠맡게 된 것이다.

이처럼 정주영이 기업활동에 전념할 수 있었던 것이 아내의 내조 덕분이었음은 말할 것도 없다. 더구나 두 사람 모두 근검절약 정신에서는 깍듯했다.

"부유한 노동자일 뿐"

"나는 열심히 일해서 성공한 노동자일 뿐 재벌이 아니다."

정주영이 생전에 즐겨 쓴 표현 가운데 하나가 '부유한 노동자'라는 말이다. 단순히 입버릇이나 말장난으로 한 얘기는 아니었다. 젊어서 노동판을 떠돌며 생계를 해결해야 했던 처지에서 그의 생활방식과 기업관을 모두 응축하는 표현이다. 경영철학도 포함되어 있다.

젊은 시절, 부두 노동자로서 또는 건설 현장에서 무거운 돌짐을 지고 가설 계단을 오르며 허리가 휘는 노동의 어려움을 직접 겪은 신세다. 고향집을 뛰쳐나와 혈혈단신 배고픔과 외로움의 고통을 달래던 무렵이었다. 고난의 시기였지만 땀 흘려 일하는 보람과 가치에 대해 나름대로 깨달음이 없지 않았을 터다. 기업을 경영하면서도 그때의 기억이 간간이 되살아났음 직하다.

그는 미국 조지워싱턴대에서 명예경영학박사 학위를 받았을 때도 주저 없이 자신을 '부유한 노동자'라고 소개했다. 1982년의 얘기다. 다음은 당시 기념만찬 연설을 통해 밝힌 내용이다.

"여러분께서는 저를 세계 수준의 대기업을 경영하는 자본가라고 평가할지 모르지만, 저는 스스로 자본가라고 생각해 본 적이 없습니다. 단지 노동을 해서 재화를 생산해 내는 '부유한 노동자affluent worker'일 뿐입니다."

그 스스로 노동자로서의 동료 의식을 갖고 있었다는 얘기다. 근로자에 대한 애정과 관심이었다. 일해서 돈을 번다는 점에서는 자기도 비슷한 처지라는 뜻이었을 것이다. 자기가 근로자들을 고용함으로써 먹여

　　　　　　　　　　　　　　기업가 정신

1970년대 새마을연수원에서. 정주영은 늘 자신을 '부유한 노동자'라고 표현했다.

살리는 게 아니라 오히려 근로자들이 자신을 호강시키는 것이라고 생각했다.

반면 '재벌'이라는 표현에 대해서는 은근한 거부감을 드러내곤 했다. "신문에 개인소득 랭킹이 이렇고 저렇고 하는 발표가 있을 때마다 나는 가난한 사람들에게 죄책감을 느낀다"고 소감을 밝히기도 했다. 일반 근로자들에 대한 부담감이었을 것이다.

노동자로서의 동질감은 평소 직원들과 허물없이 어울린 데서도 충분히 짐작할 수 있다. 현대건설 사장을 맡고 있을 때도 한때는 신입사원들과 함께 영화구경도 하고 저녁을 먹으며 대화도 나누었다. 밤새워 술마시기 내기를 한 적도 있었다. 특히 여름철 바닷가 수련대회가 열릴 때마다 직원들과 직접 샅바를 잡고 씨름을 겨뤘다는 일화는 지금도 널리 회자된다. 근로자들이 회사를 떠받치는 기둥이라고 여기지 않았다면 어려웠을 얘기다.

1970년대 후반기에 들면서 현대건설에 대한 기업공개 논란이 벌어졌을 때의 처리 방식도 이러한 생각의 일단을 보여 준다. 정부의 계속된 촉구에도 불구하고 기업공개를 미루는 데 대한 사회적 눈총이 쏟아질 수밖에 없었다. 항간에서는 그가 기업을 독단적으로 끌고 가려는 욕심 때문에 그런 것이 아니냐는 지적도 제기되었다. 더구나 현대건설이 쾌속 성장을 구가하던 때였다.

하지만 정주영의 생각은 그게 아니었다. 기업공개로 회사 주식을 일반에 분양한다면 생활에 여유가 있는 일부 부유층이나 자금을 움직이는 기관들만의 돈 잔치로 끝날 것을 우려했던 것이다. 주식시장의 투자 열기가 서서히 고조되면서 돈뭉치가 증시로 몰려들기 시작하던 무렵이

기업가 정신

었다.

따라서 기업을 공개한다면 그동안 현대건설을 직접 키워 온 근로자들은 오히려 그 혜택에서 소외될 소지가 다분했다. "이역만리 뜨거운 중동의 사막 땅에서 사랑하는 가족을 떠나 땀 흘려 일하고 있는 노동자들은 주식을 살 형편이 못 된다"는 사실을 깨닫고 있었던 것이다.

엉뚱한 사람들만 재미를 보게 될 판이었다. 근로자들은 서커스 무대에서 재주만 부리고 마는 곰 신세에 지나지 않을 터였다.

정주영에게는 달리 계획이 있었다. 아산사회복지재단 설립을 통한 기업이윤의 사회환원이 바로 그것이었다. 1977년 아산사회복지재단을 설립하면서 현대건설의 주식 지분 50%에 해당하는 기금을 출연한 것이 그런 뜻이었다.

다른 계열사들에 대해서는 선뜻 기업공개를 추진하면서도 유독 현대건설에 대해서는 완강했다. 그만큼 개인적 애착이 강했다는 증거다. "내가 은퇴할 때 아산복지재단에 재산을 모두 헌납하겠다"고까지 밝히기도 했다.

결국 사회적 압력에 떠밀려 1984년 현대건설이 기업공개됨으로써 이러한 생각은 끝내 실현되지 못했으나, 노동자들에 대한 동료의식만큼은 변하지 않았다. 현대건설을 함께 키워 온 이름 없는 주역들에 대한 의리와 존경심이었다.

수행비서가 없었던 회장님

광화문 시절의 현대그룹 사옥에는 회장 전용 엘리베이터가 없었다. 정주영 자신이 직접 기본 설계도를 그렸으면서도 전혀 염두에 두지 않았던 것이다. 스스로 경영자로서의 특권의식이 없었다는 증거다. 경영자 역할을 수행했을 뿐이지 기본적으로는 스스로를 노동자의 한 사람으로 생각한 측면을 보여 준다.

광화문 사옥보다 10년쯤 늦은 1980년대 초반에 세워진 계동 사옥에서도 마찬가지였다. 외빈용 엘리베이터가 있었지만 말 그대로 손님들을 위한 용도였을 뿐이다. 그 자신은 평소 직원들과 함께 일반 엘리베이터를 이용하는 경우가 많았다.

한때 퇴근시간 이후에는 수행비서도 없이 혼자서 돌아다닌 것도 비슷한 생각에서였다. 수행비서가 없는 터에 외제차가 아니라 현대에서 나온 국산 승용차를 타고 다녔기에 호텔 현관 직원들로부터 홀대를 당하는 해프닝도 종종 벌어졌다. 호텔 직원들이 그가 누군지를 미처 몰랐을 것이다. 그래도 그는 괘념치 않았다.

그렇다면 노사분규에 대해서는 어떻게 생각하고 있었을까.

이에 대해서는 그가 전경련 회장으로서 1984년 4월 부산대 초청강연에 응했을 때의 강연 분위기를 살펴보는 것이 도움이 될 것이다. 누구 앞에서도 거침없는 소신에 자신의 무용담까지 적절히 섞어 얘기를 늘어놓는 바람에 그는 방송이나 신문은 물론 공무원 특강에서도 인기 있는 초청 대상이었다. 그쯤이면 임기응변의 재담도 뛰어난 편이었다.

"공부를 잘한다고 해서 샌님처럼 머리만 좋아서 어디에 쓰겠습니까?

365   기업가 정신

1970년대 광화문 집무실에서 집무 중인 정주영

젊어서 고생은 금을 주고도 사지 못한다고 했습니다. 우리가 일생을 살아가는 동안에 많은 일을 하는 사람이 있는가 하면 그런 사람의 몇십분의 일, 또는 몇백 분의 일도 못 하고 일생을 마치는 사람도 적지 않습니다."

강연 내용까지는 별 문제가 없었다. 그러나 강연이 끝나고 질의응답 순서가 이어지자 기다렸다는 듯이 학생들로부터 질문이 잇따랐다. 시기적으로 민주화 욕구와 더불어 노동자들의 분규 움직임이 곳곳에서 꿈틀대고 있을 때였다. 정부 주도의 경제성장 정책에 따라 노동자들의 권익이 상대적으로 소홀히 취급받던 상황이었다. 노동조합을 결성하는 것조차 금기 사항이었다.

"지금 '한강의 기적'이라 불리는 경제발전은 억눌려 일하는 노동자들의 희생 위에 이뤄졌다는 지적이 많습니다. 그것이 사실이라면 노동자들에게 정당한 대가를 되돌려 주어야 하지 않나요?"

"요즘 생산 현장마다 노동쟁의 움직임이 나타나고 있습니다. 이런 일련의 사태를 어떻게 생각하시는지, 또 해결 방안은 있으신지요?"

대학생들답게 당돌하고도 거리낌이 없는 질문이었다. 이런 질문 세례를 미리 우려하지 않은 것이 아니었다. 충분히 예상하고 참석한 자리였다. 하지만 자칫 한마디 삐끗했다가는 살얼음판을 걷듯 조마조마하던 노사분규 움직임에 기름을 끼얹는 꼴이 될지 모를 일이었다.

최대한 언급을 자제하는 것이 상책이었으나 그는 답변을 회피하지 않았다. 회피할 수도 없는 자리였다. 변명한다고 해서 통할 수 있는 분위기도 아니었다.

"우리 경제가 지금처럼 발전하기까지는 노동자들의 땀과 눈물이 있었다는 사실을 저도 잘 알고 있습니다. 나도 초창기 시절 한솥밥을 먹으며 기업을 키워 온 입장에서 노동자들의 주장을 충분히 이해합니다. 그러나 경영자들에게도 나름의 고충과 어려움이 있다는 것을 알아 주셔야 합니다. 서로의 생각 차이를 좁혀 나가되 법질서 안에서 논의가 이뤄져야 할 것입니다. 일방적으로 밀어붙이다가 결국 기업이 문을 닫을 경우 무슨 소용이 있겠습니까. 노동자들도 누울 자리를 보고 다리를 뻗어야 합니다."

즉흥 답변이면서도 논리적이었다. 노사관계의 문제점을 고쳐 나가야 하되 투쟁 일변도의 방식보다는 대화와 타협이 중요하다는 점을 강조하였다. 노동자들이 과격하게 밀고 나올수록 기업 이미지에 손상을 가져오고 결국 회사 전체가 피해를 입을 수밖에 없는 현실을 지적한 것이다. 노동조합 결성과 임금인상 요구를 내세워 파업을 시도하려는 움직임이 이어질 무렵이었다.

그러면서도 정주영은 학생들에게 당부를 잊지 않았다. "앞으로 우리 사회는 달라져야 할 것이며, 바로 여러분들이 이러한 변화를 주도해야 할 주인공들"이라는 게 그의 결론이자 당부였다. "지금 문제점을 꿰뚫어 보는 여러분들의 질문에서 그러한 희망을 갖게 된다"고도 했다.

당초 우려와는 달리 강연회는 서로 이해하는 분위기에서 막을 내릴 수 있었다. 그의 솔직한 답변 덕분이었다.

창업자 또는 경영인으로서 그가 노동조합 활동에 대해 일말의 거부감을 가졌던 것만은 틀림없는 사실이다. 과격한 분규의 후유증을 앓았기 때문이다. 현대그룹의 주력 분야가 건설과 중공업, 자동차 등 비교적 현장 업무가 거친 분야였기에 노사문제가 일어날 때마다 적잖은 진통을 겪어야 했다. 심지어 화형식을 당한 적도 있었다. 왜 서운하지 않았을까마는 그래도 자신이 노동자의 한 사람이라는 동료의식만큼은 변하지 않았다.

신용과 의리를 앞세워

정부는 유효경쟁 체제가 유지될 수 있도록 기업환경을 조성하여 통화신용 정책과 환율조정 등의 일반 정책으로써 경제활동을 유도하고, 산업 분야는 민간 기업인의 자유경쟁 원리에 일임하는 방향으로 전환시켜야 합니다.   -1978년 9월, 고려대 최고경영자교실 특강

기업이란 자유경쟁 체제에서 경쟁함으로써 생명력을 가지고 성장할 수 있는 것입니다. 국내에서 독점적인 위치에서 보호받고 성장한 기업은 국제경쟁사회에서는 아무 힘도 발휘하지 못합니다.

-1981년 5월, 현대그룹 간부사원 부인 특강

경제는 어느 사회에서나 정치 및 문화생활에 있어 발전의 출발점이 되고 있습니다. 기업이 발전해야 나라의 모든 분야가 발전할 수 있는 것입니다. 이런 의미에서 우리 기업인들은 막중한 사회적 책임을 느끼고 기업발전에 혼신의 힘을 기울이고 있습니다.

-1983년 11월, 언론사 간부 세미나 특강

국제경쟁력 강화를 위해 기업은 국제적 차원에서 규모의 경제를 실현해야 합니다. 기업이 규모의 경제를 실현하려면 효율적으로 집중투자가 가능하도록 해야겠고, 또 기업의 자주적 판단에 따라 투자할 수 있는 여건이 조성돼야 합니다.

-1985년 4월, 중앙공무원교육원 특강

기업가 정신

정주영의 기업가 정신을 몇 마디로 간단히 설명할 수는 없다. 그러나 이러한 연설문을 쫓아가다 보면 그가 어떤 철학을 바탕으로 기업을 이끌었는지, 또 그 과정에서 어떤 고민에 부딪쳤는지를 짐작할 수 있다. 경제발전을 위해 기업이 어떠한 입장을 취해야 한다거나 정부와 사회에 대해서는 무엇을 요구했는지가 드러나기 때문이다.

무엇보다 '자유기업 신봉자'로서의 면모를 느낄 수 있다. 국가경제를 발전시키려면 그 전제로 민간 주도의 자율경제 분위기가 확립되어야 한다는 것이다. 전경련 회장이라는 위치가 아니라도 기업인의 입장에서 당연한 인식이었다. 심판이 호루라기를 자주 불어댈수록 운동경기의 긴장감이 떨어지듯이, 경영활동에서도 무분별한 규제가 이어지면 기업인들이 능력을 발휘하기가 어려워진다.

그는 기업인들이 경영을 통해 이윤을 낳고 고용을 창출하기 위해서라도 자율경제 분위기 조성이 필수적이라고 보았다. 그것이 국가경제를 살찌우고 사회에 이바지하는 방법일 터였다. 그가 평소 "기업은 일자리를 많이 만들어 가난한 사람들이 일할 수 있게 해주어야 한다. 그것이 기업하는 사람들에게 맡겨진 사회적 책무"라고 강조한 것도 비슷한 맥락이었다. 그 자신 밑바닥에서 일어나 최고의 재력가로 발돋움하면서 시장 자율경제의 우월성을 입증한 주인공이 아니던가. 약육강식이 판치는 냉정한 사업 현장에서 단련될수록 경쟁력을 갖춰 가게 되는 법이다.

그렇다면 자율경제 체제에서 정부의 역할은 무엇인가. "정책을 세워 경제 흐름의 큰 줄거리와 방향을 제시하는 것"이라는 게 정주영의 생각이었다. 다시 말해서, 비전을 내놓아야 한다는 것이다. 그런 여건하에서 기업들이 자유롭게 투자 업종을 선택하고 가격을 산정하면서 서로 조화를 이뤄야 한다고 믿었다.

이와 더불어 정주영이 기업활동을 통해 신용과 의리를 지키려고 노력한 것도 돋보이는 대목이다. 자기 스스로에게는 근면을 강조하는 한편 상대방에게는 믿음을 심어 주려 애쓴 것이다.

설령 공사에서 이익을 남기지 못할지언정 한번 시작한 상황에서는 끝까지 마무리 지어야 직성이 풀렸다. 공사를 할수록 손해가 명백한 경우에도 일관된 태도를 유지했다. 일단 약속한 사안은 반드시 지켜야 한다는 신념 때문이었다. 몇 푼의 금전적 계산보다는 신용을 더 앞세웠다는 뜻이다.

그 예로 대구 고령교 공사의 사례를 꼽을 수 있다. 6·25 전란으로 인한 인플레이션에 화폐개혁까지 겹친 상황에서 막대한 손해를 무릅쓰고도 공사를 끝마쳤다. 그리고는 회사 건물과 동생들의 집을 처분하면서까지 손실을 메웠다. 해외에 진출해서 첫 공사로 따낸 태국 고속도로 공사의 경우도 마찬가지였다. 손해가 적잖이 예상됐는데도 도중에 포기한다면 해외 무대에서 한국 건설업계 전체에 누를 끼칠 것을 그는 먼저 걱정했다.

손익 계산을 따지고 공사를 시작했다면 결과적으로 손해를 본다고 해도 끝까지 책임을 진다는 자세가 기본이었다. 그는 금전적으로 손해를 보거나 나아가 사업이 심각하게 타격을 받더라도 어떻게든 회복할 수 있으나, 신용을 잃으면 그것으로 진짜 마지막이라고 여겼다. 오히려 신용을 지키는 것은 다시 일어설 수 있는 발판이 된다는 것을 경험으로 터득했다.

　　　　　　　　　　　　　　　　　　　기업가 정신

그가 평생의 생활신조로 근면을 내세웠지만, 사실은 신용이 근면보다 더 중요한 덕목이었다. "부지런하면 작은 부자는 될 수 있지만 큰 부자가 되려면 신용이 없으면 안 된다"는 얘기를 입버릇처럼 강조하곤 했다. 젊은 시절 부흥상회 쌀가게 배달원으로 들어가 부지런히 일함으로써 쌀가게를 물려받았거니와 그 이후의 운영에 있어서는 신용을 앞세웠던 것이다. 아도서비스 자동차 수리공장을 시작하면서 자금을 조달할 수 있었던 것도 신용이 밑천이었다.

정주영은 신용과 함께 의리도 지켰다. 자신이 어려움에 처했을 때 도움을 베푼 사람들에 대해서는 반드시 보답했다. 훗날 현대그룹을 일으킨 뒤에도 부흥상회 쌀가게 주인 마나님이나 동료 배달원이던 이윤재, 그리고 오윤근과의 인간관계를 꾸준히 이어 갔다. 아도서비스 정비공장을 차릴 때 필요 자금을 융통해 준 사람이 바로 오윤근이었다.

그는 6·25 당시 미군 공사를 수주하던 초창기 단계에서 도움을 준 맥칼리스터 중위에 대한 은혜도 잊을 수 없었다. 부산 피란시절, 아우 정인영이 그 밑에서 통역을 맡은 것을 기회로 미군 공사를 얻지 못했다면 지금과 같은 현대건설의 성공담은 기대하기 어려웠을지도 모른다.

맥칼리스터는 휴전 이후에도 미8군에서 근무하다가 승진을 거듭한 끝에 중령 계급으로 전역했다. 현대그룹이 세계적인 기업으로 뻗어 갈 무렵이었다. 정주영은 그가 전역하자 경제적 도움을 주기 위해 휴스턴 지점에 고문으로 위촉하려 했으나 뜻을 이루지는 못했다. 한국 기업에 고용될 경우 군사정보가 유출될 수 있다는 미국 국방부의 우려 때문이었다. 그렇다고 그를 도와주는 방법이 없지는 않았을 것이다.

나폴레옹 리더십

정주영을 거론하면서 프랑스의 영웅 나폴레옹에 대한 그의 관심을 건너뛸 수는 없다. 그가 여러 역사적 위인들 가운데서도 특히 나폴레옹으로부터 적지 않은 감명을 받았기 때문이다.

"나폴레옹을 참 좋아해서 전기를 수십 번이나 읽었고, 지금도 여행할 때는 늘 그 책을 갖고 다닌다."

나폴레옹에 대한 관심은 존경심 이상이었다. 그는 나폴레옹의 전기傳記 가운데서도 마렝고 전투의 한 장면을 깊이 기억하고 있었다. 이탈리아 북부에서 오스트리아 군대와 건곤일척乾坤一擲의 승패를 겨룬 전투다. 제노바와 밀라노에서 일진일퇴를 거듭하다가 마지막으로 마렝고 평원에서 명운命運을 걸고 격돌하게 된 것이다. 나폴레옹이 1799년 프랑스 제1통령에 취임하고 이듬해의 일이다.

전황은 나폴레옹에게 불리했다. 오스트리아 병력은 7만 명, 나폴레옹의 프랑스 병력은 4만 명. 대포도 수적으로 밀렸다. 이미 오스트리아 군대는 언덕 아래 마렝고 벌판을 넘어 저쪽에서부터 개미떼처럼 진격해 오는 중이었다.

이에 대응하려면 서둘러 대포를 언덕 위로 끌어올려 포격을 가해야 했지만 포차를 끌어올리기가 쉽지 않았다. 공교롭게도 비가 쏟아진 뒤 끝이어서 포차의 바퀴가 진흙탕에 처박혀 있었던 탓이다. 지휘관이 고함을 지르면서 독려하는 가운데 대여섯 명의 병사가 악을 쓰며 미는데도 포차 바퀴는 여간해서는 움직일 기색이 아니었다.

이때 나선 것이 나폴레옹이다. 그 장면을 목격하고는 곧장 말에서 뛰

기업가 정신

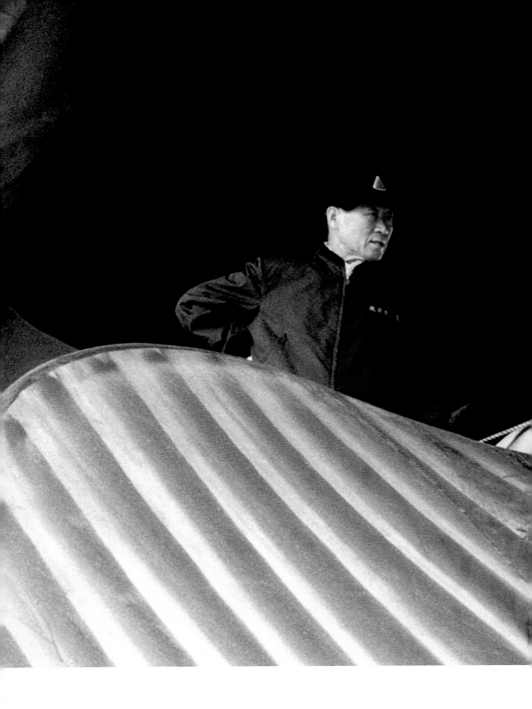

1983년 현대중공업 현장에서
직원과 대화를 나누는 정주영

기업가 정신

어내려 포차를 미는 병사들에 합세했다. 그러자 그때까지 요지부동이던 포차가 언제 그랬냐는 듯이 진창을 빠져나와 언덕 위로 올라갔고 다른 포차들도 뒤따라 끌어올려졌다. 일단 유리한 고지를 차지한 만큼 전세는 금방 뒤집혔고, 나폴레옹은 승리를 거머쥘 수 있었다. 물론 승리의 요인이 꼭 그것만은 아니었겠으나 그 역할을 무시할 수는 없을 것이다.

정주영은 회사 간부들에게 이러한 일화를 들려주고는 나름대로 질문을 던지곤 했다. 나폴레옹 리더십의 요체를 물은 것이다.

"그런데, 그 포차가 움직인 것이 과연 나폴레옹이 직접 밀었기 때문일까? 나폴레옹은 키도 작았다고 하니 꼭 그렇지는 않았을 거야. 그보다는 최고 지휘자가 자기들 옆에서 포차를 밀고 있다는 사실에 병사들이 용기백배하여 그야말로 젖 먹던 힘까지 낸 덕분이 아니었을까?"

모름지기 크든 작든 어떤 조직의 지도자라면 아랫사람들과 끊임없이 소통하고 공감대를 넓히려는 노력을 게을리 해서는 안 된다는 점을 강조하고 싶었던 것이다. 조직을 이끌어가려면 직위에 따르는 권한과 권위가 필요하지만, 그렇다고 위세를 부리고 군림하는 데 그친다면 진정한 리더십을 발휘하기 어렵다는 교훈을 나폴레옹을 통해 깨쳤다는 얘기다. '현장 리더십'의 중요성이다.

이러한 교훈을 깨쳤을 뿐만 아니라 스스로 실천하는 데도 주저하지 않은 사람이 바로 정주영이다. 그는 늘 공사 현장을 오가면서 인부들과의 소통을 통해 작업 과정의 문제점을 앞서서 해결하곤 했다. 공사를 해나가다 어려운 구간에 봉착하면 먼저 팔뚝을 걷고 나섰으며, 넘쳐흐르는 빗물을 퍼내야 했을 때는 작업화도 없이 맨발로 뛰어들기도 했다. 워낙 발이 컸기에 발에 맞는 작업화를 구하기도 어려웠을 터다.

그러나 이러한 리더십을 떠나서도 정주영은 측근들에게 "나폴레옹은 참으로 많은 생각을 한 사람 같다"고 종종 말하곤 했다. 나폴레옹이 영토를 넓히는 전쟁에만 관심을 가진 인물이 아님을 강조한 것이다. 파리 시가지 계획에서부터 나폴레옹 법전 제정, 그리고 이집트 문명 탐사 등 문화 분야에 이르기까지 그가 이뤄 낸 업적이 결코 작지 않다. 권력의 맛에 빠져든 나머지 유배지에서 쓸쓸한 최후를 맞기는 했지만 탁월한 능력을 지닌 인물임에는 틀림없다. 정주영은 '전쟁 영웅' 나폴레옹이 아니라, 그가 가진 불굴의 용기 자체를 흠모한 것이다.

정주영은《삼국지》의 영웅들에 대해서도 곧잘 언급하곤 했다.《삼국지》또한 어린 시절 신문 소설을 통해 즐겨 읽었다. 덕망으로 촉한을 세운 유비劉備도 좋아했지만, 그를 지략과 용맹으로 보필한 제갈량諸葛亮이나 관우關羽, 조자룡趙子龍 등도 좋아했다. 조조曹操도 그가 좋아한 영웅 가운데 하나였다.

18번, '이거야 정말'

정주영은 해마다 현대건설 신입사원들과 씨름을 겨루었다. 씨름 시합을 통해 사회에 첫발을 내딛은 젊은 사원들에게 도전 의식을 불어넣은 것이다. 여름철 수련대회의 모래밭은 그래서 한층 더 뜨거웠다.

강릉 경포대. 이곳 해수욕장이 현대건설 직원들에게 아련한 추억으로 기억되는 것은 그런 까닭이다. 하계 수련대회를 통해 젊음과 정열을 마음껏 발산하고 진한 동료애를 확인하는 곳이었다. 씨름뿐만 아니라

배구나 달리기 시합도 벌어졌다. 창업주인 정주영을 중심으로 현대건설이라는 조직의 정체성과 신참 동료들 간의 단결력을 확인하는 자리였다.

그런 점에서는 경포대 현대호텔에 대한 기억도 비슷하다. 1971년 영동고속도로 일부 구간이 개통되면서 문을 연 이 호텔은 수련대회 근거지로 이용되었다. 서산농장이 만들어지면서 한때 그 근처의 몽산포해수욕장에서 수련대회가 열리고, 금강산 관광이 시작되면서는 금강산으로 장소가 바뀌기도 했으나, 역시 현대건설의 대표적인 수련대회 장소는 경포대였다.

정주영은 1980년대 초 어느 해에도 씨름대회에 참가했다가 허벅지에 멍이 든 적이 있다. 전경련 기자실에 들러 스스럼없이 바지를 걷어올리고는 출입기자들에게 꺼멓게 죽어 있는 부분을 보여 주기도 했다. 한창 팔팔할 무렵의 신입사원들과 샅바를 부여잡고 힘을 겨룬 것이었으니 멍이 든 정도로 끝난 것이 다행이었다. 그 자신 이미 60대 후반에 이르렀을 때다. 그 나이에 젊은이들과 어울려 씨름을 한다는 자체가 보통 사람들에게는 어림도 없는 일이다.

여기에 곁들여 기억할 만한 것이 그의 노래 솜씨다. 수련대회가 열릴 때마다 캠프화이어의 분위기가 무르익으면 마이크를 잡고 신나게 몇 곡조씩 뽑고는 했다. 낮에는 씨름으로, 저녁에는 노래로 솜씨를 과시한 것이다. 직원들로부터 박수갈채를 받기에 충분한 실력이었다. 소학교 시절 창가唱歌 과목에서 낙제 점수를 받았던 것과는 달리 또 다른 노래 실력을 감추고 있었던 모양이다.

그가 가장 즐겨 부른 노래는 '이거야 정말'. 윤항기의 노래다. 이른바

하계수련회에서 직원들과 씨름하는 정주영

'18번'이라 할 만했다. "이거야 정말 만나 봐야지 아무 말이나 해볼 걸
～"하고 노래가 시작되면 좌중의 분위기는 단박에 고조되기 마련이다.
거렁거렁한 목소리에 몸까지 흔들어 대면서 노래를 부르는 그의 모습
은 영락없는 이웃 아저씨였다. 때로는 직원들과 어깨동무를 한 채 춤을
추면서 가사를 이어 가기도 했다.

    이쯤 되면 그룹 총수와 새내기 사원들 사이의 거리감은 순식간에 해
소되기 마련이다. 세대 차이가 있을 수가 없다. 그 자신도 이런 분위기
를 좋아했다. "젊은 직원들과 노래도 하면서 함께 어울릴 때가 가장 행
복하다"고 고백하곤 했다.

　　　　　　　　　　　　　　　　　　　　　　　　기업가 정신

하계수련회에서 직원들과 함께

　일단 마이크를 잡으면 한 곡으로 끝나는 법이 없었다. 다음 노래로
이어지기 마련이었다. 송대관이 부른 '쨍하고 해 뜰 날'이 기다린다. "꿈
을 안고 왔단다 내가 왔단다. 슬픔도 괴로움도 모두모두 비켜라~." 이
부분에 이르러 목청이 더욱 높아지곤 했다. 가사를 읊조리며 자신의 걸
어온 길을 느꼈을 법도 하다. 시련 속에서도 쨍하고 아침 해가 뜨기를
기다렸던 그가 아니던가.

　서유석의 '가는 세월'도 자주 불렀다. 그 자신이 서서히 나이를 먹어
간다는 사실을 깨닫고 있었던 것일까. 아직도 할 일은 많은데 세월은
속절없이 흘러만 가고 있었으니, 노래를 부르면서도 속으로는 야속하

다 여겼을지 모른다. 좌중의 분위기도 저절로 숙연해질 수밖에 없었다.

그는 가끔씩은 미국 민요인 '매기의 추억'을 부르기도 했다. 6·25 당시 부산 피란길에 배웠다는 정도로만 사연이 알려져 있다.

그러나 이 노래든 저 노래든 가사 한 줄 틀리지 않고 곡조를 따라 정확하게 불러 젖히던 솜씨는 가히 일품으로 기억된다. 더구나 업무에 바쁠 수밖에 없는 재벌총수의 입장에서 말이다. 그는 주로 차 안에서 테이프를 틀어놓고 흥얼거리며 노래를 익히고는 했다. 자동차나 중공업 사업과 관련해 울산을 자주 다니면서 노래 테이프는 무료함을 달래 주는 특효약이었다. 중동 건설현장에 출장 갈 때도 빠지지 않는 게 노래 테이프였다.

정주영은 한때 임직원들과 회식을 위해 서울 관철동에 있는 주점 반줄에 자주 들르고는 했는데, 이곳에서도 술을 마시다 흥이 나면 마이크를 잡고 대중가요를 불렀다. 재벌 총수로서 격식을 따지지 않는 성격이었다.

노래만이 아니다. 사교춤에도 일가견이 있었다. 비록 발놀림이 투박하긴 했지만 왈츠도 즐겼다. 그런데 왈츠는 어떻게 해서 배우게 됐을까. 언젠가 외국 출장 중에 연회장에서 사람들이 즐겁게 어울려 스텝을 밟는 모습을 보고도 자신은 춤을 추지 못했기에 어울리지 못한 서운함이 하나의 계기가 되었다. 조선소 건설 문제로 노르웨이 베르겐을 방문했을 때의 얘기다.

노르웨이 출장이 끝나고 몇 달도 지나지 않아 괌에 출장 갔을 때는 이미 왈츠에 입문한 뒤였다. 그때 출장에 동행했던 부하직원 권기태가 증언한다.

"아침에 호텔 커튼을 열어젖히고 내다봤더니, 정 회장께서 해변 가에서 왈츠 연습을 하고 있었다."

노르웨이 출장 때 따라갔다가 왈츠 연회에 끼지 못해 서운한 표정을 짓던 모습을 지켜본 증인이다.

그는 이처럼 무엇을 배우는 데 망설임이 없었다. 필요하다고 판단하면 곧바로 달려들었다. 영어 공부도 개인교습을 받았다. 회화에 자유롭지는 못했어도 자기가 말하는 것을 통역자가 제대로 옮기는지 정도는 알아채는 수준이었다. 혼자서 익히기 어려우면 남에게 물어 가며 배웠다. 아랫사람에게도 배웠다. 그가 평소 불치하문不恥下問의 정신을 강조한 게 그래서다.

"나는 누구에게든, 무엇이든, 필요한 것은 모두 배워 내 것으로 만든다는 적극적인 사고방식에 평생 주저해 본 일이 없다."

미국 미래학자인 앨빈 토플러의 명저《제3의 물결》을 읽으면서는 거의 통째로 외우다시피 했다. 외우려고 외운 것이 아니었다. 이해가 잘안 되자 자꾸 읽다 보니 그렇게 됐다는 것이다. 그만큼 무엇을 배우는 열의가 남달랐다. 그를 성공으로 이끈 비결의 하나일 것이다.

'시인학교'의 문학청년

정주영은 여름철마다 경포대에서 열린 '해변 시인학교'에 참가해 문인들과 어울리며 문학과 인생에 대해 담론을 즐겼다. 자신의 특기인 한시漢詩에 대해 강론한 적도 있다. 1980년대 중반 무렵 주문진에서 처음 시인학교가 열렸을 때 구상具常 시인의 권유로 참가한 것이 계기였다. 이처럼 생전에 문학계 인사들과의 교류도 잦았다.

문인들과 어울린 것이 벌써 1950년대 후반 무렵부터다.

여류시인인 모윤숙毛允淑의 집이 화양동에 있었고 그 집에서 문인들의 모임이 자주 열렸는데, 그 자리에 가끔 합류했다. 이헌구李軒求, 김광섭金珖燮, 이하윤異河潤 등이 참석하던 자리였다. 구상 시인과의 교류도 그때부터 시작된다. 특히 구상은 원산이 고향이어서 동향인으로서의 친근감도 없지 않았다. 나이로는 정주영이 네 살 위였다.

구상은 당시의 정주영에 대해 "자동차 정비공장을 운영하는 잘나가던 사업가"로 기억하고 있었다.

전숙희田淑禧나 성악가 김자경金慈璟과도 그때부터 교류해 왔다. 김자경은 음악도이면서도 자주 문인들 모임에 끼곤 했다.

정주영이 단순히 겉멋으로 문인들 모임에 참석한 것은 아니다. 모윤숙의 장편 산문인 《렌의 애가哀歌》 몇 구절을 줄줄 외울 만큼 문학적인 감수성이 뛰어났다. 이미 어린 시절 신문에서 이광수李光洙의 《흙》과 박화성朴花城의 《백화》를 읽으면서 자신도 문필가가 되었으면 하고 바란 적이 있었으니 말이다.

기업인으로 자리를 굳힌 뒤에도 감수성은 무뎌지지 않았다. 오히려

기업가 정신

1994년《토지》완간 출판기념회에 참석한 정주영.
당시 해외에 나갔던 정주영은 공항에서 내리자마자
원주의 박경리 자택으로 달려갔다.

문인의 꿈을 이루지 못했기에 감수성이 더욱 절절했는지도 모른다. 그가 언젠가 신문에 기고한 글에서도 그런 점이 엿보인다. 〈새 봄을 기다리며〉라는 제목의 수필이다. 로맨티스트로서의 문학적인 재능을 엿보기에 부족함이 없는 문장이다. 길지만 전부를 인용해 본다.

창밖으로 내리는 부드러운 함박눈은 오는 봄을 시샘하는 것인가? 예로부터 입춘 지나서 오는 눈은 꽃을 시샘하여 내린다 하여 꽃샘눈이라고 부른다. 초봄의 여신은 자연의 신비로움을 마음속에 흐뭇하게 안겨 준다. 인왕산 골짜기엔 해빙의 물소리가 졸졸 흐르며 삼라만상을 에워싼 대기에는 약동하는 새봄의 기운이 서렸음을 알려 준다.

춥고 지루하던 겨울은 지나가고 깊고 깊은 겨울밤의 사색에서 깨어나 긴 기지개를 켜는 봄을 바라본다. 이른 봄 먼 곳에서 동경의 여인이 살며시 걸어오는 발자국 소리를 기다리는 마음으로 새봄을 기다리며 인왕산 음지의 잔설에 아쉬움을 보낸다.

조춘早春의 아침은 상쾌하다. 차갑고 부드러운 바람이 뜰 안에 가득하고 나목을 한 둘레 돌아와서 나의 옷깃을 파고든다. 며칠 사이 확실히 달라진 것이 많다. 2월의 이른 봄은 봄을 기다리는 모든 사람들의 마음에 대답하면서 찾아왔다.

봄을 기다린 사람은 많다. 그중에서도 산간농촌 잔설 사이 양지쪽 논두렁에 불을 피워 놓고 구정 대보름달을 맞이하는 사춘기의 아이들 마음속에 봄은 맨 먼저 찾아온다. 도시의 운동 부족인 일과를 다소라도 메우려고 새벽 출근길에 반은 걷고 반은 뛰어가는 사이에도 천지간에 새봄이 찾아들고 있음을 잘 알 수 있다. 눈을 밟으며 뛰어가는 운동화 바닥으로 봄을 느낀다. 밟히는 촉감부터 다르다. 봄눈의 감촉은 부드럽고 연하며 겨울눈은 이보다 딱딱하다.

달려가는 새벽길의 겨드랑이 속으로 스며드는 봄기운은 생명 속의 오염된 찌꺼기를 씻어 내는 맑은 냉수와도 같다. 새벽녘 경복궁의 중후하고 긴 돌담장 옆을 달리며 아직은 찬 침묵 속이지만 봄의 태동을 곳곳에서 느낀다. 조춘의 감격을 가슴 그득히 들이마시며 아직 밝지 않은 하늘을 올려다본다. 그러나 사무실에 들어서면 봄은 간 곳 없이 사라진다. 비단 봄뿐이 아니고 모든 절기의 변화에 대하여 그 반사감각은 무디어지고 어린 시절의 먼 감상을 되씹는 일밖에 없다. 계절이나 자연은 그때에만 민감할 수 있고 유정有情했던 것인지 모르겠다.

어린 날의 순박한 자연은 어느새 멀리 뇌리에서 사라져 버리고 고향을 등진 도시의 유랑민처럼 거북한 긴장 속에서만 살아온 일을 되돌아본다. 이러한 세월이 '제2의 천성'으로 화하여 다년간의 생활 감정도 이런 습관에 이어져서 바람직하지 못한 개별의 나를 형성해 놓았다. 오늘의 현실은 4·4분기제의 소득확대 추구를 위한 치열한 적자생존 투쟁으로 채워지는 4계절뿐이다. 기업인에게는 환희의 4계절이나 낭만적 4계절은 연분에 닿지 않고 대자연이 가까이 있음을 알고 있으면서도 심정에 다가서지 않아 멀고 먼 데에 있는 것과 같은 실정이다.

가난하고 어리석은 젊은 계절에 궁핍에서 헤어나기 위하여, 굶주림과 헐벗음을 딛고 일어서기 위하여, 그리고 구멍가게에서 벗어나 한 사람의 기업인으로서 불안한 첫발을 내디뎠을 때, 또한 그 일을 기점으로 하여 내 생애의 발목이 잡힌 후 오늘까지 모험과 투쟁 속을 헤쳐 나왔다. 나로서 최선을 다하는 그 혼신의 집중과 정열과 전심전령全心全靈을 소진하는 질주의 기나긴 행로만이 있었다.

그러나 이런 형편이 나 하나뿐이라고 생각지는 아니한다. 기업의 대열에 서 있는 여러 기업 동지들이 이와 같은 형편에 놓여 있을 것이다. 남이 잘 때 깨고, 남이 쉴 때 뛰어가지 않으면 기업의 육성은 불가능하다. 처절하다고 할 만큼 각박한 경합 사례들을 수 없이 치러 내면서 달리고 있다. 그러므로 봄이 와도 봄의 줄 밖에 서서 혼미한 어둠에 몸을 적시고 있는 수가 많다. 경쟁에 이기는 것만이 삶의 전부로 생각해 온 폐쇄적 열기에 갇혀 지내는 나 같은 사람들에게 봄은 환상 속에만 있는 관용의 여인과 같다.

봄은 만인이 듣는 복음일 것이다. 그러나 실제로 봄은 가난한 사람들과 힘없는 사람들에게 먼저 찾아온다. 춥고 음침한 긴 겨울을 힘겹게 견디어 낸 사람들에게 봄은 더욱 따스하다. 살며시 스며드는 봄은 자애의 어머니 같은 성품 그대로이다. 포근하고 훈훈하다.

언제나 긴장하고 서두르면서 마음의 안식이라곤 없는 기업인들은 하늘의 별을 딸 듯한 기세로 달려가지만 정치나 공직자 또한 성직자들의 비판 앞에서는 자라목같이 움츠러들기를 잘한다. 그 허약한 기업 군상들. 유구한 유교의 사상이 그러했고 사농공상의 선조들이 실정이 그러했거니와 제 아무리 천만금을 손에 잡은 사람이라도 봄바람에 녹은 잔설과 같은 인간적 허약의 일면을 숨길 수 없다.

기업가 정신

기업의 사무실에는 봄, 여름, 가을, 겨울의 화려한 순환도 속절없이 스쳐 지나가며 다시 새봄이 와도 봄은 없는 것과 마찬가지인 때가 많았다. '空地에 無花草하니 春來不似春이다.'(빈 대지에 꽃과 풀이 없으니 봄이 와도 봄 같지가 않다) 기업인들이 봄을 기다리는 건 하늘에 별을 붙이고 돌아오는 여인을 기다리는 바나 다름없이 공소空疎한 경우가 되곤 했다.

그런데 봄이 또 왔다. 인왕산의 잔설을 밟으며 계절의 은혜를 새삼 되뇐다. 봄볕이 하루하루 짙어져 간다. 천지가 새봄이다. 이제부터 기업의 단하壇下에서 봄을 만끽하고 싶다. 경제 단상壇上에서 호기 있게 일하는 연출자들의 화려한 무대를 바라보면서 오랜만에 심정의 여유를 가지고 이 봄을 즐기리라. 봄눈이 녹은 들길과 산길을 정다운 사람들과 함께 걸으면서 위대한 자연을 재음미하고 인정의 모닥불을 피우리라. 천지의 창조주 앞에 경건한 찬미를 바치리라.

인생은 여러 가지이다. 온화한 삶과 질풍처럼 달리는 삶이 있으나 궁극의 염원은 한 가지라고 말할 수 있다. 평화와 자족을 느끼는 마음이다. 봄이 온다. 마음 깊이 기다려지는 봄이 아주 가까이까지 왔다.

-〈서울신문〉, 1981년 2월 25일

어휘 선택이나 문장 표현에서 섬세함이 가득 느껴지는 글이다. 이 글을 다 읽고 나면 구상 시인이 생전에 정주영에 대해 평가한 얘기가 빈말이 아님을 깨닫게 된다.

"아산은 문인들과 사귀기를 좋아한다. 아니, 그는 스스로 시문詩文을 사랑하고 즐긴다. 그는 천성 시심詩心의 소유자다."

그 자신 시인의 감수성을 지니고 있었기에 문인들과 교류하기를 좋아했던 것이다.

정주영은 그 뒤에도 타계하기까지 문인들과의 교류를 넓혀 나갔다. 방송작가인 김수현金秀賢을 포함하여 조경희趙敬姫, 박경리朴景利, 김남조金南祚 등과도 인연이 있었다. 그만큼 문학하는 사람을 좋아했다. 이화여대 총장이던 김옥길金玉吉과도 자주 만나 냉면을 앞에 놓고 세상살이에 대한 토론을 벌이기도 했다. 말년에 이르러서도 영원한 문학청년의 호기심을 유지한 것이다.

'담담한 마음'의 수수께끼

여기서 그의 '담담한 마음'에 대해서도 관심을 기울일 필요가 있다. 그는 담담한 마음으로 바르고 굳세게 살 수 있음을 강조하며 직원들에게 담담한 마음을 갖도록 권유했다. 사우디 주베일 산업항 공사 현장에까지 '담담한 마음' 탑이 세워졌다는 사실은 앞서 소개한 바와 같다.

글자를 쓰면서도 '담담'에 있어서만큼은 꼭 한글이 아닌 한자로 쓰곤 했다. '물 수水' 변에 '불 화火' 자가 두 개 들어 있는 조합을 가히 철학적으로 받아들였을 만하다. '담담淡淡'. 물이 흘러 편편하게 차는 모습을 뜻하는 것이니 넘치지도 않고, 부족하지도 않은 상태에서 평정심을 지키라는 교훈이다. 색깔로는 맑고 연하며, 음식으로는 거칠고, 맛으로는 싱

기업가 정신

거운 상태를 의미한다. 정주영 자신이 그런 마음으로 살려고 노력했다.

다음은 "행복한 생애의 길"이라는 제목으로 현대그룹 사보에 실렸던 글이다. 행복하게 살려면 담담한 마음을 가져야 한다고 역설한다.

우리들의 생각과 마음은 우리 생활의 나날을 지배한다. 길게는 일생을 지배하고 인간 생애의 운명을 좌우한다. 생각하고 마음먹는 대로 우리의 생활은 변화를 가져온다. 우리들 가정에 성장하는 아이들을 살펴보자. 생각하는 대로, 마음 가지는 대로 아이들은 성장에 많은 변화를 보인다. 마음의 행동이 정신과 신체에까지 변화를 일으킨다.

마음은 물처럼 자유롭다. 마음은 무면상無面相이요, 무한상無限相이다. 인간의 얼굴은 마음의 간판이다.

인간의 육체보다 마음이 중요하다. 얼굴의 화장 등 여러 가지로 날마다 들이는 정성을 마음을 아름답게 하기 위한 사색으로 마음을 정화하면 천사의 인상을 모든 사람들에게 줄 것이다. 못생긴 얼굴을 한탄할 것이 아니라 정신이 올바르지 못한 것을 한탄해야 한다. 찡그린 얼굴 잘난 것이 없고, 웃는 얼굴 못난 것이 없다. 40세가 지나면 자기 얼굴에 대하여 자기가 책임을 져야 한다. 온갖 선악의 심상心相이 각양각색의 관상으로 자기도 모르게 변형된다.

미국 16대 아브라함 링컨 대통령의 얼굴은 잘생긴 얼굴이 아니다. 그의 마음은 착하고, 행동이 착하고, 그의 착한 마음에서 우러나는 위대한 신념이 실현되어 그의 초상은 인류의 사랑을 받는 얼굴이 된 것이다.

390

위장이 아무리 튼튼해도 마음이 자신의 능력 이상의 과욕에서 헤매면 음식 맛이 싹 가신다. 마음은 인생살이에의 핸들이다. 인생 살이에서는 몇 번의 실패의 체험을 겪지만 영원한 실패는 존재하지 않는다. 생각은 행동이 되고, 행동은 습성을 만들고, 습성은 성품을 만들고, 성품은 인생의 운명을 결정한다. 불행하다고 생각하는 사람은 불행하고, 행복하다고 생각하는 사람에게는 행복만이 다가온다.

마음에 좋은 종자를 심자. 모든 것을 인정하는 것만이 존재할 수 있다. 생활의 형태는 마음으로 그린 것만이 형성된다. 모든 사람들에게는 무한한 가능성이 있다. 말은 생각하는 대로 하게 된다. 모든 지성은 품성을 높이는 사람의 심신을 아름답게 만든다. 착한 생각, 아름다운 마음은 착한 행동을 일으키며 기쁜 나날을 맞이하여 아무리 크고 어려운 일에도 피로함이 없다.

성공은 분투 노력만으로 되는 것이 아니라 성공의 법칙을 따라야 한다. 성공의 법칙을 따르는 것은 간단하고 쉬운 것이다. 바른 마음으로 할 일을 생각하고, 바른 마음으로 나날의 일을 실행하면 반드시 성공의 정상에 다다를 것이다. 부지런해야 한다.

담담淡淡한 마음을 가집시다. 담담한 마음은 당신을 바르고 굳세고 총명하게 만들 것입니다.

-〈현대 사우〉, 1986년 7월호

그는 '담담한 마음'에 대해서는 기회가 있을 때마다 강조하곤 했다. "모든 것을 받아들이려는 빈 마음이며 조용한 가운데 치열하게 자기 한

기업가 정신

계에 도전하는 항상심"이라는 뜻풀이까지 곁들여진다. 자기 자신의 생활체험에서 얻은 교훈이라며 "선비들이 말하는 청빈낙도淸貧樂道와도 다르다"고 언급하기도 했다. 태도가 의연해지고 당당해지므로 '담담한 마음'을 가지라고 권유한다는 것이었다. 사업 초창기에 시련을 겪으면서 스스로 용기를 잃지 않았던 배경이라 여겨진다.

한편으로는 '담담한 마음'을 추구했던 그의 모습에서 구도자의 자세까지 엿보인다. "'담담한 마음'은 도리를 알고 가치를 아는 마음"이라고도 했고, "융통자재의 평상심을 잃지 않는 것이며 모든 것을 배우려는 학구적인 노력"이라고도 했다. 이 '담담한 마음'의 수수께끼를 푸는 것만으로도 그의 가치관과 생활방식을 꿰뚫어볼 수 있을 것이다.

장사꾼의 애국심

기업의 사회적 역할은 소득과 고용을 창출하는 것이다. 그것만으로도 기업의 존재 가치는 충분하다. 일자리가 없다고 아우성치는 요즘 우리 사회의 모습에서 기업의 역할이 새삼 돋보이는 이유다. 기업이 존재하는 자체로 이미 나름대로는 국가와 사회에 기여하고 있는 셈이다.

여기서 더 나아가 '기업인이 사업을 펼쳐 갈 때 애국심이 얼마나 필요할까?' 하는 질문을 던져 본다. 물론 다분히 편향적인 질문이다. 애국심이라는 대의명제 아래 섣불리 다른 대답을 하기 어려울 것이기 때문이다. 그러나 이에 대한 정주영의 답변은 명확하다.

"기업은 국가나 사회를 위해 돈을 퍼 넣는 자선사업가가 아니다."

기업이 국가를 위해 존재하는 것이 아니라, 기업이 존재함으로써 비로소 국가를 위해서도 활동할 수 있는 여지가 생긴다는 뜻일 것이다. 여기까지는 당연히 기업가적인 면모를 보여 준다.

그렇다고 국가 이익과 관계없이 매사 주판알을 튕겨가며 돈을 벌어야 한다는 상업주의적 목표를 내세웠던 것만은 아니다. 기업의 생존이 우선 목표이긴 해도 사회와 국가의 발전을 염두에 두지 않을 수 없었다. 그가 수행한 도로, 교량, 항만, 발전소 등의 공사가 모두 국가적 과업이었다. 소양강댐 공사만 해도 개인적인 모욕을 감수하면서까지 콘크리트 중력식을 사력식으로 바꾸도록 의견을 관철시키지 않았는가. 국가 예산을 아끼려는 뜻이었다.

기업가로서 단순히 이윤추구라는 차원을 넘어 국가발전에 이바지해야 한다는 '사업보국事業報國'의 소신이 투철했음을 보여 준다. 알래스카 교량 공사를 하면서 부산에서 철골 구조물을 만들어 뱃길로 실어 날랐고, '20세기 최대의 공사'라던 사우디 주베일 산업항 공사에서도 역시 모든 기자재를 국내에서 조달해 바지선으로 운반했다. 한 푼의 공사비라도 다른 나라 길거리에 떨어뜨리지 않겠다는 의지였다.

기업활동에는 국경이 없을지라도 기업인에게는 엄연히 국경이 존재함을 깨달았던 것이다. 자동차와 조선소 사업에 뛰어들어 모진 시련을 겪으며 국가 기간산업의 발전을 주도하면서도 이런 소신에는 변함이 없었다. 기업의 앞날과 나라의 미래를 연결시켜 내다보았다.

하지만 정주영이라고 해서 처음부터 국가관國家觀이 뚜렷했던 것은 아니다. 어려서 가출을 시도한 이래 노동판을 전전하며 당장 자신의 앞가림을 걱정해야 했던 처지다. 더구나 일제강점기였기에 우선은 내 몸

　　　　　　　　　　　　　　　　　기업가 정신

뚱이, 내 가족이 전부였다. 해방을 맞아 처음 자동차공업사를 차리고도 국가와 사회를 위한다는 의식이 뚜렷했다고 간주하기는 어렵다. 회사 직원들을 챙기는 것만으로도 뿌듯한 보람이었다.

국가관이 달라진 것은 6·25 전란을 겪으면서부터였다. 피란길에 목격한 숱한 장면들에서 우리 사회의 부조리를 확인하며 치밀어 오르는 분노를 달래야 했다. 그때까지만 해도 평범한 소시민의 애국심이었을 터다. 사업 규모가 점점 커지면서 사회적 책임감도 덩달아 커졌음을 짐작하기란 그리 어렵지 않다. 그중에서도 현대건설이 국책사업에 손대기 시작한 것이 결정적인 전환점이었다. 사업을 통해 가난을 없애고 조국을 부유하게 만들겠다는 다짐을 굳힌 것이다.

여기서 돋보이는 것이 기업의 청지기론이다.

"기업 경영자는 국가와 사회로부터 기업을 수탁해서 관리하는 청지기일 뿐이다."

현대그룹이 자기 개인의 소유가 아닌 사회 전체의 소유라는 인식이었다. 그가 평소 "내 호주머니에 있는 돈만이, 월급으로 집에 가져가는 돈만이 내 돈이다"라고 말한 것도 비슷한 발상에서 나온 발언이다.

전경련 회장을 맡아 서울올림픽 유치에 앞장섰으며, 아산사회복지재단을 설립해 기업이윤의 사회환원에 노력한 그의 모습에서도 사회와 나라를 위해 기여해야 한다는 소명의식을 읽을 수 있다. 말년에 북한 개발사업에 매달린 것도 비슷한 취지였다.

정주영이 생전의 사업활동 과정에서 흠집도 적잖이 남겼겠으나 나라를 위한다는 마음만큼은 높은 평가를 받아야 마땅하다. 그의 기업가 정신에서 중요한 부분을 차지하는 덕목이다.

'정주영 사관학교'의 인재들

정주영의 인간적인 면모라야 흙먼지 날리는 공사 현장에서 부대끼며 전해지는 증언들이 대부분이다. 무엇보다 성격이 매우 급한 편이었다. 여차하면 번갯불에라도 콩을 구워 먹어야 했다. 자기만 급한 것이 아니라 급한 성격으로 부하직원들을 여지없이 다그치곤 했다. 작업 현장은 물론 사무실에서도 마찬가지였다. 조금만 내키지 않아도 금방 불호령이 떨어지기 일쑤였다.

부하직원에 대해 "이봐!"라는 질책성 호령을 내리기라도 하면 주변 분위기가 순식간에 얼어붙기 마련이었다. 일종의 공포 분위기였다. 이때는 '김 상무'라든지 '이 본부장'이라는 호칭은 아무런 소용이 없었다. 원래 무뚝뚝한 성격인 데다 목소리까지 쩌렁쩌렁한 편이어서 그가 한번 인상을 쓰기 시작하면 분위기가 온통 긴장될 수밖에 없었다.

평상시에도 회의를 주재할 때면 그냥 어물쩍 넘어가는 법이 없었다. 현안에 대해서는 누구보다 집요했다. 통이 크면서도 일에는 세심했다. 어렵다는 답변이 나오기라도 하면 금방 표정이 굳어졌다.

"이봐, 해봤어?"

이 질문은 질책이나 마찬가지였다. 마지막까지 최선을 다하지 않은 데 대한 추궁이었다.

직원들이 뻔히 막다른 골목에 부딪쳐 더 나아갈 길을 찾지 못할 때도 그는 우선 채찍을 휘둘렀다. 격려는 나중 일이었다. 물론 추궁에 대한 답변도 대체로는 본인의 몫이었다.

현대건설이 단양시멘트 공장을 준공하고 처음 시멘트를 생산해 내면

395   기업가 정신

단양시멘트 공장에서 생산한
'호랑이표 시멘트'

서 '호랑이표 시멘트'라고 이름 붙인 이유가 바로 거기에 있었다. 현장에서 '호랑이'라는 별명으로 불리던 정주영의 불같은 의지를 제품으로 구현하려 한 것이다. 부하직원들이 슬그머니 내빼려는 모습에 호통을 참지 못하던 그의 성격이 상품 이름으로 등장한 셈이다.

직원들은 추궁을 당하면서도 한편으로는 굳세게 단련되어 갔다. 무리한 추궁에 야속하다 싶으면서도 어느새 돌파구를 찾아 순항하는 모습에 스스로 안도하면서 더욱 그를 신뢰하고 따르게 된 것이다. 작게는 전경련회관 신축공사의 층수 허가 문제가 그러했고, 주베일 산업항 공사의 바닷길 운반작전이 또한 그러했다. 부하직원들이 저절로 승복하는 가운데 확립된 리더십이다.

일 앞에선 냉철했지만 일이 끝난 다음에는 투박한 목소리로나마 다독여 주곤 했다. 그것이 현장에서 다져진 정주영 개인의 인간적 매력이었다. 카리스마가 넘치면서도 마음을 풀어 젖힐 때는 소탈한 이웃집 아저씨의 모습을 그대로 보여 주었다. 막걸리로 얼큰해지면 시인의 감상적인 면모를 드러냈는가 하면 즉석에서 대중가요 가수가 되기도 했다.

풍류를 즐기는 데서도 빠지지 않았다. 경제계 인사들을 청운동 자택으로 초청해 국악 연주를 곁들인 만찬을 베푸는가 하면, 추석 보름 때는 달놀이 술자리를 마련하기도 했다. 그렇다고 격식을 따졌던 것만도 아니다. 아무 때라도 생각이 나면 업무에서 잠시 벗어나 경춘가도를 달리기도 했다. 출출하다 싶으면 길가 허름한 식당에 찾아 들어가 꿩 찌개, 막국수 한 그릇을 얼른 비우고는 또 시골길을 달렸다. 그것은 그에게도 즐거움이자 안식이었다.

무엇보다 자수성가로 세계적인 기업가 반열에 올랐으면서도 재벌 총수라는 티를 드러내지 않았다. 통이 크면서도 작은 일에 세심했고, 중절모를 쓰기보다는 밀짚모자를 더 좋아했다. 입지전적인 주인공이면서도 세련되게 보이려 애쓰는 대신 질박質朴한 성품을 그대로 유지했다.

다양한 분야에 걸쳐 사업을 일으키고도 스스로 '건설인'으로 자처한 데서도 진솔한 성격의 일면을 드러냈다. 현대건설에 대한 애착이었다. 뿐만 아니라 현대건설을 중심으로 그룹의 인재를 키웠다. 건설현장 지휘부 위주로 그룹의 총참모본부가 꾸려졌다. 싹수가 보이는 직원일수록 신입 시절부터 대장간 무쇠 벼르듯이 혹독한 훈련을 시켰다.

철저히 능력 위주로 인사관리가 이뤄진 것이 그래서다. 책임을 맡기고 소화해 내면 더 높은 책임과 권한을 부여했다. 한번 신임하면 여간해선 내치는 법이 없었다. 잠깐 쉬도록 했다가도 언젠가는 반드시 중책을 맡겼다.

뒷날 대통령까지 오른 이명박은 '정주영 사관학교'의 우등생이었다.

기업가 정신

초창기의 몇몇 전문경영인을 제외한다면 이춘림李春林, 박재면朴載冕, 이내흔李來炘, 김정국金正國, 김광명金光明, 심현영沈鉉榮, 김윤규金潤圭, 심옥진沈玉鎭, 이지송李之松, 이종수李鍾洙 등 역대 사령탑이 현대건설에서 잔뼈를 키운 역전의 용사들이었다.

'리틀 정주영'이라는 별명으로 불린 박세용朴世勇, 증권계에서 '바이코리아Buy Korea' 돌풍을 일으킨 이익치李益治도 현대건설 출신이었다. 정주영이 조선소 사업을 시작할 당시 런던본부장으로 근무했던 정희영鄭熙永은 더 말할 것도 없다. 일찍이 그의 눈에 들어 사윗감으로 찍힌 주인공이다.

그러나 말재주가 뛰어난 사람들에 대해서는 오히려 경계의 눈길로 바라보았다는 것도 기억할 만한 점이다. "말 많은 집 장맛이 쓰다"고 했듯이 알맹이는 없이 번지르르 언변만 늘어놓는 사람들을 그는 그다지 내켜 하지 않았다. 행동으로 나타나는 됨됨이를 보고 사람을 평가했다. 사람을 가리는 데 있어서도 그의 인간적인 면모를 느끼게 된다.

정주영 이후

8

2001년 3월 21일, 서울아산병원.

오후가 되면서 언론사의 취재 차량들이 병원으로 몰려들기 시작했다. 방송사의 생방송 중계차까지 동원되고 있었다. 뉴스의 냄새를 맡는데 후각이 특히 예민한 기자들이 아니던가. 병원의 현관 로비는 밀려든 보도진으로 발 디딜 틈도 없을 만큼 금방 혼잡을 이루었다. 그러면서도 전체적으로는 긴박하면서도 무거운 분위기였다.

정주영이 위독하다는 소식이 전해졌기 때문이다.

평소 건강만큼은 차돌 같다고 했지만 역시 나이는 속일 수가 없는 법이었다. 폐질환이 악화되면서 두 달 전부터 입원 치료를 받고 있었다. 벌써 보름도 넘게 산소 호흡기를 부착한 것으로 전해지던 터였다.

그가 그동안 입원해 있던 동관 18층 병실 주변에서 이미 의료진의 발걸음이 빨라진 듯했다. 고비가 다가오고 있었던 것이다. 그가 다시 3층 중환자실로 옮겨진 것은 그날 오후 3시쯤. 응급 상태가 시시각각 전해지고 있었다.

"오늘을 넘기기 힘들 것 같다."

어디서 나온 얘기인지는 몰라도 의료진의 소견도 나돌았다. 현대가의 가족들이 속속 병원에 도착하는 것으로 미루어 단순한 추측이나 소

정주영 이후

문만은 아닌 듯했다. 가족들의 표정은 한결같이 무겁고 침통했다.

날씨조차 우중충했다. 하늘은 잔뜩 흐려 있었고, 병동 바깥의 나뭇가지를 휘감고 지나가는 썰렁한 바람소리가 아직 겨울의 뒤끝임을 말해 주고 있었다. 서울 송파구 풍납동. 병원이 바로 한강변에 위치해 있어 바람이 더욱 쌀쌀하게 느껴졌을지도 모른다. 아직 '서울중앙병원'이라는 이름으로 불리고 있을 때였다.

현대 측이 공식적으로 그의 타계 소식을 발표한 것은 그날 밤 10시가 조금 넘어서였다. 그룹의 창업자 '왕 회장'이 끝내 운명한 것이다. 폐렴으로 인한 급성 호흡부전증이었다. 아내 변중석 여사가 협심증으로 같은 병원에 입원해 있었건만 무엇이 바빴는지 먼저 총총 떠나가고 만 것이다. 향년 86세.

맨주먹으로 이룩한 현대그룹의 잔영을 아득히 뒤로 한 마지막 길이었다. 평소 건강에 자신감과 여유를 내비친 그였다.

"사업에는 나이가 없다. 앞으로 100살이 될 때까지 충분히 일할 수 있다. 은퇴 후 10년 동안은 골프나 치며 즐기겠다."

더욱이 소떼몰이 방북으로 세계의 눈길을 끌면서 뒤늦게나마 북한 개발사업에 열정을 보이던 시기였기에 아쉬움을 더했다. 화려하면서도 파란만장한 생애였다. 한국 경제계로서는 굳건한 버팀목을 잃은 셈이었다. 커다란 별이 떨어진 것이다. 떨어지면서 저 하늘 어딘가에 무수한 별똥별을 뿌리고 있을 터였다.

방송사들은 그의 사망 발표와 함께 일제히 추모 방송에 들어갔다. 열정과 도전, 그리고 시련과 성공으로 점철된 그의 생애를 자세히 보도하느라 모든 정규 프로그램은 일체 중단됐다. CNN 방송을 비롯하여 AP,

AFP 등 해외 언론들도 그의 사망 소식을 전 세계로 타전하기에 바빴다.

정주영의 사망 소식이 전해지자 경제단체들은 일제히 추모 성명을 발표했다.

전경련은 즉각 보도문을 발표하고 "우리 경제사회 발전에 커다란 족적을 남긴 정 명예회장의 별세를 우리 경제계는 심히 애석하게 생각한다"면서 "경제 선진화를 구현하는 데 더욱 앞장서는 길이 국리민복에 온 평생을 바친 고인의 뜻을 이어받는 길이 될 것"이라고 애도의 뜻을 밝혔다. 그가 오랫동안 전경련 회장을 맡아 경제계를 이끌어 왔기에 추도의 염은 더욱 절절했다.

대한상공회의소도 논평을 내고 "강력한 추진력으로 우리나라 경제발전을 선도한 정 명예회장의 타계는 경제계뿐만 아니라 국가적으로 큰 손실"이라고 추모했으며, 한국무역협회와 중소기업중앙회도 각각 발표한 성명에서 1970년대 '한강의 기적'을 이룬 선구자이며 우리 경제가 나아갈 길을 제시한 주인공으로서 그의 타계를 아쉬워했다.

가뜩이나 국가적으로 돌아가는 경제 사정도 그다지 좋지 않을 때였다. 전대미문의 외환 위기에서 겨우 벗어나고는 있었지만 미국의 통상압력은 전례 없이 거세지고 있었다. 미국 무역대표부USTR가 이른바 '슈퍼 301조'에 의거하여 그동안의 자동차와 철강, 영화 분야에서뿐만 아니라 지적재산권이나 술, 식품, 의약품 등 다른 분야에 대해서까지 시장개방 압력을 행사하고 있었다.

그의 타계가 안타까울 수밖에 없는 상황이었다.

큰 별, 떨어지다

정주영의 건강에 이상 신호가 잡히기 시작한 것은 1999년 말부터다. 신체 쇠약에 마음의 응어리까지 맺힌 탓이었다. 기대했던 대북사업의 과다 출혈로 그룹의 경영 부담이 쌓여만 가고 있었다. 심지어는 부실 징후까지 감지되던 터였다. 금강산 관광을 포함한 현대그룹의 대북사업으로 남북 교류의 물꼬가 터졌고, 2000년에는 김대중-김정일 사이의 6·15 정상회담으로까지 이어졌건만, 정작 사업의 수익성은 만족스럽지 못했다. 오히려 그 무렵에는 금강산 관광도 난관에 봉착함으로써 적자만 가중되고 있었다.

남북관계 자체도 순조롭지만은 않았다. 남북정상회담을 위해 김대중 대통령이 평양을 방문한 데 이어 김정일 국방위원장의 서울 답방이 예고되고도 별다른 진전이 엿보이지 않았다. 정주영이 타계하기 바로 며칠 전에도 서울에서 제5차 남북 장관급회담이 열릴 예정이었으나 무기 연기된 상황이었다.

후계 문제를 둘러싼 현대그룹 내부의 갈등이 수면 위로 떠오른 것이 이런 배경과 무관할 리 없었다. 정주영으로서는 아들들의 지분 관계를 미리 확실하게 정리하지 못한 것이 실수라면 실수였다. 결국 아들 형제들 사이에 경영권 다툼이 벌어졌고, 이로 인해 그룹 계열사들이 흔들리는 지경에까지 이르렀다.

이때의 사태에 대해 아들 정몽준은 "몽헌 형 주변에 있던 아버지 비서 출신들이 몽구 형을 비방하고 중상하면서 일어난 일"이라며 안타까움을 표시한 바 있다.

측근들이 형제 사이를 이간질했다는 것이다. 결국 승자는 없이 서로 패자로 끝난 다툼이었다.

이런 과정에서 2000년 6월 북한을 방문했다가 돌아온 뒤로 정주영의 기력은 급속도로 쇠약해지기 시작했다. 그의 북한 방문도 그것이 마지막이었다. 특히 현대건설에 들이닥친 경영난은 마지막까지도 그의 가슴에 원망으로 맺혀 있었을 것이 틀림없다. 젊은 시절부터 모든 열정을 바쳐 키워 온 현대건설이 짓궂은 바람 앞에 마구 흔들리고 있었다.

결국 이처럼 어수선한 분위기에서 병원에 입원해 있다가 이날 영원히 눈을 감고 만 것이다. 급성 호흡부전증이 직접 사인이었으나 답답증이 속병을 키운 것이나 마찬가지였다. 젊은 시절 목욕 뒤에는 꼭 찬물로 샤워를 했으며, 청운동 자택에서 계동 사옥까지 일부러 걸어서 출근할 만큼 건강에 신경을 기울였으나 마음의 상처는 다스리기가 쉽지 않았다.

그의 시신은 다음 날 아침 일찍 병원에서 청운동으로 옮겨졌다. 빈소를 청운동 자택에 마련키로 한 것이다. 이미 숨을 거두었을망정 마지막 떠나보내기에 앞서 며칠만이라도 집에서 편안히 머물게 하려는 유족의 뜻에 따른 결정이었다.

고인의 시신을 운구하는 앰뷸런스가 자택 골목으로 들어서자 초혼례招魂禮가 이뤄졌다.

인천제철 회장이던 박세용이 2층 베란다에 올라 "정주영 명예회장님, 복복복復復復"이라고 외쳤다. 망자의 혼을 불러온다는 의식이었다. 초혼례의 전통 법식에 따라 고인이 생전에 입었던 와이셔츠를 두 손으로 흔들면서 박세용은 눈물을 쏟고 있었다. 새벽부터 청운동에서 기다

정주영 이후

리던 현대 계열사 사장단 모두가 눈시울이 붉어져 있기는 마찬가지였다. 바깥에는 기어코 부슬비가 내리고 있었다. 봄비라고 하기에는 아직 빗줄기가 차가웠다. 하늘도 그의 죽음에 차마 무심하지 않았던 것일까.

청운동 자택의 대청마루에 분향대가 마련되었고, 시신은 안을 들여다볼 수 있도록 특수 제작된 유리관에 안치되었다. 그가 생전에 받은 각종 훈장들도 분향대의 영정 앞에 나란히 놓였다. 대영제국의 코맨더 장章을 비롯해 푸틴 러시아 대통령으로부터 받은 친선훈장에 이르기까지 하나같이 시련을 넘어선 영예로운 성공담을 말해 주고 있었다. 해외 경제 발전에도 이바지한 영웅의 발자취였다.

자택에 빈소가 차려지고 사회 각계 인사들의 조문 발길이 이어졌다. 김대중 대통령은 한광옥 청와대 비서실장을 보내 조의를 전달했으며, 김영삼 전 대통령도 빈소를 찾았다. 1992년의 대선 출마로 인해 관계가 소원해진 사이였지만 이제 그것도 한낱 과거의 얘기일 뿐이었다. 전두환 전 대통령도 빈소에 조문했다.

미국과 영국, 일본 등 주요국 주재 대사들도 직접 조문하거나 서한을 보내 애도의 뜻을 표했다. 중국과 러시아도 정부 차원에서 조전을 보냈다. 코피 아난Kofi Annan 유엔 사무총장도 애도의 뜻을 보내왔다.

장례식에서 호상護喪을 맡은 유창순 전경련 고문도 한마디를 남겼다.

"우리 대한민국이 하도 못사니까 하나님이 불쌍히 여겨 위대한 사업가를 내주셨는데, 할 일을 다하고 갔으니 여한이 없을 것이다."

정말로 그래서였을까. 정주영은 국화꽃 송이에 둘러싸인 커다란 영정 속에서도 넉넉한 표정으로 웃고 있었다. 자기의 죽음으로 더 이상 서글퍼하지 말라는 뜻이었을 것이다.

북한 조문단의 서울 방문

정주영의 장례는 가족장으로 치러졌다.

생전의 발자취를 감안하면 국민장이나 사회장으로도 오히려 부족할 것이었건만 가족들이 극구 고사했기 때문이다. 아마 망자도 생전에 그런 거창한 장례 행사를 원하지 않았을 것이다. '현대그룹장'이라는 형식마저 물리친 것은 뜻밖이었지만 이미 본인이 세상을 떠난 마당에 형식이 어떻든 달라질 것은 없었다.

어쩌면 조촐한 가족장이야말로 망자에 대한 최대의 예우였으리라. 더욱이 현대건설을 포함하여 현대그룹의 핵심 계열사들이 심각한 유동성 위기에 빠진 상태였다. 거기에 우리 경제도 전반적으로 형편이 좋지 않을 때였다. 한국 경제의 최대 거목이던 그의 업적과 족적을 떠올린다면 되도록 조용하게 장례를 치르는 것이 오히려 그의 이름을 더욱 빛나게 하는 방법이라고 가족들의 의견이 모인 것이다.

이때 북한의 반응도 기억할 만하다.

정주영의 타계 소식이 보도된 이튿날 북한은 김정일 국방위원장의 이름으로 즉각 유가족에게 조전弔電을 보내왔고, 뒤이어 조선아태평화위원회와 민족경제협력연합회도 조전을 발송했다. 이러한 사실은 북한 〈중앙통신〉을 통해서도 보도되었다. 평양과 금강산에도 분향소가 마련되었다. 남북관계에서 유례가 드문 일이었다.

더욱 눈길을 끌었던 것은 당시 조선아태평화위원회 부위원장이던 송호경宋浩景을 포함하여 4명의 조문단이 서울을 방문했다는 점이다. 고려항공 특별기편으로 평양 순안공항을 출발해 서해 직항로를 거쳐 김포

공항에 도착한 이들은 청운동의 빈소를 찾아 직접 조문했다. 김정일 위원장이 보낸 조화를 앞세운 채였다. 조문단 파견은 북측으로서 최고의 예우 표시였고, 더욱이 남북 분단 이래 처음이었다.

김정일 위원장의 조전은 조문단을 통해 다시 전달되었다.

"북남 사이의 화해와 협력, 민족 대단결과 통일애국 사업에 기여한 정주영 선생의 사망에 즈음하여 현대그룹과 고인의 유가족들에게 심심한 애도의 뜻을 표합니다."

송호경은 영정 앞에서 이 조전을 낭독하고는 원문을 맡아들인 정몽구 회장에게 전달했다. 조문을 마친 이들은 타고 왔던 비행기 편으로 그날로 평양으로 귀환한다.

나흘간의 조문 의식이 끝나고 아산병원에서 영결식이 있었다. 마지막 흙으로 떠나보내는 자리였다. 이인원李寅源 현대그룹 고문의 사회로 진행된 영결식에서 김상하金相厦 삼양사 회장은 고인을 기억했다.

"그동안 회장님은 수많은 경제인들, 그리고 국민들의 든든한 버팀목이자 살아 있는 경제 신화의 주인공이셨기에 회장님을 잃은 비통한 마음을 더욱 금할 수 없습니다."

구절구절 애절한 추도사였다.

고인과 오랜 친분을 나눠 온 구상 시인은 헌정시로 추모했다.

"하늘의 부르심을 어느 누가 피하랴만/ 천하를 경륜하신 그 웅지 떠올리니/ 겨레의 모든 가슴이 허전하기 그지없네…."

탤런트 최불암崔佛岩이 헌정시를 대신 낭독하는 동안 영결식장 곳곳에서는 나직한 울음소리가 흐느끼고 있었다. 구상 자신도 몸이 아파 바깥 거동이 어려울 때였다.

마지막에는 고인의 목소리도 영결식장에 울려 퍼졌다.

"우리가 살아가는 데 가장 중요한 것은 긍정적인 생각입니다. 모든 것이 가능하다고 생각하면 모든 것을 해결할 수 있습니다."

생전에 녹음된 육성이 대형 멀티비전으로 다시금 살아난 것이었다. 세상을 뜨고도 이승의 추종자들에게 전하는 메시지는 확실했다.

"무엇이든지 할 수 있다"는 긍정적인 자세로 세상을 살아가라는 격려였다.

운구 행렬의 영정은 현대차 상무이던 정의선鄭義宣이 받들었다. 정몽구 회장의 장남으로, 집안의 장손이었다. 그동안의 온갖 논란을 잠재우고 맏아들인 정몽구를 통해 정의선에게 적통嫡統이 이어질 수밖에 없음을 확인해 주고 있었다.

사실은, 정몽구는 원래 정주영의 아들들 가운데 맏이가 아니었다. 둘째아들이었다. 그 위로 정몽필이 있었으나, 1982년 교통사고로 유명幽明을 달리한 이후 정몽구가 맏아들로서의 자리를 물려받아 집안의 대소사를 주재해 왔다. 정몽필은 생전에 인천제철 회장을 지냈으나 아들은 없이 딸만 둘을 남겼다.

정주영은 경기도 하남시 창우리 소재 선영 언덕배기에 안장되었다. 그의 부모가 묻혀 있는 묘역의 바로 앞자리다. 이로써 여든여섯 나이에 이생을 마감하고 영면永眠에 들어간 것이다. 묘비에는 앞서 구상 시인이 쓴 추도시가 새겨졌다. "겨레의 뭇 가슴에 그 웅지, 그 경륜이." 제목만으로도 영웅의 풍모를 느끼게 만든다.

비록 정주영은 그렇게 떠났어도 세상은 여전히 그를 기억하고 있다.

그가 숨을 거둔 이듬해인 2002년 제5회 만해상 평화상이 추서되었

정주영 이후

으며, 다시 4년 뒤인 2006년 11월에는 시사주간지 〈타임TIME〉에 의해 '아시아의 영웅'으로 선정되었다. 2008년에도 강원도가 수여하는 DMZ 평화상 대상이 특별 추서되기도 했다. 의전에 따른 시상식을 떠나서도 많은 사람들의 마음에 희망과 용기의 정신으로 남아 있다.

정주영의 오랜 반려자 변중석 여사도 서울아산병원에 입원해 있다가 2007년 8월 세상을 떠났다. 심장병과 고혈압으로 오랫동안 치료를 받아오다가 갑자기 증세가 악화된 탓이었다. 향년 86세. 남편이 살다 간 만큼 이승에서 인연을 맺은 세월이었다.

정몽구와 정몽준

지난날 현대그룹을 모체로 했던 계열사들은 현재 여러 그룹별로 완전히 분리되어 있다. 정주영의 2세 형제들 사이에 지분 정리가 이뤄진 결과다. 방향과 범위는 약간 달라졌을지언정 정주영의 생전부터 추진하던 작업이었다.

이미 정몽구 회장이 2000년 현대자동차그룹을 출범시킨 상태에서 2002년에는 현대중공업그룹, 현대백화점그룹, 현대해상화재보험그룹 등이 각각 잇달아 분리되었다. 기존의 모체였던 현대그룹은 현대상선, 현대아산, 현대엘리베이터 등을 포함하고 있다. 따라서 자동차, 조선, 유통, 해운, 금융 등 각자 전문 분야의 길로 나서면서 그룹별로 우리 경제의 디딤돌 역할을 떠맡고 있는 것이다.

그중에서도 자동차그룹의 규모가 가장 큰 편이다. 현대자동차와 현대모비스, 현대제철, 현대엔지니어링, 현대캐피탈, 현대글로비스, 해비치호텔&리조트 등 60개에 가까운 계열사를 거느리고 있다. 자동차그룹만으로 과거 전성기 시절 현대그룹의 위상을 대변한다 해도 과언이아니다. 한때 채권단에 넘겨졌던 현대건설도 우여곡절 끝에 자동차그룹으로 편입되어 있다.

정몽구 회장이 맏아들로서 아버지의 유업을 이어받은 셈이다. 눈길을 끄는 것은 청운동에 걸렸던 '일근천하무난사一勤天下無難事' 글귀가 한남동 그의 집에도 액자로 걸려 있다는 사실이다. 스스로 부친의 유지를받들겠다는 다짐의 의미로 여겨진다.

특히 현대차그룹은 일관제철소 사업에도 참여함으로써 자동차, 제철, 건설사업 등을 서로 연계하는 3대 핵심 성장축의 수직 계열화 작업의 계기를 마련했다. 2010년 충남 당진제철소에 연산 400만 톤짜리 고로 2기를 완공했고, 2013년에는 제3호 고로까지 작업을 끝마쳤다. 불가능에 도전하는 정몽구 회장의 추진력이 아버지와 흡사하다는 평가를받는 이유다.

현대차그룹은 여기서 더 나아가 2014년 삼성과의 경합 끝에 2만 4천평 규모인 서울 삼성동의 한국전력 부지를 낙찰받는 데 성공했다. 낙찰가만 해도 10조 5,500억 원에 이르렀다. 강남의 마지막 노른자 땅인 이곳에 컨벤션센터와 호텔, 자동차 테마파크 등을 갖춘 글로벌 비즈니스센터를 세우겠다는 것이 정몽구 회장의 뜻이다. 그의 바람이 과연 어떤식으로 추진될지 지켜볼 일이다.

정몽구 회장이 경제활동에서 아버지의 유업을 이어 가고 있다면, 여섯째인 정몽준 회장은 정치를 이어 간다는 점에서 대비를 이룬다. 아버지가 통일국민당을 창당하고 대통령 후보로 출마했을 당시 밀착 지원했던 그는 2002년 대선에서는 스스로 후보 대열에 나서기도 했다. '국민통합 21' 소속으로 돌풍을 일으키던 과정에서 새천년민주당 노무현 후보와의 막판 단일화 합의로 후보를 양보하고 말았다.

그가 2007년의 대선을 앞두고 이명박 후보 지지를 선언하며 한나라당(새누리당 전신)에 입당한 것은 그의 정치 행보에서 기억할 만한 변화였다. 이명박이 현대건설 사장을 지냈지만 정치적으로는 서로 소원하게 지냈던 까닭이다.

한나라당으로 옮겨간 그는 2008년 전당대회에서 최고위원으로까지 선출되었고, 이듬해에는 당대표직을 승계하기도 했다. 정치적 보폭을 성큼성큼 넓혀 가며 중앙 정치무대에서도 거물급으로 성장했음을 보여준다.

하지만 그에게도 시련기는 찾아왔다. 2014년 실시된 지방선거에서 새누리당 서울시장 후보로 나섰으나 낙선의 고배를 들고 말았다. 당내 경선에서 후보로 선출되는 데까지는 성공했으나 거기까지였다. 새정치민주연합 후보인 박원순朴元淳 시장의 연임 의지를 저지하지는 못했다. 비록 행보가 주춤거리고는 있으나 그는 여전히 더 큰 꿈을 위해 도전을 시도하는 중이다.

정몽준의 정치활동은 축구협회 활동과 병행해서 이루어져 왔다. 축구협회 활동은 그에게 때로는 피난처였고, 때로는 발판이었다. 1993년 제47대 대한축구협회 회장으로 취임해서 이듬해 국제축구연맹FIFA 부회장에 당선됐다. 국회의원 신분이기는 했어도 부친의 대선 도전 실패로 정치적 곤경에 처해 있을 무렵이어서 축구협회가 은신처 구실을 해

아들들과 함께 새벽을 가르며 출근하는 정주영. 왼쪽부터 정몽구, 정몽준, 정주영, 정몽근, 정몽헌

정주영 이후

준 셈이다.

하지만 단순히 은신처만은 아니었다. 그는 축구협회 회장을 지내는 동안 한국 축구 발전을 위해 남다른 노력을 기울였다. 그로서는 정치적 입지를 다져 가는 하나의 방편이기도 했다. 결국 2002년 월드컵 대회가 대한민국과 일본의 공동개최로 확정된 것은 절반 이상이 그의 공로였다. 정주영 회장이 88올림픽을 서울로 유치한 데 이은 부전자전父傳子傳이었다. 그는 현대 계열사 중에서 현대중공업을 이끌어 가고 있다.

정주영 집안의 3세들

현대가의 경영은 현재 '몽夢자' 돌림에서 '선宣자' 돌림으로 옮겨지고 있다. 창업자인 정주영의 '길 영永'에서 2세의 '꿈의 세대'를 거쳐 다시 3세의 '베푸는 세대'로 이전되고 있는 것이다.

현대가의 3세들은 정주영의 직계만 따져도 남녀를 합해 모두 20명에 이른다. 이들의 상당수가 기업 경영에 발을 들여놓고 있다. 예부터 '부자 3대 가기 어렵다'고 했으나, 오히려 대를 이어갈수록 번창하는 추세다. 온갖 시련에도 굽힐 줄 몰랐던 창업자의 열정과 도전정신이 핏줄로 전해진 덕분일까.

그중에서도 집안의 적통을 이어받는 정몽구 회장 자녀들의 기업 승계가 돋보인다. 그의 아들 정의선 부회장이 현대차그룹의 후계 구도를 굳혀 가는 중이다. 일찍이 현대자동차에 입사해 영업 및 기획담당 상무와 기아자동차 해외담당 사장을 지내면서 경영수업을 쌓았다. 그룹 부회장직을 맡은 것도 벌써 2009년부터다.

휘문고와 고려대 경영학과를 졸업한 그는 미국 유학으로 샌프란시스코주립대SFSU 경영대학원 MBA 과정을 마쳤다. 아버지의 뒤를 이어 현재 대한양궁협회 회장과 아시아양궁연맹 회장직을 수행하는 점도 돋보인다. 2006년에는 세계경제포럼WEF에 의해 '세계 차세대 지도자'로 선정되기도 했다. 현대가의 3세 남자들 가운데서는 나이(1970년 출생)가 가장 위다.

정몽구 회장은 정의선 위로 딸만 셋을 두고 있다. 장녀 정성이가 이노션 고문을 맡고 있으며, 둘째 정명이가 현대커머셜 고문, 셋째 정윤이가 해비치호텔&리조트 전무를 맡는 등 계열사 지분을 골고루 나눠 갖고 있다. 또한 큰사위인 선두훈이 현대차 지분이 참여한 인공관절 회사 코렌텍을 이끌어 가고 있으며, 둘째사위 정태영 현대카드를 지휘하고 있다.

정몽근鄭夢根 회장의 관할인 현대백화점그룹은 이미 2007년 그의 장남 정지선鄭志宣에게 그룹 회장직이 넘겨졌다. 정지선은 경복고와 연세대 사회학과를 졸업한 뒤 하버드대학원 아시아경제학석사를 마쳤다. 차남 정교선과의 그룹 지분이 정리되는 과정에 있다. 정지선은 주로 백화점 사업 분야의 지분을 가진 반면, 정교선은 홈쇼핑과 식품사업을 중심으로 경영권을 확대하고 있다. 형을 따라 경복고 동문인 정교선 부회장은 한국외국어대를 나왔다.

고 정몽헌 회장과 현정은玄貞恩 회장의 3남매 가운데서는 장녀 정지이, 차녀 정영이가 일찍부터 계열사에 입사해 경영수업을 받고 있다. 각각 현대유엔아이 전무와 현대상선 대리 직책을 맡고 있다. 외동아들로

정주영 이후

서 막내인 정영선은 군 복무를 마친 뒤 현재 미국에 유학 중이다. 정지이는 서울대 고고미술사학과를 졸업하고 연세대 대학원에서 신문방송학 석사 학위를 받았으며, 동생인 정영이는 미국 펜실베이니아대에서 경영학을 전공하고 와튼스쿨을 졸업한 실력파이다.

현대가에서는 아직 아들을 대신하여 딸에게 경영권이 물려진 적이 없으나, 이미 현정은 회장이 남편의 활동을 이어받아 경영에 깊이 뛰어들었다는 점에서 새로운 구도가 펼쳐질 가능성도 예상된다. 현정은 회장은 신한해운 현영원玄永源 회장의 딸로서, 모친인 김문희金文姬가 김무성 새누리당 대표의 누나이기도 하다.

현대중공업도 2014년 10월에 이뤄진 인사에서 대주주인 정몽준의 아들 정기선이 임원으로 승진함으로써 경영 승계가 발 빠르게 진행 중이다. 그는 그동안 경영기획팀과 선박영업부 부장을 겸임하면서 사업 전반에 걸쳐 경영수업을 받아 왔다. 연세대 경제학과를 졸업한 그는 미국 스탠퍼드대에서 경영학석사 과정을 밟은 뒤 한동안 보스턴컨설팅그룹 한국지사에서 근무하기도 했다.

정몽준 회장은 부인 김영명과의 사이에 정기선을 맏으로 하여 모두 2남 2녀를 두었다. 정남이, 정선이 등 두 딸 밑으로 정예선이 막내아들이다. 김영명은 김동조金東祚 전 외무장관의 딸이다.

창업주의 장남으로서 불의의 교통사고로 일찍 세상을 떠난 정몽필 전 인천제철 회장의 두 딸 정은희, 정유희는 KCC의 주식 지분을 소유하고 있다. KCC는 정주영의 막내 동생 정상영 명예회장의 관할로, 정 명예회장이 직계가 아닌 조카의 딸들까지 세심하게 챙겨 준다는 점이 눈길을 끈다. 이들 자매는 원래 동서산업 지분을 갖고 있었다. 부친이 생전에 한때나마 동서산업 사장을 지낸 인연으로 정주영이 챙겨 주었던 것이다.

이들은 부친에 이어 1991년 어머니 이양자마저 위암으로 여의고 청운동 집에서 할아버지인 정주영과 할머니 변중석 여사의 보살핌을 받으며 성장했다. 언니 정은희는 1995년 이화여대 불문과를 수석 졸업했으며, 동생 정유희는 이에 앞서 1992년 이화여대 영문과에 지원해 전체 수석입학의 영예를 차지한 바 있다.

정주영의 4남으로 역시 일찍 타계한 정몽우鄭夢禹의 장남인 정일선鄭日宣은 현대BNG스틸의 대표이사 사장을 맡고 있다. 현대BNG스틸은 현대차그룹에 속해 있는 계열사라는 점에서 큰아버지인 정몽구 회장의 후광을 누리고 있는 셈이다. 차남인 정문선도 이 회사의 부사장을 맡고 있다. 셋째인 정대선은 독자적으로 비에스엔씨BS&C를 경영하고 있는데, 지난 2006년 아나운서 출신인 노현정과 결혼하면서 세간에 화제를 뿌린 주인공이기도 하다.

현대해상화재보험은 정몽윤鄭夢允 회장의 아들 정경선의 그룹 지분을 늘리는 방법으로 후계 구도를 가시화하고 있다. 고려대 경영학과를 졸업한 그는 현재 비영리법인인 루트임팩트 대표를 맡아 사회적 기업을 지원하는 등 다양한 공헌사업을 추진하고 있다. 정몽윤 회장의 장녀인 정정이도 계열사 주식을 보유하고 있다. 정몽일 회장도 정현선, 정문이 등 1남 1녀를 두고 있다.

정주영은 일찍이 현대건설 직원이던 정희영을 사윗감으로 선택해 외동딸인 정경희와 배필을 맺어 주었다. 현재 선진종합해운을 이끌어가는 정희영 회장이 그 주인공이다. 1965년 현대건설 공채로 입사한 그는

정주영 생전 청운동 자택에 모인 정주영 일가의 모습

현대그룹에 재직할 당시 현대중공업과 현대종합상사 사장을 지내기도
했다.

한편, 정주영의 동생들이 떨어져 나가 일으킨 방계 기업들도 2세 경
영체제로 거의 넘어간 상태다. 둘째인 정인영은 생전에 한라그룹을 키
웠고, 셋째인 정순영과 막내인 정상영은 각각 성우그룹과 KCC그룹을
거느렸다. 넷째인 정세영은 형제 중에서는 마지막으로 현대그룹에서
현대산업개발을 떼어 독립한 경우다.

정인영 회장의 한라그룹은 차남 정몽원 회장에게 경영권이 넘겨졌
다. 후계 구도가 갈등을 빚으면서 앞서 그룹 회장을 맡았던 형 정몽국

과 법정다툼까지 벌어져 세간의 눈총을 받은 바 있다. 한라그룹은 한때 재계 서열 10위권까지 넘보던 위치였으나 한라중공업 부도처리 등의 여파로 그룹 해체 수순을 밟는 등 부침의 역사를 겪어야 했다.

정순영 회장이 맡았던 성우그룹도 한때 사세가 번창했으나 지금은 상당히 퇴조한 상태다. 옛 현대시멘트를 기반으로 성장해 왔으며 현재 장남 정몽선 회장이 이끌어가고 있다. 차남 정몽석과 3남 정몽훈은 그룹에서 분리된 현대종합금속과 성우전자 경영을 각각 맡고 있다. 4남 정몽용도 성우오토모티브 지분을 받아 별도로 독립했다. 그 밑으로 정정숙이 막내딸이다.

정세영 회장은 정주영이 명예회장으로 물러난 1987년부터 1995년 큰조카인 정몽구 회장에게 자리를 물려줄 때까지 현대그룹 회장 자리를 맡아 그룹 경영을 총괄했다. 그룹에서 물러나면서 현대산업개발 지분을 넘겨받았고, 지금은 그의 장남 정몽규鄭夢奎 회장이 경영을 이끌어가고 있다. 정몽규는 2013년 제52대 대한축구협회 회장으로 선출됨으로써 축구에 대한 현대가의 남다른 열정을 대물림하고 있다. 그 위로 누나 정숙영, 아래로 여동생 정유경과 함께 3남매를 이룬다.

막내인 정상영 회장의 KCC그룹은 장남 정몽진과 차남 정몽익, 3남 정몽열 등 3형제가 그룹 내에서 고르게 역할을 분담하며 최고 경영진으로 활동 중이다. 정주영의 형제들 6명 가운데서는 현재 정상영 명예회장만 생존해 있다.

정주영 형제 가운데 다섯째로서 〈동아일보〉 기자를 지내다 서독 유학 중 사망한 정신영의 아들 정몽혁鄭夢爀도 현대가의 일원으로 경영 일선에서 활약 중이다. 한때 현대정유(현 현대오일뱅크) 사장을 맡았으며,

정주영 이후

지금은 현대종합상사 회장직을 맡고 있다. 정몽혁의 위로는 누나 정일경鄭逸卿이 있으며, 어머니 장정자는 현대학원 이사장으로 있다.

정주영의 여동생 정희영과 결혼해 매제 관계로 맺어진 김영주의 한국프랜지공업도 범 현대가에 속한다. 김영주 회장이 지난 2010년 타계하면서 그의 아들인 김윤수 회장에게 경영권이 물려진 상태다.

정주영 어록

정주영은 생전에 강연과 회의사, 회고록 등을 통해 적잖은 교훈을 남겼다. 그 한마디, 한마디가 금과옥조의 소중한 가르침이 되어 면면히 전해진다. '아산정주영닷컴http://www.asan-chungjuyung.com'에 소개된 내용들 가운데서도 대표적인 어록을 간단히 소개한다.

정주영의 어록語錄 중에서 가장 널리 알려진 명언을 꼽자면 역시 "시련은 있어도 실패는 없다"가 첫손가락이다. 그의 자서전 제목으로도 소개된 명언이다. 약육강식의 냉정한 생존경쟁의 현장에서 매사에 적극적인 자세로 도전하는 마음가짐의 중요성을 일깨운다.

나는 생명이 있는 한 실패는 없다고 생각한다. 내가 살아 있고 건강한 한, 나한테 시련은 있을지언정 실패는 없다.

그러나 그는 실패가 없는 삶을 살기 위해서는 나름대로 최선을 다해 노력해야 한다는 점을 강조한다. 아무리 좋은 생각을 갖고 있어도 직접

정주영의 생전의 집무 모습

움직이지 않는다면 머리 위의 감나무에서도 감을 딸 수 없기 때문이다. 공짜로 성공을 얻을 수는 없다. '적당하게' 살아가려는 유혹을 뿌리치도록 가르치는 것이다.

사람은 보통 적당히 게으르고 싶고, 적당히 재미있고 싶고, 적당히 편하고 싶어 한다. 그러나 그런 '적당히'의 그물 사이로 귀중한 시간을 헛되이 빠져나가게 하는 것처럼 우매한 짓은 없다.

기업인에 대해서도 적자생존의 냉혹한 현실을 지적하며 먼저 행동으

정주영 이후

로 옮길 것을 권유한다. 아무리 훌륭한 아이디어라도 실행하지 않는다면 소용이 없음을 일깨운다.

기업이란 현실이요, 행동함으로써 이루는 것이다. 똑똑하다는 사람들이 모여앉아 머리로 생각만 해서 기업이 클 수는 없다. 우선 행동해야 한다.

그리고 그 행동의 바탕은 신용이 되어야 할 것이다. 그 자신 기업을 경영해 오면서 신용만큼 중요한 자본이 없음을 깨달았기 때문이다.

신용은 곧 자본이다. 중소기업이 대기업으로 발전하고, 대기업이 다시 세계적인 기업으로 성장하는 열쇠는 바로 이 신용에 있다. 공신력을 유지해야만 기업이 뻗어 나갈 수 있는 것이다.

새로운 시대의 사명 (1978년 9월, 고려대 특강)

우리는 지금 매우 빠른 변화의 시대에 살고 있다. 인류 역사가 처음 겪는 변화일 뿐 아니라 아시아의 은둔국이던 한국 역사의 시간으로는 더더구나 빠른 변화다. 우리는 이제 한 세대나 한 세기의 시간의 흐름에서 의미를 찾는 것이 아니라 길어야 10년, 아니 5년, 또는 1년에서 변화의 의미를 찾아야 하는 획기적인 시대에 살고 있는 것이다. 따라서 이 시대에 삶을 영위하는 모든 사람들은 급변하는 상황 속에서 보다 새로운 사회, 보다 새로운 시대를 창조해야 하는 사명을 갖고 살아야 한다.

자유기업주의의 정당성 (1979년 7월, 능률협회 최고경영자 세미나)

무한한 창조적 능력과 개척정신은 오로지 자유기업주의에서만 나올 수 있으며, 그 정당성은 지속적인 부와 서비스를 국민에게 균형 있게 배분한다는 데 있다.

남보다 100배를 살려면 (〈현대 사우〉 1980년 12월호 인터뷰)

아무 생각 없이 60년을 사는 사람이 있는 반면, 생각하며 사는 사람은 보통사람의 10배, 100배의 일을 해낼 수 있다. 시공時空을 같이하더라도 정신적, 육체적으로 고양된 삶을 사는 사람은 물질적으로나 정신적으로나 10배, 100배를 산다는 뜻이다. 노는 자리에 가서 노는지 마는지, 일하는 시간에 일하는지 마는지, 자는 시간에 자는지 마는지 하는 사람을 질타하는 이유가 바로 이 때문이다.

부유한 노동자 (1982년 5월, 조지워싱턴대 명예경영학박사 기념만찬)

나를 세계 수준의 대기업을 경영하는 사람이라고 남들은 평가하고 있는지 모르지만 나는 스스로 자본가라고 생각해 본 적이 없다. 나는 아직도 노동을 해서 재화를 생산해 내는 '부유한 노동자'일 뿐이다.

실천력의 중요성 (1982년 9월, 사장단 회의 치사)

아무리 훌륭한 생각을 갖고 있고 천하를 지배할 수 있는 학식을 갖고 있다 하더라도 활용하지 않고 실천하지 못하는 것은 사장死藏된 지식이요, 사장된 능력이라고 생각할 수밖에 없다. 실현시켜서 그

효과가 자기 기업, 그리고 관련된 회사에 좋은 영향을 주도록 실천하는 능력을 가진 사람만이 사업을 운영할 수 있고, 기업을 육성할 수 있다.

최고경영자의 요건 (1983년 1월, 현대그룹 간부 특강)

최고경영자란 여러 능력을 가져야 하지만 그중에서도 특히 어떤 과제가 있을 때 그것을 집중적으로 실행해 나갈 수 있는 힘을 가져야 한다. 아는 것도 중요하지만 그것을 같이 일하는 모든 사람들에게 효율적으로 인식을 시키고, 그 인식시킨 내용이 효율적으로 행동에 옮겨지도록 하는 실행력이 더 중요하다. 그래야만 최고의 경영자요, 훌륭한 간부가 될 수 있을 것이다.

희망의 생활철학 (1983년 7월, 신입사원 하계수련대회 특강)

나는 젊었을 적부터 새벽 일찍 일어난다. 왜 일찍 일어나느냐 하면 그날 할 일이 즐거워서 기대와 흥분으로 마음이 설레기 때문이다. 아침에 일어날 때의 기분은 소학교 때 소풍 가는 날 아침, 가슴이 설레는 것과 꼭 같다. 또 밤에는 항상 숙면할 준비를 갖추고 잠자리에 든다. 날이 밝을 때 일을 즐겁고 힘차게 해치워야겠다는 생각 때문이다.

젊은이들이여, 진취적인 기상을 (1983 10월, 현대그룹 사내 특강)

우리는 한 사람의 기업인으로서, 국민으로서도 나라의 무한한 발전을 위한다면 먼 장래를 내다보면서 진취적인 기상을 갖고 살아

가야 한다. 특히 산업사회에 첫발을 디디는 젊은이들은 세계 방방
곡곡을 돌아다니며 지역마다의 기후나 풍토, 인간을 빨리 파악해
두어야 한다. 가슴 속에서 정열이 샘솟듯 하고, 두뇌가 가장 유연
하게 돌아가고, 어떤 기후나 어떤 악조건도 다 소화하고 극복할 수
있는 굳건한 체력을 지닌 젊은 시절을 놓쳐서는 안 된다.

기업은 커져야 한다 (1983년 11월, 언론사 간부 세미나)

부가 편중돼서는 안 되지만 기업은 무한히 커져야 한다. 한국의 경
제는 국내만 가지고는 생활을 펴나갈 수가 없다. 세계의 기업과 세
계 시장에서 경쟁해서 부를 긁어모아야 한다. 세계 시장에 나아가
경쟁하려면 힘이 있어야 한다.

큰 회사보다는 깨끗한 회사를 (1983년, 현대그룹 간부 특강)

관리든 기업인이든 부정한 수입을 목적으로 하면 필연적으로 일
은 비능률에 빠져 들고 제품의 단가는 높아져서 경쟁력에서 뒤처
질 수밖에 없다. 나는 현대를 가장 큰 회사보다는 가장 깨끗한 회
사로 만들고 싶다. 가장 깨끗한 회사를 만들게 되면 한국은 물론
세계에서도 높은 공신력으로 가장 효율성 있는 회사로 발전해 나
갈 수 있을 것이다.

우수한 인적 자원 (1984년, 지역사회학교 후원회 연설)

한국 기업과 한국 경제는 근면하고 우수한 국민들의 노력에 의해
성장했다고 해도 전혀 과장된 말이 아니다. 나는 사회가 발전해 나

425

가는 데 있어서 가장 중요한 것이 사람이라고 확신한다. 자본이나 자원, 기술은 그 다음이다.

건강 유지에 시간 할애를 (1985년 1월, 사장단 세미나)

건강 유지를 위해 시간을 할애하려는 노력이 필요하다. 체질에 맞게 운동하되 매일 일정량의 운동을 일정한 시간에 반복하는 것이 건강유지의 비결이다. 나는 목욕 후 늘 찬물로 샤워하는 생활을 계속해 왔다. 처음엔 어려운 일 같았으나 막상 해보니 건강이 좋아졌다. 여러분들도 체질에 맞는다면 찬물샤워를 생활화하기를 권유한다.

건전한 기업가 정신 (1985년 1월, 사장단 세미나)

경영인은 건전한 기업가 정신을 가져야 한다. 기업은 이익이 우선이긴 하지만 국가에 도움이 되는 것인가를 항상 염두에 두는 정신자세가 필요하다. 즉, 최고경영자로서 자신이 하는 일이 국가에 도움을 주고 국가발전 성취에 이바지하는 것인가를 올바로 생각한다면 설혹 하는 일에 일시적인 패배가 있을지라도 이에 집착할 필요가 없다는 것이다.

회사는 자기발전의 터전 (1986년 8월, 신입사원 수련대회)

직장은 자기발전의 터전이다. 월급 때문에 다니는 것이 아니라, 자신의 발전을 위해서 다녀야 한다. 자신의 발전을 통해 회사를 키우고, 나아가 나라를 키워야 한다. 직장은 생활의 터전이며 사회활동

의 터전인 동시에 자기발전의 터전이라는 사실을 항상 명심해야
한다.

단식에의 권유 (1987년, 〈서울경제신문〉 신년대담)
아침 일찍 청운동에서 회사까지 걸어 출근하는 일을 3년째 계속해
오고 있다. 작년 말에 8일간 단식斷食을 했더니 신경통이 없어지고
기억력이 되살아나는 등 그렇게 좋을 수가 없다. 이 자리를 빌려
40~50대 이상의 사람들에게 한 번쯤 단식을 시도해 보도록 권유
하고 싶다.

불굴의 도전정신에 대하여 (1990년 5월, 〈현대 사우〉 특별인터뷰)
불굴의 도전정신과 모험정신으로 누구나 다 성공할 수 있는 것은
아니다. 그 이면에는 치밀한 검토와 확고한 신념이 있어야 한다.
다른 사람들은 현대를 모험을 하는 기업이라고들 한다. 그러나 현
대는 모험을 하는 일은 없다. 왜냐하면 현대 계열기업은 어느 것
하나 실패한 경험이 없기 때문이다. 밖에서 볼 때 현대가 속단하고
모험을 하는 게 아닌가 생각하는 사람도 있지만 우리는 치밀한 계
획, 확고한 신념 위에 불굴의 정신으로 밀고 나가기 때문에 실패를
모르는 것이다.

신뢰의 중요성 (1991년 3월, 임직원 특강)
가끔씩 사람들이 나를 찾아와서 어떤 일을 하고 싶은데 돈이 부족
해서 못 한다는 얘기를 하곤 한다. 그때마다 나는 이렇게 말한다.

정주영 이후

하고 싶은 일을 하려 할 때엔 결코 돈이 장애가 되진 않는다. 당신이 해내려는 신념이 있고, 또 그 일에 대해 신뢰하고 있다면 만사형통할 수 있다. 옳은 일을 하고 있고, 또 하려고 하는데 왜 돈이 문제가 되겠는가. 자신의 일에 스스로 신뢰한다면 타인 또한 그 일을 신뢰할 수 있는 법이다.

부모의 역할 (1991년 5월, 한국지역사회교육후원회 공개강좌)

첫째, 부모가 가난하건 부유하건 물질이 자녀교육에 결정적 영향을 미치거나 큰 조건으로 자리 잡지 않는다는 점을 깨달아야 한다.

둘째, 부모는 자녀 앞에서 말을 앞세우기보다 행동으로 모범을 보여야 한다.

셋째, 자식들에게 자립심을 키워 줘야 한다.

넷째, 자식들에게 긍정적 신념과 창조적·개척 정신을 심어 줘야 한다.

다섯째, 자식들 앞에서 자식 키우는 공을 내세워선 곤란하다.

여섯째, 공부하라는 말보다는 정서에 호소하는 교육을 중요하게 여겨야 한다.

관리자의 자세 (1991년 5월, 국내 건설현장 관리자 대상 특강)

첫째, 소신껏 일하라.

둘째, 공사 수행에 시간을 아껴라.

셋째, 생각 없이 출근 때 됐으니까 출근하고, 퇴근 때 됐으니까 퇴근하는 습관이 있다면 버려라.

넷째, 하청업체 및 거래선과 좋은 관계를 유지하라.

다섯째, 솔선수범해 근검·절약을 실천하라.

부지런한 사람에겐 운이 따르는 법 (1991년 7월, 광주 MBC 시민교양강좌)

사람은 누구나 나쁜 운과 좋은 운을 동시에 갖고 있다. 운이란 시간을 말하는 것인데, 하루 24시간, 1년 사계절 중에서 즐겁게 일할 수 있는 시간이 좋은 운이다. 이것을 놓치지 않고 열심히 일하는 사람에게는 나쁜 운이 들어올 틈이 없는 것이다. 운이 나쁘다고 말하는 사람을 자세히 살펴보면 대개 게으르기 마련이다. 나는 나의 노력이 좋은 운을 만들어 주었다고 생각하며 부지런한 사람에게는 좋은 운이 더 많이 생기는 법이라고 강조하고 싶다.

효의 덕목 (1993년 11월, 아산효행대상 시상식)

효孝란 가정에서는 화목이 되지만, 사회로 확산되면 공경과 봉사 정신이 된다. 국가로 확산되면 충忠이 되는 것이다.

인적 자원의 무한 가능성 (1995년 2월, 〈현대고 10년사〉 발간사)

나무를 심는 것은 한 나라의 십년지계十年之計요, 인재를 양성하는 것은 백년대계百年大計라고 했다. 즉, 물질적 자원은 어느 정도 한계가 있지만 인적 자원은 앞으로의 무한한 발전가능성을 안고 있다는 뜻이다.

남북한 화해를 위하여 (1998년 6월, 소떼몰이 방북)

어린 시절 무작정 서울을 찾아 달려온 이 길, 판문점을 통해 고향을 찾아가게 되어 무척 기쁘다. 열여덟 살 이후 처음으로 다시 이 길을 가는 것이다. 강원도 통천에서 가난한 농부의 아들로 태어나 청운의 꿈을 안고 세 번째 가출할 때 아버님이 소를 판 돈 70원을 가지고 집을 나섰다. 이제 그 한 마리가 1천 마리 소가 되어 빚을 갚으러 꿈에 그리던 고향 산천을 찾아간다. 나의 북한 방문이 단지 한 개인의 고향 방문이 아니라 부디 남북한의 화해와 평화를 이루는 초석이 되기를 진심으로 기원한다.

영원한 도전자

9

정주영에 대한 기업가로서의 평가는 그가 유명을 달리하고 10여 년이나 지난 지금도 여전히 현재진행형이다. 긍정과 부정의 편차가 작지 않은 가운데서도 대체적으로는 칭송의 목소리가 높다. 무엇보다 조국 근대화를 이룩한 최대의 주역主役이라는 부분에 방점이 찍힌다.

그가 생전에 발자취를 남긴 분야도 넓기만 하다. 과거 반세기 동안 대한민국의 경제발전을 견인한 기업인으로서만이 아니다. 서울올림픽을 유치한 민간 외교관이었고, 대한체육회장 직책을 수행한 체육인이었다. 아산사회복지재단 설립으로 사회봉사 사업에 참여했다는 점에서는 사회사업가였다. 말년에는 북한을 드나들며 금강산 관광을 실현하는 등 남북 교류사업에 진력함으로써 '통일 일꾼'의 면모를 보여 주기도 했다.

한국 최대 재벌기업을 일군 주인공으로서 그만큼 역동적인 삶을 살았다. 배고픔에서 벗어나려고 등짐 노동을 하면서까지 사업의 경험을 다졌다는 사실부터가 남다르다. 민족자본이 미처 형성되기 전인 일제시절을 거쳐 광복을 맞았고, 뒤이은 6·25 전란으로 온통 폐허가 된 상황에서 기업을 일으켜 세계적인 규모로 키웠다는 자체가 경이의 대상이다.

영원한 도전자

그가 펼쳤던 사업 내용을 살펴보아도 거의 모든 분야가 '도전挑戰과 응전應戰'의 과정이었다. 하나하나가 새롭게 부딪쳐 가는 도전의 연속이었다. 특히 1960년대 들어 박정희 대통령의 경제개발계획과 함께 추진된 국토건설 사업은 대체로 정주영의 현대건설에 의해 주도되었다. 시련이 이어지는 가운데 이뤄 낸 미증유의 결실이었다.

경부고속도로를 놓아 국토의 혈맥을 뚫었고, 자동차 회사와 조선소를 설립해 각각 세계적인 규모로 키웠다. 그가 생전에 추진한 여러 개발사업의 흐름을 따라가다 보면 필연적으로 한국 경제의 발전사와 마주치게 되는 것이 그런 때문이다. 우리 경제개발 과정에서 그가 차지하는 비중은 가히 절대적이라 할 수 있다. 거기에 중동의 건설시장을 개척한 것은 물론 사우디 주베일 산업항을 건설하면서 거대한 철골 구조물을 울산에서부터 바닷길로 실어 나른 배포는 또 어떻게 설명해야 할 것인가.

그의 무용담武勇談에 솔깃하게 되는 것은 이처럼 추진하는 사업마다 무모하달 만큼의 도전정신으로 점철됐던 까닭이다. 그리고 그때마다 예상을 뛰어넘는 성공의 기쁨을 국민들에게 선사했다. 세계의 눈길을 끌었던 소떼몰이 방북도 지치지 않는 도전의 성과였다. 여든을 넘겨서까지 도전 의지를 이어 간 것이다.

모험을 두려워하지 않는 도전정신이야말로 그의 기업가 정신을 관통하는 저력이었다. 일단 해보자며 밀어붙이는 긍정적인 마음가짐이었다. 때로는 치밀한 계획보다는 충동 심리에 좌우됐을 소지도 없지는 않다. 하지만 비합리적으로 보였을지언정 그런 자세야말로 정주영의 현대가 성장할 수 있었던 바탕이다. 한국 경제발전의 역사를 새롭게 쓸 수 있었던 비결이기도 했다.

"상식을 초월한 곳에 논리論理가 있고, 합리를 벗어난 곳에 이치理致가 있다."

그가 내세웠던 사업 논리는 이처럼 상식 이상으로 단순했다. 어떠한 장벽이라도 뛰어넘겠다는 용기와 배포였다. 뜨거운 모래바람이 부는 중동의 사막에서도, 영하 40도가 보통인 알래스카에서도, 포격이 난무하던 전쟁 통의 베트남에서도 마찬가지였다.

아무도 가지 않은 길을 개척했고, 아무도 생각하지 못했던 일을 직접 실천으로 옮긴 사람이 바로 정주영이었다. 그런 점에서는 또한 모험가였고 시인의 상상력을 지닌 공상가이기도 했다. 한마디로, '창조적 기업인'이었다. 비록 어려서 소학교밖에 나오지 못했으면서도 오히려 전문가들보다 더 명쾌하고 직선적인 판단으로 시련을 극복해 갔다. 그의 도전적 예지와 강인한 추진력은 경제학 교과서의 가르침 이상으로 남아 있다.

그것만으로도 '한국 경제계의 거목巨木'이라는 찬사를 듣기에 부족하지 않다. '경제계의 대들보'라거나 '경제 달인', '경제 9단', '창업의 교과서'니 하는 칭송도 헌사되었다. 그 자신 어린 시절 고향 뒷산의 이름을 따서 사용한 '아산峨山'이라는 당호처럼 높고 의연한 업적을 후대에 남긴 것이다.

"돈 냄새를 맡을 만큼 사업 수완이 좋았다."

이런 세속적인 평가가 없지 않지만, 이러한 평가 역시 아무에게나 바쳐지는 것은 아니다.

정주영이 아니었다면 '한강의 기적'이라 불리는 지금의 발전된 모습

영원한 도전자

도 기대하기 어려웠을지 모른다. 그만큼 그가 일으켜 세운 업적은 곳곳에 펼쳐져 있다. 우리 기업 역사상 가장 거대한 기업 영토를 거느렸고, 또한 수많은 일자리를 만들어 낸 당사자이기도 했다. 그의 기업활동 과정이 '신화'로 여겨지는 데다 이러한 성공 신화는 지금도 미래를 꿈꾸는 젊은이들의 이정표로 자리 잡고 있다.

물론, 그 과정에서 오해의 소지도 있었고 의혹을 살 만한 부분도 없지 않았을 것이다. 그중에서도 정경유착으로 기업을 키웠다는 비난을 피하기는 어렵다. 나아가 그 자신이 직접 현실 정치에 뛰어들기도 했으나, 결과적으로는 본인에게 흠집을 남겼으며 기업 경영에도 심각한 타격을 안겨 주었다. 그러나 과거의 정치 여건을 되돌아보면 그에게도 해명의 여지가 없지는 않다.

'조국 근대화'의 주역

정주영의 성공담이 특히 주목을 받는 것은 우리 주변의 보통 사람들처럼 가난한 농부의 아들로 태어나 불가능을 가능으로 바꿨기 때문이다. 변변한 학력도 없이 맨주먹으로 일어나 무에서 유를 창조한 주인공이었다.

지금껏 업적을 남긴 기업인들에 대한 선호도 조사에서도 그의 순위가 가장 높게 나타난다. 우리 경제발전 과정에서 수많은 기업인들이 저마다 발자국을 남기며 스쳐갔으나 그 가운데서도 정주영의 흔적이 단연 돋보인다는 얘기다.

시대를 앞서가는 통찰력과 확고한 신념, 불굴의 의지가 그 출발점이었다. 모진 시련을 겪으면서도 또다시 일어서곤 했다. 아무리 험난한 파도가 몰아치더라도 조금만 더 뚫고 나간다면 잔잔한 바다가 기다린다는 사실을 굳게 믿었다. 그가 불모지의 상황에서 맨손으로 사업을 일으켜 한국의 경제성장을 이끌어 온 과정이 모두 그런 식이었다.

그의 업적에 대한 평가는 이미 1970년대 후반부터 내려지기 시작해서 지금도 끊이지 않는다. 그의 기업가 정신을 학문적 관점에서 조명하려는 시도도 이어지고 있다. 불굴의 의지를 본받자는 뜻일 것이다.

먼저 외국에서의 평가부터 살펴보기로 하자.

미국 오리건대 국제경영학 교수인 리처드 스티어즈Richard M. Steers가 1998년 출간한 《메이드 인 코리아Made in Korea-Chung Ju Yung and the Rise of Hyundai》가 그 하나다. 제목이 암시하듯이 정주영의 활약상을 소개한 평전評傳이다. 대한민국이라는 나라가 6·25 전쟁 당시를 배경으로 묘사된 TV 코미디 프로그램 '매쉬MASH'를 통해 겨우 미국인들에게 알려졌던 시대적 상황을 배경으로 그가 세계적인 대기업가로 성장하기까지의 과정을 자세히 다뤘다.

스티어즈 교수는 평전의 집필 동기를 이렇게 밝히고 있다.

"정 명예회장은 서양 기업인들의 훌륭한 라이벌로서 서양에도 불멸의 교훈을 남긴 주인공이다."

이미 미국 경영학회 회장을 지낸 입장에서 학자적 관심이 없지 않았을 것이다. 그의 소떼몰이 방북에 대해서는 호메로스의 《오디세이Odyssey》에 비교하기도 했다. 실향민으로서 고향을 찾아 어렵게 모험을 펼친다는 점에서 눈길을 끄는 착상이다.

영원한 도전자

그는 이 책에서 정주영이 기업을 이룩한 과정에 대해서는 물론 개인적인 추진력과 근면성을 차근차근 캐나간다. 마이크로소프트의 빌 게이츠Bill Gates와 애플의 스티브 잡스Steve Jobs 등 미국의 대표적인 글로벌 기업인들과의 비교도 곁들여진다. 당시 현대그룹 매출액이 한국에서 가장 많았다는 사실을 지적하며 1등을 추구하는 현대그룹의 저돌적인 기업문화가 전적으로 정주영에 의해 만들어졌다는 사실도 강조한다.

자본주의의 본거지답게 치열한 경쟁을 뚫고 기업을 일으킨 주인공들의 업적을 긍정적으로 평가하는 나라가 바로 미국이다. 기업인이야말로 자기 분야에서 마지막까지 살아남은 최후의 영웅들이다. 빌 게이츠나 스티브 잡스 외에도 나이키의 필 나이트Phil Knight, 월마트의 샘 월튼Samuel Walton, 델 컴퓨터를 일으킨 마이클 델Michael Dell 등이 모두 비슷한 반열에 올라 있다.

"정주영 역시 이들에 결코 뒤지지 않는다"는 게 스티어즈의 평가다. 그는 하버드대 비즈니스스쿨의 마이클 포터Michael E. Porter 교수가 정주영을 미국 서부시대의 카우보이에 비교했음을 상기시키기도 했다. 말떼를 몰아가며 광활한 들판을 달리는 개척정신의 소유자였다는 평가다. 앞서 〈워싱턴포스트〉가 그를 '로하이드' 연속극의 주인공 클린트 이스트우드에 비교한 것과 비슷한 시각이었다.

스티어즈 교수는 "한국인이 달려오고 있다"는 타이틀과 함께 엑셀 자동차 사진을 표지에 싣고 현대의 미국 자동차시장 진출을 경탄의 눈길로 바라본 1986년의 〈비즈니스위크〉 보도에 대한 기억도 되살린다.

"1960년대 초 1인당 국민총생산GNP이 아프리카 수단이나 가나와 비슷한 80달러 수준에 불과했고, 국민들은 길거리에서 기아에 허덕이고 있었으며, 세계은행도 한국의 경제적 미래를 비관적으로 바라보던 상황에서 불과 20여 년 만에 이뤄 낸 결실이다."

정주영은 1988년의 서울올림픽 유치에도 결정적인 공헌을 세웠다. 더 나아가 기업인 출신으로 미국 대선에 출마한 로스 페로처럼 1992년의 대통령 선거에 도전했다가 실패하고 말았다는 사실도 지적한다. 스티어즈 교수는 "만약 그때 선거에서 정주영이 당선됐다면 한국이 외환위기를 겪지 않아도 되었을 것"이라는 진단을 내리기도 했다.

누구도 가기를 망설였던 미지의 벌판에 뚜렷한 발자국을 남긴 정주영. 그는 지난 한 시대를 풍미한 '경제 영웅'이었다.

'믿어지지 않는 50년'

'믿어지지 않는 50년 Fifty Incredible Years.'

미국의 시사 주간지 〈타임〉이 그 비슷한 무렵 아시아 특집판을 발행하면서 내건 표제로서, 한국에서는 그 주인공으로 서슴없이 정주영을 꼽았다. 제2차 세계대전 승리를 자축하여 발행된 〈타임 아시아〉 50주년을 기념하여 1996년 10월 발행된 특집호에서다. 1946년 당시 아시아 각국에 주둔해 있던 미군 병사들을 위해 발행한 것이 〈타임 아시아〉이다. 전란의 화약 냄새 속에서 눈부신 발전과 번영을 이룩한 아시아 각국의 변화된 모습과 그 원동력을 심층 분석하면서 그를 '아시아를 빛낸 기업인'으로 선정한 것이다.

홍콩 창장長江실업의 리카싱李嘉誠 회장과 일본 소니의 모리타 아키오

영원한 도전자

盛田昭夫 회장, 토요타 자동차의 토요타 에이지豊田英二 명예회장, 말레이시아 쿠옥그룹 총수인 로버트 쿠옥Robert Kuok, 인도 JDR그룹 설립자인 라탄 타타Ratan Tata 회장 등이 이 리스트에 함께 포함되었다. 저마다 어려운 난관을 이겨 내고 기업 경영에서 성공을 거둔 주인공들이었다.

그동안 아시아 각국의 발전 모습은 경이로울 정도였다. 속도도 빠르고 변화된 모습도 거창했다. 이 잡지가 표지 타이틀에서 내세운 "믿어지지 않는"이라는 표현이 바로 그런 뜻이었을 것이다. "가난과 기아, 질병, 그리고 내란이 만연된 가운데 그들은 발전을 이룩했다"며, 그 변화된 모습이 흡사 기적과도 같다는 것이 이 잡지의 평가였다.

"특히 한국에서는 정주영의 도전적인 결단이 당시 박정희 대통령을 움직였으며, 그 결과 그의 웅대한 비전이 세계에서도 가장 경쟁력 높은 조선 및 건설산업의 밑받침이 되었다."

정주영을 한마디로 '기업 환상가'라고 표현했다. 이를테면, 그 뒤에 이뤄지는 소떼몰이 방북도 그러한 환상가로서의 퍼포먼스나 다름없었다. 잡지에 기사를 집필한 프랭크 기브니 2세Frank Gibney Jr.는 정주영에 대해 "근면과 원칙, 지혜를 바탕으로 한국 고유의 체취를 물씬 풍기는 당당한 기업인으로서의 명성을 구축해 왔다"며 칭찬을 주저하지 않았다. "가끔씩 시인이 되기도 하고, 가라오케 가수가 되기도 한다"며 그의 개인적인 면모를 소개하기도 했다.

이 기사의 한 대목을 간단히 옮겨 본다.

정주영은 유교적 가치를 추구해 왔다. 농부의 아들로 태어나 소학교밖에 마치지 못한 그는 자신의 제국을 건설하기 위해 서울로 올라왔다. 품팔이 노동과 쌀가게 점원으로 일하던 그는 드디어 자동 차 수리업을 시작하였으며, 1967년에는 포드자동차를 조립해 내기에 이른다. 이를 토대로 삼아 세워진 현대건설은 오늘날 시멘트, 반도체, 자동차를 비롯해 다양한 제품을 만들어 내는 '현대 제국 Hyundai Empire'의 모체가 되었다. 하지만 그는 무려 62억 달러라는 막대한 재산을 소유함으로써 한국에서는 가장 부유한 기업인임에도 불구하고 여전히 일곱 칸짜리 검소한 집에서 살기를 고집하고 있다. 서울 청운동에 있는 이 집은 다른 건축작업 과정에서 쓰다 남은 자투리 자재로 지어졌다.

이 기사에서는 정주영이 북한 금강산 관광사업에 뜻을 두고 있다는 사실은 미처 다루지 못했으나 맨주먹으로 기업을 일으켜 세우기까지의 행적을 자세히 소개했다. '적수공권赤手空拳'. 그것이 정주영 자신의 평소 표현이었다. 맨주먹이면서도 다른 사람들과 다른 게 있다면 오직 창조력과 근면성뿐이었다.

다른 언론들의 평가도 이어졌다.

〈타임〉에 앞서 1994년 12월에 발행된 홍콩 시사경제지 〈아시아위크 Asia Week〉는 정주영이 아시아 지역 발전에 공헌이 크다는 이유로 '명예의 전당'에 그 이름을 올렸다. 그해 처음으로 제정된 '명예의 전당'이었기에 의미가 더욱 컸다. 이 잡지는 정주영에 대해 "쌀가게 배달 소년에서 시작해 한국 최대 기업을 일군 기업인으로서 절대적인 권위를 갖고 있는 인물"이라고 평가했다.

중국 베이징의 싼롄三聯서점은 1996년《현대의 길現代之路》이라는 제목으로 정주영의 전기 화보를 발간했다. 강원도 두메산골에서 태어나 세계적인 기업가가 되기까지의 인생 역정을 사진으로 재현한 화보집이다. "정 명예회장은 건설사업을 통해 한국 경제발전의 견인차 역할을 했으며, 결과적으로 20세기와 21세기를 연결해 주는 가교 역할을 성실히 수행한 주인공이었다"는 게 출판 취지였다. 이 책은 그 이듬해《세기의 가교架橋》라는 제목으로 국내에서 번역 출판되기도 했다.

영국의 〈이코노미스트〉가 정주영을 "한국 재계의 나폴레옹"이라고 지적한 것은 1999년 2월호의 기사에서다. "끊임없이 목표를 세우고 목표 달성을 위해 전력투구한다는 점에서 나폴레옹과 매우 비슷하다"는 것이었다. 현대가 어려운 여건에서도 금강산 관광사업을 성사시켰으며, 기아자동차와 LG반도체를 인수한 데 대한 경탄의 표현이었다. 한국이 외환위기로 국제통화기금IMF 관리체제에 들어가 있을 때의 얘기다.

홍콩의 〈파 이스턴 이코노믹 리뷰Far Eastern Economic Review〉도 20세기를 마감하던 그해 11월 정주영을 '20세기 아시아 10대 인물'로 선정하면서 "전쟁으로 잿더미가 돼버린 한국을 막강한 산업국가로 바꾸는 데 결정적인 역할을 해냈다"고 평가했다. '정주영 신화'는 한국의 근대사회 성립과 거의 동격으로 간주해도 무방하다는 것이었다.

그러했다. 정주영은 이처럼 일찌감치 한국 경제계를 대표하는 거목으로 자리 잡았다. 격동의 세월을 거쳐 온 한국 경제사에서 엄연한 주인공이었다. 말년에 추진한 소떼몰이 방북으로 하나의 방점이 추가되었을 뿐이다. 앞서 〈타임〉을 비롯한 각국의 언론매체들이 소개한 그의 활약상 또한 하나의 곁가지에 지나지 않는다.

고려대의 명예철학박사 추천사

정주영에 대한 여러 평가가 있지만 그중에서도 고려대가 1995년 3월 그에게 명예철학박사를 수여할 당시 대학원위원회의 추천사 내용이 가장 일목요연한 편이다. 경제인으로서만이 아니라 일생을 통해 이룬 여러 업적이 그대로 나타나 있다.

무릇 큰일은 큰 인물에 의해 이루어지는 법이다. 1960년대부터 전개된 역사적인 조국 근대화의 대역사의 근간 시설은 거의 현대그룹에 의해 주도되었다. 소양강 다목적댐, 경부고속도로, 울산조선소, 원자력발전소 등 국내 굴지의 대공사들은 지난날 우리 민족이 새로 개척하고 창조해야 하는 미증유의 사업이었다.

만약 선생과 같이 개척자 정신과 겁 없이 뛰어드는 패기, 강인하고 굽힐 줄 모르는 의지력, 그리고 투철한 신의와 신심을 가진 분이 없었다면 그렇게 짧은 시간 내에 큰 시행착오 없이 이루어 낼 수 없었을 것이다.

또한 선생은 이렇게 국내에서 쌓아 올린 경험과 기술을 바탕으로 중동으로 진출하여 20세기 최대의 공사인 주베일 산업항 공사를 성공리에 마침으로써 국제경쟁 무대에서 신화를 창조하였다. 이리하여 한국인의 슬기와 능력을 세계에 과시함은 물론 당시 궁핍했던 외환위기를 극복하는 데 결정적인 기여를 하였다.

선생은 무에서 유를 창조하듯이, 빈손으로 일어나 끊임없는 시련과 도전을 극복하면서 한국 최대이자 세계 굴지의 기업을 구축

영원한 도전자

했다. 이것은 입지전적인 인간 승리의 본보기가 아닐 수 없다. 그러나 선생은 대성한 뒤에도 어렸을 때의 가난을 되새겨 검소함을 생활의 지침으로 삼고 기업을 일으킬 때의 어려움을 기업관리의 신조로 삼아 조금도 사치하거나 교만하지 않았다. 그저 타고난 천성대로 부지런하고 건실하게 살아갈 뿐이었다.

선생은 단순히 기업 경영인에 머물지 않고 기업의 이윤을 사회에 환원하는 길을 모색하여 교육, 학술, 언론, 문화, 체육 등 광범위한 국리민복의 실천을 위해 아산사회복지재단을 설립하였다. 이 재단은 낙후된 지역에 병원을 지어 의료 혜택을 베풀었고, 집안이 넉넉하지 못한 학생들에게 장학금을 지급하였으며, 대학의 학술연구를 지원하는 데도 앞장섰다. 또한 언론의 창달에도 관심을 기울여 관훈클럽을 지원하고, 신영연구기금을 조성하는 등 언론인의 자질 향상에도 기여했다.

그리고 선생은 문화예술과 국민체육 진흥에도 적극 참여하여 국민의 체력 및 국제 경쟁력 향상에 이바지했다. 특히 한민족의 우수성을 세계에 선양하는 데 가장 직접적인 효과를 얻을 수 있는 올림픽을 서울로 유치하는 데 주도적 역할을 담당했고, 이를 성공적으로 치를 수 있도록 물심양면의 지원을 아끼지 않았다.

이제 선생의 '시련은 있어도 실패는 없다'던 역정에도 연륜이 쌓여 80세라는 '대년大年'에 이르렀다. 옛날에는 큰 허물없이 여든 살에 이른 노인에게는 수직壽職을 내리고 '선생'이라는 호칭도 붙였다. 하물며 선생과 같이 입지전적인 인간 승리의 본보기를 보여 준 사람에게 있어서랴!

이에 고려대 대학원위원회는 선생이 간직한 인간 본연의 질박함과 일생 동안 인류의 생존에 유익한 사업을 해온 공덕을 기리어 명예철학박사 학위를 수여할 것을 의결하고 고려대 총장에게 추천하는 바이다.

홍일식洪一植 총장도 수여식 치사에서 "정주영 명예회장이 우리 근대화에서 이룬 탁월한 업적과 그 추진 과정에서 보여 준 성실성, 질박한 성품 등은 우리 모두에게 귀감이 되어 왔다"며 명예박사 학위를 수여하는 이유를 밝혔다.

젊은 시절 고려대 건물 신축 당시 등짐 노동을 했던 그에게 더없는 영광이자 기쁨이었을 것이다.

하지만 정주영은 이러한 명예박사 학위에 대해 흡족해하면서도 현실 감각을 결여한 '강의실 지식'에 대해서는 그다지 값어치를 인정하지 않았다. 현실을 감안하지 않는 교과서 지식으로는 한계가 있기 때문이다. 그보다는 오히려 직접 현장에서 부딪치면서 몸으로 체득하는 경험을 훨씬 소중하게 여겼다.

그가 평소 "대학에서 책장만 넘기다가 직장에 들어와 현장에 나가게 되면 이론만 내세우면서 어찌할 바를 모르고 자신이 없어 한다"고 걱정을 나타낸 것도 그런 때문이었다. 학교에서 가르친 이론만 따랐다가는 돈도 시간도 엄청난 낭비를 피할 수 없는 경우가 많다는 것이다. 그가 '치지격물致知格物'과 '불치하문不恥下問'의 교훈을 자주 강조한 것도 그런 생각과 일맥상통한다.

정주영은 소학교 졸업이 정규 학력의 전부였지만 생전에 누구보다

영원한 도전자

1995년 3월 열린 고려대 명예철학박사 수여식

많은 명예박사 학위를 받았다. 앞서의 고려대 명예철학박사 외에도 경희대에서 명예공학박사1975년 학위를 받은 것을 비롯해 충남대 명예경제학박사1976년, 연세대 명예경제학박사1985년, 이화여대 명예문학박사1986년, 서강대 명예정치학박사1990년 등의 학위를 받았다. 미국에서도 조지워싱턴대와 존스홉킨스대로부터 각각 명예경영학박사1982년, 명예인문학박사1995년 학위를 받았다.

외국 정부로부터 받은 훈장도 적지 않다. 영국의 대영제국 코멘더 장1977년, 세네갈 정부 공로훈장1979년, 자이레 국가훈장1982년, 자유중국 징싱景星훈장1983년, 노르웨이 왕실의 코맨더위드스타 훈장1983년 등을 받았다. 2001년에는 러시아 푸틴 대통령으로부터 친선훈장을 받기도 했다.

각국과의 경제교류에 기여한 공로를 인정받은 결과다.

노벨상 후보로 추천되다

정주영은 1996년 노벨경제학상 후보로 추천되기도 했다. 국내 언론에 이런 내용이 간략하게나마 소개된 것은 그해 10월 중순께. 스웨덴의 국회의원과 경제학자 등 몇 명이 그를 한림원에 경제학상 후보로 추천했다는 것이었다.

해마다 12월로 예정된 노벨상 시상식을 앞두고 각 분야 수상자 명단이 속속 발표되던 무렵이었다. 그 직전 스웨덴 한림원이 영국 케임브리지대의 제임스 멀리스James Mirrlees 교수와 미국 컬럼비아대의 윌리엄 비커리William Vickery 교수 등 2명을 그해의 경제학상 수상자로 발표한 뒤끝에 정주영의 추천 소식이 심사과정의 후일담으로 전해진 것이다.

결국 탈락하긴 했지만 노벨상 후보로 추천됐다는 사실 자체만으로도 의미를 둘 만했다. 한국인으로서 노벨경제학상 후보로 추천된 것은 정주영이 처음이었다. "맨손으로 세계 굴지의 기업을 이룩한 주인공으로, 결과적으로 한국의 경제 부흥에 크게 이바지했다"는 것이 추천장에 적힌 주요 공적사항이었다.

대학교는 고사하고 중학교 문턱조차 밟아 보지 못한 사람을 노벨경제학상 후보로 추천했다는 자체가 터무니없는 발상이라고 몰아세울 수도 있겠다. 세계적으로도 쟁쟁한 학자들에게만 수여하는 것이 노벨상 아닌가. 그가 끝내 수상자 대열에서 탈락할 수밖에 없었던 이유도 학문

영원한 도전자

적으로 독창적인 학설이나 이론을 개발하지 못했다는 데 있었다.

그러나 미포만의 모래밭 사진 한 장으로 초대형 선박 계약을 따냈으며, 유조선으로 가로막아 서산 간척지 물막이 공사를 성공시켰듯이 고정관념에서 벗어나려는 시도는 어느 학술 이론 이상이었다. 난관에 부딪친 경제 문제를 풀어 가는 해법으로서 부족함이 없었다.

그의 기업가 정신이 끊임없이 조명 받는 것이 그런 이유 때문이다.

미국의 대표적 두뇌집단인 헤리티지재단이 1999년 그의 이름을 따서 '정주영 연구실' 프로그램을 개설한 것이 대표적인 사례로 꼽힌다. 헤리티지재단이 특정인의 이름을 붙인 프로그램을 만든 것은 1992년 로널드 레이건 전前 대통령을 기념하기 위한 '로널드 펠로'에 이어 그가 두 번째였다.

"정주영은 20세기 아시아의 위대한 지도자로서 한국의 성공담을 세계에 알리는 데 앞장서 온 인물"이라는 게 헤리티지재단이 정주영 펠로십 프로그램을 창설하면서 밝힌 이유다. 이에 앞서 존스홉킨스대도 1996년부터 '정주영 교수직'이란 이름의 석좌교수 제도를 마련해 지금껏 이어오고 있다.

국내에서는 1997년 숭실대에 '정주영 창업론' 과목이 개설된 것을 시작으로 서울대와 울산대 등에서도 정주영의 기업가 정신을 탐구하는 강좌가 개설되기도 했다. 학문적으로 '정주영학' 정립 노력이 시도되고 있는 것이다. 철저한 현장 중심의 경영과 실패를 두려워하지 않는 도전 정신이 그 요체다.

숭실대는 더 나아가 2011년부터 아산나눔재단과 공동으로 '정주영 창업캠퍼스'를 운영하고 있다. 창업과 관련된 멘토링 서비스를 지원하고 비즈니스 인큐베이터 역할을 함으로써 청년 기업인들의 창업을 도와주는 프로그램이다. 울산대에서도 '정주영 경영학' 과목 개설에 이어 그의 호를 딴 '아산峨山리더십연구원'을 개원하여 기업가로서의 그의 면모를 종합적으로 연구하는 작업에 들어갔다.

정주영에 대해서는 이 밖에도 생전의 인간적 풍모와 경제 현장에서 겪은 일화들을 소개하는 수많은 삶의 지침서들이 나와 있다. 학술 논문들은 더 말할 것도 없다. 아마 과거의 인물들 중에도 그만큼 일상생활의 면모가 속속들이 온갖 문장과 표현으로 스포트라이트를 받는 주인공도 드물 것이다.

'날림공사' 비판

그렇다고 정주영에게 긍정적인 평가만 쏟아지는 것은 아니다. 비난의 손가락질도 없지는 않다. 그중 하나가 정주영이 추진했던 국토건설 작업이 날림공사에 지나지 않았다는 비판이다. 그가 우리 국토개발에 기여한 것은 틀림없지만 어디까지나 임시방편의 과정이었다는 지적인 것이다.

경부고속도로 건설에 따른 뒤치다꺼리가 그 증거로 제시된다. 공사가 날림으로 진행됨으로써 준공 이후의 보수작업이 만만치 않았다는 얘기다. 세계 고속도로 건설 역사상 가장 빠르게 공사를 진행했다면서도 부실공사 논란에서 벗어나지 못하는 이유다. 실제로, 개통된 지 1년쯤 지나면서부터 상당한 구간에 걸쳐 덧씌우기 공사가 이뤄졌다. 초고속 건설 작업의 후유증이었다.

이에 대해 정주영은 다음과 같이 말한다.

"1960년대 무렵 우리는 가난했다. 무엇인가 해야 했다. 다소 미흡하더라도 성취된 실체를 국민들은 보고 싶어 했다. 이에 따른 속공速攻 전법은 허실을 남겼을지 모른다. 그러나 우리는 지금 그동안 이뤄 놓은 실체를 보고 있지 않은가."

당초의 의도가 그런 것이었다. 최소한의 자재로 공사를 조속히 마무리 지은 다음 차근차근 고쳐 가면서 쓰면 될 것이라는 생각을 갖고 있었다. '선先 개통 후後 보완' 방침이었다. 부실공사였음을 부인할 수는 없지만 그보다는 그것을 예견하고도 기꺼이 감수하려 한 선택의 문제였다. 비용과 시간을 들여 완벽을 기할 것이냐, 아니면 당장 급한 대로 공사를 끝낼 것이냐의 갈림길에서 국가 정책적으로 내려진 선택의 결과였음을 인정해야 한다.

국가의 가난한 살림살이 형편상 처음부터 선진국 수준으로 만들기는 어렵겠다는 결론을 내린 것이다. 정상적인 기준으로는 아스팔트를 20센티미터 두께로 깔아야 했지만 결국에는 7.5센티미터로 축소되고 말았다. 처음 계획했던 24미터의 노폭이 22.4미터로 줄어든 사정도 마찬가지다. 비용과 기간을 최대한 줄이기 위한 방안이었다. 중앙분리대를 비롯한 안전시설을 갖추지 못해 대형사고의 빌미를 제공할 수밖에 없었던 이유이기도 하다.

당시 이한림 건설부장관이 경부고속도로 개통 전부터 전체 구간에 대한 재포장 계획을 밝힌 것이 그런 배경이다. 준공에 앞서 이미 보수 계획이 마련되어 있었음을 말해 준다. 아스팔트를 고속도로 규정에 미

경부고속도로 전경

달해 깔았으므로 그 결점을 보완하겠다는 것이었다. 경부고속도로 건설에 쓰인 국산 아스팔트만 해도 1960년대 중반 무렵부터 생산이 시작됨으로써 아직 만족할 만한 품질이 아니었다.

그때의 국내 여건상 독일 아우토반과 같은 고속도로를 건설하려 했다면 적어도 10년 이상의 세월이 지난 뒤에야 건설이 가능했을 것으로 간주되었다. 당시 완공된 경부고속도로가 우리의 기술과 자금 형편으로는 그나마 최상의 작품이었다는 평가가 지배적이다. 공기工期를 3년으로 최대한 줄여 잡고도 2년 5개월 만에 공사를 끝난 자체만으로도 대견스런 성과였다.

건설재원 확보 방안도 마련하지 않은 채 공사가 착공됐다는 자체가 웃지 못할 하나의 에피소드다.

자금계획이 뒤늦게 마련된 것도 그러했지만 그 내용도 지극히 초라했다. 눈물이 겨울 정도였다. 동네 꼬마들 소꿉장난하는 수준을 크게 벗어나지 못했다고 한다면 너무 지나친 표현일까. 휘발유세와 통행세 수입에 대일對日 청구권 자금을 투입한다는 것은 그렇다 치더라도, 차관借款으로 들여온 양곡을 팔아 비용을 충당한다는 방안까지 동원되었다. 그것이 당시 우리의 솔직한 경제 상황이었다.

더 나아가 경부고속도로 공사를 진행하면서 지역 여건을 감안하지 않고 무리하게 파헤쳐 환경이 파괴됐다는 지적도 있을 수 있다. 물론 환경이 다치지 않도록 최대한 신경을 써가며 공사했다면 지금보다 훨씬 바람직한 결과가 나타났을 것이 틀림없다. 하지만 지금의 기준을 그때에 적용한다는 것도 자연스러운 일은 아니다. 시대적 상황의 한계를 인정해야 한다.

어쨌거나, 자재난과 시간에 쫓겨 허겁지겁 공사를 진행했다는 누더기 흔적을 가장 많이 보여 주는 것이 지금의 경부고속도로다. 다른 공사에서도 비슷한 경우가 없다고는 장담하기 어려울 것이다. 주어진 여건에 여유가 있었는데도 날림공사가 이뤄졌다면 그것은 당연히 정주영과 현대건설이 감당해야 할 몫이다. 반면, 어려운 여건에서도 최선을 다해 공사를 마무리했다면 박수를 받아 마땅하다.

정경유착은 없었는가

다음으로 지적되는 것이 정경유착 논란이다. 정주영이 개발독재 권력에 편승해 과도한 보호를 받으며 기업을 키웠다는 지적이다.

현대의 저돌적인 사업 방식이 정치권력과 밀착되지 않고는 가능할 수 없었을 것이라는 측면에서의 문제 제기이기도 하다. 권력의 입장에서 현실적 필요에 의해 정주영을 끌어들인 측면도 없지 않으나, 그의 입장에서도 사업 확장을 위해 적극적으로 권력을 활용했다는 눈총을 받는 것이다.

박정희와 인간적 관계를 맺으면서 정주영이 정부 주도의 경제개발 정책에서 실질적 주역 역할을 맡은 점에서 피할 수 없는 지적이다. 소양강댐과 경부고속도로 공사는 물론 현대자동차와 조선소 설립이 모두 비슷한 시기에 집중되었다. 각각의 사업만 해도 다른 사람으로는 벅찬 일이었을 텐데 정주영은 거의 겹쳐 가면서 사업을 추진했다.

이에 대한 정주영 본인의 얘기를 들어보자.

영원한 도전자

"정부가 기업인에게 유착憑着을 유혹하고 강요한 사례가 없지 않았음을 인정한다. 그러나 한국에서 이 같은 관계를 맺지 않고는 기업을 한다는 자체가 불가능했던 것이 현실이다. 기업 생존을 위해서는 불가피한 선택이었다."

부분적으로 정경유착이 있었음을 솔직히 인정한 것이다. 민간공사는 아직 이렇다 할 것이 없었고 대규모 공사는 대부분 정부가 발주하던 시절이었으니, 정부에 밉보이고서는 사업을 영위할 수 없었던 형편이다. 건설공사를 떠나 자동차나 조선소 사업에 뛰어드는 과정에서도 박정희 대통령의 전폭적인 관심이 있었던 것은 널리 알려진 사실이다. 정책적 차원에서도 일부 지원이 이뤄졌음을 부인할 수는 없을 것이다.

하지만 정주영이 키워 온 사업 대부분을 정경유착의 산물로 간주하려는 시각도 바람직하지는 않다. 유착보다는 스스로의 창의력을 발휘해 기업을 키우려고 노력했다. 정부 지원과는 관계없이, 그가 아니었다면 누구라도 엄두를 내지 못할 사업이 적지 않았다는 점도 감안돼야 한다. 울산조선소 사업이나 중동 진출이 그러했다. 서산 간척지 사업도 마찬가지다. 정부 지원이 있었다 하더라도 정주영이 직접 해외 합작선을 설득하며 얻어 낸 성과에 비교한다면 극히 일부분일 수밖에 없다.

그가 실패의 위험을 무릅쓰고 태국, 베트남, 말레이시아 등 동남아 건설시장에 뛰어든 중요한 계기가 정경유착의 의혹에서 벗어나려는 것이었음을 기억해야 한다. 4·19와 5·16 등 격변기를 거치면서 집중된 오해의 소지를 막자는 뜻이었다. 정당하게 경쟁해서 공사를 땄는데도 정경유착이라고 수군거리는 것이 듣기 싫었다는 것이다.

일부 정경유착이 있었다고 해도 당시 어지러운 사회 분위기에서 유독 기업인에게만 잘못을 추궁하는 눈초리가 탐탁지 않았을 법하다. 그의 호소는 항변에 가깝다.

"지나간 시절 사회 전반이 다 같이 혼탁하고 무질서하며 비윤리적이었다. 그런데도 그 사회의 산물인 기업과 기업인에게만 독야청청獨也靑靑하지 못했던 책임을 묻는 것은 공정하지 않다."

정주영이 정부 지원을 받기보다는 도리어 위기에 몰렸던 경우가 적지 않았다는 사실도 기억할 필요가 있다. 1980년 중공업 합리화 조치를 명분으로 내건 신군부에 의해 창원중공업을 억지로 내놓아야 했다. 그 자신의 전경련 회장 자리에 대해서도 노골적인 사퇴 압력을 받았다. 권력에 대한 불신감이 더욱 높아졌고, 따라서 긴장관계가 유지될 수밖에 없었다.

박정희 대통령 시절이라고 그런 사례가 없었던 것은 아니다.

자동차 사업을 펼쳐 가던 초창기 단계에서 발표된 정부의 엔진 주물 공장 일원화 방침이 그 하나다. 국산 엔진의 조속한 개발을 위해 당시 신진자동차, 아시아, 기아, 현대 등 4개 회사의 공장을 통합한다는 방안이 발표된 것이다. 취지는 나무랄 데 없었건만 어차피 후발업체인 현대자동차에는 불리한 방안이었다. 현대자동차가 출범하고 이듬해인 1969년의 일이다.

선발업체인 신진자동차가 가장 유리한 입장이었다. 하지만 중공中共과의 수교가 임박해 있던 일본의 외교적 상황이 변수로 작용하게 된다. 신진자동차와 합작을 추진하던 토요타자동차가 이른바 '저우언라이 4원칙'에 따라 막판에 발을 뺀 것이다. 중공이 일본 기업 중에서도 미국이나 한국, 대만과 거래하는 기업과는 상대하지 않겠다는 방침을 천명

영원한 도전자

한 원칙이었다. 토요타로서는 한국 시장을 노리다가 더 큰 중공 시장을 놓치지 않을까 우려한 끝에 신진자동차와의 계약을 파기할 수밖에 없었다.

결국 신진자동차에 맞서기 위해 포드 사를 엔진 주물공장 합작 파트너로 끌어들인 현대자동차에 기회가 주어진 것뿐이었다. 이후 포드 사와의 합작 문제도 제대로 진행되지는 않았다. 포드 사의 불성실한 태도로 인해 끝내 합작 관계를 파기했고, 내친 김에 최초의 국산 모델인 포니승용차 개발까지 이른 것이다.

정경유착이라고 하기에는 나름대로 상당한 곤경을 겪어야 했다. 부분적인 사실을 놓고 전체를 정경유착의 결과로 간주하려는 시각이 옳지 않다는 뜻이다.

건설 분야에서 소양강댐이나 경부고속도로 공사를 맡게 된 경위도 이미 스스로의 노력으로 그만한 위치에 올라가 있었기에 가능했던 것으로 간주하는 게 타당하다. 고령교 공사에서 신용을 지켰고, 손해를 무릅쓰면서 태국에서 고속도로 공사를 끝낸 자체가 무형의 자산이었다.

따라서 정경유착이라기보다는 정주영의 사업적 능력과 수완이 시대적 배경과 맞아 떨어졌다고 해석하는 것이 더 온당할지 모른다. 국가적으로 사회간접자본 위주의 경제개발계획이 추진되지 않았다면 정주영의 사업적 성과도 기대하기 어려웠을 것이다. 그 스스로 "박정희 대통령으로부터 개인적인 혜택을 받은 것은 없으나, 경제발전에 역점을 두고 강력하게 추진한 정책 덕분에 현대그룹의 성장이 가능했다"고 밝힌 것이 그런 뜻으로 여겨진다.

그런 점에서는 정주영이 일방적으로 도움을 받았다기보다는 정부와 서로 협력관계가 이뤄졌다고 보는 것이 마땅하다. '정경유착'이 아니라 '정경협력政經協力'으로 간주해야 한다는 견해다. 당시 도급 한도액 순위로 미루어 건설업계 내부에서 현대건설이 차지했던 위상을 무시할 수는 없다. 능력도 미치지 못하면서 단순히 당국의 비호 아래 사업을 키우는 정경유착과는 구분해야 한다.

박정희의 경제개발계획이 오히려 정주영의 도전정신으로 인해 보완된 측면이 강하다. 그가 정부로부터 혜택을 받은 이상으로 국가 경제에 기여했다는 사실을 함께 기억해야 할 것이다. 국토개발사업에서 시작해 공업입국, 중화학공업 육성으로 이어지는 우리 경제발전의 큰 흐름을 민간부문에서 이끈 주역이 바로 정주영이었다.

오히려 그는 정부 간섭이나 보호를 거부하는 자유경쟁 체제의 신봉자였다. 자유로운 여건에서 서로 경쟁을 함으로써 기업이 생명력을 지니고 성장할 수 있다고 믿었다. 정부 정책에 편승하여 온실의 식물처럼 보호를 받고 성장한 기업은 국제경쟁 무대에 진출해서는 제대로 버티기 어려울 수밖에 없다. 정경유착이 기업 경영에 당장은 유리할지 몰라도 장기적으로는 도움이 되지 않는다는 현실적인 측면을 정주영은 내다보고 있었다.

영원한 도전자

재벌에 대한 평가는

정경유착 여부와 함께 불가피하게 제기되는 것이 재벌 형성과정의 문제다. 경제개발 정책을 통해 상대적으로 다른 분야를 희생하면서까지 기업에 대한 과잉 보호정책이 이뤄졌음을 부인할 수 없기 때문이다. 단순히 보호 차원을 넘어서는 특혜정책이었다.

당시 박정희 정부는 해외차관을 끌어들여 기업에 낮은 금리로 정책 금융을 제공했으며, 노동 분야에서도 사업 현장의 분규 움직임을 철저히 억누름으로써 사업자의 이익을 우선적으로 배려했다. 이러한 정부 정책의 그늘 아래서 지금의 재벌이 탄생하는 여건이 마련된 것이다. 그런 점에서는 대기업들 대부분이 노동자를 포함하여 국민들에게 일정 부분 빚을 지고 있다고 해도 과언이 아니다. 정주영의 현대도 이런 범주에서 크게 벗어날 수는 없다.

재벌은 형성과정에서뿐만 아니라 지금에 이르러서도 사회적으로 상당한 문제점을 드러내고 있다. 경제력의 과도한 집중과 문어발식 경영, 가부장적 족벌체제, 중소기업에 대한 우월권 남용 등의 논란이 그것이다. 대기업과 중소기업 사이의 소득분배 구조도 악화되고 있다. 양적 성장은 이뤘을망정 질적으로는 심각한 불평등 현상이 초래됐다. 빵을 키우는 데는 성공했을지 몰라도 그것을 일부 계층만 나눠 먹게 됨으로써 나타나는 부작용이다.

하지만 경제개발계획이 처음 추진되던 무렵엔 아직 자본축적이 이뤄지지 못한 시대였다. 그런 한계상황을 돌이켜봐야 한다. 결국 자본을 집중시키려면 기업이라는 자본축적 장치가 필요했고, 결과적으로 특혜조치가 동원될 수밖에 없었을 것이다. 압축 성장을 이뤄 나가는 과정에서 정책적인 고민이기도 했다.

그때 기업활동이 제대로 보호받지 못했다면 국토가 피폐했던 상황에서 지금의 경제성장이 과연 가능했을까 하는 질문을 던져 볼 필요가 있다. 1961년 87달러에 불과했던 국민 1인당 GNP가 박정희 집권 말기인 1979년 1,600달러 수준으로 급신장할 수 있었던 요인 가운데 하나가 바로 기업의 역할이다. 이로써 보릿고개로 상징되던 절대적 빈곤으로부터 벗어나기 시작했다. 이러한 과정에서 기업도 선단식船團式 경영 형태를 띠면서 재벌의 모습을 갖춰 가게 되었다.

이에 대한 정주영 본인의 생각은 어떠했을까.

"대기업을 문어발이라고 부르면서 경제발전의 불균형과 위화감 조성을 우려하는 소리가 많다. 일견 일리가 없는 것은 아니나, 나는 편중된 부富가 문제이지 기업은 커질수록 좋다고 생각한다. 세계 시장에 나가 경쟁에서 이기려면 그만한 힘이 있지 않으면 안 된다."

소득의 분배가 문제일 뿐이지 기업의 선단화 운영방식에 대해서는 오히려 긍정적인 생각을 갖고 있었다. 기업이 작으면 경쟁에서 뒤질 수밖에 없다고 보았기 때문이다.

그는 기업의 소유 인식에서부터 시각이 달랐다. 대기업은 어느 특정인의 전유물이 될 수 없고, 또 되어서도 안 된다는 견해를 가졌다. 전문경영인 체제를 그 방안으로 내세우고 있었다. 오너 일가는 대주주로서 회사가 제대로 운영되는지 지켜보다가 경영진이 엉뚱한 짓을 하는 경우 더 유능한 경영진으로 바꿔 주기만 하면 된다는 식이었다.

그 스스로 재벌이라는 인식을 거부했다는 사실도 중요하다. 돈이 많다고 해서 혼자서 펑펑 써낸 것이 아니었다. 그보다는 근면·성실의 가치 덕목과 함께 절약 정신이 몸에 밴 '부유한 노동자'로 처신하려 애쓴 사람이 정주영이다. 그것이 지금도 현대의 기업문화에 살아 숨쉬는 '정주영 DNA'가 아닐까 싶다.

이에 대해 앞서 오리건대 스티어즈 교수의 견해를 들어 보자. 그는 2001년 3월 〈월스트리트저널〉 논평을 통해 "1997년의 경제위기 당시 한국 재벌은 위기를 불러온 주범으로 공격받았지만, 이제 많은 한국인들이 한국 경제를 부흥시킨 것도 재벌이라는 사실을 되돌아보게 됐다"고 지적했다. 정주영의 타계 직후 한국 재벌이 가야 할 방향에 대한 논평이었다.

과거 미국 정부가 IBM을 분할했고, 당시 마이크로소프트 해체작업도 진행되고 있었지만 스티어즈 교수는 이에 대해서도 부정적 시각으로 바라보고 있었다. 독점 방지를 위한 목적이 바람직하다고는 해도 기업 분할은 결과적으로 경쟁력을 떨어뜨려 기술 발전을 가로막을 것이라 우려했다. 마찬가지로 한국에서도 재벌을 분할하면 실익이 별로 없을 것이라는 분석을 내놓았다.

"기업은 커질수록 좋다"는 정주영의 주장과 일맥상통하는 견해다. 정주영이나 스티어즈 교수의 기업관이 전적으로 옳다고는 할 수 없겠으나 이를 '재벌 지향적'이라는 이유로 완전히 무시해서도 곤란하다. 이와 다른 주장도 얼마든지 가능하겠으나 역시 이념과 성향에 따른 부분적인 견해일 뿐이다.

이와 함께 정부가 관심을 갖고 지원했다 해도 재벌 형성과정에서 저절로 도태된 경우도 적지 않았다는 사실도 염두에 두어야 한다. 따라서 정주영이 아니라도 당시 여건에서 누구라도 성공했을 것이라고 말하는 것도 책임 있는 주장은 못 된다. 정부 지원 덕분에 기업이 올바르게 성장해서 국가경제에 도움이 되었다면 그 자체로 긍정적으로 평가할 필요가 있다.

결국 정주영과 현대그룹이 과연 국가경제에 그만한 역할을 했느냐가 중요한 평가 기준이 될 것이다. 현재 눈앞에 펼쳐진 가시적 성과에도 불구하고 바라보는 관점에 따라 평가가 똑같을 수는 없다. 그러나 설령 부정적인 평가를 내리는 경우라 해도 전란戰亂의 잿더미에서 일어나 개발연대에 정주영이 수행한 역할과 성과만큼은 잊어서는 안 될 것이다.

정치 참여, 잘못된 선택이었나

줄곧 경제인으로 살던 정주영이 정치인으로 탈바꿈한 것은 시대적 돌연변이였다. 1992년 통일국민당을 창당하고 총선에서 돌풍을 일으킨 여세를 몰아 스스로 대통령에 출마했다. 제14대 대선에서 김영삼, 김대중 후보와 맞붙은 것이다.

결과적으로 선거에서 패배함으로써 그 자신의 행로가 가시덤불로 뒤덮인 것은 물론 현대그룹의 경영 위기를 자초했다. 정치인으로서의 경력도 그것으로 그만이었다. 마치 차돌 같다던 그의 건강이 결정적으로 흔들린 것도 정치 참여의 후유증 때문이었다.

그렇다면, 그가 정치에 뛰어든 것은 과연 잘못된 선택이었나? 그리고 그 결과는 끝내 패배로만 끝나고 말았는가? 이러한 물음에 대한 새로운 답변이 필요할 때다. 비록 짧은 기간이긴 했지만 그의 정치활동에 대해 새롭게 조명하려는 시도들도 이어지고 있다. "재벌의 정치 참여는 바람직했는가"라는 질문에 대한 답변을 구하려는 시도들이다.

물론 성공적이었다고 말할 수는 없다. 하지만 완전한 실패라고 간주하는 것도 온당치는 않다. 설령 정치인이라고 해서 어느 특정인의 행적을 당락만을 놓고 '성공이냐 실패냐'로 이분화하는 것은 단세포적인 발상이다. 기업인으로서 정치에 도전했고, 그 파장을 분석해서 성공 여부를 평가해야 할 것이다. 재벌 기업인으로서 하나의 '정치 실험'이었다고나 할까.

이에 대한 그의 아들 정몽준의 얘기를 들어 보자.

> 아버지가 정치에서 성공하셨다면 좋았을 것이지만, 그렇지 못해 불행하시다고 생각진 않는다. 그러나 나 같으면 아버지 연세에 그런 일을 안 했을 것이다. 그 이후도 골치 아픈 것이다. 권력의 측면에서 보면 욕심이라고 볼 수도 있다. 그렇지만 나는 반드시 욕심이라고 보지 않는다. 아버지의 싸움 상대가 여당의 아무개 후보였던 것은 아니다. 아버지는 기존 관념과 싸우신 것이다. 재벌의 정치 참여에 대한 비난, 여당 후보에 호의적인 사회 분위기 등과 싸우신 것이다. 그러나 아버지는 설득에 실패하셨다.
>
> −〈한겨레신문〉, 1996년 6월 13일

정몽준의 얘기대로 정주영이 맞서 싸운 것은 사회적 인식이었다. 무엇보다 재벌의 정치 참여에 대한 일반의 거부감을 극복해야만 했다.

1992년 선거운동 기간 중

"돈으로 권력을 사려 든다"는 비판의 목소리가 작지 않았다. 결국 선거에 지고 말았지만 그보다는 재벌의 정치 참여를 부정적으로 바라보는 인식의 한계에 더 서글픔을 느꼈는지도 모른다.

특히 우리의 경우 자본주의 역사가 짧고 재벌이 기업을 키워 가는 과정에서 여러 문제점들이 노출되어 왔다. 정부의 과보호로 인한 특혜와 탈세, 중소기업에 대한 횡포 등이 그것이다. 재벌 기업인이 정치에 뛰어드는 데 대해 국민들의 일반 정서가 너그럽기를 바라기 어려운 처지였다. 정주영의 실패는 이미 예견된 것이나 마찬가지였다.

영원한 도전자

정치에서 물러난 뒤 정주영 본인의 생각도 비슷했다.

"내가 낙선한 것은 나의 실패가 아니라 YS_{김영삼}를 선택한 국민의 실패이며, 나라를 이 지경으로 만든 YS의 실패이다. 나는 그저 선거에서 뽑히지 못했을 뿐이다."

1998년 출간한 자서전《이 땅에 태어나서》에서 밝힌 소회다. 김영삼 정부를 거치며 6·25 전란 이후 최대의 시련이라는 외환위기(IMF 사태)에 처해 나라 전체가 곤경에 빠져 있었던 만큼 그로서는 맺혔던 속마음을 드러내는 데 거리낄 게 없었을 것이다. 김영삼 정부 내내 말 한마디에도 신경을 쓰며 속마음을 숨겨야 했던 처지다. 현대그룹은 그룹대로 경영상의 애로를 겪었다. 미운 털이 박힌 결과였다.

정주영은 언론과의 인터뷰에서도 "나는 정치에 뛰어들어 실패한 것이 아니라 시련을 받았을 뿐이다. 당당하지는 못하더라도 후회하지는 않는다"고 밝힌 바 있다. 그 패인으로는 지역감정을 꼽았다. 자신의 지역적 기반이 강원도였음을 염두에 둔 언급이었다. 이미 지난 일이지만 승복하기 어렵다는 뜻이었을 것이다.

> 우리나라는 지역 연고제다. 경상북도의 인구가 많기 때문에 압도
> 적인 숫자로 대통령을 당선시킨다. 전라도 사람들이 똘똘 뭉쳐도
> 경상도 숫자를 당해 낼 수가 없다. 우리 강원도도 유권자가 100만
> 명도 안 되니까 더 어렵지 않았겠느냐.
>
> ─〈월간조선〉, 1996년 10월호

당시 시대적 상황이 5·16 군사정변 이래 계속된 군사정권이 마무리

되고 문민정부로 이행하는 과정이었다는 사실도 정주영에게 그다지 유리한 여건은 아니었다. 과거 군사독재정권에 대항한 민주화 투쟁의 주역이던 김영삼과 김대중의 다툼에 정주영이 뒤늦게 끼어들게 됨으로써 선거 양상이 미묘하게 돌아간 것이다. 오히려 정주영이 군사정권 치하에서 기업을 키웠다는 사실이 대비가 될 수밖에 없었다.

그러나 이런 시대적 배경이 아니었다면 기업인이 정치에 참여한다고 해서 하등 문제 삼을 일은 아니었다. 바로 그 무렵, 미국에서도 기업인 출신인 로스 페로가 대통령 선거에 출마해 돌풍을 일으키고 있었다. 1992년 당시 나이 61세. 현직 대통령으로 재선을 노리던 공화당의 조지 부시George H. W. Bush와 민주당 빌 클린턴Bill Clinton에 맞선 무소속 후보였다.

프랑스계 이민자 집안 출신인 그는 밑바닥에서 출발해 기업을 일군 입지전적 인물이었다. IBM 세일즈맨으로 활동하다가 서른 초반에 데이터시스템이라는 컴퓨터 회사를 차려 대사업가로 변신하는 데 성공한 것이다. 과정은 달라도 정주영의 경우와 비슷했다. 그때 그가 '미국의 정주영'이라고 불렸으며, 정주영이 '한국의 로스 페로'라고 불린 것이 그런 배경 때문이었다.

크라이슬러자동차 회장으로서 '경영의 귀재'라 불리던 리 아이아코카Lee Iacocca도 한때 유력한 대선 후보로 거론되었다. 이탈리아계 집안에서 태어나 말년에 벼락출세를 이룬 그의 성공담은 '아메리칸 드림'의 상징으로 떠받들어졌다. 그의 꿈도 결국은 '경제 대통령'이었다. 경제공항 직후 뉴딜정책으로 미국 경제를 일으킨 루즈벨트의 영광을 꿈꾸고 있었던 것이다.

영원한 도전자

이처럼 세계적으로 경제 지도자에 대한 평가가 새롭게 이뤄지던 무렵이었다. 세계 강대국 질서에서 미국과 함께 한 축을 이루던 소련이 무너지면서 이데올로기 대립이 무뎌진 것도 하나의 요인이 되었다. 한국에서도 민주와 독재의 갈등구조가 해소되면서 민생 문제가 중요한 사회적 이슈로 떠오르던 터였다. 국민소득을 얼마나 높일 수 있을까, 국민들이 잘살도록 하려면 어떻게 해야 할까가 주된 관심거리였다.

물론 재벌이 정치에 뛰어들 경우 정경유착 가능성에 대해 경계할 필요는 있다. 하지만 요즘처럼 사방에서 감시의 눈길이 쏟아지는 정치 제도에서 재벌 기업인이 국정 책임을 맡았다고 해서 제멋대로 기업 이익을 위해 장난치는 것이 쉽지는 않을 것이다. 오히려 기업과 무관한 인물이 최고 지도자에 올라 특정 기업에 은근히 계약을 몰아주는 경우가 더 위험할 수도 있다.

그런 점에서 '재벌이 정치에 참여하는 게 좋은가 나쁜가'의 양자택일식 흑백논리로 접근하는 것은 바람직하지 않다. 그보다는 '정치에 참여한 재벌은 어떻게 균형 있는 태도를 취해야 할 것인가' 하는 식으로 접근하는 것이 마땅하다. 정주영이 당시 대선에서의 패배를 '국민의 실패'라고 규정한 것이 그런 생각에서였을 것이다.

정치 지도자들에 대한 불신감

그렇다면 정주영은 왜 현실 정치에 직접 뛰어들었을까.

무엇보다 정치가 제대로 돌아가지 않는다는 안타까움이 직접적인 원인이었다. 과거 정권이 바뀔 때마다 공연히 세무조사의 표적이 되고 수시로 정치자금을 건네야 했던 기억이 앙금으로 남아 있었다. 그가 정치 참여의 뜻을 굳혀 갈 무렵만 해도 정치권으로부터 현대그룹의 탈세, 부동산 투기, 북한과 소련 진출에 따른 의혹 등에 대한 문제가 연이어 제기되고 있었다.

그가 1990년 11월의 관훈클럽 초청 토론회에서 "우리나라에는 정치 지도자가 없다"는 발언으로 정부와 정치권에 포문을 연 것이 그런 상황을 반영하였다. "우리 정치가 포니 자동차 수준만 되었어도 벌써 선진국이 되고도 남았을 것"이라며 "한국 정치가 미국과 비슷했다면 내가 굳이 선거에 나설 필요가 없었다"고도 했다. 자신을 미국의 아이아코카와 비교해 달라는 주문에 대한 답변이었다.

이미 1988년 11월에 열린 국회 5공 청문회에서 전두환 정권과의 결탁을 집중 추궁받고는 일해재단 모금과정의 강제성을 폭로한 그였다. "편하게 살려고 돈을 냈다"고 밝힌 것이다. 이미 신군부가 들어선 직후 창원중공업을 빼앗겼고, 전경련 회장 사퇴 압력을 받는 등 여러 가지로 시달린 입장이었다. 그 전에도 4·19와 5·16이라는 정치 변혁기를 지나면서 그가 겪어야 했던 마음의 수난은 결코 작지 않았다. "기업을 이끌어오면서 가장 두려웠던 것은 정권이 바뀔 때마다 겪어야 했던 수난이었다"고 고백하지 않았는가.

"내가 지금까지 보아 온 우리나라 지나간 권력들은 무분별, 무경우, 무경험이 대부분이었다. 나라는 산으로 가든, 강으로 가든, 밤이나 낮이나 자기네들끼리 세력다툼에 여념이 없으면서도 걸핏하면 세무조사에, 걸핏하면 잡아넣고, 또한 꼬박꼬박 바쳐야 하는 정치자금에, 기업의 입장에서는 무섭기는 또 엄청나게 무서웠다."

그중에서도 전두환, 노태우 대통령에 대한 평가는 비난에 가까웠다. "5~6공을 거치면서 우리나라는 지도자 복이 참으로 없는 나라라는 생각을 했다"는 표현이 그 하나다. "무지막지하다"느니, "분수를 지킬 줄 모른다"느니 하는 원색적인 표현도 망설이지 않았다.

특히 노태우 정부가 북한 금강산 사업에 제동을 걸고 나선 것이 결정적인 요인이었다. 1989년 북한을 방문해 금강산 사업 의정서에 도장을 찍고도 정부가 추가 방북허가를 내주지 않음으로써 사업이 결국 무산되고 만 것이다. 아마 정주영이 북한 사업을 허가받아 금강산을 오가고 있었다면 선뜻 정치에 뛰어들지 못했을 것이라는 추측은 상당한 설득력을 지닌다.

그가 역대 대통령에게 전달한 정치자금 액수도 만만치는 않았다.

"박정희 대통령 때는 처음 5억 원씩 내다가 마지막에 20억 원을 냈고, 전두환 대통령 때는 추석 때 20억 원, 연말에 30억 원을 냈다. 노태우 대통령의 6공 들어서는 5공 때와 같이 처음 20억 원을 내다가 30억 원으로 올렸고, 이후 50억 원을 낸 뒤 1990년 말에 100억 원을 내고는 정치자금 내기를 중단했다."

총선을 앞두고 정치참여 행보를 넓혀 가던 1992년 1월 기자회견을 통해 밝힌 내용이다. "전두환, 노태우 대통령에게는 불우이웃돕기 명목으로 정치자금을 주었다"고 했다. 그렇다고 현대그룹만 낸 것은 아니었을 것이다. 기업들은 별도 장부를 꾸며서라도 비자금을 마련하는 방법으로 정치권에 봉투를 들이밀어야 했다.

그런 상황에서도 권력은 경제에 대해 과도한 간섭을 일삼았다. 그가 정부 정책에 대해 신뢰하지 못한 것은 당연했다. 그를 정치판으로 몰아간 가장 중요한 이유가 그것이었다. 누적된 피해의식에서 비롯된 보상심리였다. 아무리 기업을 잘 이끌어가려 해도 간섭이 계속되는 상황에서 쉽게 선택할 수 있었던 방안은 스스로 정치인이 되는 것이었다.

정치와 경제가 동떨어진 것이 아니라 서로 비슷한 것이라는 생각도 그를 주저 없이 정치판으로 뛰어들게 만든 하나의 요인이다. "국민을 잘살게 만드는 게 정치가 아니냐"고 생각했다. 더 나아가 "경제는 세계를 상대로 하는 정치"라고도 했다. 표현에 다소 차이가 있을망정 정치가 잘돼야 경제가 잘되며, 또 경제가 잘되어야 정치도 잘 이뤄질 수 있다는 믿음이었을 것이다.

그러나 정주영은 처음 정치에 뛰어들 때만 해도 자신이 직접 대통령 후보로 나선다는 생각은 하지 않고 있었다. 다른 유망주를 염두에 둔 것이다. 자신의 입으로도 "나라를 위해 일할 수 있는 마땅한 사람을 밀어 줄 생각"이라 밝혔다. 그의 의중으로는 연세대 교수를 지낸 김동길金東吉을 점찍어 놓고 있었다. 이화여대 총장을 지낸 김옥길金玉吉의 동생이다. 그에게 "대통령 선거에 나가라"며 정치판으로 끌어들였다.

마음이 변한 것은 통일국민당 간판을 내걸고 총선에서 돌풍을 일으키면서부터다. 자신이 직접 나가도 충분히 승산이 있다는 판단이 섰을 것이다. 김동길에게는 원래의 대선 후보 권유를 거둬들였다. 기필코 이

길 수 있다는 생각에서였을 것이다. 그것이 결과적으로 정치 보복으로 되돌아옴으로써 자기 발등을 찍는 결과가 될 것임을 내다보지 못했을 뿐이다.

한편, 정주영의 정치 참여에 이어 그의 아들 정몽준이 2002년 대선에 도전한 것도 눈여겨볼 대목이다. 당시 축구협회장으로서 한일월드컵 공동유치를 이룬 덕분에 개인적 인기를 누리고 있을 때였다. 그 뒤로 집권당인 한나라당 대표까지 지낸 데다 서울시장 후보로까지 나섬으로써 더욱 가속도를 내는 모양새다. 그의 정치 도전이 과연 어디까지 지속될 것인지 궁금하다.

'제2의 정주영'을 기다리며

정주영의 얘기를 끝맺으면서 그의 방황하던 젊은 시절로 되돌아가 보자. 그리고 가정법의 질문을 던져 본다.

만약 그가 가출에 성공해서 원래 뜻대로 노동판에서 성공했다면 과연 어느 정도까지 지위가 올라갔을까? 만약 부기학원을 끝까지 마치고 부기장 적는 법을 배워 경리직원으로 취직했다면 또 어떻게 되었을까? 만약 쌀가게 문이 닫히지 않고 계속 영업을 할 수 있었다면 지금의 결과는 어떠했을까?

이러한 질문에 대해 쉽게 장담하기는 어렵다. 그러나 설사 어느 정도 올라갔다고 해도 그가 그 뒤에 실제로 이룬 '현대 제국'에는 훨씬 미치지 못했을 것이 틀림없다. 빚을 내서 시작한 아도자동차 수리업소가 전시체제령에 의해 강제로 통합되지 않았다고 해도 결론은 거의 비슷할 것 같다.

결국 그를 키운 것은 거듭된 시련이었다. 시련에 부딪쳐 당장은 어려웠을지 몰라도 그 과정에서 스스로 단련되어 간 측면을 무시할 수 없다. 시련이 있었기에 더욱 최선을 다해 노력했다. 어려운 가운데서도 밀고 나가다 보면 반드시 길이 열릴 것이라는 믿음을 지니고 있었던 것이다. 어려움이 닥쳐도 그는 불굴의 의지로 밀고 나갔다. 거듭된 도전과 시련, 또 도전이었다. 실패는 없었다. 그리고 끝내 빛나는 성공을 이루었다.

그 과정에서 정주영이 교훈으로 간직한 '군자불기君子不器'의 의미를 되새길 필요가 있다. '군자란 모름지기 일정한 틀에 갇히지 말고 스스로 운신의 폭을 넓혀 가야 한다'는 뜻이다.

그는 이러한 가르침에 따라 네모난 그릇에서는 네모꼴로 처신했으며, 둥근꼴 그릇을 만나면 또 둥글게 변하는 데 망설이지 않았다. 작은 그릇 속에서는 기꺼이 몸을 웅크렸다. 그가 지난 시대의 '건설자'로서 우리 사회의 미래를 위해 밑바닥 주춧돌을 놓을 수 있었던 가장 중요한 비결이다.

이 세상에는 온갖 비난과 손가락질이 난무하지만 그것은 결국 서로의 입장 차이에서 비롯되는 것이다. 둥그런 그릇이 네모꼴 그릇을 이상하다고 꼬집으며, 네모난 그릇은 도리어 둥근꼴 그릇을 못마땅해 한다. 그러나 어느 한 가지 형태만 옳다고 고집하다가는 결코 '큰 그릇'은 되지 못한다. 정주영은 끊임없이 주변의 고정관념을 깨뜨림으로써 자신의 인생을 개척해 나갔다.

영원한 도전자

그가 우리 곁을 떠나간 지금 후대에게 남겨진 과제는 정주영이 생전에 구현한 의지를 어떻게 되살리느냐 하는 것이다. 경제적으로나 사회적으로 어렵고 혼란스러운 상황에서 그의 끊임없는 개척자 정신이 아쉽기 때문이다. 구성원들을 이끌고 나갈 구심점이 필요한 지금이야말로 그의 경영철학과 기업가 정신을 되살려야 할 때다.

　더욱이 요즘의 한국 경제는 새로운 성장 동력을 찾지 못한 채 심각한 침체의 늪에 빠져 있다. 과거에 비해 경제적으로 엄청난 규모로 발전한 것은 사실이지만 이대로 가다간 순식간에 도로 주저앉을지 모른다. 이웃나라 일본이 겪은 '잃어버린 20년'이 멀리 바다 건너 불만은 아니다. 오히려 일본은 요즘 새로운 활력을 보여 주고 있다. 우리도 주춤거릴 여유가 없는 것이다.

　정주영이 우리 곁을 떠난 지 14년이 지났다. 우리 사회에서 개척정신으로 다져진 참다운 기업가 정신의 실종 위기를 맞고 있는 것은 안타까운 일이다. 기업들은 말할 것도 없고 한창 꿈을 키워 가야 할 젊은이들조차 도전보다는 현실의 안정에 머무르고 있다. '88만원 세대'라며 스스로 패배의식에 빠져 있기도 하다.

　다시 정주영의 경우를 떠올려 본다. 지금 같은 상황에 처했다면 그는 과연 어떤 행보를 보였을까.

　"시련은 있어도 실패는 없다"며 큰 목소리로 외치고 있었을 것이다. 어려운 여건에서도 조금도 흔들리지 않고 원대한 미래를 내다보면서 투철한 신념을 앞서서 발휘하는 그의 모습을 떠올리게 된다.

　"똑똑하다는 사람들이 머리로 생각만 해서는 기업이 클 수 없다. 우선 행동해야 한다"는 그의 도전정신이 더욱 아쉬운 이유다.

영원한 도전자

"사주팔자가 우리의 미래를 결정짓는 것이 아니라, 자신이 살아가면서 이런저런 때에 어떻게 대처하느냐에 따라 성공, 실패가 판가름 나는 것이다."

지금 세대에 전하는 그의 유훈遺訓이다.

정주영은 후대의 젊은이들이 자기를 뛰어넘어 더욱 역동적인 사회를 만들어 가기를 원했다. 어려운 여건에서도 미래를 꿈꾸는 젊은이들이 자신을 하나의 표본으로 삼아 더욱 크게 발전하길 바랐다. 후대가 자꾸 앞서 나가야만 그 사회가 발전을 기약할 수 있는 법이다. 그 어느 때보다 '제2의 정주영'의 출현이 기대되는 상황이다.

"양자강은 뒷물결이 앞 물결을 밀듯이 나아간다. 내 후대는 앞으로 나보다 더 나아질 것이고, 또 그래야만 한다. 그것이 간절한 내 희망이다."

정주영은 고인이 되었지만 여전히 우리 곁에 살아 있다. 정주영을 다시 보고 싶다.

정주영 연보

1915년
11월 25일   아버지 정봉식, 어머니 한성실 사이의 6남 2녀 중
장남으로 출생.

1921년   조부로부터 한문 배움.《천자문》,《동몽선습》,
《명심보감》을 학습.

1924년   송전소학교 입학.
1930년 2월   송전소학교 2등으로 졸업.
1931년 7월   첫 번째 가출. 원산의 고원 철도 공사장에서 노동.

1932년   두 번째 가출. 다시 이어진 세 번째 가출로
경성부기학원 등록.

1933년   네 번째 가출. 인천부두에서 등짐 노동,
서울 안암동 보성전문학교 교사 신축공사장에서 막노동.

1934년   인현동 쌀가게 부흥상회復興商會 점원으로 취직.
1936년 1월   변중석과 결혼.

1938년 1월   성실성으로 쌀가게를 물려받아 신당동에
경일상회京一商會 설립.

1939년 12월	일제의 쌀 배급제 실시에 따라 경일상회 폐업.
1940년 3월	애오개 고갯길의 아도서비스 자동차 수리공장 인수.
1943년	전시 체제령에 따라 아도서비스가 일진공작소에 강제 합병됨. 황해도 홀동광산 트럭운반 하청계약.
1945년 5월	홀동광산 하청계약에서 손 뗌.
1946년 4월	현대자동차공업사 설립. 서울 중구 초동 106번지.
1947년 5월 25일	현대토건사 설립.
1950년	
1월 10일	현대자동차공업사와 현대토건사를 합병하여 현대건설주식회사로 개편하고 대표이사 취임. 서울 중구 필동 1가 41번지.
6월	6·25 발발로 부산 피란. 손으로 보트를 저어 한강을 건넘.
7월	현대상운 설립.
1951년 1월	1·4 후퇴로 다시 부난 피란. 부산에 사무실 차림.
1952년 4월	대한토건협회 대의원 이사.
1953년 4월	고령교 복구공사 착공.
1954년 8월	본사를 삼화빌딩으로 이전. 서울시 중구 소공동 21번지.
1955년	
1월 3일	현대건설 자본금 1천만 환으로 증자.
5월	막대한 손해를 보고 고령교 복구공사 준공.
1957년 9월	한강 인도교 복구공사 착공.

1958년

5월   한강 인도교 복구공사 준공. 내무부장관 표창.

8월   금강스레트 공장 설립.

1961년

1월   무교동 사옥 준공. 서울 중구 무교동 92번지.

8월   대한상공회의소 특별위원.

1962년   현대건설, 국내 건설업체 중 도급 한도액 1위로 올라섬.

6월   단양시멘트 공장 착공.

8월   대통령 산업포장 수상.

1963년

7월   전국경제인연합회 이사.

10월   한국건설공제조합 운영위원.

12월   건설발전 공로로 대통령 표창.

1964년 6월   연산 20만 톤 규모의 단양시멘트 공장 준공.

1965년

4월   한국무역협회 이사.

11월 25일   태국 파타니-나라티왓 고속도로 공사 수주.

                      국내건설업체 최초의 해외진출.

12월   제2한강교(현재 양화대교) 준공.

1966년

5월   베트남 캄란 만 준설공사 착공.

11월   제3회 수출의 날에 대통령 산업포장 수상.

1967년

7월	서울상공회의소 대의원.
10월	세운상가 아파트 준공.
12월	아시아건설업자 대회 우수건설상 수상.
12월 29일	현대자동차주식회사 설립.

1968년

2월	경부고속도로 착공.
5월 2일	태국 파타니-나라티왓 고속도로 준공.
11월	현대자동차, 코티나 첫 생산.
12월	경인고속도로 준공으로 대통령 표창.

1969년

1월	현대건설 회장 취임. 사장에는 정인영.
	한국지역사회학교 후원회 회장.
12월	수출산업 발전 공로로 대통령 표창.
	삼일고가도로 준공.
	문화방송국 사옥 준공.
12월 31일	제3한강교(현재 한남대교) 준공.

1970년

1월 1일	현대시멘트주식회사 설립.
2월	울산공과대학 설립.
7월	경부고속도로 준공.
8월 15일	남산 제1호 터널 준공.
10월 10일	서울타워 준공.
12월 12일	경부고속도로 전 구간 준공.
	대한민국 동탑산업훈장 수상.
12월 20일	호남고속도로(대전~전주 간 79.5킬로미터) 준공.
12월 31일	마포대교 준공.

1971년

2월	현대그룹 회장 취임.
6월 15일	금강개발주식회사 설립.
10월	미국 알래스카 허리케인 교량 공사 준공.
12월 5일	통일로 준공.

1972년

3월 23일	현대조선소 기공식.
7월 1일	잠실대교 준공.
9월 30일	현대자동차 울산공장 준공.

1973년

2월	창원종합기계공장 준공.
3월	울산조선소 제1호 유조선 기공식.
4월	금탑산업훈장 수상.
7월	울산조선소 준공.
9월 10일	남해대교 준공.
12월 15일	소양강 다목적댐 준공.
12월 28 일	현대조선공업주식회사 설립.
12월 31일	호남·남해고속도로(전주~부산 간 358킬로미터) 준공.

1974년

2월 11일	현대엔지니어링 설립.
2월 26일	현대자동차서비스주식회사 설립.
6월	한·영 경제협력위원회 한국 측 위원장.
9월 30일	지하철 1호선 준공(서울역~청량리역).

1975년

4월 28일	현대미포조선주식회사 설립.
5월	경희대학교 명예공학박사.

1976년

1월	현대건설 광화문 현대빌딩으로 이전.
	서울시 종로구 세종로 178번지.
	한국 최초의 고유 자동차 모델 포니 첫 출시.
	한·아랍 친선협회 회장.
1월 25일	국회의사당 준공.
6월 16일	사우디아라비아 주베일 산업항 착공.
10월	충남대학교 명예경제학박사.
11월	현대건설 10억불 건설수출탑 수상.

1977년

2월	전국경제인연합회 회장.
2월 24일	울산공업대학교 재단이사장.
7월 1일	아산사회복지사업재단 설립 이사장.
10월	영국 여왕으로부터 대영제국 훈장 커맨더 장 수상.
11월 15일	쉐라톤 워커힐 호텔 준공.

1978년

2월 28일	남산 제3호 터널 준공.
4월 30일	고리원자력 1호기 준공.
6월	한국정신문화연구원 이사.
8월	서산 간척사업 착수.

1979년

2월	한·아프리카 친선협회장.
3월	과학기술진흥재단 이사장.
6월	세네갈공화국 공로훈장 수상.

1980년

12월 31일	성산대교 준공.

정주영 연보

1981년

3월	88서울올림픽 유치위원장.
4월	국민훈장 동백장 수상.
9월	바덴바덴 IOC 총회에서 제24회 올림픽 개최지 서울 확정.
11월	88서울올림픽 조직위원회 부위원장.

1982년

5월 1일	현대그룹 서울 계동사옥 공사 착공.
5월	미국 조지워싱턴대학교 명예경영학박사.
5월 27일	정부 과천 제2청사 준공.
6월	미국 AAA로부터 골든 플레이트 장 수상.
7월	대한체육회장. 10월, 서산 B지구 방조제 최종 물막이 공사 완료.

1983년

2월	현대전자산업주식회사 설립.
5월	한국정보산업 협회장.
9월	중화민국 경성훈장 수상.
10월	현대그룹 계동사옥 준공.

1984년

3월	'정주영 공법'으로 서산 A지구 방조제 최종 물막이 공사 완료.
9월 30일	88올림픽고속도로 준공.
10월 30일	프레스센터 준공.

1985년

5월	연세대학교 명예경제학박사.
10월	룩셈부르크 월계관장 수상.

1986년 5월　　　이화여자대학교 명예문학박사.

1987년
1월　　　　　　　현대그룹 명예회장.
1월 4일　　　　　아산재단 서울중앙병원 착공.
2월　　　　　　　전국경제인연합회 명예회장.
9월　　　　　　　재단법인 세종연구소 이사장.

1988년
2월　　　　　　　국민훈장 무궁화장 수상.
3월 17일　　　　 남극 세종기지 준공.

1989년
1월 6일　　　　　소련 측 공식 초청으로 현대 대표단 모스크바 방문.
1월 21일　　　　 북한 방문, 금강산 공동개발 원칙에 합의.
3월 31일　　　　 아산재단 서울중앙병원 준공.
7월　　　　　　　한·소 경제협회장.

1990년
4월　　　　　　　서강대학교 명예정치학박사.
11월 5일　　　　 소련 방문, 크렘린궁에서 고르바초프 대통령과 회담.

1991년
5월　　　　　　　현대석유화학단지 준공.
10월 9일,　　　　자서전《시련은 있어도 실패는 없다》출간.

1992년
1월　　　　　　　통일국민당 창당준비위원회 위원장.
2월　　　　　　　통일국민당 대표최고위원.
3월　　　　　　　제14대 국회의원 당선(전국구).

12월	제14대 대통령 선거 출마.

1993년 2월   국회의원직 사퇴, 통일국민당 탈당.

1994년

1월	한국지역사회교육중앙협의회 이사장.
7월 14일	〈문화일보〉 사옥 준공.

1995년

3월	고려대학교 명예철학박사.
5월	미국 존스홉킨스대학교 명예인문학박사.

1998년

6월	소떼몰이 1차 방북.
10월	소떼몰이 2차 방북.

1999년 8월 17일   현대건설 신입사원 금강산 하계수련대회 참석.

2000년

2월	한국체육대학교 명예이학박사.
5월 26일	현대건설 대표이사, 현대중공업 현대아산 이사 사퇴.
7월	평양 아산종합체육관 건설 착공.

2001년 3월 21일   영면永眠에 들다.

삼성 창업자 호암 이병철 자서전

호암자전

湖巖自傳

삼성 창업자 호암 이병철이 육성으로 말하는 삼성,
그 창업과 경영의 위대한 서사! 한국 현대 경제사와
맥을 같이하는 글로벌 삼성신화의 서장을 목격하다!

완전히 새로운
만듦새의 21세기형
〈호암자전〉
28년 만의
재출간!

이 책에는 호암 이병철의 진솔한 회고가 담담한 목소리로 기록되어 있다.
방황하던 청년기에 대한 솔직한 고백과 인간적인 번민부터 거대 기업을 세운 그의
날카로운 사업적 감각과 통찰력, 국가 경제를 염두에 둔 거시적 안목까지 모두 담겨 있다.
국가 발전과 미래를 염려하는 초(超)개인적 기업인의 진면목과 실패에
담대하라는 메시지는 오늘날의 독자들에게도 유효한 울림을 선사한다.

양장본 | 컬러판 | 440면 | 25,000원

Tel : 031) 955-4601 www.nanam.net 나남
nanam

코리안 미러클

육성으로 듣는 경제기적 편찬위원회(위원장 진념) 지음

박정희 시대 '경제기적'을 만든 사람들을 만나다!
경제난 어떻게 풀어 '창조경제' 이룰 것인가?
전설적인 경제의 고수들에게 배우라!
홍은주 전 iMBC 대표이사와 조원동 전 조세연구원장(현
청와대 경제수석)이 '그 시대' 쟁쟁한 경제거물들인 최각
규, 강경식, 조경식, 양윤세, 김용환, 황병태, 김호식, 전응
진을 만났다. 그들의 생생한 육성으로 통화개혁, 8·3조치,
수출정책, 과학기술정책 추진과정을 둘러싼 007작전과 비
화들을 듣는다.

크라운판 | 568쪽 | 35,000원

코리안 미러클 2
도전과 비상

육성으로 듣는 경제기적 편찬위원회(위원장 진념) 지음

1980~90년대 '전환의 시대'를 이끈 경제주역들의 생생한
증언! 국가주도 경제에서 시장경제로 패러다임을 바꾸다!
1960~70년대 순항하던 한국경제호는 살인적 물가폭등과
기업과 은행의 부실, 개방압력 등으로 흔들리기 시작한다.
바야흐로 물가를 안정시키고 기업과 은행의 자율성을 키
우며 시장을 개방하는 것이 한국경제의 지상과제로 떠오
른 것이다. 이 책은 이러한 시대의 키워드인 안정, 자율, 개
방을 구현하는 데 핵심적 역할을 했던 경제정책 입안자 강
경식, 사공일, 이규성, 문희갑, 서영택, 김기환의 인터뷰를
담고 있다. 한국경제 연착륙을 위해 고군분투하는 그들의
이야기는 난세영웅전을 방불케 할 정도로 흥미진진하다.

크라운판 | 552쪽 | 35,000원

nanam **나남** www.nanam.net | 031-955-4601

대한민국 경제 리더십(가제) 1, 2권

서울신문 산업부 지음

누가 대한민국 경제를 움직이는가?

맨손으로 굴지의 대기업을 일으킨 창업주들이 보여준 불굴의
의지와 도전정신, 그리고 인맥, 혼(婚)맥, 경영권 승계와 다양한
비하인드 스토리까지, 재벌가의 모든 것을 조명함으로써
대한민국 경제의 어제와 오늘을 돌아보고 내일을 예측해 본다.

1권	2권	
삼성그룹	KT	다음카카오
CJ그룹	두산그룹	넥슨
신세계그룹	대우그룹	엔씨소프트
한솔그룹	금호아시아나그룹	동원그룹
현대차그룹	대림그룹	풍산그룹
현대그룹	부영그룹	SPC그룹
현대중공업그룹	OCI그룹	휠라
현대백화점그룹	효성그룹	대교그룹
현대산업개발그룹	미래에셋	서울반도체
KCC그룹	코오롱그룹	넥센
한라그룹	KT&G	골프존
LG그룹	교보생명	
GS그룹	이랜드그룹	
LS그룹	태영그룹	
LIG그룹	삼천리그룹	
SK그룹	아모레퍼시픽그룹	
롯데그룹	삼양그룹	
농심그룹	애경그룹	
포스코	대상그룹	
한진그룹	대성그룹	
한화그룹	하이트진로그룹	
빙그레	네이버	

나남 nanam www.nanam.net | 031-955-4601